Über dieses Buch

Ahmad von Denffer, in der muslimischen Szene Deutschlands wie auch international bekannt geworden als Autor und Übersetzer zahlreicher Schriften zum Thema Islam, berichtet im vorliegenden Buch von einer in der Öffentlichkeit kaum beachteten Seite islamischer Arbeit, in deren Mittelpunkt die Freude des Helfens steht.

Es beginnt mit einer Tomate und einem Becher Wasser, und es endet mit dem Versuch, den „Geist" einer humanitären Hilfsorganisation zu fassen, dazwischen ein Kaleidoskop von Episoden, die von Begegnungen mit besonderen Menschen erzählen und von Gedanken, die sie ausgelöst haben, Erlebtes und Erinnertes.

Zugleich ergeben sich daraus Einblicke in die Arbeitsweise und die Geschichte der humanitären Organisation „Muslime helfen", die als Gemeinschaftswerk deutschsprachiger Muslime seit mehr als drei Jahrzehnten weltweit im Einsatz ist, um Bedürftigen beizustehen.

AF216026

Der Autor

war nach dem Studium von Islam- und Völkerkunde Wissenschaftlicher Mitarbeiter an der Islamic Foundation in Leicester und Herausgeber des Nachrichtendienstes „Focus on Christian-Muslim Relations", später Deutschsprachiger Referent des Islamischen Zentrums München und Herausgeber der Zeitschrift „Al-Islam", auch Projektleiter sowie langjähriger Vorsitzender von „Muslime helfen".

All denen,

die geholfen haben und helfen

zu helfen.

ALS MUSLIM HELFEN

Erlebtes und Erinnertes

Ahmad von Denffer

Bibliografische Information der Deutschen Nationalbibliothek:
Die Deutsche Nationalbibliothek verzeichnet diese Publikation in der Deutschen
Nationalbibliografie; detaillierte bibliografische Daten sind im Internet über
http://dnb.dnb.de abrufbar.

Herstellung und Verlag: BoD – Books on Demand, Norderstedt

ISBN: 9783751932714

INHALT

Bismillah

VORWORT

Als Muslim helfen – oft sind wir, wenn wir Wörter verwenden, uns der Tiefe ihrer Bedeutung nicht bewußt. Zum besseren Verständnis betrachte ich Wörter gern etwas näher.

„Als Muslim" bedeutet hier, mit Gottesbezug die Motivation für das helfende Tun und die Praxis davon aus dem Islam zu beziehen, dessen Grundbedeutung ich an anderer Stelle gefasst habe als „*friedenmachende Ergebung*" in Gott und schlicht als „*Friedenmachen*." (Näheres in: Zu Islam, Frieden und Friedenmachen, München 2007)

Und was meint das deutsche Wort „helfen"? Dem Grimmschen Wörterbuch zufolge „*hebt* helfen *einen bewusten, thätigen beistand, eine unterstûtzung hervor*."

„Beistand" und „beistehen" kommen von „bei stehen", was nichts weiter bedeutet als: Bei jemandem stehen, an jemandes Seite stehen, d.h. neben ihm stehen, an der Stelle, an dem Ort stehen, jedenfalls – in aller Konsequenz – dort sein, wo der Andere ist: „bei *bedeutet nähe und anwesenheit...*" (Grimm)

Wer sich an die Stelle des Anderen versetzt, kann dessen Not erkennen, daraus erfahren, was zur Abhilfe notwendig ist und das Erforderliche tun – helfen, Beistand leisten, unterstützen, d.h. das Einstürzen verhindern, dem Zusammenbruch, der Katastrophe, dem Schaden begegnen: „*etwas stehendes durch stütze vor dem sinken bewahren*." (Grimm)

Davon handelt dieses Buch. Es beginnt mit einer Tomate und einem Becher Wasser, und es endet mit dem Versuch, den „Geist" einer humanitären Hilfsorganisation zu fassen, dazwischen ein Kaleidoskop von Episoden, die von Begegnungen mit besonderen Menschen erzählen und von Gedanken, die sie ausgelöst haben, Erlebtes und Erinnertes.

Zugleich ergeben sich daraus Einblicke in die Arbeitsweise und die Geschichte der humanitären Organisation „Muslime helfen", die als Gemeinschaftswerk deutschsprachiger Muslime seit mehr als drei Jahrzehnten weltweit im Einsatz ist, um Bedürftigen beizustehen.

Dazu wird von verschiedenen Hilfsprojekten berichtet. Diese sind ja das praktizierte sich an die Stelle Anderer versetzen: Sich im eigentlichen Sinn an die Orte Anderer begeben, an deren Seite, bei ihnen zu stehen, dort, bei ihnen zu sein im Bemühen, ihre Nöte bewußt zu erkennen und tätig Abhilfe und Erleichterung zu schaffen.

Mangelnde Vollständigkeit der Projekte war dabei unvermeidlich. Zahlreiche wertvolle Aktivitäten kommen nicht zur Sprache, wie etwa ein schon zehn Jahre erfolgreiches zinsloses Mikrokreditprogramm in Kambodscha, in Haiti nach dem schweren Erdbeben 2010 bis heute fortgeführte Hilfsmaßnahmen, ein Berufsvorbereitungszentrum in Ruanda, ein weiteres in Indien u.a.m.

Mit der Erinnerung wollte ich nie leichtfertig umgehen, denn ich weiß, daß die Erinnerung das Erlebte nicht adäquat darstellen, nicht einmal fassen kann. Auch mitteilen läßt sich die Gesamtheit von Erlebtem nicht, zudem nur das, was mitgeteilt wird, überhaupt Aussicht hat, in Erinnerung zu bleiben. Wenigstens aber darf ich sagen: Das meiste hier Berichtete wurde sehr bald nach dem Erlebten niedergeschrieben. Dennoch kann es nur fragmentarisch sein.

Ebenso erlauben die Texte keine Bilanz, denn dazu wäre mehr mitzuteilen. Doch hier soll kein Platz sein für Berichte über Schwierigkeiten, die es gab, über Steineleger und die Steine, die in den Weg gelegt wurden. Stattdessen möchte ich aufzeigen, wie der Versuch, als Muslim zu helfen, sich im Laufe der Zeit entwickelte und von statten ging. Zugleich läßt sich daran ablesen, was Muslime in Deutschland als gemeinschaftliches Werk über Jahrzehnte bewirkt haben, *al-hamdu li-llah*. So sieht man, daß nicht nur Tausenden von hilfsbedürftigen Menschen beigestanden werden konnte, sondern auch, daß es Tausende von hilfsbereiten Menschen waren, die geholfen haben. Dafür, daß ich dabei sein durfte, bin ich ebenso dankbar wie dafür, daß daraus Texte folgten, die hoffentlich zeigen, was Freude macht und Dankbarkeit hervorruft: Hilfsbedürftigen helfen zu können und zu helfen.

Die meisten dieser Texte wurden schon einmal anderweitig veröffentlicht, jedoch jeweils zeitnah, so daß es Jahre, teils Jahrzehnte zurück liegt. Daran, sie gesammelt erscheinen zu lassen, war schon länger gedacht. Doch hat es sich so gefügt, daß die Vorbereitungen zum Druck nun im bislang ungewöhnlichsten Fastenmonat Ramadan abgeschlossen wurden. Die derzeitige Virus-Pandemie wirft Fragen auf, die noch nicht zu beantworten sind. Indes ist schon jetzt deutlich erkennbar: Die Hilfsbedürftigkeit insgesamt nimmt merklich zu.

Dieses Buch hat seinen Zweck erfüllt, wenn es einen Eindruck von der Freude vermitteln kann, die das Helfen mit sich bringt, und so zum Helfen motiviert.

Die Freude desjenigen über die Hilfe, der sie bekommt, wird zur Freude desjenigen, der die Hilfe gibt. Helft mit!

Möge Allah uns alle vor Schaden bewahren.

Ahmad v. Denffer

BALKANIMPRESSIONEN

Langsam vergißt du die drückende Hitze des Balkans. Es bleibt das monotone Rattern der Räder, das leise Stampfen, wenn der Zug ein anderes Gleis schneidet, das Quietschen und Zischen, wenn er hält. Du öffnest die Wagentür und setzt dich auf das Trittbrett, atmest. Du riechst trocknenden Tabak und Paprikafelder. Das melodische Zirpen deines Saiteninstrumentes weckt Gedanken an vergangene Gesänge. Jemand bittet dich um dein Messer, gibt dir eine Scheibe Melone. In hohem Bogen spuckst du ihre Kerne, Saft tropft durch deine Mundwinkel. Über deinem Kopf spuckt ein anderer Olivenkerne. Dem Zollbeamten, der dir verbietet, auf dem Trittbrett zu sitzen, bietest du eine Zigarette an. Gurgelndes Geräusch verkündet, daß andere die Wasserflaschen füllen. Du bist zu müde, deine Flasche zu füllen, obwohl du weißt, daß du Durst haben wirst.

Der Zollbeamte bringt dir eine Tomate, einen Becher Wasser. Du trinkst das Wasser. Die Tomate schenkst du einer Mutter, die auf dem Koffer hinter dir sitzt und ihr Kind stillt. Der Zollbeamte geht weiter und verbietet anderen auf dem Trittbrett zu sitzen. Wenn die Mutter die Tomate gegessen hat, gehst du und holst auch ihr einen Becher Wasser. Danach tauchst du deine Hände in den Strahl der Pumpe und trinkst, trinkst, trinkst. Du füllst auch deine Flasche, dann setzt du dich wieder auf das Trittbrett. Das Kind schreit, aber wenn du dich umdrehst, wird es nicht aufhören. Außerdem bist du zu müde, dich umzudrehen. Du rauchst. Eine Ziege klettert mühsam über die Schienen. Du erinnerst dich an den Geschmack von Ziegenkäse und Fladenbrot. Den Kopf an den Speichen des Bremsrades spürst du das Rattern des Zuges, der durch die Dämmerung kriecht. Mit geschlossenen Augen siehst du noch einmal den Tag.

WIE MIR EIN TÜRKISCHER BAUER EIN GESCHENK MACHEN WOLLTE

Wir hatten das Taurus-Gebirge und die „Kilikische Pforte" hinter uns gelassen. Es war Abend geworden. Unser letzter Fahrer hatte uns abgesetzt, fern von jeder Stadt, am Straßenrand, mitten in der Ebene vor Konya. Die Sonne ging unter, und wir wollten mit unserem Gepäck auf dem Rücken noch ein Stück die Straße entlanglaufen, ohne daß wir, wie so oft, eine konkrete Vorstellung davon hatten, wo und wie wir die Nacht verbringen würden. Einige Männer, denen wir begegneten, begrüßten uns und fragten nach dem Woher und Wohin. Einer von ihnen, ein jüngerer, in traditioneller türkischer Hose, gab uns zu verstehen, daß wir ihm folgen sollten, weil er uns einen Platz zum Schlafen verschaffen könne. Wir gingen also mit, liefen ein Stück von der Straße weg ins offene Gelände und kamen schließlich an einem Ort an, wo sich, wie zu hören war, mehrere Menschen aufhielten, die wir aber nicht erkennen konnten, weil es inzwischen dunkel geworden war. Schemenhaft sah man ein paar kleine Hütten. Eine davon betrat der junge Mann, sprach etwas, kam dann nach einer Weile wieder heraus, wies uns zu einem Platz und brachte dann für jeden von uns eine dicke Matratze, die er auf eine Matte über dem Boden legte, dazu eine dicke Steppdecke und ein Kissen. Als alles fertig war, wünschte der junge Mann uns eine gute Nacht und überließ uns unserem Schicksal.

Ich habe an der frischen Luft vorzüglich geschlafen. Dann weckte mich frühmorgens ein ganz nahebei laut krähender Hahn, und bald zeigte sich am Himmel der erste Schimmer des rötlichen Sonnenlichtes. Ich schlief noch weiter, nahm wahr, daß die Menschen aufstanden und erkannte schließlich im hellen Sonnenschein die nähere Umgebung. Der junge Mann von gestern Abend begrüßte uns, reichte uns zur Morgenwäsche eine kleine Schüssel mit Wasser und lud uns dann zum Frühstück ein. Jetzt erst erkannten wir, daß wir die Gäste einer Bauernfamilie geworden waren, die in sehr ärmlichen Verhältnissen lebte. Zwei mannshohe lehmverkleidete kleine Hütten, ein aus dürrem Holz zusammengestellter Pferch für das Kleinvieh, ein paar Hühner, das war wohl alles, was sie besaßen. So hauste der junge Mann mit seiner Familie, die aus zahlreichen Personen bestand, darunter auch mehrere Kinder, die er uns nun vorstellte. Zum Frühstück gab es Fladenbrot, Yoghurt, Gurken und Tomaten. Wir hatten Tee dabei und ein Paket Würfelzucker, stellten beides zur Verfügung, was dankbar angenommen wurde. Nun wurde auch Wasser gekocht und Tee zubereitet, denn der Bauer selbst hatte offenbar keinen Tee.

Nach dem Frühstück bedankten wir uns, übergaben den restlichen Tee und Zucker als Geschenk, packten unsere Sachen zusammen und wollten aufbrechen. Die Kinder wurden gerufen, um uns zu verabschieden, und der Bauer nahm seinen jüngsten Sohn auf, der vielleicht zwei Jahre alt war. Dann gab er mir zu verstehen, daß dieser sein jüngster Sohn für mich bestimmt sei. Ich solle ihn mit nach Deutschland nehmen. Was

10

zuerst wie ein Scherz zum Abschied aussah, erwies sich indes als eine sehr ernste Angelegenheit. Denn als ich dankend ablehnte, wiederholte der Bauer seinen Wunsch und begründete seinen Entschluß, mir seinen jüngsten Sohn zu schenken, mit der Erklärung, daß er schon viele Kinder habe, sehr arm sei und sein jüngster Sohn es doch in Deutschland viel besser haben würde als hier bei ihm. Ich war betroffen. Die Armut und die Not dieser Menschen war so groß, daß mir, einem völlig Fremden, ein Vater eines seiner Kinder auf Gedeih und Verderb und Nimmerwiedersehen anzuvertrauen bereit war, in der Hoffnung, daß er so seinem Sohn eine bessere Zukunft ermöglichen könnte.

Natürlich mußte ich ablehnen. Ich war ein gerade siebzehnjähriger Schüler auf einer Ferienreise. Den Jungen mitzunehmen war unmöglich, aber leidgetan hat es mir schon. Auch später habe ich noch oft daran gedacht, wozu die Not einen Menschen bringen kann und gelegentlich davon erzählt, wie mir ein türkischer Bauer seinen Sohn schenken wollte, mit einem Lachen dabei, um die Verlegenheit zu verbergen, daß ich um Hilfe gebeten wurde und nicht geholfen habe.

1978

DIE GESCHICHTE MIT DEN STREICHHÖLZERN

Es war vor vielen Jahren in Kairo, in der Nähe des *Maidan al-Obra*, dem Opernplatz. Die Mittagshitze hatte schon nachgelassen, und der Park füllte sich wieder mit Menschen. Händler bauten ihre kleinen Stände an den Wegen auf, manche legten ihre Waren einfach nur vor sich auf den Boden. Ich interessierte mich für Bücher. Dann plötzlich standen mir zwei Menschen gegenüber, ärmlich aber sauber gekleidet, ein alter Mann, auffallend groß, hager, der sich mit der einen Hand auf die Schulter eines kleinen Mädchens stützte, mir mit der anderen Hand etwas entgegenstreckte und mich ansprach: „Streichhölzer! Kaufen Sie doch bitte diese Schachtel Streichhölzer!"

Ich brauchte keine Streichhölzer. Zu rauchen hatte ich aufgehört. Streichhölzer hatte ich nicht nötig, für mich waren sie überflüssig. „Danke, danke" sagte ich also zu dem alten Mann mit dem kleinen Mädchen, „ich brauche keine Streichhölzer!" – „Kaufen Sie doch bitte diese Schachtel Streichhölzer! Kaufen Sie doch bitte diese Schachtel Streichhölzer!" sagte er nochmals, und ich entgegnete wiederum: „Danke sehr, aber ich brauche keine Streichhölzer!" Dann ging ich weiter.

Doch die Geschichte mit den Streichhölzern war damit nicht zu Ende. Ein paar Fragen begannen, mir durch den Kopf zu gehen. Warum hatte der alte Mann gerade mir die Schachtel Streichhölzer verkaufen wollen? Nun, unsere Wege hatten sich eben gekreuzt. Und warum habe ich die Streichhölzer nicht gekauft? Weil ich sie nicht brauchte. Ich hatte mit dem Rauchen aufgehört und somit Streichhölzer schon gar nicht nötig.

Und der alte Mann mit dem kleinen Mädchen, warum wollte er die Streichhölzer verkaufen? Offensichtlich hatte er es nötig, er war arm. Warum sonst würde sich ein alter Mann mit seinem Enkelkind an den Weg stellen und versuchen, Streichhölzer zu verkaufen? Und warum habe ich dann die Streichhölzer nicht gekauft? Zehn Schachteln hätte ich nehmen können, so gering war doch der Preis, und hätte sie dann verschenken oder sonst etwas damit anfangen können! Nun bemühte ich mich, in dem Gedränge den alten Mann mit dem Mädchen wieder zu finden, aber ich habe sie nicht mehr angetroffen.

Mir waren zwei Menschen aus dem Koran begegnet. Hat der Koran nicht von den „Bedürftigen" gesagt „der Unwissende hält sie für Reiche wegen ihrer Zurückhaltung, du erkennst sie an ihrem Kennmal: Sie bitten die Menschen nicht zudringlich…"? Ich habe sie nicht erkannt.

Mir waren zwei Menschen aus der *Sunnah* des Propheten Muhammad (s) begegnet. Hat Allahs Gesandter (s) nicht gesagt: „Daß einer von euch seinen Strick nimmt und ein Bündel Brennholz auf seinem Rücken bringt und es verkauft, ist besser für ihn als daß er die Menschen anbettelt, die ihm etwas geben oder es verweigern…"? Ich habe sie nicht wahrgenommen.

Der alte Mann mit seinem Enkelkind war arm, aber er hatte nicht gebettelt. Nein, er hatte sich auf den Weg gemacht, um Streichhölzer zu verkaufen. Nur ich, ich hatte sie nicht nötig gehabt. Ich hatte aufgehört zu rauchen, ich brauchte keine Streichhölzer, ich, ich, ich…

Als ob es dabei um mich gegangen wäre und darum, ob ich Streichhölzer nötig hatte. Nein, darum ging es offensichtlich gar nicht, sondern darum, ob ich entgegen dem, was ich nötig hatte, die Streichhölzer kaufen würde, weil sie, die Armen, das nötig hatten. Als mir das klar wurde, habe ich nach den beiden gesucht. Doch da war es nicht mehr möglich, das Versäumte nachzuholen. Es ging nur um eine Schachtel Streichhölzer, aber es bleibt eine schmerzliche Erfahrung. Immerhin hat sie mir geholfen, bei der Begegnung mit Menschen manchmal etwas genauer hinzusehen, etwas genauer zuzuhören, etwas mehr nachzudenken...

1982

WAS GESCHAH MIT NADSCHIB?

Ich bin Abu Sulaiman. In diesem Programm sieht man mich nicht, aber ich bin nicht wichtig. Was jedoch seltsam ist – von der Person, um die es geht, wird man in diesem Programm auch nicht viel sehen. Das ist wichtig und auch traurig.

Gut, beginnen wir am Anfang. Neulich besuchte ich Tunesien. Es geht so schnell. Man steigt in das Flugzeug. Und nach drei Stunden ist man da.

Tunesien ist wunderschön. Es gibt dort viele alte Städte, prächtige Strände, Berge, Wüsten und eine Fülle interessanter geschichtlicher Orte.

Die Leute in Tunesien sind Muslime. Der Islam war schon im 8. Jahrhundert hierher gekommen, und der Islam hat eine Zivilisation mit reicher Kultur und Tradition hervorgebracht.

Die Stadt Tunis wird "Die weiße Stadt" genannt. Ich war schon vorher hier gewesen und hatte Freunde. Wir saßen zusammen und unterhielten uns, tranken Tee mit Minze oder schwarzen Kaffee. Einer meiner Freunde heißt Nadschib.

Nadschib wohnt in einem Vorort von Tunis. Also nahm ich ein Taxi. Wir durchquerten die Altstadt und kamen schließlich zu seinem Haus. Doch an der Tür wurde mir gesagt: Nadschib ist nicht hier. Ja, das ist sein Haus, aber er kann hier nicht mehr leben. Wenn Du ihn treffen willst, mußt Du ein Stück Weg zurücklegen. Ich erklärte mich bereit.

Wir verließen die Stadt und fuhren durch wunderschönes Land. Nach einer Weile kamen wir in eine mehr bergige Gegend. Oben auf einem Berg, nahe des Meeres, sahen wir ein paar Gebäude. Wir kamen näher. „Dort kannst Du vielleicht Nadschib treffen", wurde mir gesagt. „Du kannst versuchen, ihn zu treffen. Gehen wir zum Tor, und versuchen wir, ihn zu sehen." Wir gingen.

Ich hielt Ausschau nach Nadschib, am Eingangstor. Wartete er nicht dort auf mich? Nein. Ich konnte Nadschib nicht treffen. Ich konnte das Gebäude nicht betreten. Ich mußte bleiben, wo ich war, draußen, und Nadschib durfte nicht herauskommen, um mich zu sehen. Er mußte bleiben, wo er war, drinnen. Er ist im Gefängnis, hinter Gittern und Stacheldraht.

Das ist Nadschib. Ich sagte schon, man wird nicht viel von ihm in diesem Programm sehen. Er ist im Gefängnis. Hören wir seine Geschichte. Was geschah mit Nadschib?

Tunesiens Geschichte war nicht nur islamisch. Tunesien war auch französische Kolonie, und die Freunde Frankreichs regieren das Land noch heute. Sie halten den Islam für altmodisch, zu ersetzen durch die Zivilisation Frankreichs und des Westens. Sie werfen den Islam auf den Müllhaufen, den Islam, die Quelle von Tunesiens Kultur und Erbe, die Quelle von Tunesiens Zivilisation.

Sie mischen ihren Zement und Beton in den Teichen, aus denen die muslimische Zivilisation sich speist. Sie zerstören die Umwelt der Muslime Tunesiens. Junge Leute in Tunesien, wie sonst auf der Welt, schauten sich ihre Gesellschaft an. Sie schauten sich Tunesiens Menschen an und fingen an, zu fragen.

Warum, fragten sie, sollen so viele in Schmutz und Entbehrung leben, wo doch unsere Kultur und Zivilisation Sauberkeit und Gerechtigkeit lehren?

Warum sollen manche Paläste und Villen am Strand errichten, in denen niemand lebt außer ein oder zwei Wochen im Jahr?

Warum soll die Religion, warum soll der Islam eine Sache der Alten sein?

Was ist die Zukunft der jungen Generation Tunesiens?

Was ist die Ursache dieser Probleme? Und was ist die Lösung?

Sie trafen sich in Moscheen und redeten und diskutierten. Sie hörten Vorträge und suchten nach Antworten. Sie begannen, die Bedeutung und die Botschaft des Korans zu verstehen.

Bourghiba, Tunesiens Staatsoberhaupt, nennt sich selbst „Der große Kämpfer". Er regierte das Land seit der Unabhängigkeit, und er regiert es bis heute. Letztes Jahr waren Wahlen in Tunesien, und Bourghiba fürchtete, der Ruf von den Moscheen an das Volk würde seine Partei in den Schatten stellen, denn die jungen Muslime hatten sich vorbereitet, an den Wahlen teilzunehmen.

Also stellte er sicher, daß sie aus dem Weg geräumt waren, bevor die Wahlen kamen, hinter Gittern und Stacheldraht, 84 von ihnen, und Nadschib gehört dazu.

Nadschib ist 28 Jahre alt. Sie gaben ihm 11 Jahre Gefängnis. Sie sagten: Vier Jahre wegen Beleidigung des Staatsoberhauptes, und vier Jahre wegen Mitgliedschaft in einer nicht angemeldeten Vereinigung, und drei Jahre wegen Verbreitens falscher Nachrichten. Das wahre Verbrechen: Zum Islam einladen!

Nadschib hat eine Frau und zwei Kinder. Das ist Usama, sein Sohn. Er ist vier Jahre alt. Seit September letzten Jahres ist er ohne seinen Vater. Er wird 15 sein, wenn sein

Vater frei ist. Und das ist Asma, die Tochter von Nadschib. Jetzt ist sie zwei, und sie wird 13 Jahre alt sein, wenn ihr Vater frei ist.

Das Licht des Islam in Tunesien leuchten zu lassen, mag die Aufgabe von Nadschib und seinen Freunden sein. Aber haben nicht auch wir eine Verantwortung ihnen gegenüber? Ich denke, unsere Aufgabe ist es, zu helfen, denen zu helfen, die hilfsbedürftig sind, den vielen Kindern der Gefangenen. Wirst Du nicht helfen, ein Jahr lang ein Kind in Tunesien zu unterstützen, ein Kind wie Asma oder Usama, die Kinder von Nadschib?

1984

INTERNATIONAL ISLAMIC CHARITABLE FOUNDATION

Im Jahr 1984 wurde ich eingeladen, an der Gründungsversammlung für die „International Islamic Charitable Foundation – *al-hay'a al-khariyya al-islamiyya al-'alamiyya*" teilzunehmen.

Über die Nützlichkeit meiner Teilnahme war ich mir im Zweifel, ließ mich dann aber doch dazu bringen. *Al-hamdu li-llah* ergab sich etwas für mich sehr Erfreuliches. Bei der Eröffnung der Tagung wurde auf die Gründe eingegangen, die es notwendig machen, daß sich die Muslime zusammentun, um eine Stiftung zu gründen, die sich vor allem der Nöte der Muslime und der Menschen überhaupt annehmen will und die auf dem sozialen Gebiet tätig werden soll. Dabei kamen zwei Nachrichten zur Sprache, die vor sechs Jahren zum ersten Mal in die muslimische Presse und so in das muslimische Bewußtsein gelangten, weil sie in „Focus on Christian-Muslim Relations" veröffentlicht worden waren: Daß eine christliche Organisation einen Betrag von 1000 Millionen Dollar für Missionsarbeit aufzubringen plant, und daß die sogenannte Colorado Springs Conference sich zum Ziel gesetzt hat, die Muslime zu christianisieren, d.h. von ihrem Glauben abzubringen. Für die „Internationale Islamische Wohltätigkeitsstiftung", die nun hier in Kuwait gegründet wurde, hat man ein Budget von 1.000.000.000 Dollar angesetzt, das auf verschiedenen Wegen bereitgestellt werden soll. Möge Allah die Sache Wirklichkeit werden lassen.

Über den Entschluß, in muslimischen Kreisen so etwas trotz all der zu erwartenden Schwierigkeiten anzupacken, habe ich mich sehr gefreut. Ich befinde mich gerade in der Zeit der Ablösung von der Islamic Foundation, wo ich die letzten sechs Jahre verbracht habe, und nun geht diese Zeit, in der ich offen gestanden auch manchmal unsicher war, ob meine Arbeit im Projekt „Studies in Christian-Muslim Relations" wesentlich ist für die islamische Sache, nun geht diese Zeit damit zu Ende, daß ich als Gründungsmitglied teilnehmen kann bei der Errichtung einer islamischen Wohlfahrtsgesellschaft, die sicher nicht allein, aber bestimmt auch deshalb begründet wird, weil die Nachrichten über solche christliche Aktivitäten mittlerweile von Muslimen wirklich wahrgenommen werden. Hieran hat die Islamic Foundation durch ihr Projekt, und habe ich als Leiter dieses Projekts und langjähriger Herausgeber des Nachrichtendienstes „Focus on Christian-Muslim Relations" durch Gottes Gnade merklichen Anteil gehabt. Diese Arbeit war also doch nicht umsonst, sondern zeigt nun, nach sechs Jahren, auch ganz unerwartete Früchte. Gebe Allah, daß die IICF ihre Aufgaben erfüllen kann, und gebe Allah, daß ich durch meine kommende Tätigkeit in Deutschland der islamischen Sache von noch größerem Nutzen sein kann.

ISLAM UND MUSLIME IN POLEN

Angefangen hat die Sache mit Ahmed Sarhatlic. Darüber berichtete die Zeitschrift Al-Islam 1982 (Nr. 6/82) wie folgt:

„Hilfe für Muslime in Polen.

Jeder hat wohl in den vergangenen Monaten mit Sorge vernommen, was sich in Polen abgespielt hat. Vielfältig waren auch die Hilfsaktionen, die insbesondere aus kirchlichen Kreisen eingeleitet wurden, um der Bevölkerung zu helfen. Daß es aber in Polen auch etwa dreitausend Muslime gibt, das wissen nur die wenigsten. Diese Muslime aber sind in einer besonders schwierigen Lage. Wer wollte es ihnen verdenken, daß sie nicht gerne zu den kirchlichen Stellen in ihrer Heimat gehen möchten, um ein wenig von den besonders knappen Lebensnotwendigkeiten wie Seife, Waschpulver, Babynahrung und Kakao zu erhalten?

Unser Bruder Haji Ahmed Sarhatlic in München 45, Rockefellerstraße 69, hat Kontakt zu den polnischen Muslimen aufgenommen, von ihnen in Erfahrung gebracht, was sie besonders notwendig brauchen und dann in einer großartigen Hilfsaktion Geld gesammelt, dabei auch tief in die eigene magere Rentnergeldbörse gegriffen und 43 Pakete an die fünf muslimischen Gemeinden in Bialystok, Sokolka, Gdansk, Gorzow Wielkopolski und Warschau auf den Weg gebracht. Und das mit Gottes Hilfe noch dazu gerade im Dezember, wo wie durch ein Wunder die Deutsche Bundespost sämtliche Polenpakete portofrei entgegengenommen hat ..."

Es scheint, daß 43 Pakete für Ahmed Sarhatlic nicht genug waren. Er sammelte weiter, vor allem Kleidungsstücke für die Muslime in Polen, und im Sommer 1984 waren es wiederum ca. 400 kg, die verschickt werden sollten. Aber inzwischen hatte sich die Situation verändert, und die Post war nicht mehr bereit, Hilfssendungen nach Polen portofrei zu befördern. Die große Menge als Pakete mit der Spedition zu schicken, würde nicht ganz billig sein. Also beriet sich Ahmed Sarhatlic mit einigen seiner muslimischen Brüder, und man kam zu dem Schluß, es sei sicher am sinnvollsten, die Hilfssendung selbst nach Polen zu bringen. Auf diese Weise könne man Kosten sparen und außerdem auch die Muslime in Polen direkt kennen lernen und besser feststellen, wie ihnen in Zukunft geholfen werden kann. Das Islamische Zentrum München stellte einen VW-Kleinbus zur Verfügung, und ich entschloß mich, zu fahren. Bei der Visumbeschaffung für Polen gab es einige Verzögerungen, aber dann wurde die ganze Reise von der polnischen Botschaft doch genehmigt und der Fahrer, wohl weil es sich um eine Hilfssendung handelte, sogar von der Umtauschpflicht befreit. Also beluden wir den VW-Kleinbus mit sechs großen Kisten voller Kleidungsstücke, zum Teil auch Seife, Zahnbürsten und ähnlichen Dingen, und an einem Sonntag im September, nach dem Morgengebet, fuhr ich los.

Die Monotonie der langen Fahrt bei regnerischem Wetter wurde nur unterbrochen durch die Kontrollen bei der Ein- und Ausreise in die DDR und aus der DDR nach Polen. Bei der Einreise in die DDR mußte ich mehrere Kisten ausladen und zum Durchleuchten in einen dafür vorgesehenen Raum transportieren. Andere Kisten wurden geöffnet und inspiziert. Aber insgesamt war die Kontrolle freundlich. Einer der Beamten erkundigte sich sogar nach dem Islam. Zuerst fragte er nach dem Islamischen Zentrum, das auf dem VW-Bus abgebildet war. Meine Einladung, uns einmal zu besuchen, um noch mehr zu erfahren, rief ein Lächeln bei ihm hervor. Dann wollte er wissen, was die „Islamiten" denn glauben. Ich erklärte es knapp und hoffe, daß es Stoff zum Nachdenken wird. Selber lachen mußte ich, als es darum ging, die Zollpapiere auszufüllen. Ich fragte, was ich in die Rubrik „Herkunftsland der Ware" zu schreiben hätte: Deutschland oder BRD? Daraufhin wurde ich belehrt, daß es Deutschland nicht gibt, nur eben die DDR und die BRD, und folglich sollte ich besser BRD hinschreiben!

Die Reise führte dann auf der Transitstrecke vorbei an Leipzig und Berlin nach Frankfurt an der Oder. Dort reiste ich aus der DDR aus und am Grenzübergang Swiecko nach Polen ein. Mittlerweile war es Spätnachmittag geworden. Die Abfertigung an der polnischen Grenze war langwieriger, aber ebenfalls im Grunde genommen freundlich. Die Kisten wurden sorgfältig inspiziert, die Ladeliste kontrolliert, dann waren noch Benzingutscheine zu kaufen, ohne die es in Polen schwierig sein würde, Benzin zu bekommen. Schließlich mußte ich noch unterschreiben, daß die Kontrollen des polnischen Zolls keinen Anlaß zu Beschwerden gegeben haben und dann durfte ich passieren.

An diesem Tag fuhr ich nicht mehr weit. Immerhin hatte ich ca. 800 km zurückgelegt. Also suchte ich einen Platz zum Übernachten und fand schließlich in der Nähe einen zwar schon geschlossenen Campingplatz (die Saison war gerade vorbei), dessen Tor aber offen stand. Ich zögerte nicht lange. Ein kleines Zelt hatte ich für alle Fälle mitgenommen. Dort also verbrachte ich die erste Nacht. Sie war stürmisch und regnerisch, aber ich habe sie überlebt, *al-hamdu li-llah*.

Am nächsten Morgen fuhr ich weiter nach Warschau, noch einmal ca. 500 km, und dort sollte ich meine erste Begegnung mit polnischen Muslimen haben. In Warschau stellte sich auch eine Besonderheit der Muslime in Polen heraus. Das Zentrum ihres Gemeindelebens, so seltsam das klingen mag, ist nicht etwa die Moschee, sondern der Friedhof. Dies ist auch der Fall in allen anderen Gegenden Polens, wo Muslime leben, und besonders im Osten Polens, dem eigentlichen Ziel meiner Reise. Zunächst aber ein paar Worte über die Muslime in Warschau: In der polnischen Hauptstadt leben ca. 300 polnische Muslime, dazu kommen ein paar Diplomaten aus muslimischen Ländern. Eine Moschee gibt es in Warschau nicht, obwohl schon seit den dreißiger Jahren ein Plan zum Bau einer Moschee besteht. Gemeinschaftliche Gebete finden kaum statt. Lediglich zu den beiden Festen werden entsprechende Räumlichkeiten angemietet. Die Stadt Warschau hat inzwischen aber die Genehmigung zum Moscheebau erteilt, und ein Grundstück ist auch vorhanden. Im Augenblick fehlt das Geld für den Architekten, und dann natürlich für den Bau selbst. Aber es gibt einen großen (und dazu noch einen kleinen, heute ungenutzten) Friedhof der Muslime in Warschau. Er heißt „Muzulmanski Cmentarz Tatarski", also Muslimisch-Tatarischer Friedhof, und er liegt an einer Straße, die auch „Tatarenstraße" (ul. Tatarsko) heißt. Spätestens hier wird man an den Ursprung und die über 500 jährige Geschichte der Muslime in Polen erinnert. Die heute noch ca. 3000 Angehörige zählende muslimische Minderheit Polens stammt nämlich ursprünglich von muslimischen Tataren ab, die im 14. Jahrhundert dem polnischen König gegen seine Feinde beistanden. Zum Dank für ihre Dienste wies ihnen die polnische Krone bestimmte Siedlungsgebiete zu und gewährte ihnen die freie Ausübung ihres Glaubens im polnischen Staat. In der Gegend von Biyalstok, im Osten Polens, leben noch heute Muslime in den von ihren Vorvätern begründeten Dörfern. Andere sind in verschiedene polnische Städte gezogen, viele auch während des 2. Weltkriegs durch Deutsche und Russen umgekommen, wurden zu Zwangsarbeit in die Sowjetunion verschickt, andere durch die Verschiebung des polnischen Staatsgebietes nach Westen umgesiedelt. Größere Gruppen von Muslimen gibt es deshalb heute in folgenden polnischen Städten: In Gorzow Wielkopolski (ehemals Landsberg in Pommern) nur wenige Familien, in Warschau wie gesagt ca. 300 Personen, in Gdansk (Danzig) ebenfalls ca. 300, während der Rest in der Gegend von Biyalstok lebt, etwa 1000 Muslime in dieser ostpolnischen Stadt, die übrigen in der Nähe, vor allem in Sokolka und einige Familien auch noch in den ursprünglichen muslimischen Dörfern Bohoniki und Kruszyniany, nur wenige Kilometer von der sowjetischen Grenze.

Doch zurück nach Warschau und dem tatarischen muslimischen Friedhof. Während des 2. Weltkriegs wurde er zerstört, als deutsche Truppen das Gelände als Bereitschaftsraum während der Kämpfe um die Warschauer Innenstadt benutzten. Aber die polnischen Muslime haben den Friedhof mit viel Liebe wieder hergerichtet. Gäbe es auf den Grabsteinen nicht arabische Inschriften und manchen Halbmond, könnte man meinen, es sei ein einfacher polnischer Friedhof. Nur an einigen Namen kann man auch erkennen, daß der Verstorbene Muslim war, doch viele trugen rein polnische Namen. Noch immer bezeichnen sich die Muslime Polens bei Gesprächen untereinander als „Tataren", aber was ihre Sprache und auch ihre Kultur betrifft, sind sie im Laufe der Jahrhunderte wirklich zu Polen geworden.

Muslime aus anderen Ländern heißen in ihrem Sprachgebrauch ebenfalls Tataren, Tataren aus Arabien, Tataren aus Indonesien, und hier war ich, es scheint zum ersten Mal, ein Tatare aus Deutschland. Und meine Frage, wodurch der Muslim in Polen sich eigentlich von den nichtmuslimischen Polen unterscheidet, wurde dementsprechend zur Frage: Was ist der Unterschied zwischen einem Tataren und einem Polen? Antwort: Nur die Religion. Zusatzfrage: Und sonst nichts? Antwort: Nein, sonst nichts.

Der Warschauer muslimische Friedhof und die übrigen Friedhöfe der Muslime Polens sind ein sichtbarer Ausdruck dieses Unterschieds. Zugleich sind sie auch Zeugen für die lange und mit großen Leiden verbundene Geschichte der Muslime Polens und der Polen überhaupt. Zahlreiche Grabsteine aus dem vorigen Jahrhundert tragen arabische und russische (kyrillische) Inschriften und erinnern an die Zeit vor der Entstehung der polnischen Republik nach dem Ersten Weltkrieg. Während der sogenannten Polnischen Teilung gehörte Warschau zum russischen Kaiserreich, und es war bei Strafe verboten, polnische Inschriften anzufertigen. Ein anderes sichtbares Mahnmal auf dem Friedhof in Warschau ist schließlich ein symbolisches Grab. Man errichtete es für Ali Woronowicz (1902-1941), der im Zweiten Weltkrieg im Osten verschwand. Dieser Mann hatte in Kairo an der Al-Azhar Universität studiert, war der Imam von Warschau gewesen und diente zugleich als Geistlicher für die während der polnischen Republik bestehende einzige rein muslimische (sprich tatarische) Militäreinheit, eine Kavallerietruppe. Was mit ihm geschehen ist, blieb unbekannt. *Inna li-llahi wa inna ilaihi radschi'un.*

Ich blieb, nachdem ich die erste Kiste der Hilfssendung übergeben hatte, einen Tag in Warschau, beriet mich mit einem Bruder dort über die weitere Reise und brach dann auf nach Biyalstok, ca. 190 km östlich von Warschau, dem eigentlichen Zentrum der muslimischen Gemeinschaft in Polen.

Auch in Biyalstok gibt es noch keine Moschee, und auch hier wird geplant, eine Moschee zu errichten. Dafür haben die Muslime in Biyalstok eine Art Gemeindehaus, einen Tagungsort in einem Holzhaus, wie es überhaupt im waldreichen Osten Polens sehr viele Holzhäuser gibt. Hier in Biyalstok hatte im März 1984 der 8. Delegiertentag der muslimischen Gemeinschaft Polens stattgefunden, an dem ca. 100 Vertreter der polnischen Muslime teilnahmen, und hier lernte ich den Vorsitzenden der muslimischen Gemeinschaft Polens kennen. Unsere Hilfssendung wurde auch hier mit Freude angenommen, Freude vor allem darüber, daß man im Ausland an die Brüder und Schwestern in Polen denkt. Die materielle Not ist heute nicht mehr so groß. Zwar sind Lebensmittel und viele Gebrauchsgüter rationiert, aber niemand hat zu wenig zum Anziehen. Hilfe allerdings brauchen die Muslime Polens, und zwar Hilfe von besonderer Art. Einmal wollen sie in verschiedenen Städten Moscheen errichten, und dazu werden Mittel gebraucht. Zum anderen fehlt es an gut ausgebildeten muslimischen Lehrern und vor allem an Literatur. Nicht einmal eine Koranübersetzung in polnischer Sprache ist im Buchhandel erhältlich.

In Biyalstok habe ich die typische „Hausbibliothek" eines polnischen Muslims gesehen. Sie besteht aus vier oder fünf Schriften: Einem vor über hundert Jahren vom Urgroßvater handgeschriebenen Koran (natürlich arabisch), einem Ende der zwanziger Jahre gedruckten Heft zum Erlernen des arabischen Alphabets, ein oder zwei handgeschriebenen „Gebetsbüchern", ebenfalls vom Urgroßvater oder vom Großvater und schließlich einem neuen „Gebetsbuch", in Biyalstok 1983 photomechanisch vervielfältigt und schön eingebunden. Es sind diese Gebetsbücher (polnisch: Modlitewnik Muzulmanski, arabisch: *hama'il*), die neben den Friedhöfen zu den Besonderheiten des muslimischen Lebens in Polen gehören. Sie sind in arabischer Schrift geschrieben und enthalten eine Anzahl von Bittgebeten in arabischer Sprache, dazu die Texte für die täglichen Gebete und anderes. Ebenfalls in arabischer Schrift, aber in polnischer Sprache (die tatarische Sprache ist seit Generationen völlig vergessen) steht dann bei jedem Bittgebet, wozu es anzuwenden ist – aber keine Übersetzung. Es wird nicht überraschen, daß das erste Bittgebet den Besuch auf dem Friedhof betrifft.

Da heute niemand mehr versteht, was da geschrieben steht und auch das vielfältige voneinander Abschreiben zu manchen Irrtümern geführt hat, enthalten diese Gebetsbücher, auch das neue von 1983, einige zum Teil schwerwiegende Fehler, die aber den polnischen Muslimen verborgen geblieben sind. Sie hängen an ihrem Glauben und den von den Großvätern und Urgroßvätern überlieferten religiösen Praktiken, und es ist überhaupt verwunderlich, daß es ihnen gelungen ist, trotz der relativen Isolation von der übrigen muslimischen Welt über ein halbes Jahrtausend zumindest die Erinnerung an den Islam zu bewahren. In das Besucherbuch der Moschee von Kruszyniany habe ich darum geschrieben: „O Allah, nimm von uns an und von ihnen (den Muslimen in Polen, das was richtig ist) und verzeih' uns und ihnen (was wir und was sie falsch machen), Du bist verzeihend und barmherzig."

Es wiegt sicher schwer, was sie richtig machen und über Generationen gemacht haben: Festhalten am Glauben an Allah und daran, daß Muhammad Sein Gesandter ist. Und es gibt sicher viel, was sie falsch machen, sei es aufgrund der Umstände, in denen sie leben, sei es aufgrund der wirklich großen Unkenntnis selbst über die grundlegenden islamischen Verhaltensweisen, die unter ihnen herrscht. Hier scheint mir, ist es unsere Aufgabe zu helfen.

Meine Reise führte dann weiter nach Sokolka, einer kleinen Stadt östlich von Biyalstok und schließlich in die zwei ursprünglich muslimischen Dörfer Bohoniki und Kruszyniany. Heute gibt es dort natürlich auch viele nichtmuslimische Familien, aber das Bild jedes der beiden Dörfer wird bestimmt durch die dort befindlichen Moscheen. Es handelt sich hierbei um die ältesten heute auf polnischem Boden befindlichen Moscheen, und zur Zeit um die einzigen. Lediglich in Gdansk (Danzig), das ich später noch besucht habe, wird nun eine neue Moschee errichtet. Der Grundstein wurde offiziell am 29. September 1984 gelegt, und es hängt von den Finanzen ab, wie lange die Bauzeit dauern wird. Auch hier wäre Hilfe sicher angebracht.

Die beiden alten Moscheen sind aus Holz gebaut und stammen in ihrer jetzigen Form zumindest aus dem vorigen Jahrhundert, wenn sie nicht noch älter sind. Die eine Moschee, in Bohoniki, wird zur Zeit restauriert, während die in Kruszyniany jeden Freitag zum Freitagsgebet geöffnet wird. Dazu reist ein Bruder, der Imam von Kruszyniany, jeden Freitag aus dem ca. 80 km entfernten Biyalstok mit dem Bus an. Und natürlich gibt es sowohl in Bohoniki als auch in Kruszyniany einen muslimischen Friedhof, sowie in Kruszyniany ein Holzhaus als Gemeindezentrum, ähnlich wie in der Stadt Biyalstok. Überhaupt empfinden die Muslime Polens diese beiden Dörfer, diese beiden Moscheen und diese beiden Friedhöfe als das eigentliche Zentrum ihres tatarisch-muslimischen Erbes und ihres Gemeindelebens, auch wenn sie hunderte von Kilometern entfernt wohnen. Kein Zweifel, daß ihr Blick oft auf die Vergangenheit gerichtet ist, kein Zweifel, daß sie ihre Identität aufgrund ihrer Vergangenheit bestimmen, kein Zweifel, daß heute noch der Friedhof den Mittelpunkt für sie darstellt. Und auch kein Zweifel, daß manches sich verändert. Zum ersten Mal in diesem

Jahrhundert wird nun in Polen (in Gdansk) eine neue Moschee gebaut, und der Wunsch besteht, auch in anderen Städten muslimische Gebetshäuser zu errichten. Es gibt also Hoffnung, daß die Moscheen, die Häuser des Gebets, für die Muslime Polens wieder zu Zentren ihrer Gemeinden werden.

Wer den Muslimen in Polen Hilfe leisten möchte – gleich welcher Art – wende sich bitte an die Redaktion von Al-Islam.

HUNGERHILFE ERITREA

In einem *hadith qudsi* (sog. „heiliger *hadith*", in dem Allah selbst spricht) über Allahs Bereitschaft zur Vergebung der Sünden sagt Allah der Erhabene: „Wer sich Mir eine Handspanne nähert, dem komme Ich eine Elle entgegen, und wer sich Mir eine Elle nähert, dem komme ich einen Klafter entgegen, und wer zur Mir gegangen kommt, zu dem komme Ich gelaufen ..." (Abu Dharr; Muslim, Tirmidhi).

Allah hat die Wahrheit gesprochen. Auch wir vom Komitee Hungerhilfe Eritrea haben gerade wieder so eine Erfahrung gemacht. Nur kurze Zeit, nachdem wir uns zur Bildung dieses Komitees entschlossen hatten und darüber nachdachten, auf welche Weise wir wohl am besten helfen können, wurden wir – völlig ohne eigenes Zutun – zu einer Stelle geführt, an der wir über vier Tonnen (!) trockene, unverderbliche Lebensmittel (Hülsenfrüchte) zu einem Bruchteil des üblichen Preises erwerben konnten. Wir hatten dafür nicht genug Geld. Unsere Sammelaktion war ja nicht einmal angelaufen. Aber es war eine einmalige Gelegenheit. Wenn wir nicht sofort zugegriffen hätten, wäre sie uns entgangen. Spontan haben wir zuerst mit den eigenen Taschen angefangen und dann mit Hilfe anderer Muslime, die wir an diesem Tag getroffen haben, die Sammlung begonnen. So gab uns Allah der Barmherzige, noch bevor uns die Rechnung für die Lebensmittel ausgestellt wurde, ausreichend Geld in die Hand, um zu bezahlen. *Al-hamdu li-llah.*

Da sage noch einmal jemand, es gäbe keine Wunder. Wunder bezeichnet ein Geschehnis, das aus dem Rahmen des üblichen herausfällt, das so nicht erwartet werden kann. Es war und ist nicht zu erwarten, daß einem eine solche Menge Lebensmittel zu einem derart geringen Preis genau zu der Zeit angeboten wird, in der man (nicht einmal mit der eigentlich erforderlichen Intensität) Vorbereitungen für eine Hilfsaktion treffen will und schon gar nicht, wenn man zum Lebensmittelhandel überhaupt keine Beziehungen hat. Und dazu, daß genau an dem Tag, wo es erforderlich ist, man innerhalb sechs Stunden von DM Null auf die benötigte Summe kommt. *Al-hamdu li-llah.* Wer auf Allah zugeht, nur Schritte tut, Ihm wohlgefällig zu sein, zu dem kommt

Allah gelaufen und hilft ihm, wie es im Heiligen Koran heißt, von wo er es nicht vermutet (65:3).

Nun kommt es darauf an, diese Lebensmittel (dazu kommen außerdem Medikamente, inschallah, die nun auch in Aussicht sind) auf dem billigsten und besten Weg direkt zu den Betroffenen zu transportieren. Das wird wieder etwas kosten. Wir vertrauen auf Allah und bitten jeden von Euch um seine Hilfe. Vergeßt nicht Eure verhungernden Brüder und Schwestern. Spendet, soviel Ihr könnt. Allah vergilt es vielfach.

Wir haben ein Spendenkonto eingerichtet unter dem Stichwort „Hungerhilfe Eritrea". Von den Spenden soll ausschließlich Sachhilfe geleistet werden. Wir versuchen durch persönliche Kontakte sicherzustellen, daß die Hilfsgüter direkt an die Bedürftigen weitergeleitet werden. Neben Spenden sind uns auch Vorschläge für Sammelaktionen und sonstiger guter Rat willkommen.

1985

BETR.: MUSLIME HELFEN

Lützelbach, den 6.4.85

Lieber Bruder, liebe Schwester im Islam, as-salamu alaikum.

Al-hamdu li-llah ist es gelungen, gestern hier, wie bereits vorgeschlagen, den Verein „Muslime helfen" e.V. offiziell zu begründen. Dabei waren einige der Brüder und Schwestern der Arbeitsgruppe anwesend, andere haben sich entschuldigt und noch andere konnten von dem vereinbarten Termin nicht mehr rechtzeitig informiert werden.

Die Brüder vom Haus des Islam haben uns auch geholfen, die notwendige Zahl von mindestens 7 Anwesenden zu erreichen.

Es wurden gewählt: Als Vorsitzender Br. Abdulqadir Schabel, als Kassenwart Br. Shakil Ahmad, beide haben diese Ämter unter der Voraussetzung angenommen, dass die nächste Mitgliederversammlung des Vereins am Samstag den 18. Mai 1985 in Hamburg stattfindet (Ali Moschee, Schöne Aussicht 36, 20.00 Uhr abends), wozu hiermit auch alle Vereinsmitglieder und Interessenten eingeladen werden.

Auf dieser Mitgliederversammlung gilt als Tagesordnung: 1. Bericht über die Lage des Vereins, 2. Wahl der Vorstandsmitglieder, 3. Festsetzung des Mitgliedsbeitrags, 4. Festsetzung des nächsten Hilfsprojekts.

Br. Abdulqadir und Shakil, die beide hier in der Nähe wohnen, haben sich freund-licherweise bereit erklärt, die Ämter zu übernehmen, damit der Verein in der kommen-den Woche beim Vereinsgericht eingetragen werden kann. In Hamburg soll aber während des Treffens deutschsprachiger Muslime allen Mitgliedern der Arbeitsgruppe (und auch anderen Interessenten, die Vereinsmitglieder werden möchten) die Möglichkeit gegeben werden, den Vorstand zu wählen, was hier in Lützelbach nicht möglich war.

Ich bin froh, dass es uns so gelungen ist, diese wichtige Hürde zu nehmen und hoffe, dass Ihr auch weiterhin mit viel gutem Willen diesen Verein unterstützt. Meine Aufgabe als Koordinator der Arbeitsgruppe dürfte damit beendet sein. Alle zukünftigen Anregungen, Korrespondenz usw. bis zum Hamburger Treffen an den Vorsitzenden des Vereins, Abdulqadir Schabel, Haus des Islam, Schillerstr. 40, 6129 Lützelbach, Tel. 06165 1348.

Eine Kopie der Vereinssatzung lege ich zur Information bei, ich glaube sie findet Eure Zustimmung. Die Frage Inland/Ausland ist offen gelassen. Aber die hier Anwe-senden waren der Meinung, Hilfe im Ausland sei wesentlicher für diesen Verein.

Allah segne Euch, wassalam

Ahmad von Denffer

1986

BESUCH IN POLEN

Al-hamdu li-llah konnte ich Polen im September 1986 für fünf Tage erneut besuchen. Dies erfolgte in Fortsetzung eines inoffiziellen Programms, unterstützt vom Islamischen Zentrum München und dem Haus des Islam. Beide Einrichtungen hatten im Sommer 1985 eine Gruppe muslimischer Jugendlicher aus Polen für ca. 3 Wochen zu Gast.

Mein Hauptanliegen war es, die Kontakte mit der muslimischen Gemeinde in Polen zu stärken, insbesondere der Gemeinde in Gdansk, eine der großen polnischen Städte an der Ostsee, besser bekannt als die Heimatstadt von Herrn Walenza und die Stadt, in der die Solidarnosc-Bewegung entstand. Die muslimische Gemeinde in Gdansk ist eine der aktiveren in Polen. Zur Zeit ist sie mit dem Bau der ersten Moschee im Polen dieses Jahrhunderts befasst. Im September 1986 standen die Außenmauern, und das Geld, das ich bei meinem Besuch übergeben konnte – gespendet von einigen muslimischen Einzelpersonen und der International Islamic Charitable Foundation – reicht aus, um Dach und Kuppel der Moschee fertigzustellen, bevor der Winter beginnt, inschallah. Weitere Spenden werden benötigt, und wohltätige Einzelpersonen wie Hilfsorganisationen werden gebeten, für diesen besonders wertvollen Zweck zu spenden.

Eine Delegation der *Rabita* hatte Polen zuvor in diesem Jahr besucht und umfangreiche Hilfe angeboten. Bisher ist allerdings nichts eingetroffen. Zwei muslimische Brüder aus Polen hoffen im Dezember 1986 inschallah mit einer Gruppe aus Deutschland *umra* zu verrichten, vorausgesetzt die Probleme von Finanzen und Visa können gelöst werden.

Die größte Gemeinde, die von Byalstok im Osten von Polen, plant ebenfalls den Bau einer Moschee. Doch bisher gibt es dabei keinen Fortschritt. Es gibt offenbar engere Kontakte zwischen der Gemeinde in Byalstok und *Jamiatu-Dawa* aus Libyen, die eine Gruppe muslimischer Jugendlicher zum Besuch nach Libyen eingeladen hatte, wo sie vergangenes Jahr einige Zeit verbrachte.

Die Gemeinde in der Hauptstadt Warschau ist weniger aktiv und scheint sich nur am *Id* zu versammeln, unter Einschluss verschiedener muslimischer Diplomaten der Botschaften in Warschau. Wie bei verschiedenen Gelegenheiten zuvor erwähnt, ist diese nun mit der muslimischen Gemeinde in Polen und ihren ca. 3000 Mitgliedern hergestellte Verbindung ein bescheidener Versuch, das wahre Verständnis des Islam in diesem Land wiederzubeleben, das jetzt unter sozialistischer Regierung und enger sowjetischer Aufsicht steht. Muslime leben seit mehr als 400 Jahren in Polen, aber haben viel von ihrer Religion vergessen. Dennoch haben sie das Bewusstsein bewahrt, eine muslimische Gemeinde zu sein, und wenn auch die jüngere Generation vor allem mit den Alltagsproblemen von Arbeit, Ausbildung, Wohnung usw. beschäftigt ist, gibt es unter ihnen manche Brüder und Schwestern, die etwas Interesse am Islam zeigen, wenn auch scheinbar nicht allzu enthusiastisch.

Die neue Moschee wird hoffentlich, wenn sie fertig ist, nicht nur ein Zentrum für das Gebet, sondern auch des Lernens und des Gemeindelebens werden, *inschallah*.

Anlage: Empfangsbestätigung für der muslimischem Gemeinde Gdansk übergebene Spenden.

1991

BERICHT AUS ALBANIEN
Erkundungsreise im Dezember 1991

Triest, 17.12.91. Es ist 13 Uhr. Am Hafenkai steht unser VW-Bus. Er ist bis unter das Dach vollgepackt mit Lebensmitteln und gebrauchten Kleidungsstücken, und er steht unmittelbar am Wasser. Die Autofähre „Palladio", die uns nach Albanien bringen soll, hat gerade abgelegt und entfernt sich langsam, Meter für Meter. Sie fährt ohne uns. Nicht, daß wir zu spät gekommen wären. Wir waren rechtzeitig da. Nicht, daß wir keine Fahrkarten gehabt hätten. Wir hatten sie besorgt. Aber für uns und etwa ein Dutzend weiterer Fahrzeuge gab es keine Plätze mehr. Andere hatten Vorrang aus Gründen, die wir nicht genau kennen. Was tun? Warten. Wie lange? Bis das Büro der Schiff-fahrtsagentur öffnet. Wann ist das? Ab 15.00 Uhr, denn jetzt ist Mittagsruhe – wir sind in Italien. Also warten wir, und ab 15.00 Uhr warten wir dann noch im Büro der Schifffahrtsagentur eine Stunde, bis die Arbeit dort wirklich beginnt und noch eine Stunde, bis wir an der Reihe sind, und dann heißt es, nachdem wir unseren Fall geschildert haben: „Das nächste Schiff fährt in drei Tagen." Ob es dann Platz für uns gibt? „Das läßt sich heute nicht mehr sagen, aber vielleicht morgen. Also, kommt einfach morgen wieder"...

Nach kurzer Beratung fassen wir den Entschluß, daß unser VW-Bus und ein Begleiter in Triest bleiben, während Malik und ich nach München zurückfahren. Mit dem PKW, den wir Gott sei Dank zur Verfügung haben, sind das inschallah nur sechs Stunden Fahrt. Und wenn wir morgen telefonisch erfahren, daß die Reise tatsächlich am 19. Dezember fortgesetzt werden kann, dann kommen wir inschallah zurück nach Triest. Gesagt, getan. Wir tanken voll und fahren los. Diesmal scheint alles glatt zu gehen. Über Udine erreichen wir den Grenzübergang nach Österreich bei Tarvisio. Vor 24 Stunden waren wir dort aus der anderen Richtung angekommen und hatten erheblich Probleme, denn der italienische Zoll verweigerte uns die Einreise nach Italien. Daß es sich bei unserer Ladung um eine Hilfssendung für Albanien handelte, interessierte ihn nicht – oder war das am Ende der Grund für die Schwierigkeiten? Der österreichische Grenzbeamte, zu dem wir nach etwa 2 Stunden vergeblichen Wartens und Bemühens zurückkehren mußten, war nicht erstaunt. „Ich weiß, so behandeln Euch eure EG-Partner" sagte er. „Ihr seid nicht die ersten, denen das so geht," und er erzählte von einem anderen Hilfstransport, der vor wenigen Tagen ebenfalls zurückgewiesen worden war. „Der war 24 Stunden verschollen, verzweifelt haben die Auftraggeber herum-telefoniert, um den Fahrer zu erreichen" – und dann an uns gewandt den Rat: „Hier könnt ihr nicht bleiben, es ist schon jetzt Minus 10 Grad, morgen früh seid ihr tot, fahrt in den nächsten Ort und übernachtet im Gasthaus und schaltet morgen das Deutsche Konsulat ein, vielleicht hilft das."

Bis morgen konnten wir nicht warten. Um 10.00 Uhr sollte das Verladen im Hafen von Triest beginnen. Wir entschließen uns, einen anderen Grenzübergang nach Italien anzufahren und es dort noch einmal zu versuchen. Über die Karawankenstrecke kommen wir nach Slowenien, wo niemand Probleme macht, aber um kurz vor 3 Uhr in der Frühe werden wir auch am nächsten italienischen Grenzübergang behindert. Diesmal ist es nicht unsere Ladung, sondern der Paß eines der Mitreisenden. Ihm wird grundlos die Einreise nach Italien verweigert. Wir haben keine Wahl und kehren erneut um. Gegen 5 Uhr passieren wir in eisigem Nebel Ljubljana und beten an einer Raststätte zitternd das Frühgebet. Kurz vor 9 sind wir *al-hamdu li-llah* in Italien, nachdem wir am dritten Grenzübergang das ganze Auto ausladen mußten und nur durch Beharrlichkeit und Humor verhindern konnten, daß auch der italienische Zoll sich seinen „Anteil" an den Hilfsgütern aneignete: „Diese Sendung ist für Albanien, davon könnt ihr nichts bekommen, nein, nicht einmal ein Paket Zucker – aber wenn ihr in Italien wirklich so bedürftig seid, dann organisieren wir eben die nächste Aktion für euch"... Und dann Warten am Hafen, bis das Verladen beginnt, Stunde um Stunde der Abfahrt näher gerückt und Meter um Meter der Fähre, bis – sie ohne uns fuhr. Und nun zurück nach München, problemloser Grenzübertritt nach Österreich, dann einsetzender Schneefall, rutschige Alpenstraße, sechs Stunden bis München, das wird wohl nichts. Langsam schieben wir uns jetzt voran, erreichen kurz vor 10 Uhr abends die Grenze bei Salzburg und dort, 100 Meter vor dem Übergang, Ende der Reise, Autopanne und keine Möglichkeit, sie zu beheben. Wir schlagen uns durch zum Salzburger Hauptbahnhof, kein Zug mehr nach München heute Nacht. Oder doch, *al-hamdu li-llah*, der „Orient-Express" nach Paris hat Verspätung. Wir erreichen ihn. Ein Uhr früh am Münchener Ostbahnhof, und fünf Minuten später werden wir am Hauptbahnhof aussteigen, um vielleicht die letzte U-Bahn zu erwischen. Nur – dieser Zug hält nicht am Hauptbahnhof, fährt weiter durch die dunkle Nacht und erst in Augsburg können wir ihn verlassen. Dort warten wir noch eine Stunde, bis wir zurück nach München fahren können, und 4.10 Uhr sind wir *al-hamdu li-llah* dann doch zu Hause. Die Rundfunknachrichten melden: Spiegelglatte Straßen im Alpenraum und auch in München, mehrere hundert Unfälle in dieser einen Nacht...

Bari, 21.12.91. Mit Malik spaziere ich durch die Altstadt. Am Boden liegt eine Einwegspritze, die Nadel aufgezogen. Die Fähre liegt im Hafen, 12 Stunden hat sie Aufenthalt. Wir wandern zum Bahnhof, um uns kundig zu machen, wie man eventuell mit dem Zug zurückfahren kann. Dann suchen wir, vergeblich, nach einer Moschee, kehren schließlich zum Schiff zurück und beten dort. Gegen Abend schwächt der Wind ab. Die Überfahrt von Triest war stürmisch gewesen und allen – außer Malik – war das gar nicht gut bekommen. Nicht einmal Reisetabletten hatten geholfen. Auch den Soldaten der italienischen Armee blieb nichts erspart. Sie spuckten ebenfalls. Ihre Lastwagen füllten die halbe Fähre, und sie waren leer. Das schien die Gerüchte zu bestätigen, die man gehört hatte, nämlich, daß Italien nicht Hilfsgüter nach Albanien bringt, sondern aus Albanien nach Italien. Selbst in seriösen deutschen Zeitungen war ja berichtet worden, daß für Albanien bestimmte Hilfsgüter in italienischen Geschäften auftauchen. Und die Lastwagen dürften ja wohl kaum leer hin und wieder leer zurückfahren, das macht keinen Sinn. Die ganze Schieberei erfolgt ganz offensichtlich in wirklich großem Stil. Manche Mitreisende sagen, vielleicht werden hier auch Waffen abgeholt, die dann im Krieg in Jugoslawien Verwendung finden...

Am Abend wird in Bari zugeladen, vor allem sind es Albaner, die nach Hause fahren, mit vollbepackten alten Autos, oder sogar zu Fuß, den Kühlschrank auf dem Rücken. Sie drängen auf die Fähre, dazwischen katholische Nonnen und Priester, denen das italienische Militär Wege durch die Menschenflut bahnt und die schweren Reisetaschen trägt. Ein junges Mädchen aus Albanien steht an der Reling und schaut schweigend hinab auf das Hafengelände. Vor kurzem noch war sie selbst dort unten gewesen, zusammen mit ihren Eltern und Geschwistern. Das Chaos beim Laden hatten sie genutzt, die Fähre zu verlassen, über einen freien Platz zu gehen und an einem im Dunkeln liegenden Zaun zu verschwinden. Ihre Angehörigen waren davongekommen, illegal nach Italien, sie hatte die Polizei noch erwischt und zurück auf die Fähre gebracht. Zurück nach Albanien, das Zehntausende, Hunderttausende seiner Bewohner sofort verlassen würden, wenn sie nur könnten. Albanien, was mag das für ein Land sein?

Ja, was weiß man von Albanien? Niemand hat sich über diese mehr als 3 Millionen Menschen wirklich Gedanken gemacht, die da jahrzehntelang mitten in Europa in einem riesigen, landesweiten Konzentrationslager lebten. Irgendwie hatte sich die Propaganda der Kommunisten dort sogar im Ausland ausgewirkt. Albanien, das wußte man, hatte sich nahezu hermetisch der Außenwelt abgeriegelt, ging seinen eigenen Weg zum Kommunismus, hörte nicht auf Moskau, löste sich aber auch von seinem zeitweiligen Verbündeten China und hatte als einziges Land auf der Erde einen bis zum Äußersten gehenden Kampf gegen die Religion geführt. Was das bedeutete, konnte man sich allerdings nicht wirklich vorstellen, besonders nicht in einer Welt, in der die Religion als Privatsache des Einzelnen verstanden und behandelt wird. 1967 erklärte Albanien sich zum ersten atheistischen Staat der Welt. Jegliche öffentliche religiöse Äußerung wurde verboten und Verstöße wurden mit harten Strafen geahndet, Moscheen und

Kirchen geschlossen und in Lagerräume, Werkstätten oder Kinos verwandelt, die Minarette abgerissen. Lediglich die kleine Zentralmoschee von Tirana wurde als „kunstgeschichtliches Monument" erhalten und nicht beschädigt. Mindestens eine ganze Generation wuchs in diesem Klima auf, in dem es natürlich auch keinerlei religiöse Bildung oder Erziehung gab. Erst seit etwa einem Jahr ist das ein bißchen anders. Obwohl die Statistik sagt, daß eigentlich 75% der Albaner Muslime seien, ist in Wirklichkeit der größte Teil der Bevölkerung religionslos, auch wenn die Großväter und Großmütter in ihrer Kindheit noch gebetet haben. So erklärte mir ein junger Albaner, den ich nach seiner Religion fragte: „Nun, ich bin wohl Muslim. Also, zumindest mein Großvater war Muslim. Mein Vater, nein, eigentlich nicht, er hat ja nie etwas in seinem Leben getan, was mit der Religion zu tun hat, und ich, ich auch nicht. Solche Menschen, muß man sagen, haben doch keine Religion, wenn sie nie im Leben etwas getan haben, das zur Religion gehört, also, eigentlich bin ich doch religionslos ..."

Tirana 22.12.91. Kerzengerade sitze ich im Bett, ein peitschender Schuß in unmittelbarer Nähe hat mich aufgeweckt, auf den sogleich das knatternde Geräusch eines Motors zu hören ist. Ich brauche einen Moment, um zu begreifen, was vor sich geht: Es ist 3.40 Uhr in der Früh, stockdunkel und draußen auf der Straße hat jemand offenbar einen Lieferwagen mit einer Fehlzündung gestartet. Jetzt läuft der Motor, und das Fahrzeug rumpelt davon. Ich lege mich wieder zurück, ziehe die Decken fest an mich. Im Zimmer dürfte es Null Grad haben, draußen auf der Straße muß es noch kälter sein. Am Abend zuvor war der Strom ausgefallen, eine praktisch alltägliche Erscheinung, wie ich bald feststellen sollte. Nicht nur die Häuser, sondern auch die Straßen sind so stockdunkel, und nach Einbruch der Dunkelheit geht man auch nicht mehr außer Haus, zumindest nicht allein. Gegen Mittag waren wir in Tirana eingetroffen, nachdem das Schiff am frühen Morgen den Hafen Durres erreicht hatte. Die Paßkontrolle war einfach und ordentlich, auch der Zoll an der Hafenausfahrt erkannte an, daß es sich bei unserer Ladung um Hilfsgüter handelte. Die herum-stehenden jungen Wachsoldaten versuchten durch die Fenster zu schauen und fragten, ob wir nicht auch für sie etwas hätten. Wir reichten zweien von ihnen je ein Paar Hosen heraus, die sie glücklich strahlend rasch zusammenknüllten und unter ihren weiten Filzmänteln versteckten. „Als ob die Atombombe eingeschlagen hätte," kommentiert Malik den Anblick der Hafengegend.

Auf der Straße nach Tirana wenig Verkehr und die unübersehbaren Spuren der Not. Privatautos gab es in Albanien bis vor kurzem nicht, nur öffentliche Busse. Entsprechend leer die Straße, die Busse voll besetzt, rußqualmend, verbeult, verrostet, ohne Lack und ohne Fensterscheiben. Überall in der Gegend sind kleine Betonbunker zu sehen, ragen wie Pickel aus der Landschaft. 80 000 davon soll es über ganz Albanien verstreut geben, höre ich – wie Zeichen eines kollektiven Verfolgungswahns, errichtet zu einer Zeit, in der die staatliche Propaganda den Leuten weismachte, ihr Land Albanien, das Dank des Sozialismus einen höheren Lebensstandard als die kapitalistische Welt erreicht habe, sei durch mögliche Angriffe neidischer Feinde bedroht. Rechts und links der Straße die Stümpfe der abgeholzten Alleebäume. Vor einem kleinen Dorf hält uns ein Polizist an. Wir müssen warten, bis die Äste eines Straßenbaumes aus dem Weg geräumt sind, der gerade von ein paar Männern unter den Augen der Polizei gefällt wird. Sicher hat auch der Polizist zu Hause keinen Brennstoff und erhält so seinen Anteil Holz ...

Auch das Haus in Tirana, in dem wir Aufnahme finden, ist eisig kalt. Nur in der Küche ist es warm, wenn man seinen Stuhl direkt neben den kleinen Herd rückt, der mit einem Holzscheit beheizt wird, und auf dem ein Topf mit heißem Wasser steht. Hier wohnt unser Gastgeber allein mit seinem noch unverheirateten Sohn. Die Frau ist gestorben, die Töchter verheiratet und ausgezogen. Acht Jahre saß er im Gefängnis. 1971 wurde er eingesperrt, wegen „landesverräterischer Propaganda." Er hatte gefragt, weshalb Albanien sich nicht mit dem Westen, statt dem Osten verbinde. Später lernten wir noch andere Menschen kennen, die auch „gesessen" haben. Sie berichteten die schlimmsten Dinge, Demütigung, Mißhandlung, Einzelhaft, Hunger, Verzweiflung. Zu den Bestrafungen gehörte bei vielen auch die Trennung von ihren Angehörigen. Ehen wurden zwangsgeschieden, Familien zerrissen, die Angehörigen in die verschiedensten Landesteile in Verbannung geschickt. Daß die Behörden den Neugeborenen die Namen zuteilten und nicht die Eltern die Namen für ihre Kinder wählten, war keine Bestrafung sondern normal und erklärt, weshalb sich bei den Kindern keine islamischen Namen mehr finden. Viele junge Muslime heißen „Adrian", sogar „Hans" kommt vor...

Ich habe noch einen Auftrag zu erfüllen. Mirsad hat mir etwas Geld mitgegeben für seine Tante, die am Stadtrand von Tirana lebt. Wir besuchen sie dort. Zur Begrüßung will man mir ein Täßchen Kaffee anbieten, wie das in Albanien Sitte ist. Das lehne ich dankend ab, auch einen Tee, weil ich ohnehin kein Kaffee- oder Teetrinker bin. Ich stoße auf Unverständnis. Treuherzig fragt der alte Onkel dann: „Vielleicht willst Du einen Raki?..." Auch darauf verzichte ich natürlich und bin mit einem Glas Wasser zufrieden. Dazu legt mir der Onkel ein paar Orangen auf den Tisch, die er den Enkel vom Bäumchen vor dem Hause pflücken ließ. Beim Abschied weint der alte Mann, so gerührt ist er, daß Mirsad seine Verwandten nicht vergessen hat und ich sie besuchte.

Tirana, 23.12.91. Inzwischen haben wir mehrmals in der kleinen Hauptmoschee von Tirana gebetet. Eine osmanische Bauinschrift weist das Jahr 1238 der Hidschra auf. Zum Abendgebet versammeln sich dort etwa 20 Personen, darunter auch einige junge Leute. Vor der Moschee, unmittelbar am Eingang sitzen Männer und verkaufen Zeitungen. Mein Blick fällt auf ein ansprechend gestaltetes kleines Buch, roter

Umschlag, darauf eine arabische Kalligraphie und der Titel „*al-kitab*", also „Das Buch."
Ich blättere darin, es ist in albanischer Sprache. Dann lese ich: Gedruckt in der Schweiz.
Ich traue meinen Augen nicht, aber doch, es stimmt: Ein Bibelkurs für Muslime, in
albanischer Sprache, gestaltet wie ein islamisches Buch, aus der Schweiz nach Albanien
gebracht, wird dort von christlichen Missionaren am Moscheeeingang zum Verkauf
angeboten! Ich habe es selbst gesehen. Dann frage ich mich: Wo auf der Welt hast Du
einmal gesehen, daß sich Muslime vor den Eingang einer Kirche stellen und dort
islamische Schriften vertreiben, auf deren Einband ein Kreuz gedruckt ist, damit man
sie für christliche Schriften hält? Wo in den muslimischen Ländern oder auch außerhalb,
gibt es eine Druckerei, einen Verlag, eine Organisation, die solche Schriften herstellt,
von denen man beim ersten Anblick glaubt, sie seien christlich, während es sich in
Wirklichkeit um islamische Literatur handelt? Ich versuche also, mir das Gegenteil
vorzustellen, aber es gelingt mir nicht. Bei allem, was wir uns als Muslime und Christen
bei unseren vielen Gesprächen über Dialog und *Da'wa* auch gesagt haben, die
Auffassungen vom gottwohlgefälligen Tun, vom Umgang mit den Menschen, sind
letztendlich doch wohl grundverschieden, die Unterschiede nicht zu überbrücken – das,
was Christen hier tatsächlich tun, kann sich ein Muslim nicht einmal vorstellen ...

Auch die zweite Moschee Tiranas haben wir besucht, am Bazar. Dort befindet sich
die bislang einzige islamische Schule, eröffnet am 15. Oktober. Die alte Medresse, ein
ansehnliches Gebäude mit 3 Etagen, ist noch immer beschlagnahmt und dient als
Zahnklinik. Die Lehrer sind alte Männer im Ruhestand. In einem Gebäude, das wie ein
Stall aussieht, mit kleinen Fenstern, die große Spalten haben, drängen sich zur dritt und
zu viert in einer Schulbank sitzend in der „Medressiye Haji Mahmud Daschi" 60 oder
70 Schüler. Am Nachmittag kommt die zweite Schicht. Außer den Schulbänken, einer
Tafel und einer Karte von Albanien an der Wand fehlt alles, vor allem Bücher, Hefte
und Heizung. Aber selbst hier gibt es für andere noch etwas zu holen. Diese Schulklasse
wurde, so war zu erfahren, gerade kürzlich am helllichten Tag von mehreren Männern
ausgeraubt. Sie drangen in den Raum ein und entwendeten den Schülern unter
Androhung von Gewalt die letzten kleinen Geldscheine, die sie bei sich hatten. Wir
übergeben eine Sendung Bücher zum Koranlernen, die dankbar entgegengenommen
wird.

Ganz in der Nähe der Schule waren wir schon am Morgen an einem Lebensmittelladen vorbeigekommen. Der Eigentümer hatte gerade geöffnet und festgestellt,
daß seine wenigen Vorräte bei einem Einbruch über Nacht geplündert worden waren.
„Wie soll man unter solchen Umständen ein Geschäft betreiben?" fragt er verzweifelt.
Erst seit ein paar Wochen hat er den Laden, und jetzt ist er praktisch ruiniert. Hinter
dem Diebstahl, hinter der ganzen Anarchie im Lande steckt Methode, meint mancher in

Albanien. Denen, die privat Initiative ergreifen, soll der Mut genommen werden. Denen, die ihre Hoffnung auf die Liberalisierung setzen, soll vor Augen geführt werden, daß die „Demokratie" nicht besser ist. Mit gleicher Münze zahlen die Anhänger des neuen Trends zurück. „So lange noch die Kommunisten an der Macht sind, tun wir hier gar nichts mehr," sagen sie, „sonst denken ja die einfachen Leute, daß es auch mit dem Kommunismus weiter gehen kann." So oder so ist damit die ganze Wirtschaft gelähmt. Gearbeitet wird fast nirgendwo. In den Betrieben fehlen die Rohstoffe, in den staatlichen Läden die Waren. Die Menschen verbringen den ganzen Tag auf der Straße. Dort ist es tagsüber im Sonnenschein wärmer als in den ungeheizten Wohnungen. In dichten Trauben stehen sie überall oder gehen auf und ab. Wer etwas zu verkaufen hat, bringt es auf die Straße. Da steht einer mit einem großen Badehandtuch, das er vor sich hält. Neben dem beraubten Lebensmittelladen haben ein paar Männer mitten auf dem Weg einen Pappkarton angezündet und wärmen sich an seinen Flammen. Später sehe ich den Stamm eines großen alten Baumes schwelen, der inmitten eines Platzes im Zentrum von Tirana steht. Man hat ihn einfach angezündet. Jemand verkauft Zwiebeln aus einem Sack. Zigaretten gibt es kartonweise, vernünftige Lebensmittel sucht man meist vergeblich. Die staatlichen Brotgeschäfte haben nur kurz geöffnet. Schon lange vorher bilden sich Menschenschlangen davor, die auf die Lieferung warten. Nach einer halben Stunde ist alles ausverkauft und der Laden schließt bis zum nächsten Vormittag. Fliegende Händler mit ihren Wägelchen bieten auch „Kebab" an, das sind gebratene Schweinewurstscheiben mit einem Stück gerösteten Brot. Fast jeder in Albanien ißt Schweinefleisch – auch die meisten der Leute, die in der Moschee vorbeten, sagt man mir im Vertrauen.

Zuvor waren wir schon in der neu eingerichteten „Islamischen Gemeindeverwaltung" gewesen und hatten den „Mufti von Tirana" gesprochen. Albanien habe einmal 1600 Moscheen gehabt, jetzt seien es weniger als 150 und wirklich genutzt nur 20, erfahren wir. In Tirana habe es früher 10 Moscheen gegeben, 9 davon wurden zerstört oder beschädigt. Zur Zeit seien zwei wieder in Nutzung. Man bemühe sich um den Wiederaufbau der muslimischen Gemeinde, aber werde auch jetzt noch tagtäglich von den Kommunisten behindert. Erst seit gerade 10 Tagen stehe ein einigermaßen geräumiges verfallenes Haus zur Verfügung, in dem sich unter der Bezeichnung „Bashkesise Islamike Shqiptare" die „Islamische Gemeindeverwaltung" einrichten will. Bislang sind das noch völlig leere Räume, in denen ein paar Leute zu arbeiten versuchen. Was sie aber wirklich tun, ist nicht erkennbar. Einer der Anwesenden wird von unserem Begleiter als Regierungsagent identifiziert, der bei den großen Demonstrationen beim Umsturz die Leute fotografiert habe. Das Mißtrauen ist groß. Auch anderen sind wir begegnet, die sich jetzt mit dem Islam verbinden und von denen es heißt, sie seien Regierungsagenten. Der „Islamischen Gemeindeverwaltung" stiften wir eine Schreibmaschine und einen gebrauchten Teppichboden, den Malik in München vor dem Wegwerfen bewahrt und nach Albanien mitgenommen hatte.

Später lernen wir dort auch den Mufti von Albanien kennen, Hafiz Sabri Koci, ein älterer Mann, der auch im Gefängnis gesessen hat, eigentlich in der nördlich gelegenen Stadt Shkoder lebt und täglich mit dem Wagen nach Tirana gefahren wird. Ein bißchen „Infrastruktur" entwickelt sich also...

Wir erfahren, was wir vermutet haben, nämlich, daß die katholische Kirche aus Italien besonders aktiv ist, während Hilfe aus der islamischen Welt nur spärlich eintrifft. Aus anderen Quellen wissen wir, daß die Türkei sich recht stark eingesetzt hat und u.a. mehrere hundert Krankenwagen zur Verfügung gestellt haben soll. In der Stadt Elbasan haben wir auch gesehen, wie jemand seine Familie mit einem Krankenwagen vom Einkauf auf dem Markt nach Hause brachte...

Mehrere Delegationen aus muslimischen Ländern sind im Lande gewesen, zuletzt eine gut besetzte Wirtschaftsdelegation aus Kuwait, aber immer seien diese Leute frustriert abgereist, weil das Chaos im Land und die Hürden der Bürokraten ihnen ein Engagement sehr erschwerten. Zwar habe man vielfältige Absichtserklärungen gehört, aber praktische Hilfe in Form von Lebensmitteln sei bisher nur aus Saudi-Arabien gekommen, kürzlich auch aus Libyen, dazu Literatur in albanischer Sprache. Es treffe zu, daß die Menschen in den Dörfern in noch größerer Not als in der Hauptstadt Tirana seien. Unser Plan, selbst in ein Dorf zu fahren, um unsere mitgebrachten Lebensmittel und Kleidung direkt an die Einwohner zu verteilen, findet Zustimmung, vermutlich auch schon deshalb, weil die „Islamische Gemeindeverwaltung" derzeit kaum in der Lage sein dürfte, selbst so etwas zu organisieren.

Kllojka, 25.12.91. Das Gebirgsdorf Kllojka hat 110 Häuser, in denen Familien von 2 bis 12 oder sogar 15 Personen leben. Es liegt etwa 45 km von Tirana entfernt, davon mehr als 25 km steile, steinige Gebirgsstraße ohne Straßenbelag. „Wenn wir nicht Hilfe bringen würden" sagt Malik mit dem Gedanken an Allahs Beistand, „könnte unser VW-Bus das nie verkraften!" Ich sehe das auch so.

Als wir nach etwa 2 Stunden Fahrt das Dorf erreichen, laufen die Kinder, die uns schon von weitem gesehen haben, neben unserem Fahrzeug her. „Ndima, ndima" rufen sie – „Hilfe" kommt – und „Mutter Theresa, Theresa ...". Für diese Kinder ist ganz klar: Wenn Hilfe für ihr Dorf kommt, dann von „Mutter Theresa", aus „Italien" oder vom „Roten Kreuz." Später sagen wir den Dorfbewohnern daß diese Lebensmittel ein Geschenk ihrer muslimischen Brüder aus Deutschland sind, aber ich bin sicher, die Kinder werden „Hilfe" noch lange mit „Mutter Theresa" und „Italien" verknüpfen.

Wir beraten mit den Dorfbewohnern über die sinnvollste Art der Verteilung und einigen uns darauf, aus dem Dorfvorstand, dem Lehrer und dem Imam – auch den gibt es! – einen Ausschuß zu bilden und anhand einer in der Dorfverwaltung vorhandenen Häuserliste die Familien aufzurufen. Bald versammelt sich eine große Menschenmenge um unseren VW-Bus. Wer aufgerufen wird, bekommt von uns 2 kg Mehl, 1 kg Zucker und einen Arm voll gebrauchter Kleidung, Familien mit mehr als 7 Personen etwas mehr. Wer seinen Anteil bekommen hat, wird auf der Liste abgehakt. Die ganze Aktion dauert etwa 2 Stunden. Natürlich gibt es Gedränge, und mancher fürchtet, daß er zu kurz kommt, aber insgesamt verläuft alles friedlich. Nur als wir abfahren wollen, sind noch einige da, die mehr verlangen, als wir verteilt haben, doch es gelingt uns, loszukommen. Auch die Befürchtung, daß die Dorfjungen uns beim Losfahren die Scheiben mit Steinen zertrümmern würden, erwies sich als unbegründet. Es stimmt, wir haben in Albanien auch viel Vandalismus gesehen, aber *al-hamdu li-llah* traf es uns nicht direkt.

Als wir am Vortage aus Elbasan zurückkamen und dabei auch die Route für diese Verteilungsaktion erkundeten, hatten wir unterwegs zwei Dorfschullehrer mitgenommen, die uns ebenfalls bestätigten, daß die Menschen in dieser Berglandschaft bedürftig sind – „je weiter weg das Dorf von der Hauptstraße liegt, umso ärmer sind die Menschen." Wir haben sie auch nach den Lebensumständen befragt.

Ein Lehrer verdient im Monat 8000 Lek, also weniger als DM 30.-. Ein Brot kostet 50 Lek, 1 Kilo Reis (der praktisch nicht vorhanden ist) 150 Lek, eine Hose 3000 Lek. Wie die Leute leben, bleibt rätselhaft. Im Frühjahr soll alles besser werden. Dann wird es wärmer, der kollektivierte Boden wird an die Landarbeiter verteilt, die Regierung wird abgewählt, die „Demokratie" kommt...

Ich frage auch nach der Religion. Beide Lehrer sind Muslime. „Was ist das Wesentliche am Islam?", will ich wissen. Schweigen. Schweigen. „Was wißt ihr vom Islam?" hake ich nach. Der ältere der beiden sagt: „*Bismillahirrahmanirrahim. La ilaha illa llah.*" Was es bedeutet, weiß er nicht. Als Kind ist er mit dem Großvater manchmal zur Moschee gegangen, aber das gibt es ja seit Jahrzehnten nicht mehr. Der Jüngere hat nicht einmal mehr solche Kindheitserinnerungen. „In der Schule haben wir gelernt: Religion ist Opium für das Volk... Neulich habe ich einmal eine Schrift über das Christentum in die Hände bekommen. Ich habe ein bißchen darin gelesen und festgestellt, daß das nicht meine Religion ist. Aber vom Islam weiß ich gar nichts..."

Albanien muß tausende von solchen Lehrern haben und tausende Dörfer wie Kllojka. Ob wir wiederkommen, mit mehr Hilfe, haben uns einige dort gefragt. „Ja", haben wir geantwortet, „*inschallah*", aber das „*inschallah*" hat kaum einer verstanden, und auf die Erwiderung zum „*as-salamu alaikum*" des Friedensgrußes beim Abschied haben wir vergeblich gewartet. Selbst diese Worte zu sprechen scheint vielen Leuten unbekannt und anderen noch immer zu gefährlich. Ja, wir wollen wiederkommen, *inschallah*, wenn Gott will, mit Hilfe für die Menschen in Albanien. Zu Hause sammeln unsere Brüder und Schwestern schon weitere Lebensmittel im Rahmen der Aktion „Muslimhilfe Osteuropa". Möge Allah es ihnen recht vergelten. Ja, wir wollen wiederkommen, mit einer großen Hilfssendung, inschallah im Januar...

1992

DIE WAHRSAGERIN

In einer Straße, auf der viele Leute gehen,
auch ich,
da habe ich sie auf der bloßen Erde sitzen sehen,
zu schwach zum Stehen, gebeugt,
den Rücken an der Wand,
die Hände vor's Gesicht geschlagen.

„Was ist?" will ich sie fragen.
Da höre ich von schwacher Stimme,
die durch die Finger dringt:
„Ich werde dir die Zukunft sagen,
damit du weißt, was sie dir bringt!

Ich habe meine Zukunft nicht gekannt,
ich habe nie an sie gedacht,
ich war wie du,
ich habe auch gespielt, gescherzt, gelacht,
und habe Gott vergessen.
An Menschen habe ich geglaubt,
an das, was sie versprechen,
und Menschen haben mich geschlagen,
mißbraucht, vertrieben, ausgeraubt."

„So ist das Leben!" will ich sagen
und suche zwischen großen Scheinen
nach Kleingeld, das ich in der Tasche habe,
das möchte ich ihr geben.

Da höre ich von schwacher Stimme,
die durch die Finger dringt:
„Du denkst, dir wird es anders gehen,
du hast an Gott geglaubt,
ich sage dir, ich kann es sehen,
du wirst wie ich geschlagen,
mißbraucht, vertrieben, ausgeraubt!"

„Wie soll mir das geschehen?"
will ich sagen und habe jetzt
die Münzen in der Hand:
„Das ist für dich!"

Da höre ich von schwacher Stimme,
die durch die Finger dringt:
„Du hast an Gott gedacht
und hast dein Kleingeld mir gegeben,
jetzt, wo ich auf der Straße sitze.
Doch als man mich geschlagen
und vertrieben hat,
was hast du da gemacht?
Da hast du mich allein gelassen –
und wie du mich
vergißt Gott dich!"

„Genug gefaselt!"
will ich sagen,
„ich muß jetzt weitergehen",
und wie ich wegging,
hab' ich noch gefragt:
„Wer bist du?"
„Ich heiße Bosnien"
hat die Frau gesagt.

ZEHN JAHRE MUSLIME HELFEN

Das vergangene Jahr 1995 war das zehnte Jahr unseres Bestehens und unserer Arbeit für bedürftige und in Not geratene Mitmenschen.

Gefeiert haben wir nicht, aber wir sind dankbar. Wir danken Allah, daß Er uns vielfältige Möglichkeiten gab, um Seinetwillen Gutes zu tun. Wir danken allen, die geholfen haben, dies zu ermöglichen, den Mitgliedern, den Helfern, den Spendern von Geldmitteln, aber auch von Sachspenden, und insbesondere den Mitbegründern und früheren Vorstandsangehörigen. Wir bitten Allah, uns weiter zu helfen und bitten Euch, die Mitglieder und Freunde, Muslime helfen e.V. wie bisher zu unterstützen. Wir leben gerade jetzt in Zeiten, in denen Hilfeleistung für Notleidende ganz besonders erforderlich ist. Das wenigste, was jeder von uns dazu beitragen kann, wäre, zumindest ein weiteres Mitglied für Muslime helfen zu gewinnen, denn mit dem kleinen monatlichen Beitrag von nur 5,- DM pro Person kann erstaunlich viel bewegt werden. Das haben die vergangenen zehn Jahre gezeigt.

1985 Als Reaktion auf das Leiden, das Muslimen weltweit durch Kriege, Natur-katastrophen und strukturelle Not widerfährt, gründen in Deutschland ansässige Muslime unterschiedlicher Nationalität das Hilfswerk Muslime helfen e.V. Sie legen damit den Grundstein für die erste organisierte islamische Hilfsarbeit von deutschem Boden aus. Im selben Jahr gründen Muslime in England zusammen mit Bruder Yusuf Islam das internationale Hilfswerk Muslim Aid.

1986 Muslime helfen versorgt Hungernde in Äthiopien und organisiert in Zu-sammenarbeit mit anderen islamischen Hilfsorganisationen einen Medikamententrans-port für afghanische Flüchtlinge.

1987 Auch in diesem Jahr zwingt der Krieg, den die damalige Sowjetunion nach Afghanistan getragen hat, zu umfassender Flüchtlingshilfe von Pakistan aus: Medikamente, Lebensmittel und Decken.

1988 Zwei erste längerfristige Projekte laufen an: Flüchtlingshilfe von Uganda aus, und finanzielle Unterstützung von Witwen und Waisen in Palästina, nachdem die Unterdrückungspolitik Israels immer mehr Opfer fordert.

1989 Hungersnöte in Äthiopien und im Sudan erfordern vermehrt Unterstützung der Bevölkerung mit Lebensmitteln und Medikamenten. Nach dem großen Erdbeben im Iran gehen erstmals Hilfslieferungen auch in dieses Land.

1990 Schwerpunkt ist die Hilfe für Palästina in der Zeit der Intifada. Muslime helfen vermittelt Patenschaften für Waisenkinder.

1991 Von München aus werden Lebensmittel und Medikamente nach Albanien gebracht. In Palästina wird der Aufbau einer Poliklinik gefördert. Die Hilfslieferungen in afrikanische Länder werden verstärkt. Nach Afghanistan gehen Medikamente und medizinisches Großgerät. Unter dem Motto „Familie in Not" hilft Muslime helfen Muslimen in Deutschland.

1992 Lebensmittel, Medikamente und medizinisches Gerät sind in diesem Jahr in folgende afrikanischen Länder verschifft worden: Sudan, Somalia, Uganda, Tansania und Südafrika. Erstmals erreichen Hilfsgüter Bosnien.

1993 Muslime helfen und Muslim Aid vereinbaren enge Zusammenarbeit und eröffnen ein gemeinsames Büro in Garching. Von hier aus läuft die Bosnienhilfe an, die neben der Hilfe für Afghanistan, Palästina und Afrika das größte Volumen einnimmt. Die technische Unterstützung für Brunnenbauprojekte in Sierra Leone, die seit 1991 aufrechterhalten wurde, wird abgeschlossen.

1994 Der Bosnienkrieg verlangt von Muslime helfen und Muslim Aid größten Einsatz. In Visoko wird eine pharmazeutische Produktion aufgebaut. Unsere erste großangelegte Paketaktion wird von anderen internationalen Hilfsorganisationen und den Betroffenen für die wohldurchdachte Zusammenstellung des Paketinhalts gelobt. In Sri Lanka wird ein Grundstück zur Ansiedlung von muslimischen Flüchtlingen bei Colombo finanziert. Im Sudan wechselt die Nothilfe zur Strukturhilfe: Schulen, Lehrstätten und Selbsthilfeprojekt werden aufgebaut und ausgestattet. Muslimische Studenten in der GUS und Muslime in Kasan werden finanziell und mit Medikamenten unterstützt. Für in Not Geratene in Deutschland, Polen, der Türkei und im Senegal wird Hilfe veranlaßt. Unser erstes Infoblatt erscheint.

1995 Die Pakete für Bosnien werden nun unterschiedlichen Bedürfnissen und Zielgruppen angepaßt: Hungernde, Mütter und Säuglinge. Neben der Pharmazie in Visoko betreuen Muslime helfen und Muslim Aid eine Rehabilitationsklinik und liefern einen voll ausgerüsteten Krankenwagen. In Palästina wird der Bau einer Poliklinik in Gaza-Stadt gefördert. Gemeinsam mit AREA in Peshawar errichten wir ein Mutter-Kind-Pflegezentrum in Kandahar. Dringend benötigte Medikamente erreichen Muslime in Togo, Kuba und Albanien. In Bangladesch wird der Bau von hochgelegenen „Fluchtbunkern" und Trinkwasserzisternen gegen die Auswirkungen von Flutkatastrophen unterstützt. Ein Projekt zur anschließenden Selbstversorgung mit Kleingärten und Vieh läuft an. In Tschetschenien wird medizinische Hilfe geleistet.

AFGHANISTAN

Wie bereits in unserem Infoblatt berichtet, konnten wir in Jalalabad dank der zahlreichen Spenden ein „Mutter-Kind-Zentrum" errichten. Nach diesem großen Erfolg planen Muslime helfen und AREA ein zweites dieser Art in Herat. Die provisorische Stadtverwaltung von Herat hat bereits ein geeignetes Grundstück reservieren lassen und zugesagt, den Bau mit örtlich vorhandenem Baumaterial zu unterstützen. Ferner wird sie die Gehälter der im Zentrum tätigen Mediziner übernehmen. Damit zeichnet sich auch langsam der Erfolg unserer Zielsetzung ab, durch Hilfe bei langfristig angelegten Projekten in Afghanistan zur Verbesserung der Gesamtsituation beizutragen und Kontakt zu kooperationsfähigen Stellen aufzubauen.

Ein weiteres Projekt in Afghanistan betrifft die Bäckereien. In den kargen Gegenden Afghanistans ist die Beschaffung von Brennmaterial oft schwierig und somit teuer. Daher können Grundnahrungsmittel, insbesondere das traditionelle Fladenbrot, nur unter hohem Kostenaufwand produziert und verkauft werden. AREA hat darum einen speziellen Backofen entwickelt, der aufgrund seiner Konstruktion 40 % (!) weniger Energie als herkömmliche Öfen verbraucht. Wo immer der Ofen bisher eingesetzt wurde (in Pakistan 900 Stk.), sank der Brotpreis. Dadurch konnten einerseits die Kapazitäten von bereits bestehenden Bäckereien ausgebaut werden, andererseits ermöglichte das in vielen Fällen die Neugründung eines selbständigen Gewerbes. AREA bildet die Bäcker sowohl im Bau als auch im Gebrauch der Öfen aus und fördert die Betriebsgründung. Wer sich mit Hilfe von AREA selbständig gemacht hat, zahlt die Kosten innerhalb eines Jahres an AREA zurück und nimmt seinerseits 4-6 Auszubildende bei sich auf. Jeder, der selbst Brot ißt, kann sich dabei besonders erinnern, eine tägliche Spende zur Seite legen und diese am Ende des Monats an Muslime helfen überweisen.

ZU BESUCH IN KAHATOWITA

An der nordöstlichen Straße, ungefähr 40 Kilometer von Colombo, der Hauptstadt Sri Lankas, zweigt eingezwängt zwischen Bäumen und Gebüsch ein schmaler Weg ab, der nach einigen Kurven in das rund 3000 Einwohner zählende Dorf Kahatowita führt. Vor etwa 200 Jahren war ein Muslim aus dem Jemen hierher gelangt und hatte den Islam mitgebracht. Kahatowita ist seither ein muslimisches Dorf in ansonsten buddhistischer Umgebung, und das eine oder andere Stück aus der Hinterlassenschaft des ersten Muslims, so heißt es, wird hier noch aufbewahrt. Durchquert man den Ort auf dem schmalen und weiterhin kurvenreichen Weg, blickt man am anderen Ende des Dorfes auf eine kleine Ebene. Hier und da ragt eine schlanke Kokospalme in den Himmel. Weiter hinten gibt es Reisfelder, zwischen denen schwarze Büffel grasen. Durch das üppige Tropengrün erkennt man einige Häuser. Im Vordergrund steht eine kleine neuerbaute Moschee.

Dies ist das Siedlungsprojekt des „Zentrums für Islam-Studien" (Centre for Islamic Studies, CIS) Colombo. Als ich vor fünf Jahren Sri Lanka anläßlich einer Vortragsreise besuchte, hatten mir die Brüder dort von einem Wunsch erzählt: Wenn in Sri Lanka, erklärten sie, jemand aus einer buddhistischen, hinduistischen oder christlichen Familie Muslim wird, bedeutet das meist, daß sich seine Angehörigen, aber auch die bisherigen Freunde und Bekannten, völlig distanzieren und alle Beziehungen abbrechen. Manche der neuen Muslime geraten dadurch in ausgesprochen schwierige Umstände, verlieren ihr bisheriges Umfeld und dazu oft auch noch Arbeit und Wohnung. Sie sitzen dann im wahren Sinn des Wortes auf der Straße. Das CIS kümmert sich speziell um neue Muslime. Nun wünschten sich die Brüder ein Stück Land außerhalb der Hauptstadt Colombo zu kaufen, um dort derart obdachlos gewordenen neuen Muslimen eine Bleibe verschaffen zu können. Auch Bürgerkriegsflüchtlingen aus dem Norden könne so geholfen werden. Das Gelände solle zudem in der Nähe anderer Muslime liegen, damit die neuen Muslime nicht nur ein Dach über dem Kopf, sondern auch eine muslimische Umgebung vorfinden würden und so in die muslimische *umma* hineinwachsen könnten.

Solch ein Wunsch, dachte ich, müßte mit Allahs Hilfe wahr werden! Wir fuhren los und besichtigten ein Grundstück, das eventuell in Frage kam. Ich hatte eine Summe von „Muslime helfen" bei mir. Mit diesen 5000 Mark wurde der Anfang gemacht. Später hat „Muslime helfen" dann noch einmal 17 000 Mark zugelegt, und im April 1994 wurde ein Stück Land gekauft. Der Anfang, dank den Unterstützern von „Muslime helfen", war gemacht, und seither hat sich noch manch anderer Förderer an dem Vorhaben beteiligt.

„Du wirst vielleicht überrascht sein, was Du zu sehen bekommst", sagt Bruder Madani, „mittlerweile stehen dort 13 Häuser." Insgesamt sollen es einmal 36 sein. Und wie gesagt, auch eine Moschee ist vorhanden. Sie wurde von einer Familie aus Saudi-Arabien gestiftet und ist allein ein wahrer Segen. Nicht nur dient sie den jetzt Angesiedelten als Ort des Gebets und der Begegnung, sondern sie wird auch von den Nachbarn der näheren Umgebung besucht. So haben sich ganz von selbst gute Kontakte zueinander ergeben, und als wir die Moschee betraten, waren dort etwa 50 Kinder beim Koran-Unterricht versammelt.

„Für europäische Verhältnisse", meint Bruder Madani, „ist das hier alles vielleicht primitiv, aber für die Leute hier gewiß nicht." Er hat wohl recht. Die fertigen Häuser sind zwar klein und schlicht, aber fest, mit gemauerten Wänden und Ziegeldächern, hell und sauber verputzt, jedes mit eigener Wasserstelle und Handpumpe sowie einem kleinen Stück Garten. Und die Bewohner scheinen zweifellos zufrieden. In einem solchen Haus lebt ein betagtes Ehepaar. Der Mann, zuvor jahrelang als christlicher Laienmissionar tätig, war vor 12 Jahren Muslim geworden. Hier fand er schließlich sein endgültiges Zuhause. Im Nachbarhaus lebt ein junger Mann mit seiner verwitweten Mutter. Nicht weit davon steht eine primitive Hütte, ein Balkengerüst aus Kokosmatten mit einem Dach aus Kokosgeflecht. „Wir haben dieser Familie erlaubt, sich hier selbst einen vorübergehenden Zufluchtsort zu schaffen, bis wir in der Lage sind, das nächste Haus zu bauen", erklärt mir Bruder Madani. Aus einem weiteren der Häuser tritt ein schmalgesichtiger junger Mann, der mir freundlich lächelnd etwas zuraunt, das ich nicht verstehe. „Er ist ein neuer Muslim", erfahre ich, „und er ist taubstumm, ebenso seine Frau, die aus einer muslimischen Familie stammt. Ihr Kind aber hört und wird hoffentlich sprechen, inschallah."

Am Rande steht dann noch ein Haus, das erst halbfertig, aber schon bewohnt ist. Durch die Türöffnung schaut eine Frau mit einem kleinen Kind auf dem Arm. Als sie uns erblickt, erstrahlt ihr Gesicht. „Ihr Mann hat sie verlassen, und sie war obdachlos", sagt Bruder Madani. „Sie kam zu uns und war verzweifelt. Wir konnten sie hier unterbringen, und jetzt ist auch ihr Mann zu ihr hierher gekommen." Und nach kurzem Schweigen: „Es ist so schön, die selbe Frau, die so bitterlich weinte, jetzt voller Freude zu sehen!"

Ein Doppelhaus (für zwei Familien) kostet ca. DM 8000. Spenden erbeten an Muslime helfen, Kennwort Sri Lanka.

KOSOVA NOTHILFE

Ende März rief Muslime helfen, das freie, gemeinnützige Hilfswerk von Muslimen in Deutschland, zu Spenden für die notleidenden Menschen aus Kosova auf. Da viele der Spender vermutlich auch Leser der Zeitschrift Al-Islam sein dürften, veröffentlichen wir den nachstehenden ausführlichen Bericht über die ersten Ergebnisse der Aktion von Muslime helfen. So können die Spender auf schnellstem Weg allgemein über die Lage und besonders über den wirklichen Nutzen ihrer Spenden informiert werden. Möge Allah mit uns allen zufrieden sein!

Wohlbehalten saßen wir in der Maschine. Draußen flammten grelle Blitze über den tiefschwarzen Nachthimmel und ließen für Sekunden die Bergkette erahnen. Die Donnerschläge nahmen wir kaum wahr. Der heftige Regen, von Windböen getrieben, prasselte auf das Flugzeugdach. Wenn wir bald abfliegen, dachte ich, dürften wir in etwa drei Stunden in Köln sein, wo wir unser Auto am Flughafen abgestellt hatten. Und von dort würden wir vielleicht in sechs Stunden München erreichen. „Wenn alles gut geht", sagte ich zu Ercihan, „sind wir bei Sonnenaufgang in München – *inschallah!*", und Ercihan erwiderte: „*Inschallah!*" Dann nahmen wir uns vor zu schlafen, um für die bevorstehende nächtliche Autofahrt fit zu sein. Aber trotz starker Ermüdung war das Einschlafen nicht leicht. Vor den geschlossenen Augen tauchten Bilder aus den vergangenen Tagen auf und wollten nicht weichen.

Beim Hinflug war es noch anders gewesen. Da saßen Ercihan und ich, ebenfalls nach nächtlicher Autofahrt, mit einer Ladung von drei Tonnen Medikamenten im Frachtraum einer Transall-Maschine. Unser Anliegen war gewesen, im Namen von „Muslime helfen", einen sinnvollen Beitrag zur Unterstützung notleidender Menschen aus Kosova zu leisten. Hier das Richtige zu finden, war nicht einfach. „Muslime helfen" hatte schon Ende März einen Spendenaufruf erlassen. Mit anfänglicher Verzögerung, wohl bedingt durch die Feiertage Anfang April, gingen die Spenden dann auch ein, *al-hamdu li-llah*. Es war abzusehen, daß es in kurzer Zeit wohl etwa 100 000 Mark werden würden. Möge Allah es allen, die gespendet haben, reichlich lohnen!

Wo und wie helfen?

Wir wußten zu dieser Zeit, daß Flüchtlinge und Vertriebene aus Kosova nach Makedonien, Albanien, Montenegro und auch Bosnien gekommen waren. Zuerst dachten wir, für eine kleine Hilfsorganisation wie „Muslime helfen" wäre es sinnvoll, sich um eine kleine Zahl von Bedürftigen zu kümmern, wie man sie für Bosnien annehmen konnte, zumal in den Medienberichten hauptsächlich von Hilfsmaßnahmen in Makedonien die Rede war, doch nie von Bosnien. Wir bemühten uns deshalb, auf verschiedenen Wegen in Erfahrung zu bringen, wo in Bosnien sich Flüchtlinge aus Kosova aufhalten und welche Art von Hilfe sie benötigen. Leider waren diese Erkundigungen ergebnislos. Stattdessen wurden wir immer wieder auf Makedonien verwiesen. Die Nachrichten über Kosova ergaben aber, daß der überwiegende Teil der Vertriebenen nach Albanien kommen würde. Wir entschieden uns deshalb sehr bald für Albanien als Ausgangspunkt unserer Aktion.

Darüber hinaus fragten wir uns natürlich auch, wie man nicht nur denjenigen helfen könnte, die aus Kosova herausgekommen waren, sondern denjenigen, die sich dort noch aufhielten. Es war die Rede von zahlreichen Menschen, die sich in den Bergen versteckt hatten, nachdem ihre Dörfer zerstört und ihre Häuser niedergebrannt worden waren. Aber in Kosova selbst war keine Hilfsorganisation mehr tätig, und dort noch vorhandene Depots waren leer oder vernichtet. Hilfe für die Menschen in den Wäldern von Kosova konnte darum nur von draußen hereingebracht werden. Auch diese Überlegung sprach für Albanien als Ausgangspunkt, denn wenn wir diesen Menschen irgendwie helfen wollten, konnte das nur dort geschehen, wo Leute über die Grenze nach Kosova hineingingen und etwas mitnahmen. Unterstützung für ein derartiges Anliegen war nicht in Makedonien, sondern nur in Albanien zu erwarten. Aber welche Hilfsgüter könnten realistisch gesehen nach Kosova hineingebracht werden? Es war klar, daß kein Hilfskonvoi mit Zelten, Decken und Lebensmitteln über die Grenze fahren konnte, sonst hätten das sicher die großen Hilfsorganisationen längst getan. Es blieb nur der Transport von Kleinigkeiten, die einzelne Personen, ohne dadurch selbst behindert zu werden, mit sich tragen konnten, und die andererseits in Kosova von Nutzen sein würden. Das waren Medikamente. Die für solche Umstände benötigten Medikamente hatten wir von einem Arzt in Albanien auswählen lassen. Daß die uns übermittelte Wunschliste nicht bloß ein paar Pakete ergab, sondern am Ende drei Tonnen ausmachte, bestätigte uns in der Einsicht, daß wir hier in einen Bereich geraten waren, in dem tatsächlich großer Bedarf bestand und den offensichtlich auch keine andere Hilfsorganisation bedacht oder gar abgedeckt hatte. Es war klar, daß diese Medikamente nicht aus aufgelösten Hausapotheken stammen konnten. Sie mußten gekauft werden, und sie wurden so schnell und so günstig wie möglich gekauft. Der Rechnungsbetrag belief sich auf etwas über 100 000 Mark – so viel wie wir an Spenden erwarteten, *al-hamdu li-llah*. Und nun saßen wir mit diesen drei Tonnen Medikamenten im Flugzeug nach Tirana. Die Bundesluftwaffe hatte nach erfolgter Zustimmung des Auswärtigen Amtes nicht nur dankenswerterweise die Medikamente, sondern auch uns zwei Begleiter mitgenommen. Wir wollten die Sendung nicht unbegleitet nach Albanien schicken, sondern selbst sicherstellen, daß sie an ihren eigentlichen Bestimmungsort gelangen würde. Das, so dachten wir, waren wir sowohl den Spendern als auch den Empfängern schuldig. Und besonders froh waren wir, daß auf diesem Wege nun die gesammelten Spenden insgesamt für Medikamente zur Verfügung standen und Transportkosten nicht angefallen waren.

Flug nach Tirana

Der Bundeswehrsoldat, der am Flughafen das Gepäckdurchleuchtgerät bediente, stellte sich als ein marokkanischstämmiger Muslim heraus. Das schien uns wie eine nochmalige Bestätigung dafür, daß wir auf dem richtigen Weg und in den richtigen Händen waren, denn so hörten wir – wer hätte das gedacht? – beim Verlassen der Abfertigungshalle zum Abschied den muslimischen Friedensgruß: *„As-salamu alaikum..."*

Außer unseren Medikamenten waren noch eine zweite kleine Medikamentensendung und zweieinhalb Tonnen Gebäck an Bord, die wohl eine Backwarenfabrik für das Kinderhilfswerk der Vereinten Nationen gespendet hatte, darunter Mandel-Nuß-Splitter, Aachener Printen und anderes mehr. Die Flugzeit sollte etwa vier Stunden betragen. Der Motorenlärm war stark. Die Ohrstöpsel, die wir zu Beginn des Fluges erhalten hatten, dämpften ihn nur mäßig. Nach einer Stunde spürte man die Aluminiumstangen unter den Segeltuchsitzen und der Kopf dröhnte, aber nach zwei Stunden wußte man: Die Hälfte ist geschafft! Nach drei Stunden teilte der Bordingenieur mit, es gäbe schlechte Nachrichten. Weil der Flughafen von Tirana überlastet sei, könnten wir heute dort nicht mehr landen. Der Pilot steuere nun Brindisi in Süditalien an. Entweder würden wir dort übernachten oder zurück nach Deutschland fliegen. Die letztere Vorstellung war ausgesprochen unangenehm. Nach vier Stunden und ständigem Kreisen hieß es, nun gehe es doch nach Tirana. Ein endloser Sinkflug begann, und nach fünf Stunden war die Maschine schließlich gelandet, *al-hamdu li-llah.* Wir waren froh, uns strecken und die Beine vertreten zu können und beeilten uns, über den schmalen Ausstieg nach draußen zu gelangen. Dort erwartete uns ein vom wolkenverhangenen Himmel fahles Licht. Es regnete in Strömen. Die Heckklappe der Transall wurde geöffnet. Ein Gabelstapler fuhr heran, lud die mitgebrachten Hilfsgüter aus und stellte sie am Rand der Rollbahn ab. Ein freundlicher Hauptfeldwebel nahm uns in seinem Fahrzeug zum Flughafengebäude mit, das wohl über einen Kilometer entfernt von der „Deutsch-Französischen Ladezone" lag, wo wir ausgestiegen waren. Er gab uns auch noch ein paar Ratschläge für den Umgang mit dem albanischen Zoll, der unsere Hilfsgüter ja erst würde freigeben müssen. Aber wir versicherten ihm, daß wir damit wohl keine Probleme haben dürften, weil wir mit Hilfe von Freunden in Albanien alles entsprechend vorbereitet hatten.

Die albanischen Paßbeamten wollten Dollars für ein Visum, verzichteten aber darauf, als wir ihnen nachwiesen, daß wir Hilfsgüter brachten. Unsere Pässe wurden also kostenlos gestempelt. Draußen regnete es noch immer in Strömen. Jemand sprach uns an, ob wir ein Taxi nach Tirana benötigten. „Wir haben Freunde hier, die uns abholen", sagten wir und sahen uns um. Aber niemand war da, wohin wir auch schauten.

„Was machen wir jetzt?", fragte Ercihan. „Wir machen *duʻa!*", entfuhr es mir prompt, und wir sprachen jeder ein Bittgebet. Wenige Minuten später trafen wir dann auf Malik und seine Freunde, die seit Stunden auf unsere verspätete Ankunft gewartet und sich zum Schutz vor dem Regen in die Fahrerkabine des mitgebrachten Lastwagens zurückgezogen hatten – *al-hamdu li llah!*

Das Schicksal

Die Zollpapiere waren schnell erledigt. Es gab ein paar Rückfragen, doch alles war wie gesagt gut vorbereitet und in Ordnung. Drei Stempel wurden aufgedrückt, und dann durften wir mit dem Lastwagen losfahren, um die Medikamente vom Flugfeld zu holen. Darum bemühten wir uns in den folgenden drei Stunden. Wir fuhren von einem Zugangstor zum anderen und wieder zurück. An den Toren standen Soldaten Wache, hier Franzosen, dort Amerikaner. Immer wieder wurden wir abgewiesen, obwohl unsere Papiere in Ordnung waren. Ohne einen zuständigen Soldaten als Begleitung würde man uns nicht auf das Flugfeld lassen, hieß es, und die zuständigen Soldaten seien jetzt nicht erreichbar. Der Regen hörte nicht auf. Es goß wie aus Kübeln, und der Wind tat zur Durchnässung das seine. Am Boden nur Schlamm und riesige Pfützen. Die armen Menschen, die diesem Wetter schutzlos ausgeliefert sind! Von Kopf bis Fuß durchnäßt verhandelte ich mit den Soldaten. Ich erklärte, daß unsere Medikamente im Regen stünden und Schaden nehmen würden, wenn wir sie nicht einladen könnten. Man ließ uns nicht durch. Ich versuchte es mit freundlichen und auch mit ärgerlichen Worten. Die Wachsoldaten verstanden alles, aber es half nichts. Selbst die mehrfache Behauptung unseres albanischen Fahrers, „der französische General" habe gesagt, wir dürften hier hineinfahren, konnte die Wache nicht umstimmen. Ein französischer Fallschirmjäger versprach, daß er nach Ende seines Wachdienstes, wenn er abgelöst würde, selbst nach den für die Begleitung zuständigen Leuten suchen wolle, um uns zu helfen. Aber ein amerikanischer Sergeant am anderen Kontrollpunkt versicherte, wir würden bis zum nächsten Morgen keinesfalls durchgelassen, und dabei blieb es. Wir mußten das hinnehmen. Da war es, was man „*al-qadr*", das Schicksal oder die Bestimmung, nennt. Wir hatten alles uns Mögliche unternommen, doch ohne das erwünschte Resultat. So wollte es Allah. Und schließlich: Es waren Allahs Medikamente, und wir Seine Knechte, und Er weiß, warum es so und nicht anders kam. Verschmutzt und völlig durchnäßt kletterten wir ein letztes Mal in das Lastwagenführerhaus und machten uns auf in das etwa 20 Kilometer entfernte Tirana, wo wir übernachten wollten.

Die Scheinwerfer des ständig durch Schlaglöcher rumpelnden Fahrzeugs bohren zwei Löcher in das tiefe Schwarz der Nacht. Vor uns tauchen zwei rote Punkte auf, zuerst klein, dann etwas größer. Schließlich werden die Konturen eines Armeelastwagens sichtbar. Unter dem Halbrund der Plane auf der Ladefläche schemenhaft Gestalten, von unseren Scheinwerfern angestrahlt. Kurz werden sie sichtbar, wenn der Scheibenwischer den Blick freiwischt: ein alter Mann, auf einen Stock gestützt, daneben Frauen, Kinder, auf der Pritsche kauernd. Gleich werden sie wieder zu unkenntlichen Schemen, dann, wenn der Scheibenwischer erneut den Blick freimacht, wieder erkennbar, dann wieder weg – starre, regungslose bleiche Gesichter, blaß wie Leichen im Licht der Scheinwerfer, tauchen sie auf aus dem Dunkel unter der Plane, kurz erkennbar, dann wieder im Dunkel verloren – Vertriebene aus Kosova. O Allah, hilf diesen armen Menschen!

Was bringt der neue Tag?

Anders als die Vertriebenen haben wir bequem in der Wohnung einer Gastgeberfamilie in Tirana übernachtet, die Malik uns vermittelte, und wo er schon zuvor selber auch untergekommen war. Wir beteten gemeinsam das Frühgebet, ruhten danach noch zwei Stunden, frühstückten und machten uns dann auf, um erneut die 21 Kilometer zum Flughafen zurückzulegen. Unterwegs fuhren wir am Stadion vorbei, das als Auffanglager für die Vertriebenen diente, die es bis Tirana geschafft haben. Dort müssen auch gestern Nacht die untergekommen sein, die wir auf den Armeelastwagen gesehen hatten. Wie es ihnen wohl ergehen mag? Aber zumindest sind sie nun dem Allerschlimmsten entkommen...

Am Flughafen ergibt sich heute eine neue Lage. Der Regen hat aufgehört. Zwar ist der Boden völlig durchweicht, aber wenigstens bleibt man von oben trocken. Sogar ein paar Sonnenstrahlen trauen sich heraus. Ich gehe durch das von Albanern bewachte Tor, kümmere mich nicht um ihre Rufe, sondern tue so, als ob mir das zustehe und bewege mich auf den etwa 200 Meter entfernten amerikanischen Kontrollpunkt zu, wo wir gestern Nacht zum letzten Mal versucht hatten, zu unseren Medikamenten zu gelangen. Dem Wachposten dort erzähle ich die ganze Geschichte, und in einem Anfall von Einsehen sagt dieser plötzlich: „Wenn die Albaner am Tor euren Lastwagen reinlassen, lasse ich euch durch zu euren Medikamenten!" – „Kein Problem", antworte ich, eile zum Lastwagen, klettere in das Führerhaus und weise den Fahrer an, auf das Tor zuzufahren. Den Albanern am Tor erklären wir, daß die Amerikaner uns durchlassen werden, und nun wird uns das Tor geöffnet. Der amerikanische Wachposten ist erstaunt, als wir ankommen, aber er hält Wort. Nur will er zuvor den Lastwagen untersuchen, aus Sicherheitsgründen, wie er sagt. „Das ist völlig klar" antworte ich, und nach kurzer Überprüfung dürfen wir endlich durch. „Wie lange braucht ihr, bis ihr zurückkommt?" will der Posten noch wissen. Ich sage ihm, wenn wir einen Gabelstapler auftreiben können, vielleicht 15 Minuten, und wenn wir alles mit der Hand einladen müssen, vielleicht eine Stunde. „Geht in Ordnung", meint er, „aber beeilt euch!" – „Ja klar, wir wollen selbst so schnell es geht mit den Sachen heraus, eigentlich ja schon gestern..."

Ich lotse den Fahrer über das Rollfeld, wo Hubschrauber, Fahrzeuge und anderes Militärgerät bewegt werden. Seit gestern, so haben wir erfahren, ist der ganze Flughafen in amerikanischer Hand. Die albanische Regierung hat ihn den Amerikanern übergeben, und die schalten und walten nun dort wie sie es für richtig halten. Schließlich kommen wir ganz am Ende des Flughafens zum „Deutsch-französischen Bereich". Dort wird gerade ein Schweizer Armeeflugzeug ausgeladen. Ich frage den Lademeister, ob der Gabelstapler vielleicht unsere Paletten auf unseren Lastwagen heben könnte. Er meint, eventuell später, wenn erst das Schweizer Flugzeug leer sei. Aber, so erklärt er uns weiter, wir dürften hier gar nicht aufladen, vielmehr müßten die Sachen von hier erst einmal an einen anderen Sammelplatz für Hilfsgüter gebracht werden, und dort könnten wir sie dann im Empfang nehmen.

Wir schauen uns die Ladung der Schweizer Maschine und den Gabelstapler an. Neben Hilfsgütern, stellen wir fest, bringen die Schweizer auch kastenweise ihr Bier mit nach Albanien. Und der Stapler paßt nicht für unsere Paletten. Wir fahren darum, während die Schweizer Maschine weiter entladen wird, mit unserem Lastwagen neben unsere Medikamente, entfernen erst die Sicherungsgurte, danach die Plastikumhüllung und laden dann Paket für Paket die drei Tonnen in unser Fahrzeug. *Al-hamdu li-llah* hat die Plastikfolie den Regen weitgehend abgehalten, und die Medikamente sind unversehrt. Den Aachener Printen, die ebenfalls seit gestern dort stehen, ist es nicht so gut ergangen. Sie sind ordentlich eingeweicht, zumindest die oberen Lagen. Nach etwa einer dreiviertel Stunde sind wir fertig. Niemand hat sich weiter um uns gekümmert. Wir fahren zurück durch das Gewirr von auftankenden Flugzeugen, Militärlastwagen und herumlaufenden Soldaten. Auch aus den Arabischen Emiraten sind welche da, wie wir sehen. Der amerikanische Wachposten, der uns hereingelassen hat, winkt uns durch. Wir haben es geschafft, *al-hamdu li-llah*. Die Medikamente sind wieder in unserer Hand, und Gott sei Dank unversehrt. Warum nur diese Verzögerung, frage ich mich, das hätte doch auch gestern so gehen können...

Zu meiner eigenen Überraschung ergab sich die Antwort auf diese Frage schon bald. Zurück auf dem Weg nach Tirana hielten wir auf halber Strecke an einem Lager-gebäude. Hier, so unsere albanischen Freunde, sei ihr Depot, und hier könnten nun die Medikamente zunächst abgeladen werden. Jemand kam und schloß das Tor auf. Wir gingen hinein. Dort fanden wir andere Hilfsgüter, meist medizinische, auch einige Krankenhausbetten und manches mehr. Die Sachen lagen offenbar schon eine Zeitlang da. Wir fragten nun, wie lange denn unsere Lieferung hier bleiben solle. Man wolle sie erst sortieren, erhielten wir zur Antwort. Das war uns nicht präzise genug. Wir beratschlagten miteinander, telefonierten auch mit dem Arzt, der unsere Medikamente ausgewählt hatte und kamen am Ende zu dem Schluß, daß es am besten sein würde, den Lastwagen hier überhaupt nicht zu entladen, sondern statt dessen mit einigem Material aus diesem Depot noch aufzufüllen und dann alles direkt nach Nordalbanien zu transportieren, wohin es ja in jedem Fall kommen sollte. Die ganze Sache zog sich aber noch hin, und erst gegen vier Uhr nachmittags verließen wir schließlich Tirana mit einem Lastwagen voller Medikamente, vor uns die Wegstrecke von 210 Kilometern nach Kukes. Zehn Stunden mindestens werden wir dafür brauchen, und da wir den überwiegenden Teil der Strecke bei Nacht fahren, vermutlich noch länger. Albaniens Straßen sind mit unseren nicht vergleichbar, und die im Gebirge schon gar nicht. Aber wir sind guter Dinge und machen uns auf den Weg. Hätten wir die Medikamente statt heute Vormittag noch gestern Abend aus dem Flughafen herausbekommen, dann wären wir vermutlich, weil es da schon spät und dunkel und wir auch müde waren, eher einverstanden gewesen, sie erst einmal in dem besagten Depot abzuladen. Ja, im Grunde genommen hätten wir gar keine andere Wahl gehabt, denn die Medikamente über Nacht in dem Lastwagen zu belassen, das wäre nur eine Einladung zum Diebstahl und somit unverzeihlicher Leichtsinn gewesen...

Nach Kukes

Die Fahrt geht zunächst aus Tirana heraus in Richtung Shkoder. Ich kenne die Strecke von früheren Besuchen in Albanien. Der Straßenzustand hat sich nicht verbessert, eher verschlechtert. Nach etwa zwei Stunden haben wir tatsächlich schon 40 Kilometer zurückgelegt. Die Schätzung der Gesamtreisezeit trifft also wohl zu. Bei Milot überqueren wir den Fluß. Malik meint, es sei die Drina und erzählt Geschichten von diesem sagenumwobenen Balkangewässer. Auch wenn es nicht die Drina ist, sind die Geschichten doch hörenswert. Dann biegen wir nach einer kurzen Pause am Flußufer rechts ab in die Berge. Die Sonne nähert sich schon dem Horizont. Schlagloch um Schlagloch, Kurve um Kurve und Kilometer um Kilometer schraubt sich der Wagen am Berg in die Höhe und dann ebenso wieder hinunter ins Flußtal. Bei jedem Schlagloch wird man vom Sitz gerissen, der Kurve entsprechend auch nach rechts oder links. Wir passieren den Ort Rubik ohne zu halten. Noch weiter auf der Strecke, so sagt unser Fahrer, gibt es ein Wirtshaus, wo auch die Polizei einkehrt. Dort, so meint er, ist es sicher, anzuhalten. Unser Fahrer heißt Willi und stammt aus Tirana. Ercihan kann sich mit ihm auf Türkisch unterhalten, und Malik auf Albanisch. Ich verstehe so viel, daß ich manchmal mitlachen kann. Malik meint, er könne doch nicht „Willi" heißen, denn das sei kein muslimischer Name. In Wirklichkeit heiße er doch bestimmt „Veli". Aber Willi widerspricht. Nein, er heißt zweifelsfrei Willi und nicht anders. Was denn in seinen Papieren stehe, will Malik wissen und Willi klärt uns auf: Tatsächlich heißt er

„Wilson" und wird deshalb kurz „Willi" gerufen. Wir quälen uns weiter, Kilometer um Kilometer durch die Dunkelheit der hereingebrochenen Nacht. Um halb zehn sind wir schließlich beim Wirtshaus angekommen, *al-hamdu li-llah*. Da sitzen manche finstere Gestalten. Aber Willi hat Recht. Die Polizei ist auch da, in Tarnuniformen und mit Kalaschnikovs – wirklich beruhigend...

Gebet im Wirtshaus

Zuerst wollen wir beten. Wasser zum Waschen gibt es reichlich, es fließt überall von den Bergen, und so auch aus einem Schlauch neben dem Wirtshaus, und einen Platz zum Beten werden wir schon finden. Also beginnen wir mit der Gebetswaschung. Ercihan fordert Willi dazu auf, mit uns zu beten. Er will sich damit entschuldigen, daß er nicht wisse, wie das geht. Da greift Malik ein, führt ihn zu dem Wasserschlauch und gibt ihm nun in albanischer Sprache konkrete Anweisungen: „Zuerst wäschst Du beide Hände, gut, genau so, jetzt spüle den Mund aus...", und unser Fahrer, der offenbar nicht wirklich weiß, was ihm da geschieht, befolgt die Anweisungen von Malik und vollzieht die Waschung zum Gebet. Ich reiche ihm ein paar Papiertaschentücher, die ich dabeihabe, damit er sich die Füße abtrocknen kann, bevor er Socken und Schuhe wieder anzieht. Dann aber ergreift Willi die Initiative. Wir wollten im Freien beten, doch er spricht mit dem Wirt, und der Wirt persönlich geleitet uns über eine steile Holztreppe unter das Dach seines Hauses. Dann zeigt er uns nicht nur die Gebetsrichtung, sondern stellt sich mit uns auf und betet mit – *allahu akbar*. Ich kann mich nicht erinnern, jemals zuvor an einem Ort gebetet zu haben, wo Wirtshausbedarf gelagert ist, aber die Tatsache, daß der Wirt sich unserem Gebet mit anschloß, wog die Bedenken auf. Später, als wir unten bei Kaffee, Tee und Fruchtsaft sitzen, fragt er Malik, was es denn gewesen sei, was er da gehört habe, und Malik erklärt ihm, es sei etwas aus dem Koran gewesen...

Weiter durch die Nacht

Bis hierher sind wir 110 Kilometer gefahren und haben gut fünfeinhalb Stunden dafür gebraucht. *Al-hamdu li-llah* ist nun mehr als die Hälfte des Weges bewältigt. Weiter geht es durch die Dunkelheit, Schlagloch um Schlagloch und Kurve um Kurve. Nur ganz wenige Fahrzeuge sind unterwegs. Ein Reisebus quält sich vor uns die Berge hinauf. Bis auf Fahrer und Beifahrer ist er leer. Man kann nur vermuten, daß damit vielleicht Vertriebene abgeholt und nach Tirana gebracht werden sollen. Irgendwann fährt er rechts an die Seite und läßt uns vorbei. Nach wiederum etwa zwei Stunden machen wir erneut eine Rast. Es ist nach Mitternacht und kalt geworden. Der Nachthimmel ist von Sternen übersät. Von weit oben hört man das Rauschen von Düsenflugzeugen. Sie fliegen von Italien kommend über Albanien nach Kosova hinein, um dort ihre Bomben abzuwerfen. Malik warnt vor Räubern, die uns überfallen könnten und empfiehlt, falls wir Bargeld bei uns hätten, dies irgendwo im Fahrzeug zu verstecken. Wir fahren weiter und werden still. Jeder hängt seinen Gedanken nach. Ercihan und Malik legen sich in der Fahrerkabine so gut es geht zur Ruhe. Willi und ich bleiben wach. Um halb drei sind wir schließlich in Kukes und suchen die Telefonzelle, an der uns jemand erwarten soll. Aber natürlich ist keiner da. Der Ort ist um diese Zeit gespenstisch still. Man spürt, daß er voller Menschen ist, aber man sieht sie jetzt nicht. Vor den Häusern und auch in dem Park in der Stadtmitte stehen einer hinter dem anderen die kleinen roten Traktoren, die man von den Fernsehbildern her kennt, mit den von Plastikfolie überzogenen Anhängern. Wenn man genau hinsieht, entdeckt man im Dunkel darunter die schlafenden Menschen, dichtgedrängt. Dazwischen haben ein paar Männer ein kleines Feuer gemacht, um das sie herumstehen. Ein Polizeifahrzeug fährt die Straße entlang. Wir sitzen, erschöpft von der strapaziösen Fahrt, für eine Weile einfach in unserem Lastwagen. Dann kommen zwei junge Männer, Einheimische, keine Vertriebenen aus Kosova, wie sich herausstellt. Malik und Willi trauen ihnen nicht und fragen deshalb nur indirekt nach dem Weg, den wir suchen. Schließlich fahren wir weiter, halten unterwegs noch ein anderes Fahrzeug an, um zu fragen und erreichen am Ende unser Ziel. Bis zum Morgengebet ist es noch eine halbe Stunde. Wir beschließen, bis dahin wachzubleiben, zu beten und dann zu schlafen. Willi, der ermüdete Fahrer, zieht sich aber schon gleich in die Fahrerkabine zurück. Vom dunklen Nachthimmel herab hören wir wieder hochfliegende Düsenmaschinen, und wo die Grenze sein muß, sieht man ab und zu aufflammende Lichtblitze. Dort wird, so erfahren wir später, in dieser Nacht gekämpft. Nach dem Gebet steigt auch Malik in das Führerhaus. Ercihan und ich haben Schlafsäcke dabei und finden nach einigem Suchen einen brauchbaren Platz auf der leeren, offenen Ladefläche eines anderen abgestellten Lastwagens. Es ist kalt, aber anders als die meisten in dieser Nacht haben wir wenigstens etwas zum Zudecken. Doch das Einschlafen fällt mir nicht leicht. Ich sehe noch, wie der Himmel sich langsam erhellt und die Sterne über mir verblassen. Dann versinke auch ich für etwas mehr als eine Stunde in einen unruhigen Schlaf.

Aufgabe erfüllt

Mit dem Licht nach Sonnenaufgang kommt Bewegung in die zuvor tote Stadt. Ich sehe über mir den blauen Himmel, und um die Stadt herum in unmittelbarer Nähe die schneebedeckten Zweitausender Berge. Irgendwann höre ich, weit in der Ferne, eine Detonation. Ich drehe mich auf die Seite, und die Augen fallen mir wieder zu. Aber für wirklichen Schlaf reicht es jetzt nicht mehr, also stehe ich auf. Nachdem auch die anderen geweckt sind, machen wir uns auf die Suche nach unseren Freunden, die uns empfangen sollen. Als man hört, daß wir Medikamente bringen, ist der Unmut nicht zu verkennen. Schon wieder Medikamente, davon wir haben genug, heißt es da. Ich verstehe nicht, was das bedeuten soll. Wir haben 100 000 Mark dafür ausgegeben, sind tagelang unterwegs mit den Sachen, und hier braucht man die Medikamente offenbar nicht. Ich bitte Malik, klarzumachen, daß wir in diesem Fall die Medikamente dann lieber anderswo verteilen, statt sie hier abzuladen. Man beratschlagt hin und her, wir werden zu einem Kaffee eingeladen. Wir sehen eine Gruppe von Kindern, die neugierig herbeigelaufen sind: „Gott sei Dank, ich habe überlebt", sagt ein vielleicht zehnjähriges Kind, „aber ich bin ganz allein. Ob Vater und Mutter noch leben, weiß ich nicht." Es sind elternlose vertriebene Kinder, die aus Kosova über die Grenze kamen und nun hier in einem Schuppen notdürftig untergebracht wurden.

Am Ende klärt sich dann alles auf. Ein junger Arzt erscheint und betrachtet aufmerksam die Liste, auf der verzeichnet ist, was wir bringen. Dann bedankt er sich mit sichtlicher Freude. Ja, es sei richtig, daß hierher auch vorher schon Medikamente gekommen sind. Und damit habe man viel Ärger gehabt. Denn diese Medikamente seien völlig unsortiert gewesen, und nachdem man sie mühsam sortiert hatte, mußte man feststellen, daß sie größtenteils nicht brauchbar waren, teils wegen Überschreitung der Haltbarkeit und teils, weil sie meist für ganz spezielle Erkrankungen, aber nicht für die hier allgemein erforderliche Nothilfe geeignet waren. Im Gegensatz dazu sei das, was wir brachten, für die Menschen hier diesseits und jenseits der Grenze genau das Erforderliche, dazu alles sortiert und vor allem neu. So etwas habe er bisher noch nie erhalten, und er möchte sich von ganzem Herzen bedanken... Das alles erklärte der Arzt dann auch denen, die uns gegenüber zuvor ihren Unmut geäußert hatten, und sie entschuldigten sich prompt. Jetzt wurde abgeladen, und von hier aus würden die Medikamente nun nach Bedarf und Möglichkeit zur Verwendung kommen, auch jenseits der Grenze in Kosova. Unsere Aufgabe war erfüllt, und wir waren zufrieden, *al-hamdu li-llah.*

Allah hat uns geholfen

Mittlerweile ist es zehn Uhr geworden. Ercihan möchte noch mit Vertriebenen reden. Ich rate ihm ab davon. Die haben hier ganz andere Sorgen, bei denen wir jetzt konkret nicht helfen können, und außerdem dürften wir, so Gott will, in Tirana noch Gelegenheit dazu haben. Wir stellen uns vor, daß wir, wenn wir nun nicht trödeln, am Abend zurück in Tirana sein können. Darum halten wir uns nicht weiter in Kukes auf. Vorbei an der weißen Moschee, die man von den Fernsehbildern her kennt, und vor der wiederum die Traktoren mit ihren Anhängern stehen, fahren wir aus der Stadt. Diesmal geht es etwas schneller, weil der Lastwagen leer ist und deshalb nach jedem Abbremsen rascher beschleunigen kann als mit schwerer Ladung. Wir wollen beim Wirtshaus Rast machen, wo wir gestern gebetet hatten. Kurz vor ein Uhr überholt uns ein Auto und hält uns an. Der Fahrer wechselt ein paar Worte mit Willi, dieser steigt aus und geht die Straße zurück. Nach einer Weile kommt er wieder und sagt: „Wir haben ein ernstes Problem!" In der Hand hält er einen Befestigungsbolzen, der offenbar durch das ständige Rütteln des Lastwagens irgendwo abgerissen war. Der Fahrer des anderen Autos hatte den

Bolzen auf der Straße liegen sehen und dann richtig vermutet, daß er von unserem Lastwagen stammte. Bald stellt sich heraus, daß es ein Bolzen ist, der die Federung mit dem Chassis verbindet. Willi und Malik verbringen eine gute Stunde, das Gewinde und den Bolzen mit dem wenigen vorhandenen Werkzeug notdürftig herzurichten und wieder zu befestigen. Dann geht es weiter. Wenn wir nicht zu schnell fahren, müßte es bis Tirana halten. „Wie gut, daß uns das nicht gestern Nacht passiert ist", sinniert jetzt Willi. „Da wäre uns das voll beladene Fahrzeug am Ende noch umgekippt, und den Bolzen hätten wir in der Dunkelheit nie gefunden." - „Ja, *al-hamdu li-llah*" sagen wir, „daß das nicht in der Nacht passierte" und weiter: „Gestern Nacht hat Allah uns davor bewahrt. Gestern Nacht war das Fahrzeug voller Medikamente, die wir nach Kukes zu bringen hatten. Und dabei hat Allah uns geholfen. Es hätte genauso gut letzte Nacht passieren können, aber Allah hat uns nicht im Stich gelassen. Und siehst Du, Willi, gestern Nacht hast Du mit uns gebetet. Heute früh aber nicht. Und ausgerechnet jetzt ist es passiert..." Willi wehrt ab: „Nein, nein, das hat damit nichts zu tun", sagt er, aber man sieht, daß er nun doch darüber nachdenkt. Und als wir schließlich wieder beim Wirtshaus angelangt sind, sagen wir zu Willi: „Wir wollen jetzt ohne Probleme bis nach Tirana kommen, also bete auch Du mit." Und Willi wäscht sich und betet mit. „Ich fühle mich so gut", sagt er dann nach der Pause beim Weiterfahren, „ich weiß nicht, ob das vom Essen ist oder vom Gebet." – „Es ist vom Gebet, Willi" sagen wir, „und inschallah werden wir nun ohne weitere Probleme bis Tirana kommen." – „Ja, *inschallah*" bekräftigt Willi, und *al-hamdu li-llah* sind wir dann auch tatsächlich gegen halbacht am Abend ohne weitere Zwischenfälle wohlbehalten wieder zurück.

Leidensweg einer Familie

Am nächsten Tag, es ist Freitag, gehen wir mittags zum Freitagsgebet. Es war Ercihans lang gehegter Wunsch, einmal in der alten Moschee in Tirana zu beten, die er von Bildern her kannte. Es ist eine kleine Moschee aus osmanischer Zeit, die einzige, die als Kulturdenkmal im zuvor streng atheistischen Albanien vor Zerstörung verschont blieb. Heute ist sie eine von wieder fünf Moscheen in Tirana und an diesem Freitag übervoll. Matten werden für die Betenden bis auf die Straße davor gelegt. Ich finde Platz neben einem jungen Mann, dem ich „*salam alaikum*" sage und den ich frage, woher er kommt. „Aus Prishtina", antwortet er. Prishtina ist die Hauptstadt von Kosova. „Nach dem Gebet, wenn Du Zeit hast, unterhalten wir uns", schlage ich vor, und er stimmt zu. Dann macht uns ein anderer Mann darauf aufmerksam, daß ein paar Reihen hinter uns Dr. Rejeb Boja aus Prishtina sitzt, das Oberhaupt der dortigen Islamischen Gemeinschaft. Wir wechseln später ein paar Worte mit ihm, er hat nur wenig Zeit, weil er sich mit einer Delegation aus Saudi-Arabien treffen und anschließend nach Makedonien fahren will. Man sieht, *al-hamdu li-llah*, daß er sich auch hier und in dieser schlimmen

Lage um seine Gemeinde kümmert. Angehörige einiger nahöstlicher muslimischer Hilfsorganisationen sehen wir dort ebenfalls.

Den jungen Mann aus Prishtina laden wir nach dem Gebet zu einem Kaffee ein. Er heißt Isa und ist 24 Jahre alt. Außer Albanisch spricht er Englisch und Türkisch. Die Verständigung ist darum kein Problem. In Prishtina hat er die Medrese, die islamische Schule, besucht und ist anschließend zusammen mit seinem Vater als Muezzin einer der großen Moscheen dort tätig gewesen. „Es war am Nachmittag, gegen drei", erzählt er uns, „als unsere Wohnungstür von draußen eingetreten wurde. Polizisten in Uniform und bewaffnete Zivilisten drangen in die Wohnung ein: Ihr habt eine Minute Zeit, draußen vor dem Haus zu stehen! Man konnte nichts tun, als die Kinder auf den Arm zu nehmen und nach draußen stürzen. Während noch Leute herausgetrieben wurden, wurden einige Häuser durch Sprengungen zerstört. Ein Mann durfte einen Bus holen, in den mußten die rund 70 versammelten Menschen hinein. Mit den eigenen Autos wegfahren, wurde nicht erlaubt. Bis sieben Uhr am nächsten Morgen mußten wir in diesem Bus bleiben und durften nicht heraus. Ich hatte Angst, daß mein Vater stirbt, sein Kopf war schon ganz angeschwollen. Dann ging die Fahrt los, vorbei am Bahnhof von Prishtina. Dort sah man Tausende und Tausende, die auf die Deportation warteten. Mehr als zehn Stunden war der Bus unterwegs, bis wir in ein Dorf etwa 13 Kilometer von der Grenze nach Albanien kamen. Da mußten wir aussteigen, den Bus stehen lassen und zu Fuß bis zur Grenze gehen. Dort haben sie denen, die überhaupt Papiere bei sich hatten, die Ausweise abgenommen und zerrissen. Auf der albanischen Seite haben uns albanische Soldaten in Empfang genommen und mit Militärlastwagen ins etwa 20 Kilometer entfernte Kukes gebracht. Sie haben nichts von uns dafür verlangt. In Kukes sind wir nicht lange geblieben, sondern haben dann unsere Fahrt nach Tirana selbst organisiert. Mit einem Auto, dessen Fahrer wir 400 Mark bezahlen mußten, normalerweise kostet es vielleicht 70 Mark. Aber so kamen wir wenigstens nach 10 Stunden gleich nach Tirana. Dort verbrachten wir die erste Nacht in der Sporthalle „Aslan Rusi". Da waren zwei- oder dreitausend Menschen, und da bekamen wir erstmals etwas zu essen. Ein Verwandter von uns hat uns im Fernsehen gesehen und dann für unsere Unterbringung gesorgt. Jetzt leben wir in einem Zimmer, mit 11 Personen..."

Wir fragen, ob wir seine Familie besuchen dürfen. „Ja natürlich", meint Isa, „mein Vater wird sich bestimmt sehr freuen." Wir schicken den Sohn vor und gewinnen den Eindruck, daß wir willkommen sind. Also treten wir ein. Die Familie ist bei einem alten albanischen Ehepaar untergekommen, das in einem Wohnblock in Tirana eine Dreizimmerwohnung bewohnt. Ein Zimmer haben sie untervermietet, um ihre Haushaltskasse aufzubessern, von den zwei anderen Zimmern, die übrig blieben, haben sie nun eins für sich behalten und das andere der aus dem Kosova vertriebenen Familie zur Verfügung gestellt. In diesem Zimmer wohnen und schlafen der 67 jährige Vater Musa, dessen 64 jährige Frau Sania, die nur wenig jüngere Tante Hairije, der 33 jährige Bruder Gafar, dessen Frau Shqipe, deren Kinder Arietta, drei Jahre, und Anas, 18 Monate, Salih und Marie, die Eltern von Shqipe, auch deren Bruder Armen und der 24 jährige Isa.

Über das, was passierte, wollen wir jetzt nicht viel reden. Wir fragen stattdessen, ob wir irgendwie helfen können, und was sie denn am nötigsten brauchen. Da sagt die eine über 60 jährige alte Dame mit ruhiger Stimme, und es schnürt mir fast die Luft ab, als ich es höre: „Wie das Vieh haben sie uns herausgetrieben, ja, noch schlimmer war es, denn so behandelt man doch Tiere nicht – und ihr seid die ersten, die uns fragen, ob wir etwas brauchen..."

Sie hat Gelenkschmerzen von Rheuma, erfahren wir, und wir besorgen in einer nahegelegenen Apotheke ein geeignetes Medikament.

Ein neues Hilfsprojekt

Von den Maßnahmen der großen internationalen Hilfsorganisationen hat diese Familie bisher nichts gehabt. Es stellt sich heraus, daß nun, nachdem eine notdürftige Bleibe gefunden ist, die größte Schwierigkeit in der Ernährung besteht. Zusammen mit den Anwesenden besprechen wir darum, was ein Lebensmittelpaket für eine Gruppe von 10 Personen in ihrer Lage beinhalten sollte, damit sie für eine Woche versorgt sind. Wir stellen eine Liste zusammen und sagen zu, das Notwendige zu beschaffen: Mehl 10 kg, Öl 3 Liter, Bohnen 5 kg, Seife 6 Stück und anderes mehr. So entsteht das nächste Hilfsprojekt für „Muslime helfen" – nicht irgendwo in einem Büro, fernab der Realität, sondern ganz konkret, vor Ort und am unmittelbaren Bedarf der Betroffenen orientiert. Wir fragen den Vater von Isa, ob er zusammen mit seinem Sohn in den nächsten Tagen neun weitere Vertriebenenfamilien in der Nachbarschaft auffinden könne, die ähnliche Bedürfnisse wie seine Familie haben. Er sagt zu. Dann, so erklären wir, werden wir inschallah so schnell es geht, zehn große Pakete zu ihm liefern, und jede Familie solle dann ihr Paket bei ihm abholen. So wären bald 100 Personen für zumindest eine Woche mit Lebensmitteln versorgt. Zugleich wird geholfen, Kontakte zwischen den Vertriebenen herzustellen, und sie sind nicht bloße Empfänger, sondern selbst in die Hilfeleistung mit einbezogen. Mit Malik besprechen wir das auch. Er bleibt noch eine Zeitlang in Tirana, also soll er weitere solche bedürftige Familien aufsuchen, Zehnergruppen aus ihnen bilden, und wir wollen sie mit Lebensmitteln versorgen. Hundert Einheiten mit jeweils 50 Kilogramm, zum leichteren Transport in drei Kartons verpackt, werden wir zusammenstellen. Das macht fünf Tonnen Lebensmittel für 1000 Personen. Es ist nicht viel, aber das können wir leisten, und den Betroffenen ist es in jedem Fall eine Hilfe. Bis alles besorgt, gepackt und in Tirana eingetroffen ist, wird wohl mindestens eine Woche, vielleicht 10 Tage vergehen. Wir beeilen uns, und wir wissen aus Erfahrung, daß Allah uns hilft, wo wir uns auf Seinem Weg bemühen. Und wir laden jedermann ein: Helft mit!

ERDBEBEN IN DER TÜRKEI

Am frühen Morgen des 17. August 1999, gegen 03:00 Uhr, ereignete sich ein Erdbeben in der Türkei, dessen Epizentrum etwa 100 km östlich von Istanbul lag. Den ersten Nachrichten darüber folgend gewann man den Eindruck, dass es sich dabei mit 7,4 auf der Richter-Skala und schätzungsweise 1100 Toten wohl um ein schweres Erdbeben handelte, doch wurde das ganze Ausmaß der Tragödie zunächst nicht bekannt. (Heute weiß man, dass über 17.000 Menschen starben). Es war davon auszugehen, dass die türkischen Behörden mit den notwendigen Hilfsmaßnahmen nicht überfordert sein dürften, zumal das Erdbebengebiet verkehrsmäßig nicht abgelegen war und in der Nähe der Großstadt Istanbul lag, die selbst nicht betroffen schien.

Nachdem in den folgenden Tagen indes immer neue Schreckensmeldungen bekannt wurden und sich das wahre Bild der Katastrophe abzuzeichnen begann, wurde bei Muslime helfen entschieden, eine eigene Erkundung vorzunehmen, bei der sich herausstellen sollte, was ein vergleichsweise kleines Hilfswerk wie das unsere in diesem Fall zur Linderung der Not beitragen kann. Bei dieser Gelegenheit nahmen wir 396 kg Medikamente im Wert von DM 14.500 und fünf Zelte mit, die über muslimische Helfer in Adapazari und Gölcük den Erdbebenopfern zugutekamen. Außerdem kauften wir vor Ort 5 Tonnen Lebensmittel im Wert von DM 5.800 zur längerfristigen Versorgung von 300 Familien. Mit Schrecken stellten wir fest, dass die Erdbebenopfer zugleich auch noch Opfer des Kampfes der türkischen Behörden gegen muslimische Einrichtungen wurden. Der Presse war zu entnehmen, dass muslimischen Hilfsorganisationen auf behördliche Anordnung hin die Konten gesperrt wurden. Damit versuchte man, ihre Hilfeleistungen abzuwürgen. Dabei waren es allein und zuerst die freiwilligen muslimischen Helfer, die sich von Anfang an um die notleidenden Menschen kümmerten. Wenn auch inzwischen von offizieller Seite manches getan wurde, befinden sich bis heute noch Zehntausende in erbärmlichster Lage.

Wir fanden heraus, dass der sinnvollste Beitrag von Muslime helfen in der Bereitstellung von Notunterkünften bestehen dürfte. Zunächst war daran gedacht, 500 Zelte in der Türkei anfertigen zu lassen, doch ergab sich bald, dass die Obdachlosen noch für längere Zeit kein festes Dach über dem Kopf haben würden und das als Muster angefertigte Zelt die Erwartungen nicht erfüllte. Zusammen mit freiwilligen Helfern aus der Türkei besuchten wir dann eine Firma, die Baustellencontainer herstellt und entschlossen uns dazu, zunächst 10 Container für insgesamt DM 65.000 nach besonderen Maßgaben bauen zu lassen. Die Firma stellte vorab zwei Container als Spende zur Verfügung, so dass zunächst 12 Container aufgestellt werden konnten. Sie befinden sich an verschiedenen Orten im Raum Gölcük und Izmit. Da sich die Aktion als zufriedenstellend erwies, wurden mittlerweile die nächsten 10 Container bestellt, mit deren Aufstellung bis Ende November zu rechnen ist. Die neuen Container kosten wegen der in der Türkei unaufhaltsam steigenden Inflationsrate bereits DM 75.000. Die Anfertigung in der Türkei ist trotzdem noch immer erheblich günstiger als andernorts und erspart außerdem lange und kostspielige Transportwege. Ob wir darüber hinaus weitere Container aufstellen können, hängt von den eingehenden Spenden ab.

Mit DM 9.000 wurden 30 Großraumzelte als Notunterkünfte für Familien im neuen Erdbebengebiet von Düzce-Bolu beschafft. Außerdem wurden insgesamt 700 Familien mit Lebensmittelpaketen geholfen. Dafür waren DM 45.500 vorgesehen.

Allen Spendern möchten wir dafür danken, dass sie die Erdbebenopfer in der Türkei unterstützt haben. Kurz vor dem *Idu-l-adha* (Opferfest) haben wir nochmals für Lebensmittelpakete und Nothilfe DM 50.000 zur Verfügung stellen können.

2000

WENN ES NACHT WIRD IN FAAFAN

Faafan, im Osten von Äthiopien:
Aus Stöcken und Ästen haben sie sich „Hütten" gebaut,
hunderte sind es für tausende Menschen,
die dort am Boden liegen,
nichts gegessen seit Tagen,
nur schmutziges Wasser getrunken,
gelaufen, gelaufen, gelaufen,
Tag für Tag.

Wenn es Nacht wird in Faafan
sinkt die Dunkelheit herab,
bedeckt alles mit tiefem Schwarz,
nur hoch oben am Himmel leuchtet ein voller Mond.
Unten auf der Erde singen die Zikaden,
es knirscht und raschelt,
kleine Kriecher streichen über steinigen Boden,
von irgendwo her ruft noch einsam ein Vogel.
Huscht dort nicht eine Hyäne durch das Gestrüpp?

Wenn es Nacht wird in Faafan
sinkt die Dunkelheit herab,
bedeckt alles mit tiefem Schwarz,
nur hoch oben am Himmel leuchtet ein voller Mond.
Unten auf der Erde wispern Stimmen,
es knirscht und raschelt,
jemand dreht sich auf steinigem Boden,
von irgendwo her ein erschöpftes Husten.
Geht dort nicht eine Gestalt durch's Gestrüpp?

Wenn es Nacht wird in Faafan
sinkt die Dunkelheit herab,
bedeckt alles mit tiefem Schwarz,
nur hoch oben am Himmel leuchtet ein voller Mond.
Unten auf der Erde weint leise eine Frau,
sie krümmt sich vor Schmerzen.
Wird dort nicht jetzt ein Kind geboren?
Wie soll es leben?

BRUNNEN IN KENIA

Wasser ist Leben. Ohne Wasser gibt es kein Leben. Wassernot ist lebensbedrohend. Leben ohne Wasser führt zum Tod...

Hilflos stehen vor diesen schlichten Tatsachen tausende von Menschen in den Dürrekatastrophengebieten Afrikas. Erst wenn viele von ihnen gestorben sind, berichten die Medien darüber. Und danach wird die Katastrophenberichterstattung bald schon von einem anderen Thema in den Hintergrund verdrängt. Denn die Medienberichterstattung lebt ja von der Neuigkeit und dem ständigen Wechsel und nicht von der dauerhaften und beständigen Information. Und inzwischen leiden die Menschen dort weiter, ihr Vieh verdurstet, ihre ohnehin dürftige Existenzgrundlage wird vernichtet, weil sie nicht an Wasser herankommen.

Muslime helfen lässt seit mehr als einem Jahr in Kenia Brunnen graben. Diese Brunnen befinden sich in der Provinz Wajir und im Tana River Distrikt, die besonders von der anhaltenden Dürrekatastrophe betroffen sind. Es gibt darunter sogenannte „shallow wells" (Flachbrunnen), die nicht besonders tief sein müssen, in denen sich Wasser sammelt. Und es gibt die „bore holes", Tiefbrunnen, die unterirdische Wasservorkommen anzapfen. Inzwischen wurden sieben „shallow wells" und zwei Brunnen mit Handpumpen fertiggestellt, zwei weitere sind im Bau. Jeder dieser Brunnen versorgt Hunderte von Menschen mit Wasser. Diese Menschen können an ihren angestammten Plätzen verbleiben, sind somit nicht gezwungen, diese aus Wassernot zu verlassen und so zu Heimatlosen zu werden, die sich vor der Dürre in eine ungewisse Zukunft flüchten müssen. Aber selbst diejenigen, die ihre Heimat schon verloren haben, brauchen Wasser. Über einen der Brunnen – in Griftu – erreichte uns kürzlich folgende Nachricht: „Griftu ist ein Bezirksverwaltungssitz etwa 30 Meilen von der Stadt Wajir. In der Gegend leben rund 2000 Menschen. Wegen des Bagalla Massakers (aus Streit um Weidegrund und Wasser) sind viele Menschen geflohen und haben sich am Ortsrand von Griftu niedergelassen. Das hat nicht nur viele Menschenleben gekostet, sondern auch ihren Lebensunterhalt, nämlich das Vieh. Die Leute sind mittellos. Sie haben keine Toiletten, keine Schule für die Kinder usw. Diese Gegend hatte es dringend nötig, dass dort einer der Flachbrunnen angelegt wurde..."

Diese Brunnen sind also Lebensretter. Und das Gute dabei ist – sie kosten nicht die Welt. Fast jeder von uns hierzulande kann es sich leisten, einen solchen Brunnen bauen zu lassen. Und wer es sich wirklich nicht leisten kann, der kann sich mit zwei oder drei anderen Muslimen zusammentun. Für einen Flachbrunnen muß man etwa DM 2500.-

(75 000 Kenia Shilling) rechnen. Ein Tiefbrunnen mit Handpumpe kostet ungefähr DM 5000.- (150 000 Kenia Shilling).

Leben ohne Wasser führt zum Tod. Wassernot ist lebensbedrohend. Ohne Wasser gibt es kein Leben. Wasser ist Leben...

BACHTSCHISARAY: MEDIKAMENTE FÜR EIN VIERTELJAHR

Unser „Medizinischer Stützpunkt" befindet sich im „7. Mikro-Distrikt" von Bachtschisaray auf der Krim in der Ukraine. Die kleine Stadt Bachtschisaray ist das historische Zentrum der Krim-Tataren, die in der Stalin-Zeit unter unvorstellbar grausamen Bedingungen zwangsausgesiedelt wurden und rund fünfzig Jahre später, nach dem Zusammenbruch des Sowjet-Regimes, wieder in ihre Heimat zurückkehrten. Die Stadtverwaltung von Bachtschisaray hat den Rückkehrern den „7. Mikro-Distrikt" als Bleibe zugewiesen, ein unerschlossenes Gebiet am Stadtrand, wo die aus Usbekistan und Kasachstan Zurückgekehrten anfingen, Häuser zu bauen. Die meisten sind aus Geldmangel nie fertig gebaut worden, aber zumindest bieten die Keller eine Bleibe. Medizinische Versorgung gab es im „7. Mikro-Distrikt" überhaupt nicht. Darum haben wir in Zusammenarbeit mit dem Rat der Einwohner und dem Städtischen Krankenhaus einen „Medizinischen Stützpunkt" eingerichtet. Den Ausbau des Gebäudes hat Muslime helfen finanziert. Dorthin können die Anwohner zweimal in der Woche zur Sprechstunde kommen. Das ärztliche Personal kommt dazu aus dem Städtischen Krankenhaus. Medikamente können sich die meisten Patienten nicht leisten. Es sind Arbeitslose, alte Menschen, Mütter mit Kleinkindern. Diejenigen, die es nötig haben, bekommen darum ihre Medikamente umsonst. Dafür müssen wir im Vierteljahr umgerechnet DM 750.- ausgeben.

Wer möchte diese Kosten für ein kommendes Vierteljahr übernehmen?

AFGHANISTAN: UND WAS HAT DAS GEÄNDERT?

Es war im März in Afghanistan. Frühmorgens nach dem Gebet, noch bei Dunkelheit, fuhren wir los, von Kabul zurück nach Peschawar. Es war kalt. Auf der leeren Straße nur hier und da eine in Decken gehüllte Gestalt, irgendjemand, der irgendwohin ging. Bald hatten wir die Stadt hinter uns gelassen und quälten uns Richtung Osten, der aufgehenden Sonne entgegen, Meter um Meter, Schlagloch um Schlagloch. Ja, das war einmal eine asphaltierte Straße gewesen, die Hauptverkehrsader Afghanistans zwischen Pakistan und Kabul. Aber von dieser Straße ist kaum noch etwas übrig. Hier wurde seit Jahrzehnten nichts instandgesetzt. Den Straßenbelag und den Unterbau haben die schweren Panzer und Militärkolonnen zermalmt, die während des vergangenen Vierteljahrhunderts diese Straße benutzten. Nicht alle sind immer ans Ziel gelangt. Hier und dort liegen sie am Straßenrand, die ausgebrannten und mittlerweile angerosteten Trümmer sowjetischer Schützenpanzer und Mannschaftstransporter. Ein bedrückender Anblick, der bedrückende Gedanken weckt. Bedrückende Gedanken an den Krieg in Afghanistan, daran, wie er begonnen hat, damals, in den siebziger Jahren, als die Muslime sich zu wehren begannen dagegen, daß ihnen die gottlose Lebensordnung des Kommunismus aufgezwungen wurde, als sich die ersten Widerstandgruppen bildeten, nicht zuletzt unter Beteiligung der Jugend und der Gebildeten im Land, Widerstandsgruppen, die durch ihr Dasein und ihren Kampf das Fremdwort „Mudschahidin" in den alltäglichen Sprachgebrauch der westlichen Presse überhaupt erst einführten, Widerstandskämpfer auf dem Weg Allahs, die mit größter Opferbereitschaft und unter unsäglichen Opfern am Ende die Sowjetunion aus dem Land vertrieben und ihr die Niederlage zufügten, die das Ende des Sowjetregimes einleitete und damit zu den folgenschweren Veränderungen in Ost- und Mitteleuropa führte, aus denen schließlich auch das Ende der DDR und die deutsche Einheit folgten, Kämpfer, die dann, als der offenkundige Feind das Land verlassen hatte, fortfuhren zu kämpfen, diesmal gegeneinander, niemand weiß so richtig, warum und wieso, ein Bruderkrieg, der bis heute fortdauert. Bedrückende Gedanken, ein Vierteljahrhundert ist vergangen, und es ist noch immer Krieg in Afghanistan. Dabei hatten alle gehofft, daß nach dieser so schweren und leidvollen Zeit die Menschen in Afghanistan nun den Lohn ihrer Mühen würden ernten dürfen, ihr Land wieder aufbauen und ein friedvolles Leben im Islam führen. Dies zu ermöglichen, dabei mitzuhelfen, war doch der Antrieb gewesen für die vielfältige Unterstützung, die Muslime aus aller Welt auf ganz unterschiedliche Weise für Afghanistan geleistet hatten. In jeder Moschee wurde dafür gesammelt, Jahr über Jahr, und es wurden Millionen gespendet, Jahr über Jahr. Und was hat das geändert?

Bedrückende Gedanken, die auch die aufgehende Sonne nicht ganz vertreibt. Sicher, die Dunkelheit der Nacht ist vergangen, ja, die Kälte ist gewichen, und es wird nun wärmer, ein sonniger Frühlingstag steht bevor, zumindest für heute, zumindest bis zum Abend. Wir würden wohl, mit Gottes Hilfe, in Peschawar angekommen sein, aber dann? Die Abendkühle würde wieder in die Kälte übergehen, das fahle Licht der Sonne vor ihrem Untergang von der finsteren Nacht verschlungen. Die Schemen der Panzerwracks würden wieder im Dunkel lauern. Man würde wiederum nicht wissen, wer sich vielleicht dahinter verbirgt. Nichts würde sich geändert haben für all die armen Menschen in Afghanistan. Bedrückende Gedanken, die jäh unterbrochen werden durch das abrupte Anhalten des Geländewagens, der nun unmittelbar vor einem anderen Fahrzeug zum Stehen kommt, in einer Staubwolke, hervorgerufen durch das plötzliche Bremsen. Ruhe, Gott sei Dank, Ruhe, ist der erste unwillkürliche Gedanke. Das unendliche Geschüttel und Auf und Ab beim unendlichen Fahren auf der Schlaglochpiste ist unterbrochen. Wir stehen still. Vor uns Stimmen. Der Staub verzieht sich. Wir steigen aus.

Ringsum säumen hohe Felswände die tiefe Schlucht. Die Straße, die vom Hochplateau hinabführt, hat ein merkliches Gefälle. Weiter unten eine schmale Brücke über den Fluß. Vor uns auf der Straße noch ein paar Autos, vorne ein Bus. Am Straßenrand liegt ein Esel mit aufgerissenem Körper, schwer atmend, versucht, sich aufzurichten, sinkt wieder um auf die Seite, ruft mit leiser Stimme, seine Augen suchen Hilfe. Nicht weit davon auf der Straße ein anderer Esel, tot, die Reste seiner Traglast auf der Straße verstreut. Dabei auch ein paar Menschen, abgemergelte Gestalten, Kinder in zerrissener Kleidung, die nur noch ahnen läßt, daß sie einmal schön war, durchlöchertes Schuhwerk, manche ganz ohne Schuhe. Sie haben beladene Kamele dabei, die mit bunten Wollstücken geschmückt sind, Esel, die ebenfalls Lasten tragen und anderes Kleinvieh. Eine kleine Karawane von Nomaden, mit ihren Tieren auf der Straße unterwegs zu ihrem Frühjahrsquartier. Sie gehören zu den Allerärmsten in Afghanistan. Sie besitzen nichts außer ihren Zelten und wenigen Gegenständen sowie den Tragtieren. Und jetzt ist auch noch der Bus in sie hineingefahren, und zwei ihrer Esel sind verloren. Gott sei Dank, kein Mensch ist zu Schaden gekommen. Aber dennoch. Bedrückende Gedanken. Wie soll es nun mit ihnen weitergehen? Wie schaffen sie es nun, ihr Ziel zu erreichen? Werden sie die Habe, die ihre Esel trugen, irgendwie anderweitig fortschaffen? Ganz bestimmt, aber wie? Vielleicht jemanden bei den toten Tieren zurücklassen, mit den übrigen weiterziehen und am Abend, wenn sie irgendwo in der Dunkelheit und Kälte ihr Nachtlager aufgeschlagen haben, nach dem anstrengenden Tag zwei Tiere wieder zurückschicken, mit der zurückgelassenen Habe beladen und dann vielleicht am nächsten Morgen dort eintreffen, wo die anderen die Nacht verbracht haben und schon wieder aufbrechen? Und dann? Wie weiter? Die Tiere abladen, ruhen lassen und später nachkommen? Wie die Vorausziehenden jemals wieder wirklich einholen und gemeinsam weiterreisen? Und vor allem, wohin mit den Traglasten der beiden toten Tiere, wo doch alle schon bis an die Grenze ihrer Belastbarkeit beladen sind? Bedrückende Gedanken. Warum sind wir hier, warum geschieht das ausgerechnet jetzt vor unseren Augen? Wir kommen aus Kabul von einem Hilfsprojekt, durch das wir völlig mittellose Kriegsflüchtlingsfamilien für die kommenden drei Monate mit Lebensmitteln und ein paar Haushaltsgegenständen versorgten. Unsere Aufgabe ist erfüllt, wir sind auf dem Weg zurück, quälen uns hunderte von Kilometern über die Schlaglochschotterstrecke, die einmal die Hauptverkehrsstraße Afghanistans war und werden unfreiwillig aufgehalten, weil ein rücksichtsloser Busfahrer in einem wohl ohnehin nicht verkehrstauglichen Schrottbus zwei Esel überfahren hat. Oder die Esel sind einfach über die Straße gelaufen, und der Busfahrer konnte nicht mehr rechtzeitig bremsen. Gleich wie – was ändert das nun noch an der Lage in Afghanistan?

Nichts. Offensichtlich gar nichts. Für uns jedenfalls nichts und für die Menschen in Afghanistan auch nichts. Nur für eine kleine Schar von Nomaden. Sie, die zu den ärmsten Menschen im armen Afghanistan gehören, haben an diesem Morgen zwei Lastesel verloren und sind so noch einmal ärmer geworden. Für sie hat es etwas geändert. Und sie haben am selben Ort, wo ihnen dieses Unglück geschah, und am selben Morgen, an dem es geschah, noch jemanden getroffen, der ihnen das Geld in die Hand drückte, das sie brauchten, um Esel zu kaufen. Befreiende Gedanken. Ein kleiner Betrag, den ein Muslim aus Deutschland gespendet hatte, nicht einmal zweckgebunden, sondern zur freien Verfügung, jemand, von dem wir wußten, daß er mit dieser Verwendung ganz sicher einverstanden war.

ASERBAIDSCHAN: TSCHETSCHENIENFLÜCHTLINGE

Anfang April war ich für Muslime helfen in Aserbaidschan. Es gibt in Baku Flüchtlinge aus Tschetschenien. Man sagt, dass es ungefähr Zehntausend sein sollen. Wir hatten davon gehört, dass sich dort auch Halbwaisenkinder befinden, die mit ihren Müttern aus Tschetschenien geflohen sind. Der Kontakt wurde über einen früheren Besuch von anderen Brüdern, die dort gewesen sind, hergestellt. Um diesen Kindern behilflich zu sein und uns zugleich einen Überblick zu verschaffen über die Situation dort, habe ich diese Reise unternommen.

Die Flüchtlinge sind nicht registriert und werden in dem Sinne auch nicht anerkannt. Aus diesem Grunde bekommen sie auch keine Hilfe von internationalen Flüchtlings-organisationen. Aserbaidschan erlaubt diesen Leuten, sich im Land aufzuhalten. Man hat selbst die Geschichte der Sowjetunion erlebt und sympathisiert infolgedessen mit den betroffenen Menschen. Aber man möchte sich in diesem Konflikt nicht offiziell auf die Seite der Tschetschenen stellen. Viele tschetschenische Flüchtlinge möchten die Registrierung auch nicht, weil sie Nachteile befürchten, wenn sie offiziell als Menschen bekannt sind, die ihr Land während des Krieges verlassen haben.

Sie reisen im Wesentlichen über Dagestan und überqueren dann die Grenze. Sie können das natürlich nur entweder dadurch, dass sie an der Grenze mit Beamten zu tun haben, die ihre Situation verstehen und ihnen keine Fragen stellen. Oder sie gehen an Stellen über die Grenze, wo keine Beamten sind. Die Kleider, die sie am Leib tragen, können sie mitnehmen. Und Bargeld, aber das umzutauschen lohnt sich oft nicht. Sie haben in der Regel ihre Personalpapiere dabei. Ansonsten kann man nicht viel mitnehmen.

Niemand verhungert dort. Aber es ist wohl schwierig, sich unter diesen Bedingungen in der Millionenstadt Baku ausreichend zu ernähren und Wohnraum zu finden, der einigermaßen angemessen ist. Aserbaidschan befindet sich selbst in einer Umbruchsituation, und viele Menschen sind dort ebenfalls in Schwierigkeiten. Die Staatsbürger von Aserbaidschan haben aber natürlich bessere Möglichkeiten, während die Flüchtlinge nicht wissen, was sie ihren Kindern nächste Woche vorsetzen können.

Sie sind mit ihren Müttern untergebracht. Mehrere Frauen teilen sich mit ihren Kindern eine etwas größere Wohnung. Man könnte es als Wohngemeinschaft von muslimischen Frauen bezeichnen. Es hat in der Vergangenheit, *al-hamdu li-llah*, Muslime gegeben, die solche Familien unterstützt haben, indem sie halfen, eine Wohnung anzumieten oder die Mietkosten für eine gewisse Zeit übernahmen.

Insiderinformationen über die Situation in Tschetschenien habe ich nicht. Grob gesagt ist der jetzige zweite Konflikt dadurch entstanden, daß sich im Nachbarland Dagestan Probleme zwischen Muslimen und der Verwaltung des Landes ergaben. Man sagt, dass die Muslime eine islamische Führung durchsetzen wollten. Muslime aus Tschetschenien seien ihnen zu Hilfe gekommen, nachdem die dagestanische Verwaltung diesen Versuch im eigenen Land gewaltsam unterdrückt hat. Ob das im Einzelnen tatsächlich so verlaufen ist, kann ich nicht beurteilen.

Ein sehr großer Teil der Menschen musste das Land verlassen. Sie sind überwiegend in benachbarten Kaukasusrepubliken untergekommen. Dort halten sich sicher über hunderttausend, vielleicht mehr Flüchtlinge auf.

Letzten Endes geht es wohl um den Zugang zu Öl sowohl in Tschetschenien selber als auch im Kaspischen Meer. Russland handelt hier offensichtlich zunächst einmal im eigenen Interesse, aber dann auch im Interesse der Abnehmer dieses Öls, und das sind vor allem die westeuropäischen Länder, auch wir hier in der Bundesrepublik. Ohne unsere finanzielle Unterstützung wäre Russland gar nicht in der Lage, diesen Krieg in Tschetschenien zu finanzieren. Insofern kann man uns in der Bundesrepublik auch nicht freisprechen von der Verantwortung für die Situation in dem Land.

Die Flüchtlinge wollen natürlich wieder in ihre Heimat zurückkehren. Manche gehen auch jetzt schon zurück, weil sich die wärmere Jahreszeit ankündet und sie hoffen, dass die Kampfhandlungen in ihren Gegenden aufhören. Es ist aber durchaus möglich, dass im kommenden Herbst eine größere Zahl von Menschen diese Gegend wegen des harten Winters wieder verlässt.

Ich habe versucht, die verantwortlichen muslimischen Schwestern, die sich um die Mütter mit ihren Halbwaisenkindern kümmern, zu motivieren. Ich habe ihnen vorgeschlagen, dass sie vielleicht eine eigene kleine Gemeinschaft bilden. Auf diesem Weg können sie sich sehr viel leichter direkt an muslimische Schwestern im Ausland wenden, so dass Unterstützung von Schwester zu Schwester, von muslimischer Frau zu muslimischer Frau erfolgen kann. Der Gedanke kam ihnen interessant vor. Man könnte ihnen dann Kontakte speziell zu muslimischen Frauenorganisationen vermitteln.

Die Flüchtlinge sind gläubige Muslime, die das, was sie an Schwierigkeiten zu ertragen haben, recht gefasst ertragen. Sie sind also keineswegs wehleidige Menschen. Aber es ist offensichtlich, dass sie sich ohne ihren starken Glauben ganz anders verhalten hätten.

Wenn diese Schwestern Möglichkeiten sehen, sich zu organisieren, dann werden wir versuchen, sie zu unterstützen. Sie haben schon einen Ansatzpunkt gefunden, indem sie in einer Wohnung sieben Nähmaschinen aufgestellt haben. Auf der einen Seite können sie da ihre Kleidung instand halten. Auf der anderen Seite können sie vielleicht auch ein bisschen was damit verdienen. Es gibt dort auch Unterstützung dafür, aber man kann sicher mehr für sie tun. Und diese 51 Kinder, um die es im Augenblick geht, sind nicht die einzigen.

Sie bekamen als Hilfe zum Lebensunterhalt einen Betrag von umgerechnet 50 DM pro Kind und Monat. Die Summe für die ersten drei Monate habe ich gleich übergeben. Wir stellen uns vor, dass es im Laufe dieser Zeit den Muslimen aus Mannheim, die den ersten Kontakt hergestellt haben, gelingt, Paten für diese Waisenkinder zu finden, die dann in Zukunft diese Kosten übernehmen. Um zu verhindern, dass anfangs nur ein Teil der Kinder unterstützt wird, ist Muslime helfen eingesprungen. Wir hoffen, dass es sich in Zukunft dann über Patenschaften regeln lässt und die einzelnen Kinder von ganz konkreten Personen unterstützt werden, die sich dafür auch verantwortlich fühlen.

Die einfachste und effektivste Hilfe ist finanzielle Unterstützung. Jeder der Betroffenen ist in einer finanziell schwierigen Situation. Sie haben keine Arbeitsstellen, und in ihrer Heimat haben sie dazu auch keine Möglichkeiten. Ansonsten gibt es Einzelfälle, wo man konkret zum Beispiel mit Medikamenten helfen kann.

Wir haben auch in diesem Jahr ein Budget für Tschetschenienflüchtlinge vorgesehen. Das hängt auch davon ab, wie sich die Situation in Baku entwickelt. Ansonsten haben wir von früheren Projekten unsere Kontakte.

Eine Besserung der Situation für die Tschetschenen ist aus meiner Sicht vorläufig nicht absehbar. Allah weiß, wie lange das weitergeht. Ich kann nur sagen, dass wir als Muslime helfen uns bei allen bedanken, die unsere Arbeit unterstützen, speziell auch bei denjenigen, die sich unter dem Stichwort Tschetschenienhilfe engagiert haben. Wir versichern ihnen, dass wir uns darum bemühen, die Unterstützung an diejenigen weiter zu leiten, die sie wirklich nötig haben. Wir werden das auch in Zukunft inschallah so machen, dass wir uns stets selbst vor Ort vergewissern. So können wir denen gegenüber, die Muslime helfen ihre Spende anvertrauen, Rechenschaft ablegen.

ERST VERZICHT WIRD DIE MENSCHHEIT VERSÖHNEN

Meist zum Jahreswechsel entzieht sich der ein oder andere dem Zwang des Alltags, besinnt sich und lässt die Ereignisse der vergangenen Monate Revue passieren. Man erinnert sich: Vor einem Jahr schien das neue Jahr, zugleich das neue Jahrhundert und das neue Jahrtausend wirklich wie der Beginn von etwas essentiell Neuem. Aber nun: Enttäuschung. Die Welt ist nicht zur Besinnung gekommen.

Krieg, nicht Frieden, ist das beherrschende Thema der Schlagzeilen, der Nachrichten, der Diskussionen. Nichts hat sich da geändert, jedenfalls nicht prinzipiell, wenn auch die Schrecken bewirkenden Akte der Gewalt immer neue und gänzlich unerwartete Formen annehmen. Dabei ist doch Frieden das, wonach jeder friedliebende Mensch sich sehnt. Wenn aber der Krieg das Denken und Handeln in Beschlag genommen hat, was sind die Ursachen dafür? Fehlt es vielleicht an friedliebenden Menschen? Oder kommen die friedliebenden Menschen irgendwie nicht richtig zum Zug? Und was ist überhaupt "Frieden"?

Oberflächlich betrachtet verstehen wir darunter in der Tat zunächst einmal einfach, dass die Waffen ruhen, dass also kein Krieg geführt wird. Aber eigentlich ist doch Frieden viel mehr als das. Zum wirklichen Frieden gehört das Zufriedensein mit den

Umständen, ja, mit der Welt in der man lebt, mit den Menschen um einen herum, und nicht zuletzt das mit sich selbst im Frieden sein. Erwarten wir wirklich, dass die Welt sich auf Frieden besinnt, wenn die Mehrheit der Menschen auf dieser Erde unter Umständen zu leben gezwungen ist, die menschenunwürdig sind und unter denen auch hierzulande kein Mensch würde leben wollen? Ohne ausreichende Wasserversorgung, ohne ausreichende Ernährung, ohne ausreichenden Wohnraum, ohne ausreichende Gesundheitsfürsorge und Bildungsmöglichkeit, ohne wirkliche Perspektive?

In dieser Minute allein, in der man sich diese eine Frage gestellt hat, sind 16 unserer Mitmenschen verhungert. Jeden Tag sterben weltweit 24 000 Menschen an Hunger, weil sie keinen Zugang zu Nahrungsmitteln haben, teilte die Welternährungsorganisation noch vor kurzem mit. Das sind 1000 Menschen in der Stunde.

Und die Lage wird nicht besser, sondern schlechter. Statt der angestrebten 8 Millionen Mitmenschen, die vor dem Hungertod bewahrt werden sollten, wurde nur 6 Millionen geholfen! Wer kann unter solchen Umständen zufrieden leben? Wer kann damit zufrieden sein? Man darf sich nichts vormachen und muss ehrlich bleiben: Solange sich an diesen Umständen nichts grundsätzlich verändert, hat der Frieden keine Chance.

Es hilft auch nichts, sich darauf zurückziehen zu wollen, dass eben jeder seines Glückes Schmied ist und die in dieser Welt zu kurz Gekommenen einfach Pech gehabt haben. Selbst dem, der es sich nicht wünscht, ist doch inzwischen klar, dass wir inzwischen tatsächlich in der einen Welt leben, in der alles engstens miteinander verknüpft ist, im „global village". Und dass die Menschen von dort, wo die Umstände ihnen ein menschenwürdiges Dasein nicht gestatten, wegziehen wollen und in der Tat wegziehen in eine andere Umgebung. Es ist sicher richtig, dass wir, wenn wir jedermann einreisen ließen, der hierher kommen möchte, damit diese Probleme auch nicht gelöst hätten. Aber wir haben doch etwas mehr Möglichkeiten, als einfach die Türe zu schließen. In unserer deutschen Muttersprache hat das Wort Frieden sogar zu tun mit dem „freien", dem altertümlichen Ausdruck für „lieben". Wenn Krieg ein Ausdruck von Feindschaft und Hass ist, dann, so ist man versucht zu sagen, wird es ohne Liebe wohl keinen Frieden geben. Und was ist „Liebe"? Unter Christen spricht man vielleicht von der „goldenen Regel". Als Muslim kommt einem das Wort des Propheten Muhammad – Friede auf ihm – in den Sinn, der gesagt hat: „Keiner von euch ist wirklich gläubig, bis er nicht für seinen Bruder liebt, was er für sich selbst liebt."

Jedem, der darüber auch nur ein wenig nachgedacht hat, ist klar, was das bedeutet. Es bedeutet teilen, abgeben, um den Mitmenschen zu helfen. Die Möglichkeiten dazu sind vielfältig. Sie beschränken sich nicht darauf, anlässlich der Festtage großzügig für wohltätige Zwecke zu spenden. Ja, natürlich ist das richtig und gut. Aber es bedeutet mehr. Es bedeutet sich selbst einschränken, verzichten um der Mitmenschen willen.

Wir müssen da wohl doch etwas ändern an unserer uns so lieb gewordenen Lebensweise, an die wir uns gewöhnt haben, die aber einfach zu verschwenderisch ist. Wie wäre es also, nach einem Jahr, wenn man vielleicht wieder die Ereignisse der vergangenen Monate Revue passieren lässt, sich an diese Einsicht zu erinnern und sagen zu können: Ich habe meine Konsequenzen gezogen. Ich habe in meinem Bereich gehandelt. Was war im letzten Jahr mein wenn auch kleiner und bescheidener, aber eigener Beitrag zum Frieden auf dieser Erde? Und was soll er sein, im kommenden Jahr, mein ganz persönlicher Beitrag dazu, dass die Welt sich doch auf den Frieden besinnt?

2002

KLEINER FISCH IM REISFELD

Im Februar 2002 besuchte ich Indonesien für Muslime helfen. Wir haben ein Lebensmittelpaket-Projekt und Kurban in einer Stadt und ihrer Umgebung in West-Java organisiert. Die Stadt heißt Garut und liegt südöstlich von Bandung. Garut liegt im Hochland. Die nächste Küste ist vielleicht 150 oder 120 Kilometer südlich. Es ist alles grün und tropisch, heiß, feucht und bergig. Fast überall wird Reis angebaut.

Es gibt zwei wesentliche Faktoren für die schwierige Lage der Menschen in dieser Gegend. Das eine ist ein allgemeines Problem. Es besteht darin, daß die meisten der Dorfbewohner keine Landeigentümer sind, sondern Feldarbeiter. Das Land gehört den Großgrundbesitzern. Die Kleinbauern pachten sich ein Stück Land und müssen mit dem Eigentümer die Ernte 50 zu 50 teilen. Wenn die Ernte gut ist, dann kann der Pächter vielleicht gerade so davon leben. Wenn die Ernte schlecht ist, dann reicht es eben nicht. Das ist der eine Punkt, daß die Startbedingungen prinzipiell schlecht sind. Der zweite Punkt ist die große Wirtschaftskrise in Indonesien, die bis heute nicht beendet ist. Diese hat sich in einer ungeheuren Verteuerung von allem niedergeschlagen, während aber der Preis für den Reis, den die Kleinbauern pflanzen, sogar gesunken ist. Es sind also zwei Faktoren: Die schlechte Ausgangslage der Landbevölkerung und die ungeheure Verteuerung der Lebenshaltungskosten in den letzten zwei bis drei Jahren.

Im Dorf Mekarsari zum Beispiel, das ist etwa 60 Kilometer nördlich von Garut, sind die Bedürftigen Leute, die einmal am Tag etwas essen. Mehr können sie sich nicht leisten. Wenn möglich Reis, aber manchmal auch nur irgendein Gemüse oder Obst, das dort im Wald wächst. Wenn sie Glück haben, erwischen sie auch mal einen kleinen Fisch im Reisfeld. Alten Frauen jedoch gelingt das sicher nicht, sie gehen höchstens irgendwohin und schlagen Früchte herunter.

Im Zeitraum zwischen dem 10. Februar und dem 15. März wurden in zehn Dörfern - zum Teil sind es auch Landbezirke der Stadt Garut – jeweils 100 bis 120 Lebensmittelpakete verteilt. Zusammen waren es also 1000 bis 1200 Pakete. Wir haben vor Ort eine Partnerorganisation, Al-Husna, die unsere Projekte vorbereitet und durchgeführt hat. Wir haben sie finanziert und geprüft. Al-Husna ist eine kleine regierungsunabhängige Organisation von Muslimen, die sich zum Ziel gesetzt hat, ihre Arbeit mit sozialer Aktion zu verbinden. Das ist dort sehr, sehr wichtig. Die Leute von Al-Husna hatten eine Liste der rund 100 bedürftigsten Menschen im jeweiligen Dorf zusammengestellt. Diese kamen ein paar Tage vor der Verteilung in eine der vielen kleinen Moscheen, um sich eine Art Gutschein abzuholen. Gleichzeitig wurde ihnen der jeweilige Tag der Verteilung für ihre Moschee genannt. Nachdem sich die Menschen versammelt hatten, gab es einen Vortrag, der – von dem, was ich mitbekommen habe – den Leuten Spaß und Freude gemacht hat, also in keiner Weise langweilig war. Al-Husna haben die Leute in ihrer Ansprache darauf aufmerksam gemacht, daß die Hilfe, die sie bekommen haben, von Muslimen aus Deutschland finanziert wurde und dies ein praktisches Beispiel für die Brüderlichkeit zwischen den Muslimen ist. Auch sie sollten sich daran ein Beispiel nehmen und dementsprechend handeln: Wenn jemand in Not ist und ein anderer helfen kann, dann solle er dies auch tun. Diejenigen, die diese Pakete bekommen, können an ihrer Lage wohl nichts ändern. Die Eigeninitiative ist aber erkennbar in der Form dieser Hilfsorganisation. Daß es Leute vor Ort gibt, die die Probleme erkennen und die versuchen, den Menschen behilflich zu sein.

Von der ersten bis zur letzten Verteilung vergingen sechs Wochen. So lange hatte ich leider nicht Zeit. Aber ich bin bei drei von zehn Verteilungen anwesend gewesen. Ein großer Teil der Leute, die ich bei der Verteilung gesehen habe, waren Frauen. Witwen zum Teil und ältere Leute, die offensichtlich niemanden haben, der sie versorgt. In den Lebensmittelpaketen war Reis, denn Reis ist das Hauptnahrungsmittel in Indonesien. 5 Kilo Reis, 2 Kilo Zucker, 2 Kilo Öl zum Kochen und 10 Pakete Nudeln. Indonesische Fertignudeln, die man hier auch bekommt.

Zum Opferfest wurde in den zehn selben Dörfern wie beim Lebensmittelprojekt geschlachtet, damit die Leute zum *Id* etwas Fleisch bekamen. Ich war nur an einem Platz dabei, weil überall gleichzeitig geschlachtet wurde. Insgesamt waren es 15 Kühe für

105 Personen. Jede Kuh ist von sieben Personen. Unsere Spenderlisten waren da, und derjenige, der geschlachtet hat, hat die Liste in die Hand genommen, die Namen abgelesen und dann geschlachtet.

Besonders in Erinnerung geblieben ist mir eine Familie, über die ich nicht sehr viel weiß, aber die ich dort getroffen habe: Ein junger Mann, vielleicht zwischen 30 und 40 Jahre alt, und seine Frau, ein wenig jünger als er. Beide sind blind. Sie haben ein Kind, das sehen kann, jedoch noch relativ klein ist. Was ich sah, war ein kleiner Junge, der vor der Familie herging, um sie zu führen. Der blinde Mann fasste sich an dem Jungen an, die blinde Frau fasste sich an ihrem Mann an, und ihr kleines Kind fasste ihre andere Hand. So kamen sie, um ihr Lebensmittelpaket abzuholen, und genauso gingen sie wieder weg. Nur mit einem Unterscheid: Sie waren froh, das konnte man in ihren Gesichtern erkennen.

DER LINKE FUSS VON JALEBEL

Es war Freitag, der 19. Juli, am späten Vormittag, und es war heiß. Die Sonne stand hoch, und die Schatten der kleinen Bäume waren schmal geworden. Gott sei Dank brachte von Zeit zu Zeit ein leichter Windstoß etwas Erfrischung. Ich saß mit Kennedy Jaafar zusammen, dem „Barangai Captain", das ist so etwas wie ein Bürgermeister. Er hatte mir gerade Auskunft über den Ort gegeben, an dem jetzt die „Medical Mission" angelaufen war, das Programm zur medizinischen Versorgung, das Muslime helfen hier zusammen mit dem „Islamic Dawah Council of the Philippines" durchführte. Der Ort heißt Taratak und liegt fast am südlichen Ende der philippinischen Insel Palawan, die wegen ihrer Rückständigkeit und Unterentwicklung im Volksmund auch als „the last frontier" bezeichnet wird. Daß Jaafar von seinen Eltern den Vornamen Kennedy erhielt, hängt mit seinem Alter zusammen – er ist 39, und als er zur Welt kam, war der gleichnamige amerikanische Präsident gerade sehr populär. Immerhin ließ sich aber doch am Nachnamen erkennen, daß dieser Kennedy, mit dem ich hier sprach, ein Muslim war.

Tarataks Einwohner sind zu etwa 70% Muslime, 20% Christen und 10% „Einheimische", also Anhänger der örtlichen traditionellen Glaubensvorstellungen. Die Ansiedlung besteht aus etwa 300 Haushalten mit insgesamt rund 2300 Menschen, Kinder eingeschlossen. Die meisten leben in großer Armut und ernähren sich vom Maisanbau und Fischfang. Das Meer ist etwa 4 Kilometer entfernt und wie die Ortschaft selbst nur über eine Art Feldweg zu erreichen. Fester Straßenbelag fehlt, ebenso Elektrizität und Wasserversorgung. Man behilft sich mit Grundwasserbrunnen. Es gibt eine Schule, die bis zum sechsten Schuljahr führt, und eine Moschee, bei der sich auch eine von zwei öffentlichen Handpumpen befindet. Eine Krankenstation gibt es nicht, auch keinen Arzt. Neun Kilometer von hier liegt die Nickel-Mine von Rio Toba mit einer privaten Krankenstation für das Minenpersonal. Das nächste jedermann zugängliche öffentliche Krankenhaus befindet sich im 60 Kilometer entfernten Brookes Point. Aus diesem Grund fand hier auch die „Medical Mission" statt, die erste, die jemals von muslimischer Seite durchgeführt wurde und zweite in der Geschichte des Ortes überhaupt (im vergangenen Jahr war ein vom Staat entsandtes Ärzteteam hier gewesen).

Bei unserer Ankunft in Taratak warteten schon etwa 100 Menschen auf uns, und unsere beiden Ärzte aus Manila, Doktor Abidin und Doktor Jaqub, machten sich gleich an die Arbeit, unter freiem Himmel. Jeder hatte einen Tisch, an dem er saß, dazu einen Stuhl für den Patienten. Es gab auch Helfer und Helferinnen, die Blutdruck maßen und anderweitig zur Hand gingen. Nachdem der Arzt festgestellt hatte, woran der Patient litt, empfahl er entsprechende Maßnahmen und ließ aus dem von uns mitgebrachten umfangreichen Medikamentenvorrat die notwendigen Mittel aushändigen. Denn hier gibt es weder eine Apotheke noch sind die Erkrankten in der Lage, sich Medikamente leisten zu können. Am häufigsten leiden die Menschen an Malaria und durch unsauberes Wasser verursachte Magen- und Darmerkrankungen, dann auch an Mangelernährung und nicht zuletzt Bluthochdruck, verursacht durch das hiesige Arme-Leute-Essen, den gesalzenen Fisch. Auch unsere Zahnärztin, die wir aus Brookes Point mitgebracht hatten, war voll beschäftigt. Sie hat an diesem Tag manchen Zahn gezogen und insgesamt 52 Patienten versorgt. Es lief also alles gut, und ich sprach mit Kennedy Jaafar über Taratak und was den Leuten noch fehlt. Die Felder werden mit der Hand bearbeitet. Nicht einen einzigen Traktor gibt es im Ort. Das durchschnittliche Jahreseinkommen einer ganzen Familie liegt bei 30.000 Pesos, das sind etwa 600 Euro.

Und dann kam ein Motorrad herangeknattert. Der Fahrer kämpfte sich mit Mühe über den durchfurchten Fahrweg und brachte Jalebel zu uns. Jalebel kam nicht aus Taratak, sondern einer noch weiter abgelegenen kleinen Siedlung. Dort hatte man gehört, daß unsere „Medical Mission" gerade in Taratak war und ihn darum hierher gebracht. Jalebel war um die fünfzig Jahre alt, trug T-Shirt und Hose, keine Schuhe, sein Gesicht trotz dunkler Farbe ziemlich fahl, und sein linker Fuß mit einem blutdurchtränkten Tuch umwickelt. Doktor Jaqub entfernte dieses Tuch, und die Verletzung wurde nun sichtbar. Die ganze Ferse war durch einen tiefen Schnitt fast abgetrennt, man konnte sie frei bewegen und den Fußknochen sehen. Die Wunde blutete noch immer, und Doktor Jaqub verband sie zunächst einmal mit sauberem Material. Dann hielten wir kurz Beratung miteinander. Es war klar, daß diese Verletzung weiter versorgt, vor allem gereinigt und dann genäht werden mußte. Doktor Jaqub war in der Lage, dies durchzuführen, aber das erforderliche Material war in unserem Medikamentenvorrat nicht enthalten. Für derart akute Notversorgung war unsere „Medical Mission" nicht geplant. Das nächste Krankenhaus, so hatte ich von Kennedy Jaafar erfahren, gab es erst im 60 Kilometer entfernten Brookes Point, aber in der Nähe war doch die Mine von Rio Toba mit ihrer Krankenstation. Wir zögerten nicht weiter, baten Doktor Abidin, den zweiten Arzt, um Verständnis, daß er für eine Weile allein weiterarbeiten müßte und fuhren Jalebel mit unserem Fahrzeug nach Rio Toba. Er hatte offensichtlich große Schmerzen, die durch die lange Fahrt auf der unebenen Strecke ohne festen Straßenbelag noch verschlimmert wurden, aber es gab keine Alternative. Wir versuchten ihm darüber hinwegzuhelfen und erklärten ihm, daß nach einem Wort des Propheten Muhammad (s) ein Muslim keinen Schmerz erleidet, für den ihm nicht etwas von seinen Sünden verziehen wird. Schließlich näherten wir uns Rio Toba. Die Zufahrt war an zwei Straßensperren von bewaffneten Posten der Minengesellschaft gesichert. Ich hatte mir schon zuvor die Frage gestellt, wem diese Nickel-Mine eigentlich gehört und wer daran verdient, daß hier das Land der Leute einfach großräumig eingezäunt und dann nach Bodenschätzen durchwühlt wird. Die hier lebenden Menschen jedenfalls nicht.

Doch darauf kam es in diesem Moment nicht an, jetzt ging es darum, die dortige Krankenstation zu erreichen. Und nach Rücksprache über Funk ließ man uns passieren, als wir den Zweck unserer Fahrt erklärt hatten. Auf dem Gelände des Verwaltungskomplexes angekommen, fragten wir uns nach der Krankenstation durch. Ein diensthabender Arzt war gerade nicht da, bedauerten die Krankenschwestern. Aber das machte nichts, denn wir hatten unseren Doktor Jaqub dabei. Er vereinbarte nun, was zu tun sei, gab ein paar Anweisungen, und Jalebel wurde in ein Behandlungszimmer gebracht, dort auf einer Liege plaziert und dann zuerst einmal örtlich betäubt. Anschließend reinigte Doktor Jaqub die Wunde, nähte die Ferse wieder an und deckte am Ende die Wunde mit einem sauberen Verband gründlich ab. Jalebel ließ alles schweigend geschehen. Er wußte wohl nicht recht, wo er überhaupt war und was ihm da geschah, aber am Ende war alles gut.

Die beiden Krankenschwestern, die Doktor Jaqub zur Hand gingen, brachten ihr Erstaunen zum Ausdruck. Derart effizient und fachkundig hätten sie ihren Arzt noch nicht nähen gesehen. Ihr Chef würde Wunden immer nur von außen vernähen, während Doktor Jaqub, wie sie beobachtet hatten, von innen begann und die Außenränder erst zuletzt verschloß. Ihr Erstaunen war verständlich, denn sie kannten unseren Doktor Jaqub nicht. Er ist normalerweise unter dem Namen Esmael U. Acob am größten Krankenhaus in Manila als Chirurg tätig und zählt, so wurde mir gesagt, nach einer kürzlich veröffentlichten Liste zu den 20 besten Chirurgen im Land. An der „Medical Mission" beteiligte er sich freiwillig als langjähriger Freund des „Islamic Dawah

Council", das ihm vor Jahren durch ein Stipendium das Medizinstudium ermöglichte. Wir konnten aufbrechen, bedankten uns für die Hilfe in der Krankenstation, bezahlten in der Verwaltung die Rechnung für alles, übergaben auch den Krankenschwestern noch jeweils eine gewisse Summe, die sie trotz ihres Hinweises, daß sie doch im Dienst gewesen seien und nur ihre Pflicht getan hätten, gern annahmen und fuhren zurück nach Taratak.

„Gut, daß wir das nicht aufgeschoben haben", meinte jetzt Doktor Jaqub, „denn diese Art von Verletzung hätte man nach wenigen Stunden nicht mehr vernähen können. Und Jalebel wäre, wenn wir nicht gerade heute nach Taratak gekommen wären, niemals in die Krankenstation der Rio-Toba-Mine gelangt und ins Krankenhaus von Brookes Point schon gar nicht." Ich fragte ihn, wie es denn dann mit ihm wohl weiter gegangen wäre, und Doktor Jaqub stellte nüchtern fest, daß solche Unfälle hier oft ganz schlimm enden. Die Entfernungen sind zu groß, die Verkehrswege zu schlecht, und die Menschen haben kein Geld, um sich ärztlich versorgen zu lassen. Jalebel wäre nichts anderes übriggeblieben, als das, was er getan hat, als er zu uns kam – den Fuß mit einem Stück Stoff verbinden. Und dann? Die Wunde würde sich bald infizieren, nicht verheilen können und bei der durch Mangelernährung und fehlende Hygiene ohnehin geschwächten Gesamtverfassung nach menschlichem Ermessen zum Tod des Patienten führen. Doch dazu war es diesmal nicht gekommen. Denn gerade heute hatte Allah uns hier sein lassen, am Freitag, den 19. Juli, am späten Vormittag, in Taratak auf Palawan, an der „last frontier" der Philippinen, mit unserer „Muslime helfen Medical Mission" und Doktor Jakub vom „Islamic Dawah Council", einem der besten Chirurgen aus Manila, *al-hamdu li-llah*.

WARUM EIN KLEINER JUNGE WEINT

Die Straße ist rot, und roter Staub bedeckt die Büsche rechts und links. Am Straßenrand ein Pfahl mit einer Tafel aus Holz. Darauf ist mit großen ungelenken Buchstaben geschrieben: „Maforki-Town". Von einem „town", einer „Stadt", aber ist weit und breit nichts zu sehen. Eine Fahrspur führt nach irgendwo, und wenn man ihr folgt, stößt man irgendwann auf eine Ansammlung von Lehmhütten. Je genauer man hinschaut, umso mehr von diesen Hütten entdeckt man. Sie sind über ein weites Gelände verstreut, das abseits der Straße liegt. Das ist Maforki-Town, die Stadt Maforki. Hier haben sich etwa 2500 Menschen niedergelassen, die von ihren angestammten Wohnplätzen vertrieben wurden, als da, wo vorher ihre Hütten standen, eine neue große Straße gebaut werden sollte, ein „international highway", quer durch Westafrika, quer durch Sierra Leone und quer durch die Dörfer dieser Menschen. Ich bin kein Wirtschaftswissenschaftler und auch kein Verkehrsplaner. Ich kann nicht beurteilen, ob dieser neue internationale Verkehrsweg den Menschen neue Möglichkeiten für Geschäfte und Handel gibt und damit auch für Lebensunterhaltserwerb. Ich sehe hier - jedenfalls jetzt, wo ich hier bin - nur die ärmsten der Armen, völlig mittellose Menschen, die hier, abseits der Straße, unter erbärmlichsten Bedingungen ihr Dasein fristen. Hier gibt es praktisch nichts. Den Menschen fehlt es an allem, Kleidung, Schuhe, medizinische Hilfe, Nahrung und vor allem Wasser. Jeder Liter Wasser muß vom weit entfernten Fluß herangeschleppt werden. Ich sehe ein Loch im Boden, mit ein paar Holzstücken zugedeckt. „Ist das kein Brunnen?" frage ich. „Das sollte ein Brunnen werden", wird mir gesagt, „die Menschen hier haben ihre letzten Gelder zusammengelegt, um einen Brunnen bauen zu lassen. Sie haben einen Bauunternehmer damit beauftragt. Er hat angefangen zu graben und ist dann mit dem Geld verschwunden. Der Brunnen ist nicht tief genug, er führt kein Wasser."

In der Nähe sehe ich ein paar Lehmmauern, darüber eine Art Dach aus Latten und Zweigen. Es ist die Moschee. Ich schlage vor, darin zu beten. Jemand bringt Wasser für die Waschung in einem kleinen Kännchen. Ja, es ist wahr, man kann auch anders mit Wasser umgehen als wir, die nur fließendes Wasser gewöhnt sind und tagtäglich literweise Wasser verschwenden. Eine Handpumpe, die wir als rückständig und altmodisches Relikt der Vergangenheit ansehen, ist andernorts Luxus. Es ist gar keine Gebetszeit, wir wollen nur hier und jetzt beten, weil wir auf der Reise sind. Ein alter Mann, der sieht, daß wir beten wollen, ruft unerwartet zum Gebet. Andere Männer kommen herbei, und so macht der Gebetsruf plötzlich ganz anders Sinn als bei uns, die wir mit Quarzuhren und computergesteuertem Gebetsruf leben. Hier gibt es keinen Strom, kein Mikrophon und keinen Lautsprecher. Man hört noch die wahre Stimme eines wirklichen Menschen, und wenn man sie hört, dann geht man zur Moschee...

Es ist wahr, ich war es, der beten wollte in dieser Moschee aus Lehmwänden mit einer Strohmatte auf festgestampfter Erde. Das Dach aus Latten und Zweigen spendete Schatten, und dennoch war es unerträglich heiß. Mir lief bei der Niederwerfung der Schweiß vom Gesicht auf den Boden, und als ich mich vom Gebet erhob, fühlte ich, wie mir schwindlig wurde. Langsam ging ich nach draußen in die pralle Sonne, und es kam mir vor, als sei es dort kühler, während mir in Wirklichkeit die Sonnenstrahlen gnadenlos das Gesicht verbrannten. Aber auch den Einheimischen standen die Schweißperlen auf der Stirn. Ich habe hier nur heute als Reisender gebetet, sie sind hier zuhause, verbringen hier jeden Tag... Dann gingen wir noch einmal zu dem Loch am Boden, das eigentlich ein Brunnen werden sollte. Bis zum kommenden Opferfest, dem *idu-l-adha*, wollen wir ihn gemeinsam fertig stellen. Das habe ich mit den Bewohnern von Maforki-Town und mit unseren Begleitern per Handschlag vereinbart. Muslime helfen stellt den erforderlichen Geldbetrag zur Verfügung, die Dorfbewohner helfen bei der Arbeit mit, und ein Fachmann installiert die Handpumpe, so wurde es abgesprochen, und mit Allahs Hilfe soll es gelingen...

Wir gehen noch ein Stück weiter, sehen ein Lattengerüst mit Zweigen darüber. Das soll die Schule für die Kinder sein, man kann es nicht glauben, aber es ist wahr. Und dann kommen wir zu einer Hütte, wo ein Waisenkind leben soll, von dem wir gehört und nach dem wir gefragt hatten. Ja, da ist ein vielleicht achtjähriges Mädchen, sie heißt Mariatu. Eine Frau, die selber nichts hat, nahm Mariatu auf, damals, als sie vier Jahre alt war, in den Bürgerkriegswirren von ihren Eltern getrennt allein umherirrte. Und seither lebt Mariatu bei ihrer Pflegemutter, die inzwischen Witwe geworden ist. Vier erwachsene Kinder hat sie und kümmert sich um die Enkel. Ein kleiner Junge kommt, zwei oder drei Jahre ist er alt. Schmutzig ist er. Nichts außer einem durchlöcherten Hemdchen trägt er am Leib. Leise weint er, Tränen tropfen über seine Wangen. „Warum weinst Du?", frage ich. Er antwortet nicht, natürlich nicht. Er ist zu klein, versteht meine Frage nicht, ja nicht einmal die Sprache, die ich spreche. „Warum weint der kleine Junge?" frage ich noch einmal. Aber auch die anderen, die da sind, antworten nicht. Das allseitige Schweigen bewirkt einen Moment der Stille, aus dem heraus das Schluchzen des Kindes noch deutlicher vernehmbar wird. Dann höre ich jemanden mit verhaltener Stimme sagen: „Er möchte etwas essen!" – Dann gebt ihm doch etwas zu essen, schießt es mir durch den Kopf, und ich sehe sie alle an, die da sitzen, die alte Witwe, Mariatu das Waisenmädchen, die anderen Kinder, die Nachbarn, die hinzugekommen sind, und sie alle schauen auf mich. Da brauche ich nur noch einen Augenblick, um hier in

Maforki-Town den wirklichen Sinn der Worte zu verstehen: „Er möchte etwas essen!"
Der kleine Junge weint nicht, weil ihm keiner etwas zu essen gibt, sondern er weint,
weil es nichts zu essen gibt!

Es ist wahr, das, was wir der alten Witwe dann in die Hand drückten, hat dieses
Problem nicht grundsätzlich gelöst, daß es immer wieder nichts zu essen gibt in den
Lehmhütten von Maforki-Town für den kleinen Jungen, der Bakra heißt, und für
Mariatu das Waisenmädchen und für all die anderen. Aber zumindest doch für eine
Weile Erleichterung verschafft, für eine kurze Zeit wenigstens den Kummer genommen,
der an der Seele und am Herzen nagt und schmerzt, wie der Hunger im Magen.

BEREIT UND WILLENS ZU HELFEN

Anfang Februar 2003 war ich für eine Woche im Irak. Die Reise ging zunächst nach
Bagdad und von dort aus nach Basra im Süden und nach Kerbala. Zweck der Reise war,
eine größere Menge an Medikamenten, die Muslime helfen zur Verfügung gestellt hatte,
in den Irak zu bringen. Ich hatte mich einer Reisegruppe angeschlossen, die eher
politische Ziele verfolgte. Mein persönlicher Reisezweck war rein humanitär.

Schwierigkeiten mit den Medikamenten im Gepäck gab es nicht bei der Einreise in
den Irak, sondern bei der Ausreise aus Deutschland. Neben den Medikamenten von
Muslime helfen hatten auch andere Reisende der Gruppe Medikamente im Gepäck, die
dann alle zusammen transportiert wurden. Einige der Medikamente, die nicht von
Muslime helfen waren, haben gegen das Embargo verstoßen, und sämtliche Medikamente mussten am Flughafen neu sortiert werden. Das führte zu einer erheblichen
Verzögerung, so daß die Medikamente erst mehrere Tage nach unserer Ankunft im Irak
auch eingetroffen sind, aber doch noch rechtzeitig, *al-hamdu-li-llah*. Ich bin selbst kein
Mediziner, deshalb kann ich zu der Embargoliste nur wiedergeben, was die Fachleute
mir dazu gesagt haben. Es handelt sich um Medikamente, von denen man glaubt, daß
sie unter Umständen auch zur Herstellung von biologischen oder chemischen Waffen
benutzt werden können, also so genannte „dual use"-Produkte. Und deren Einfuhr in
den Irak will man verhindern.

Beim „Oil for Food Program" für die Menschen im Irak ist es offensichtlich so, daß
die irakische Regierung eine Art Grundversorgung für ihre Bevölkerung bereitstellt, die
aber bei Weitem nicht ausreicht, die Menschen zu ernähren und sie medizinisch zu
versorgen – besonders wo eben doch eine Reihe von wichtigen Medikamenten nicht
eingeführt werden darf. Politiker und Vertreter verschiedener Einrichtungen, mit denen

wir auch Begegnungen hatten, haben uns ungefähr das gleiche Bild gezeichnet. Dieses „Oil for Food Program" ist eben so strukturiert, daß dabei im Monat pro Kopf tatsächlich 10 US Dollar zur Verfügung stehen. Gleichzeitig werden nämlich von diesem Programm auch viele andere Dinge finanziert, vor allem die Maßnahmen zur Überwachung seitens der Vereinten Nationen im Irak. Und das ist natürlich klar, daß eine Summe von 10 Dollar in keiner Weise ausreicht, um die Menschen entsprechend zu unterstützen.

Wie sich das allgemeine Embargo auswirkt, ist für mich sehr schwer zu beurteilen. Man weiß, daß der Irak eines der wohlhabendsten Länder in dieser Region ist und durch die verschiedenen Kriege, die er selbst geführt hat – davon kann man den Irak natürlich in keinster Weise lossprechen – seine eigene wirtschaftliche Situation sehr stark negativ beeinflußt hat. Daß das Embargo infolge hinzugekommen ist, führte eben dazu, daß das Land, welches sich – so wurde mir gesagt – etwa auf dem Niveau von Griechenland, also einem EU-Mitglied, befand, heute auf das Niveau eines Entwicklungslandes zurückgeworfen wurde. Und das ist für die Menschen natürlich ausgesprochen schwierig. Die Mängel die dort zu sehen sind, sind ein Verfall bestehender Institutionen, Krankenhäuser, Schulen, Universitäten und so weiter, die im Grunde genommen sehr gut ausgestattet waren, jedoch nicht auf diesem Niveau gehalten werden können. In Folge dessen können die Menschen auch nicht so versorgt werden, wie das notwendig wäre.

Im Kinderkrankenhaus in Basra sah ich kleine Kinder, die sehr starke Missbildungen haben und von denen die Ärzte uns dort auch im Einzelnen sagten, an was für speziellen Erkrankungen sie zusätzlich leiden. Blutkrebs und Tumore in verschiedenen Bereichen sind sehr häufig, und die Ärzte dort haben uns das mit der Verseuchung des Bodens, des Wassers und der Luft durch die abgereicherte Uranmunition erklärt. Sie beklagen sich natürlich vor allen Dingen darüber, daß sie diesen Kindern nicht helfen können, weil die entsprechenden Medikamente eben fehlen und auch nicht eingeführt werden dürfen. Die Ärzte kennen also die Ursachen der Erkrankungen, sie kennen auch die Möglichkeiten, wie eventuell geheilt werden könnte, aber es fehlen ihnen die Medikamente, und die zuständige Behörde, die das Embargo überwacht, läßt die Lieferung der Medikamente eben nicht zu.

Der Eindruck, den man im Hinblick auf den drohenden Krieg gewinnt ist der, daß die Menschen sehr gefaßt sind. Eine gewisse Ruhe ist durchaus erkennbar. Sie wissen offensichtlich, daß sie selbst auf die Dinge, die dort geschehen, gar keinen Einfluß nehmen können und warten ab. Sie wissen nicht genau, was auf sie zukommt und können sich insofern auch nicht wirklich vorbereiten. Insgesamt hat man den Eindruck, daß es erschöpfte Menschen sind, denen auch die Kraft und Initiative fehlt, ihre Lage in irgendeiner Weise positiv zu verändern. Von den Menschen mit denen ich zu tun hatte, gewann ich nicht den Eindruck, als ob sie eine Möglichkeit sehen, die Umstände zu beeinflussen, sondern sie warten auf das, was auf sie zukommt. Natürlich sprechen die offiziellen Vertreter davon, daß sie sich für ihre Sache einsetzen und sich gegen einen Angriff zur Wehr setzen werden. Aber für die einfachen Menschen, die man dort trifft und kennenlernt ist das kein Thema von besonderer Wichtigkeit. Für sie ist vielmehr die Frage wichtig, wie sie sich und ihre Familie ernähren, wie sie ihre Alltagsprobleme lösen, und das sind dieselben Probleme – jetzt schon – wie sie möglicherweise auch in der Zukunft sein werden. Natürlich muss man im Fall eines Angriffs erwarten, wenn weitere, für die Infrastruktur wichtige Einrichtungen wie zum Beispiel Wasserversorgungsanlagen und Elektrizitätswerke zerstört werden, daß dies die Gesamtsituation noch weiter verschlimmert.

Ob den Hilfsorganisationen im Kriegsfall mehr Möglichkeiten zur Hilfe eingeräumt werden, hängt wie immer von den politischen Verhältnissen ab. Das war ja auch im Fall Afghanistans so. Man muß sich klar machen, daß – im Augenblick jedenfalls – der Staat im Irak möglichst wenig Einmischung von anderer Seite haben möchte, sondern er möchte gerade in der Situation, in der ein Krieg erwartet wird, natürlich alles im Land unter seiner Kontrolle haben. Insofern ist er an der konkreten Mithilfe von Hilfsorganisationen aus dem Ausland nicht besonders interessiert, das muß man ganz deutlich sagen. Ob die Lage in Zukunft immer so bleiben wird, kann ich nicht voraussehen. Wann im Ablauf eines Krieges die Möglichkeit besteht, als Hilfsorganisation tätig zu werden, kann man nicht wissen. Man muß sich aber in jedem Fall darauf einstellen. Und das heißt, jetzt die Geldmittel zusammen zu tragen, die notwendig sind, um im Fall daß man intervenieren zuläßt, dies dann auch schnell tun zu können.

Bisher aber sind die Möglichkeiten, den Menschen im Irak zu helfen oder sie zu unterstützen sehr begrenzt. Wenn jemand persönliche Verbindungen dorthin hat, wird er vielleicht gewisse Wege kennen, wie er im Einzelfall eine Unterstützung leisten kann. Ansonsten ist es zur Zeit sehr schwierig. Man darf nicht vergessen, daß dieses Land ein Land ist, in dem man sich nicht unbedingt frei bewegen oder frei seine Meinung äußern kann. Der Zutritt auch für Hilfsorganisationen ist sehr reglementiert, und die größte Schwierigkeit besteht natürlich darin, daß im Augenblick niemand weiß, wie sich die Situation in den nächsten Wochen entwickeln wird. Man kann deswegen jetzt nur allgemein sagen, alle Möglichkeiten die man hat, sich für den Frieden einzusetzen, die soll man nutzen. Zudem soll man bereit und willens sein, die Hilfsorganisationen, die nach Möglichkeiten suchen werden zu helfen, zu unterstützen. Das ist, denke ich, was man als allgemeinen Ratschlag zur Zeit geben kann.

NOTHILFE FÜR IRAK

Heute war ich in Khosravi, an der irakischen Grenze, um mich über die aktuelle Lage zu informieren und mit Leuten vor Ort zu besprechen, was Muslime helfen für die Kriegsopfer tun kann. Das iranische Grenzgebiet ist wegen des Krieges militärischer Sperrbezirk und ohne Sondererlaubnis nicht zugänglich. Ich war mit dem Roten Halbmond unterwegs und kam so durch. In den Iran bin ich gefahren, weil er den Kriegsgebieten am nächsten liegt. Auch war ja abzusehen, daß auf der viel leichter zugänglichen jordanischen Seite sich die Hilfsorganisationen bald auf die Füße treten würden. „Muslime helfen ist die erste muslimische Hilfsorganisation überhaupt, die hierher gekommen ist, um zu helfen", sagte mir Dr. Schahreza, der Leiter des Roten Halbmondes der Provinz Kermanschah. „Wir möchten uns ausdrücklich und sehr dafür bedanken."

Der Rote Halbmond hat in Khosravi mit den Vorbereitungen für ein Flüchtlingslager begonnen, das ohne Verzögerungen eingerichtet werden kann, wenn der Bedarf entsteht. Wasserleitungen, Strom und Lichtmasten sind schon installiert, Zelte, Lebensmittel und Medikamente sind im Depot vorhanden, müssen aber, wenn Flüchtlinge in großer Zahl eintreffen, rasch ergänzt werden. „Wir hoffen, daß der Krieg bald zu Ende geht, aber wir müssen auf alles vorbereitet sein und die notwendigen Hilfsmittel bereithalten", sagt Dr. Schahreza, „und wenn wir sie wider Erwarten hier doch nicht einzusetzen brauchen, werden wir sie, sobald möglich, den Menschen im Irak zukommen lassen, die sie ebenso bitter nötig haben."

Muslime helfen hat inzwischen als Sofortmaßnahme 10.000 Euro zur Verfügung gestellt. Damit beschafft Dr. Hariri, Leiter der irakisch-muslimischen Wohltätigkeitsorganisation Murtada Medikamente, die im Grenzgebiet und sobald möglich im Irak verwendet werden. Der wirkliche Bedarf an Hilfe ist natürlich weitaus größer, aber es ist besser, einen Anfang zu machen als dabei zu stehen und gar nichts zu tun. Helfen auch Sie mit, die Not der irakischen Kriegsopfer zu lindern! Spenden Sie reichlich! Allah soll es ihnen auf beste Weise vergelten.

P.S. Die Medien haben berichtet, es gäbe noch keine Flüchtlinge. Das trifft nicht ganz zu. Es gibt schon welche, nur nicht in den Flüchtlingslagern. Schirin A., im neunten Monat schwanger, kam mit ihrem Mann Raid I. vor fünfzehn Tagen aus Bagdad illegal über die Grenze. Wegen plötzlichem Bluthochdruck mußte sie vor drei Tagen ins Krankenhaus, aber wovon die Rechnung bezahlen? Muslime helfen war, mit Gottes Hilfe, genau zu dieser Zeit an diesem Ort und hat geholfen – vielleicht die erste, aber jedenfalls eine der ersten konkreten Hilfsmaßnahmen aus Deutschland für irakische Kriegsflüchtlinge!

SREBRENICA 2003

Potočari heißt der kleine Ort, vielleicht 5 Kilometer vor Srebrenica. Dort hat man im Juli 1995 etwa 3000 der insgesamt zwischen 8000 und 10 000 Menschen umgebracht, die von den Vereinten Nationen aus ihrer Schutzzone Srebrenica der Soldateska des Serbenführers Mladic ausgeliefert und anschließend ermordet wurden. Heute befindet sich in diesem Tal ein großes Gräberfeld. Die ersten 602 aus Massengräbern geborgenen und identifizierten Opfer wurden hier begraben und ein Gedenkstein errichtet. Darauf ist zu lesen: „Im Namen Gottes, des Allerbarmers, des Barmherzigen. Wir beten zu dem allmächtigen Gott: Möge Trauer zu Hoffnung werden! Möge Rache zu Gerechtigkeit werden, und mögen die Tränen der Mütter Gebete werden, daß Srebrenica niemals wieder irgendjemandem irgendwo widerfährt!"

Zehntausend Grabsteine müssten hier einmal stehen, wenn es gelingt, alle Ermordeten zu finden und zu identifizieren. Die ersten Männer sind nun zurückgekehrt, tot, und liegen im Tal begraben. Auf den Berghängen stehen noch die Ruinen der Häuser, in denen sie zuvor mit ihren Familien lebten. Und auch die ersten Frauen sind zurückgekehrt, haben sich in den Häuserruinen niedergelassen und versuchen, das, was von ihrer Lebenszeit übrig ist, in der Nähe der Gräber der Ermordeten von Srebrenica, zu denen auch ihre eigenen Väter und Brüder und Ehemänner und Söhne gehören, zu verbringen. Eine von diesen Frauen ist Hanija, vielleicht 60 Jahre alt, hochgewachsen, mager, in langem Kleid und Kopftuch. Ihr Mann ist einer der zehntausend Ermordeten. Seine Leiche hat man noch nicht gefunden. Hanija wurde zusammen mit Abertausenden Frauen und Kindern im Juli 1995 aus der Schutzzone Srebrenica deportiert. Die Jahre danach verbrachte sie in einer Flüchtlingsunterkunft in der Nähe von Tuzla. Am 1. März ist sie zurückgekehrt an den Ort, an dem einst ihr Haus stand. Nur eine Ruine ist übrig geblieben. Es war in einen Hang hineingebaut, so daß die Mauern der unteren Etage noch stehen, aber sonst ist alles eingerissen. Selbst die zwei unteren Räume sind nicht nutzbar, weil die Decke darüber zerstört wurde und somit ein Dach fehlt.

Hanija haust in einem Verschlag, der einmal eine Abstellkammer an der Eingangstür neben der Treppe war. Fenster gibt es nicht, und Licht kommt nur hinein, wenn am Tag die Türe geöffnet ist. In dem Verschlag steht ein Stuhl, ein kleiner Eisenherd, auf dem man mit Holzfeuer kochen kann und ein paar sonstige Habseligkeiten sowie auf einem Podest ein Bettgestell. Der Abstand zwischen Bett und Decke beträgt vielleicht einen halben Meter. Erstaunlich aber, daß trotz aller Armut und obwohl unser Besuch ganz überraschend kam, sich alles in diesem Verschlag in absolut sauberem und aufgeräumtem Zustand befindet. Selbst die Decke auf dem Bettgestell ist sorgsam glattgestrichen. Nur der Boden war feucht, und dafür entschuldigte sich Hanija mit dem Hinweis, es habe in der Nacht geregnet, und sie habe vergeblich versucht, das Wasser am Eindringen in ihren Verschlag zu hindern, es sei die Wände herabgeflossen und haben den Boden überflutet.

Dann zeigte Hanija uns ihr Zuhause. Dort hinten der kleine Viehstall könne wieder in Ordnung gebracht werden, und die am Hang hinauf in geraden Reihen stehenden Obstbäume, von denen könne sie essen. Aber auch da müsse noch manches gemacht werden. Vor Schlangen, die sich im Garten breit machten, habe sie allerdings Angst. Erst heute Morgen seien ihr zwei von ihnen ganz nahe gekommen. Aber anfangs sei es ihr noch viel schlimmer ergangen. Jeden Abend sei sie von der Hausruine fortgegangen, habe in einiger Entfernung im Freien geschlafen und sei erst am nächsten Morgen wieder zurückgekommen, weil sie fürchtete, daß man ansonsten ihre Absicht, dauernd zu bleiben, schon bald erkennen und sie vertreiben würde. Dann schließlich habe ein Mann sie gefragt, was sie da eigentlich mache, und danach war nichts mehr zu verheimlichen. Dieser Mann, ein Serbe, habe ihr darauf den alten Eisenherd gebracht, damit sie sich doch irgendwie einrichten konnte. Der Serbe bewohnt eine andere Hausruine in der Nähe, ist aber nicht aus der Gegend, sondern selbst Flüchtling.

Seitdem schläft Hanija in dem Verschlag in der Ruine ihres ehemaligen Hauses. Ein Sohn, der verheiratet ist und dessen Frau bald Mutter wird, könnte in wenigen Monaten zu ihr kommen, auch ihre Tochter, deren Mann wie ihr Vater zu den Ermordeten von Srebrenica gehört, mit ihren beiden Kindern – aber wo sollen sie bleiben, solange das Haus nicht wenigstens irgendwie provisorisch bewohnbar gemacht ist? Einen Antrag auf Hilfe zur Abdeckung der beiden unteren Räume, deren Wände noch stehen, habe sie längst gestellt, man habe ihr auch Hilfe versprochen, aber geschehen sei bislang noch gar nichts, und wie lange es dauern werde, wisse sie nicht und würde man ihr auch nicht sagen. Aber ebenso wie viele andere Frauen aus Srebrenica möchte Hanija nicht weiter in einer Flüchtlingsunterkunft bleiben, sondern nahe dem Ort, der ihre Heimat war und wo ihre Väter und Brüder und Ehemänner und Söhne begraben sind, um dort an sie zu denken und für sie zu beten.

Inzwischen geht es auf Mittag zu. Wir brechen auf. Die Sonne steht hoch am Himmel, und der Tag ist heiß geworden, unerträglich heiß, sicher mehr als 30 Grad im Schatten. Aber so wird der Boden in Hanijas Verschlag schneller trocken, denke ich, und sie wird dann wenigstens die kommende Nacht nicht wieder in der Feuchtigkeit ihres überfluteten Verschlags zubringen müssen. Lange fahren wir im Schritttempo über holprige Wege durch dichte Wälder, um noch andere Rückkehrer zu besuchen. Dann richten sich über den grünen Bergkuppen drohende graue Wolkentürme auf, es wird dunkel und ein Gewitter bricht los. Für mehr als eine Stunde läßt der Himmel alles, was er hat, herabkommen. Blitze zucken einer nach dem anderen aus der Höhe auf die Berge herunter, als wolle ihr grelles Licht die Blicke auf die Ermordeten von Srebrenica blenden, die man nicht sieht, und die doch da sind. Donnerschläge krachen und rollen lange aus, als wolle ihr Grollen die stummen Stimmen der Ermordeten von Srebrenica übertönen, die man nicht hört, und die doch rufend klagen. Windstöße peitschen Regenströme und Hagelkörner vor sich her, Sturzbäche jagen die Wegesränder hinab, als wollten Regen und Hagel und Wasser das versickerte Blut der Ermordeten von Srebrenica wieder aus der Erde herauswaschen, das man nicht sieht, und das doch alles rotgefärbt hat, und es wegschwemmen, damit alles so sei, als wäre Srebrenica nicht geschehen.

Und Hanija wird wieder vergeblich versuchen, das Wasser am Eindringen in ihren Verschlag zu hindern, und es wird die Wände herabfließen und den Boden überfluten. Aber sie wird bleiben, in der Ruine ihres Hauses, am Hang der Berge, über dem Tal mit den Gräbern der Ermordeten von Srebrenica. Und eines dieser Gräber, so hofft sie, wird das ihres Mannes sein, in dessen Nähe sie bleiben will, im Tal von Potočari, vielleicht fünf Kilometer vor Srebrenica.

Muslime helfen hat in Zusammenarbeit mit der Gesellschaft für bedrohte Völker ein Hilfsprojekt für mittellose Familien in Srebrenica in die Wege geleitet. Mit zunächst € 15 000 werden für einige der Bedürftigsten 20 Milchkühe gekauft, mit deren Hilfe sie sich inschallah eine bescheidene Existenz aufbauen können. Insgesamt werden damit 68 Personen unterstützt, auch Hanija ist darunter. Das Projekt soll bis Ende Juni 2003 abgeschlossen sein, und Muslime helfen will dann weiter darüber berichten.

ERFAHRUNGSBERICHT ÜBER MÖGLICHKEITEN UND GRENZEN CHRISTLICH-MUSLIMISCHER KOOPERATION IM BEREICH DER HILFE FÜR NOTLEIDENDE MENSCHEN

Der folgende Kurzbericht behandelt Erfahrungen auf dem Gebiet der christlich-muslimischen Kooperation seit dem Stuttgarter Fachgespräch „Barmherzigkeit und Dialog" (21.-23.6.2002). Muslime helfen e.V., als dessen Vorsitzender ich mich hier äußere, hat zum Zweck „Mittel für bedürftige Menschen vor allem in Notstandsgebieten, bei Krieg, Hungersnot und Naturkatastrophen sowie für anderweitig unschuldig in Not geratene Menschen ... bereit zu stellen und sie den Betroffenen zukommen zu lassen." (Satzung § 2). Es war nicht auszuschließen, daß sich über dieses Fachgespräch Möglichkeiten ergeben könnten, die Hilfe für notleidende Menschen durch Kooperation mit Gleichgesinnten zu verbessern. Folglich nahm ich teil, obwohl ich wegen einer anstehenden Auslandsreise nicht ganz bis zum Schluß der Tagung anwesend sein konnte.

Zwar enthielt in den nächsten Monaten gelegentliche schriftliche Kommunikation verschiedene Hinweise auf das angebliche „Interesse" weiterer Institutionen an dem Kooperationsgedanken, doch ergab sich für Muslime helfen e.V. indes als Folge des Fachgesprächs nichts wirklich Relevantes. An dem Projekt „Kurban und Dialog 2003" in Ostafrika hat Muslime helfen e.V., obwohl seit Jahren in dieser Gegend engagiert, nicht teilgenommen. Wohl war ich als Vorsitzender zum vorbereitenden Seminar am 15. Januar 2003 nach Hamburg eingeladen und anwesend, hatte aber bezüglich des Symposiums in Nairobi keine konkrete Anfrage erhalten. Um so erfreulicher war darum eine Nachricht vom 19. Februar 2003, mit der Frau R., für deren Engagement hier ausdrücklich gedankt sei, unsere Organisation Muslime helfen e.V. auf die „Zentrale Blutbank in Gaza" aufmerksam machte, „der einzigen in der Westbank und Gaza", und auf die Notwendigkeit hinwies, diese zu unterstützen. Frau R. war von November 2002 bis Ende Januar 2003 für den Ökumenischen Rat der Kirchen im Friedensprogramm in Gaza/Palästina tätig gewesen. Da sie wie ich zu den Teilnehmern des Stuttgarter Fachgesprächs gehörte, schien es uns den Versuch wert, an diesem konkreten Projekt auszutesten, was es mit christlich-muslimischer Kooperation auf sich hat.

Nachdem wir uns anhand von Frau R. aus Palästina mitgebrachten Unterlagen einen Eindruck von diesem Projekt verschaffen konnten, das alle Kliniken in Gaza mit Blutkonserven versorgt, schrieb ich an Frau R.: „Wegen der Blutbank Gaza möchte ich Sie fragen, ob Sie helfen können, einen christlichen Kooperationspartner zu finden, damit aus den vielen Worten über mögliche christlich-muslimische Zusammenarbeit etwas Konkretes entsteht. Muslime helfen e.V. würde z.B. die Hälfte des benötigten Betrags zur Verfügung stellen, und ein christlicher Partner, dem es wie uns allein um humanitäre Hilfe geht, die andere Hälfte. Was halten Sie davon bzw. was empfehlen Sie?" (27.2.03) Der Blutbank in Gaza hatten wir schon am Vortag unsere prinzipielle Bereitschaft zur Unterstützung mitgeteilt.

Im Laufe des Monats März hat dann Frau R. sich redlich bemüht, uns mit einem christlichen Kooperationspartner in Verbindung zu bringen, sich dazu an verschiedene Einrichtungen gewandt und uns auf dem Laufenden gehalten. Ich verzichte auf peinliche Einzelheiten, möchte aber doch auf eine Mitteilung meinerseits verweisen, in der es heißt: „Falls Sie ... einen geeigneten Partner finden, wäre ich bereit, um den Fortgang zu beschleunigen, zu einem die Kooperation vereinbarenden Gespräch zu kommen." (10.3.03) Auch stellte ich klar, um ein mögliches Mißverständnis zu vermeiden, daß Muslime helfen e.V. n i c h t „einen Partner sucht, weil die Kosten zu hoch sind o.ä. Das ist nicht so – sondern ich suche nach einem christlichen Partner, der den christlich-muslimischen Kooperationsgedanken von Stuttgart ernst nehmen und in einem praktischen Projekt verwirklichen will. Sollte sich das in einer absehbaren Zeit nicht machen lassen, werde ich inschallah das Projekt anderweitig finanzieren, denn wenn ich es recht verstanden habe, ist es dringend." (16.3.03)

Seit dem Eingang des Projektvorschlags waren bis Anfang April nun sieben Wochen verstrichen, sieben Wochen, in denen nahezu jeden Tag schwerverletzte Menschen in Gaza in Kliniken und Krankenhäuser gebracht wurden und Bluttransfusionen benötigten, um ihr Leben zu retten. Da wir noch immer keinen christlichen Kooperationspartner hatten, teilten wir der Blutbank Gaza am 8. April mit, daß Muslime helfen e.V. nun zunächst den Betrag von 24.120 Dollar als unseren alleinigen Beitrag für die Verbrauchsmaterialien und Betriebskosten für das Quartal April bis Juni 2003 bereitstellen und beabsichtigen, das Projekt auch weiterhin auf vierteljährlicher Grundlage zu unterstützen, sofern uns ein zufriedenstellender Quartalsbericht seitens der Blutbank Gaza vorliegt. Am 9. Mai 2003 konnte uns schließlich die Blutbank Gaza den Erhalt des Betrages bestätigen.

Da es sich, wie ersichtlich, bei diesem Projekt wider Erwarten nicht um eine christlich-muslimische Kooperation gehandelt hat, braucht über den weiteren Fortgang hier zunächst nichts mitgeteilt zu werden. Wichtig ist vielmehr die Feststellung, daß sich der Gedanke „einen christlichen Kooperationspartner zu finden, damit aus den vielen Worten über mögliche christlich-muslimische Zusammenarbeit etwas Konkretes entsteht", in unserem Fall, d.h. für Muslime helfen e.V., trotz unserer Bereitschaft und unserem Engagement in dieser Sache, nicht verwirklichen ließ. Ich ziehe darum mit einem aus einem englischen Sprichwort entlehnten Vergleich gewissen Konsequenzen. Das Sprichwort lautet: „It needs two hands to clap – Man braucht zwei Hände zum Klatschen." Für dieses „Klatschen mit zwei Händen", also das Hervorbringen eines Geräusches, von Lärm oder einem Signal, um auf etwas aufmerksam zu machen, haben wir Partner gesucht. Es ist uns mißlungen, vielleicht auch gerade deshalb, weil wir dafür Partner gesucht haben, also uns auf andere Menschen verlassen wollten. Aber, um im Bild zu bleiben, ohne Lärm zu machen helfen kann man auch ohne Partner, mit nur einer Hand. Und das ist uns mit Gottes Hilfe nicht fehlgeschlagen.

Weil sich eine andere Möglichkeit vielleicht nicht bietet, sei hier zum Abschluß noch gestattet, kurz wenige Grundgedanken zu skizzieren, die m.E. für interreligiöse Hilfsprojekte gültig sein sollten:

Für den religiösen Menschen, der seine Absichten und Taten auf Gott bezieht, ist humanitäre Hilfe, wie alles andere auf Gott Bezogene auch, ein Gottesdienst. Sowohl Christen als auch Muslimen ist die Vorstellung vertraut, daß sie bei ihrem Dienst am notleidenden Mitmenschen, dem Hungernden, Durstenden, Kranken, Gott begegnen.

Diese humanitäre Hilfe ist allein an der Not der Betroffenen orientiert und frei von anderen Bedingungen, insbesondere der Religionszugehörigkeit, Abstammung, Herkunft u.ä. der notleidenden Menschen. Diese humanitäre Hilfe erfolgt also allein zur Linderung der Not.

Diese humanitäre Hilfe verfolgt darüber hinaus keinerlei sonstige Zwecke. Hilfe für notleidende Menschen darf nicht als Instrument zur Umsetzung anderer Ziele herangezogen werden, ganz gleich, wie löblich sie erscheinen mögen. Denn die bedingungslose Übereinstimmung sonstiger Zielsetzungen von Menschen unterschiedlichen Religionsverständnisses ist kaum vorstellbar und erfahrungsgemäß nicht zu verwirklichen. Eine derartige Instrumentalisierung der Hilfe für notleidende Menschen trägt schon darum bereits den Keim für zukünftiges Scheitern in sich, von der moralischen Fragwürdigkeit ganz abgesehen.

Sofern sich Kooperationspartner unterschiedlichen Religionsverständnisses auf diesen kleinsten gemeinsamen Nenner verständigen und aufrichtig miteinander umgehen, kann die Zusammenarbeit im Interesse der notleidenden Menschen als zweckmäßig gelten und Aussicht auf Erfolg haben, wobei Erfolg hier die als Folge der Kooperation verbesserte und vermehrte Linderung der Not bedeutet.

2004

BAM NACH DEM ERDBEBEN

Die große Zitadelle ist zerstört. Die große Moschee ist stehengeblieben. Die Toten sind begraben. Wer das Erdbeben überlebt und Bam nicht verlassen hat, haust nun im Zelt. Entweder steht das Zelt auf der Straße, vor einem Haufen Schutt, der vorher das eigene Heim war, oder es steht in einem der Lager. Wie beispielsweise im Lager „Wahdat – Einigkeit". Hier gibt es 400 Zelte, in denen um die 1500 Menschen untergebracht sind. Die Zahl bleibt nicht konstant, manche gehen nun schon wieder, andere kommen erst noch. Insgesamt gibt es zwölf solcher Lager in Bam, acht davon sind voll belegt. Die allgemeinen Umstände dort kann man jetzt, einen Monat nach der Katastrophe, als hinnehmbar bezeichnen, auch wenn es viele, sehr viele Einschränkungen für die Menschen gibt. Aber immerhin, ausreichend große Tanks für die Wasserversorgung sind aufgestellt, Strom ist vorhanden, nachts brennen wenigstens ein paar Lampen, es gibt Toiletten hinter Wellblechwänden, und es gibt Wasserstellen, wo man sich seinen Vorrat abzapfen und im Kanister ins Zelt tragen kann. In den Zelten stehen kleine Heizgeräte. Auch am Tag ist es kalt, besonders im Wind, aber die Sonne wärmt. Nachts ist es unter Null Grad. Manche Zelte sind auch schon mit kleinen Kochern ausgestattet, so daß deren Bewohner nicht mehr auf die Gemeinschaftsverpflegung angewiesen sind, die an einer zentralen Essensausgabestelle ausgegeben wird, vor der lange Menschenschlangen anstehen. Glücklich trägt jeder ein flaches Brot und eine Schüssel Suppe zurück zum Zelt, um dort in Ruhe zu essen. Das lange Anstehen soll bald aufhören. In ein paar Tagen soll jedes Zelt sein Kochgerät haben, und dann wird die Feldküche geschlossen, erfahren wir von der Lagerleitung. Dahinter steht nicht zuletzt der Gedanke, daß die Menschen wieder dazu finden sollen und müssen, sich um ihre Belange selbst zu kümmern.

In Bam bin ich Herrn Mahmud begegnet, ein Mann Anfang 50, das Haar wird grau. Er sieht müde aus, sehr müde. Sein Wohnhaus ist eingestürzt, seine Frau und seine Kinder sind dabei ums Leben gekommen, *inna li-llahi wa inna ilaihi radschi'un* – Wir sind ja Allahs, und zu Ihm kehren wir ja zurück! Apotheker ist Herr Mahmud, und seine Apotheke steht noch, sagt er. Dort drüben ist sie, und er weist auf ein Gebäude, das tatsächlich unbeschädigt geblieben ist. Und als er nach dem Erdbeben um ein bestimmtes Medikament gebeten wurde, sagt er, das ein Verletzter brauchte, ging er in seine Apotheke, schloß das Gitter davor auf, hob es an, öffnete die Tür und fand das Medikament nicht mehr, fand gar nichts mehr, es war nichts mehr in der Apotheke, alle Medikamente weg, hinten in der Rückwand ein Loch in die Mauer gebrochen, die Apotheke leergeräumt durch Diebe. Das war in Bam, nach dem Erdbeben.

Und da ist Herr Ghafuri, ein Unteroffizier in der iranischen Armee, vielleicht Ende Zwanzig. Er spricht davon, daß die Leute aus Bam, zu denen auch er gehört, von dieser Katastrophe eigentlich nicht hätten überrascht sein dürfen. Wieso? – Diese Straße, sagt er, und zeigt auf einen schmalen Streifen zwischen Schuttbergen rechts und links, diese Straße war die übelste Straße von Bam. Wer hier ein Jahr wohnte, sagt er, der war danach drogensüchtig. Und manches andere spielte sich in dieser Straße ab. Die Leute hätten es alle gewußt, und sie hätten es hingenommen.

Anders als sonst üblich, sagt Herr Ghafuri, konnte er im vergangenen Jahr nicht im Sommer Urlaub machen und sei darum im Winter nach Teheran gefahren. Sein letzter Urlaubstag war der Tag des Erdbebens. Er kam in seine Heimatstadt Bam zurück. Das Haus, in dem er lebte, war völlig eingestürzt, seine Wohnungseinrichtung und all sein Hab und Gut vernichtet. Aber seine gesamte Familie hat mit ihm überlebt, denn sie waren zusammen mit ihm im Urlaub gewesen. Dort, das war meine Wohnung, sagt Herr Ghafuri, und die davor sitzen, das sind meine Schwestern, und der kleine Junge, der jetzt auf uns zugelaufen kommt, das ist mein Sohn, sagt er, und fängt ihn mit seinen ausgestreckten Armen auf. Das war in Bam, nach dem Erdbeben.

Zwei Mädchen im Lager „Wahdat". Sie holen Kartons ab, auf denen in englischer und persischer Sprache zu lesen ist „Muslime helfen Hilfe". Auch Decken bekommen sie. – Wie heißt Du? frage ich das eine. – Nedschme, sagt sie. – Und wie alt bist Du? – Elf Jahre, ich gehe schon in die sechste Klasse! – Und mit wem bist Du hier im Lager? frage ich weiter. – Mit meinen Geschwistern und mit meiner Tante! – Ich zögere, und obwohl es mir schwerfällt, sage ich dann doch: Sind Deine Eltern denn nicht hier? – Nein, antwortet Nedschme, Vater und Mutter sind in Mekka! – Jetzt bin ich still. In Mekka? Das verstehe ich nicht, aber ich sage nichts mehr. In Mekka? Die Eltern sind in Mekka, und die Kinder sind hier mit der Tante im Lager? Erst später erfahre ich, daß es auch dafür eine plausible Erklärung gibt. Wer aus dem Iran zur Wallfahrt nach Mekka reisen will, muß sich frühzeitig anmelden. Auch muß er seine Reise im Voraus finanzieren. Die Zahl der Wallfahrer ist beschränkt, und jedes Jahr melden sich viel mehr an, als tatsächlich ein Visum bekommen. So stehen die Leute auf einer Warteliste, und sie fahren, wenn sie an der Reihe sind. Nedschmes Eltern waren diesmal an der Reihe, und sie konnten fahren, auch wenn das Erdbeben sie obdachlos gemacht hatte, denn sie hatten das Erdbeben überlebt. Nedschme und ihre Geschwister wurden der Obhut der Tante übergeben und Allah anvertraut. Das war in Bam, nach dem Erdbeben.

Mit Allahs Hilfe und dank der Spender hat Muslime helfen Decken und Lebensmittel nach Bam gebracht, in ausreichender Zahl wenigstens für eins der Lager, unterstützt vor Ort durch die einheimische Imam al-Murtada Hilfsorganisation, 1360 Decken und 1350 Kartons mit Lebensmitteln. In jedem Karton sind 2 kg Reis, 1 kg Zucker, ½ kg Tee, 9 Liter Trinkwasser, 3 Fischkonserven, 3 Dosen Bohnen, 3 Pakete Nudeln, 1 Flasche Speiseöl.

Die Hilfsgüter von Muslime helfen sind sehr willkommen, sagt Herr Nauruzi. Er ist ein erfahrener Mann, hat in der Vergangenheit Flüchtlingslager an der Grenze zu Afghanistan geleitet. Jetzt ist er hier verantwortlich. Wenn möglich, sollten wir unsere Hilfe doch fortsetzen, sagt er. Denn jetzt, nachdem die Katastrophe schon eine Weile zurückliegt, läßt auch die Unterstützung nach. Aber die Menschen hier bräuchten auch zukünftig noch Hilfe, und nicht zuletzt einfach zu essen. Und daß die Lebensmittel in Kartons verpackt sind, findet er besonders gut. Man könne ja auch anders vorgehen, beispielsweise Bohnen oder Zucker in großen Säcken anliefern und dann im Lager in Portionen packen, aber das sei aufwendig und führe zu Unruhe unter den Leuten. Denn wenn sie die großen Mengen sehen, aber selbst nur eine kleine Menge davon erhalten, dann fühlten sich manche ungerecht versorgt. Mit dem Karton, der Lebensmittel enthält, gäbe es dieses Problem nicht, jeder sieht, daß er seinen Anteil bekommt, und es sei auch viel leichter für die Leute, so ihre Rationen wegzutragen. Und gerade jetzt, wo in den nächsten Tagen die Feldküche geschlossen wird, sind die Lebensmittelkartons genau das, was die Leute hier jetzt brauchen. Wir sind froh und dankbar, *al-hamdu li-llah*, daß wir wiederum auf unsere früheren guten Erfahrungen mit solchen Paketen zurückgegriffen haben. Auch das war in Bam, nach dem Erdbeben.

DER BONUS

„Gutes" heißt auf Lateinisch „bonum". Davon ist das Wort „Bonus" abgeleitet. Es bedeutet eine besondere Vergütung, über das eigentlich zustehende Maß hinaus. Bei gutem Geschäftsverlauf zahlt eine Aktiengesellschaft den Aktienbesitzern eine Dividende, bei besonders gutem Verlauf eine besondere Vergütung – den Bonus.

In diesem Sommer sorgte Muslime helfen, wie schon im vergangenen Jahr, wiederum für die Verteilung von Milchkühen an Bedürftige im Raum Srebrenica. Dorthin kehren langsam Vertriebene zurück, die das entsetzliche Massaker in der UN-Schutzzone überlebt haben, an das nun das große Gräberfeld von Potočari erinnert. Eine dieser Kühe kam nach Dobraki. Dobraki ist ein kleines Dorf, etwa 30 Kilometer von Srebrenica entfernt, in einem Bergtal gelegen, direkt am Fluß Drina, an dessen gegenüberliegenden Ufer Serbien beginnt. Dobraki ist nur im Sommer über einen schmalen unbefestigten Fahrweg zu erreichen, im Winter wohl völlig von der Außenwelt abgeschlossen. Vor dem Krieg lebten hier 120 Familien, bis jetzt sind elf Familien zurückgekehrt und haben begonnen, ihre niedergebrannten Häuser herzurichten und die Felder zu bewirtschaften. Es sind mühsame Anfänge, und eine Familie, die es gewagt hat, ist Familie Alic. Jahrelang waren sie in einer Flüchtlingsunterkunft in Tuzla, seit sieben Monaten sind sie zurück im Dorf. Familie Alic besteht aus der Großmutter, deren Ehemann nicht überlebt hat, aus Tochter und Schwiegersohn sowie drei kleinen Kindern: Dem zehnjährigen Emir, der siebenjährigen Aila und dem vierjährigen Hamza. Die Kinder hörten aufmerksam zu, als die Erwachsenen von Kühen sprachen. Es stellte sich heraus, daß dieser Familie mit einer Milchkuh geholfen werden kann, daß die Großmutter Erfahrung im Umgang mit Milchvieh hat und daß auch ausreichend Fütterungs-möglichkeiten für eine Kuh bestehen. Ein besonders aufmerksamer Zuhörer war Hamza. Seitdem der Großmutter die Milchkuh zugesagt worden war, fragte er täglich: Wann kommt meine Kuh? – denn für ihn war klar, daß es „seine Kuh" sein würde. Hamza wurde vertröstet: Deine Kuh kommt bald, inschallah! Und dann eines Tages war es so weit. Auf einem kleinen Lastwagen hatte man sie gebracht, vom Geschaukel der langen Fahrt etwas benommen war sie von der Ladefläche gestiegen und in einen provisorischen Stall gebracht worden. Aber Hamza's Stimmung schien irgendwie gedämpft. Die Kuh war riesengroß – im Vergleich zu ihm, dem Vierjährigen, der nun zum ersten Mal einer lebendigen Kuh gegenüberstand. Man merkte, das beunruhigte ihn. Nur zögernd griff er zu, als ihm die Erwachsenen den Strick in die Hand gaben, der am Hals der Kuh befestigt war. Doch dann, als die Kuh sich das gefallen ließ, war Hamza's Freude nicht zu übersehen. Er zappelte vor Aufregung, stampfte mit den Beinen auf den Boden, machte Luftsprünge und strahlte über das ganze Gesicht. Hamza's Kuh war angekommen!

Familie Alic hat mich gebeten, den Menschen, die an sie gedacht haben, ihren Dank zu übermitteln. Ich habe ihnen versprochen, das zu tun und löse hiermit mein Versprechen ein. Zugleich habe ich daran erinnert, daß wir zuerst Allah danken wollen, wir alle – die Empfänger der Kuh, die Spender und die Mitarbeiter, die das Projekt durchgeführt haben. Allah läßt den Lohn derjenigen, die Gutes tun, nicht verlorengehen. Und was die unübersehbare Freude des kleinen Hamza betrifft – liegt darin nicht so etwas wie ein Bonus für die Spender, die es Muslime helfen ermöglicht haben, ihm „seine Kuh" nach Dobraki zu schicken?

NICHT AUS EIGENEM WUNSCH: FLÜCHTLINGE IN BAKU

Baku, die Hauptstadt Aserbaidschans, ist eine wichtige Stadt. Denn hier wird seit der Erschließung des ersten Ölfelds im 19. Jahrhundert das Ölgeschäft des Landes abgewickelt. Heute, nachdem das ehemals sowjetische Aserbaidschan zum unabhängigen Staat geworden ist, haben die großen internationalen Konzerne das Geschäft übernommen. Und Baku ist eine große Stadt. Hier leben etwa 1,5 Millionen Menschen, es können auch mehr sein, eine ganz genaue Zahl gibt es nicht. Denn die Stadt zieht weiter Menschen an, die versuchen, in diesem Häusermeer ihren Lebensunterhalt zu verdienen und ein besseres Auskommen zu haben als in den verarmten ländlichen Gegenden. Manche der Einwohner Bakus sind Flüchtlinge, die infolge des Krieges zwischen Aserbaidschan und dem Nachbarn Armenien ihre Heimat verlassen mußten. Als Staatsbürger Aserbaidschans werden sie, wenn auch nur notdürftig, doch immerhin von offizieller Seite unterstützt. Andere der Einwohner Bakus sind Flüchtlinge aus Tschetschenien. Sie sind keine Staatsbürger Aserbaidschans, sondern gelten als Bürger Rußlands und erhalten darum auch keine offizielle Hilfe. Sie können froh sein, im Land geduldet zu werden. Die erste Voraussetzung dafür, daß diese Duldung nicht gefährdet wird, besteht darin, daß sie sich still verhalten. Bloß nicht auffallen, lautet die Devise, denn wer auffällt, riskiert, verhaftet und abgeschoben zu werden – abgeschoben und ausgeliefert an die Sicherheitskräfte desjenigen Landes, aus dem man geflohen ist. Darum sind sie auch still, die tschetschenischen Flüchtlinge in Baku, und fallen nicht auf, und darum hört und weiß man auch kaum von ihnen.

Muslime helfen kennt einige dieser bedauernswerten Menschen in Baku, denn Muslime helfen hat seit mehreren Jahren Waisenkinder in Baku unterstützt und ist dabei auf manche andere Bedürftige gestoßen. Diesmal wurde darum außer 175 Waisenkindern auch noch zehn Flüchtlingsfamilien geholfen. Eine davon ist Familie N., die wir besucht haben. Sie steht aus einem besonderen Grund vielleicht noch etwas besser als viele andere da, denn Familie N. ist wenigstens eine vollständige Familie, während sonst oft die Männer fehlen, im Krieg getötet oder seither vermißt. Vater und Mutter sind beide um die 30 Jahre alt, drei Kinder, Khadidscha acht, Abdurrahman sechs und der dreijährige Abdulhalim. Seit 1999 sind sie in Baku. Warum? Um der Katastrophe des Krieges in Tschetschenien zu entgehen und die Kinder zu retten, lautet die schlichte Antwort. Der Preis, der dafür zu zahlen ist: 75 Dollar im Monat. Dafür bekommt man ein Zimmer, in dem die ganze Familie haust. Die Miete wird nächsten Monat erhöht. Nächsten Monat wird alles teurer in Baku, stand in der Zeitung, denn der Weltwährungsfond setzt seine Politik in Aserbaidschan durch. Die Preise auch für Lebensmittel sollen um ein Drittel steigen. Strom, Gas und Wasser kosten schon jetzt 10 Dollar extra. Küche, Bad und Toilette werden mit anderen geteilt, denn hier lebt nicht eine Familie in einer Wohnung, sondern eine Familie pro Zimmer in einer Wohnung. Einkommen? Keins.

Von Beruf ist der Vater Ingenieur, er könnte auch als Lastwagenfahrer arbeiten, aber selbst die Einheimischen finden keine jobs, da haben ausländische Flüchtlinge schon gar keine Chance. Alles, was man an Wertsachen noch besaß, ist mittlerweile verkauft. Ja, von Zeit zu Zeit gab es eine finanzielle Hilfe durch das Flüchtlingshilfswerk der Vereinten Nationen, 100 Dollar im Monat, doch diese Hilfe wurde zuletzt vor fünf Monaten ausgezahlt. Um einigermaßen anständig zu leben, sind in Baku aber in Wirklichkeit wenigstens 300 Dollar nötig. Und Geld braucht man nicht nur für die Miete, sondern für alles. Die beiden älteren Kinder gehen zur Schule, inzwischen hat die Regierung Aserbaidschans das ermöglicht. Und selbst die Lehrer dort verlangen immer wieder Geld von den Kindern. Aber gestern zum Beispiel mußten sie ohnehin zu Hause bleiben, denn es war nicht nur kalt, sondern hat auch geregnet. Und die Kinder haben ja keine ausreichende Kleidung, um bei solchem Wetter aus dem Haus zu gehen, ohne krank zu werden.

Wie überlebt man unter solchen Umständen? Von Tag zu Tag, von Woche zu Woche. Nachbarn helfen, Einheimische, selten einmal kann man mit stundenweiser Aushilfstätigkeit eine Kleinigkeit verdienen, und *al-hamdu li-llah*, ihr seid Engel, die Allah geschickt hat! Nach Hause zurück? „Alle von uns, die in Baku sind, sind das nicht aus eigenem Wunsch. Es gibt Gründe für jeden, weshalb er sich nicht in seiner Heimat aufhält. Sie würden am liebsten in ihre Heimat zurückkehren, aber jetzt nicht – dort muß man damit rechnen, für immer zu verschwinden."

GEDENKFEIER „EIN HERZ FÜR BESLAN"
Trauerzug für Opfer des Terrors, Gedenkveranstaltung am Odeonsplatz, München 11. September 2004.

Bismillahi-r-rahmani-r-rahim – Im Namen Gottes, des Allerbarmers, des Barmherzigen.

Ich grüße Sie namens des Islamischen Zentrums München, der Islamischen Gemeinschaft in Deutschland und aller Münchner Muslime, die wie die hier Anwesenden, wie Sie und ich, den heutigen Tag zum Anlaß nehmen, nicht nur ihre Betroffenheit und Trauer, sondern auch ihre große Besorgnis zum Ausdruck zu bringen. Betroffenheit darüber, daß sich seit den erschreckenden Ereignissen des 11. Septembers, die sich heute zum dritten Mal jähren, prinzipiell nichts geändert hat, Trauer darüber, daß auch seither immer wieder unschuldige Menschen Opfer von Gewalttaten wurden, und Besorgnis darüber, daß wirkliche Lösungen in naher Zukunft offenbar nicht zu erwarten sind.

Immer wieder, und gerade jetzt auch nach den Mordtaten von Beslan, werden Muslime gefragt: Warum distanziert Ihr Euch nicht von solchen Greueln? Warum lehnt Ihr den Terrorismus nicht ab? Warum leistet Ihr keinen Beitrag dazu, ihn einzudämmen? Gerade heute war zu hören, daß sogar der Bundespräsident Köhler höchstpersönlich meint, solche Fragen stellen zu müssen. Nun fragen sich ihrerseits Muslime: Hört niemand, was wir sagen? Liest niemand, was wir von uns geben? Versteht niemand den Sinn? Wir haben uns distanziert, wir lehnen den Terror ab, wir tun alles, was uns möglich ist, dagegen. In einer Pressemitteilung der Islamischen Gemeinschaft vom 3. September, die hier nur beispielhaft erwähnt sein soll, heißt es unzweideutig und unmißverständlich: „Mit Entsetzen verurteilt die Islamische Gemeinschaft in Deutschland die Geiselnahme in Beslan ... Die mit dem Islam unvereinbare Entführung Unschuldiger ist durch nichts zu rechtfertigen."

Allerdings muß an dieser Stelle auch gesagt werden: Die Muslime sind mit ihrer Betroffenheit, mit ihrer Trauer und Besorgnis und mit ihren Fragen nicht allein. Im Gegenteil: Es ist die große Mehrheit aller Menschen, deren Stimmen nicht gehört werden, deren Meinungsäußerungen nicht zu lesen sind und deren Sorgen nicht ernstgenommen werden. Das gilt nicht nur für uns hier in München, das gilt für uns in Deutschland, für Europa, für die ganze Menschheit auf dieser Erde. Denn die große Mehrheit der Menschen wünscht sich und allen anderen nicht mehr und nicht weniger, als in Frieden und Freiheit zu leben. Und warum gelingt das dann nicht, wenn es doch der Wunsch und Wille der meisten Menschen ist?

Frieden und Freiheit bleiben abstrakte Begriffe, wenn nicht ihre Voraussetzungen erfüllt werden. Eine der wesentlichen Voraussetzungen ist Gerechtigkeit, die Notwendigkeit gerecht zu sein. Dabei spielt es keine Rolle, von wo aus die Akteure operieren, sei es von den Bergen Afghanistans, Tschetscheniens oder Ossetiens, sei es von den Tälern Palästinas oder Iraks, sei es von den Amtssitzen Moskaus, Tel Avivs oder Washingtons – es gilt für alle dasselbe: Wer unschuldige Menschen bedroht, sie ihrer Freiheit beraubt, sie mißhandelt, erniedrigt, quält, verletzt und tötet, der tut Unrecht, der handelt nicht recht, auch wenn er das Gegenteil behauptet, auch wenn er sich sogar auf Gott beruft, auch wenn er dafür sorgt, daß die Bilder um die Welt gehen, die ihn im Gebet zeigen, sei es in der Synagoge, der Kirche oder der Moschee.

Wir sind heute hier versammelt, um unsere Betroffenheit zu zeigen und unserer Trauer Ausdruck zu verleihen. Ich meine, wir sollten dies darüber hinaus zum Anlaß nehmen, Gott dankbar zu sein, daß uns, die wir in dieser Stadt München leben, der Frieden bislang erhalten geblieben ist und darum auch, aus Dankbarkeit dafür, ernsthaft darüber nachdenken, ob nicht wir Münchner von hier aus auch einen Beitrag leisten können, um andernorts friedenstiftend und friedenbringend tätig zu sein, und dort, wo jetzt zerstört und gemordet wird, Einhalt zu gebieten und zu heilen. Die Münchner Muslime würden ihr Bestes dafür tun, und ihre Hand dazu ist ausgestreckt. Ergreifen Sie diese Hand, gemeinsam können wir mit Gottes Hilfe etwas bewegen – wir, die Friedliebenden, sind die Mehrheit! Ich bitte Gott, uns dabei zu helfen! Gott bewahre Sie und leite Sie recht!

Und erlauben Sie mir zum Schluß die kurze erste Sure des Korans in arabischer Sprache und deutscher Übersetzung vorzutragen:

Bismillahi-r-rahmani-r-rahim, al-hamdu li-llahi rabbi-l-alamin, ar-rahmani-r-rahim, maliki jaumi-d-din, ijjaka nabudu wa ijjaka nasta'in, ihdina-s-sirata-l-mustaqim, sirata-l-ladsina an'amta alaihim, gairi-l-magdubi alaihim wa-la-d-daalin. Amin.

Im Namen Gottes, des Allerbarmers, des Barmherzigen,

Gelobt sei Gott, der Herr der Welten, der Allerbarmer, der Barmherzige, der Herrscher am Tage des Gerichts. Dir allein dienen wir, und nur Dich rufen wir um Hilfe: Leite uns recht den richtigen Weg, den Weg derjenigen, denen Du wohlgetan hast, nicht derjenigen, über die Du erzürnt bist und nicht der Fehlgehenden. Amen.

KLEIN ABER SCHNELL

Die Erdbeben- und Flutwellenkatastrophe, die am 26. Dezember Süd- und Südost-asien heimsuchte, stellt sich inzwischen als die offenbar schlimmste Naturkatastrophe unserer Tage heraus. Während in den ersten Meldungen von Hunderten Toten die Rede war, sind es jetzt Zehntausende, und die Zahlen werden nahezu stündlich heraufgesetzt. Kein Zweifel auch, daß Millionen von Menschen von den unmittelbaren Schäden und den Langzeitfolgen betroffen sind. Natürlich fragt man sich angesichts eines solch gewaltigen Ausmaßes: Was kann man denn da überhaupt tun? Welche Rolle könnte eine kleine humanitäre Hilfsorganisation wie Muslime helfen es nun einmal ist, unter solchen Umständen überhaupt spielen? Ist solche Hilfe nicht wie der sprichwörtliche Tropfen auf den heißen Stein?

Vernünftigerweise sehen wir unser Ziel in erster Linie nicht darin, bei jedem Notfall, gleich wo er sich ereignet, an erster Stelle vor Ort zu sein. Wir sind weder das Rote Kreuz, noch das Technische Hilfswerk, auch nicht die Feuerwehr oder der Notarzt. Unsere Aufgabe besteht vielmehr im Regelfall darin, dann hier und dort präsent zu sein und einzugreifen, wo es notwendig ist, wenn die unmittelbaren Notfallhelfer ihren Auftrag erledigt haben und damit die Phase Eins der Hilfsmaßnahmen beendet ist. Und wir wissen aus mittlerweile nahezu zwanzigjähriger Erfahrung, daß diese Präsenz und dieses Eingreifen in der Phase Zwei fast immer und überall ganz bitter notwendig ist. Denn sehr oft bleiben die betroffenen Menschen dann allein zurück und sich selbst überlassen, wenn gewissermaßen das Gröbste erledigt ist und die jeweilige Katastrophe darum in den Medien keine Bedeutung mehr hat. Gerade dann aber wird wiederum Hilfe gebraucht, und zwar eine Art von Hilfe, die wir leisten können, Lebensmittelhilfe beispielsweise, damit die Katastrophenopfer auch die kommenden Tage und Monate überleben können, medizinische Hilfe, damit sie wieder zu Kräften kommen und ihre Gesundheit erlangen, Hilfe zur Selbsthilfe, damit sie wieder auf eigene Füße kommen und selbst wieder ihren Lebensunterhalt erwerben können.

Aber selbst wenn wir unsere eigentliche Aufgabe hierin sehen, heißt das nicht, daß wir nicht auch im akuten Notfall unterstützen, wo wir dazu in der Lage sind. Jedenfalls bemühen wir uns nach besten Kräften darum. Unmittelbar nachdem am 26. Dezember die ersten Nachrichten über das Erdbeben und die nachfolgende Flutwelle berichteten, hat Muslime helfen sich mit Partnern in Sri Lanka, Indien und Indonesien in Verbindung gesetzt. Noch am selben Abend wurde zur Information für unsere Unterstützer und Helfer ein Spendenaufruf auf unsere homepage gesetzt und bereits am kommenden Tag auch der Spendenaufruf per Post versandfertig gemacht. Die ersten konkreten Rückmeldungen aus Sri Lanka kamen ebenfalls zu dieser Zeit, und innerhalb der folgenden 24 Stunden erreichte uns dann eine konkrete Anfrage. Muslime helfen konnte daraufhin zunächst mit einem Betrag von € 21 000 eine erste Nothilfeaktion in die Wege leiten. Diese Summe ist bestimmt für die Bereitstellung von 20 Trinkwassertanks, 10 Wasserpumpen, 5000 Matten zur provisorischen Abdeckung von Boden und für Trennwände, 500 Moskitonetze, 5000 Pakete Kindernahrung, 10000 Fischkonserven, 1000 kg getrockneter Fisch.

Und diese unsere Hilfe ist kein Tropfen auf den heißen Stein, der sich wirkungslos auflöst und verpufft. Nein, im Gegenteil, das genau, was wir tun, ist effektive und konkrete Hilfe: Da sind Menschen, die nun Trinkwasser haben, auch wenn es rationiert ist, aber es ist sauber und macht sie nicht zusätzlich zu ihrem großen Leid noch krank. Da sind Frauen, die nun nicht mehr auf dem blanken Boden schlafen, sondern wenigstens ein paar Matten haben, um darauf zu sitzen und sich notdürftig vor den Blicken fremder Menschen abzuschirmen. Da sind kleine Kinder, die nicht mehr vor Hunger weinen, sondern die so doch täglich wenigstens ihren Milchbrei bekommen. Ja, wir sind klein, aber dafür – mit Gottes Hilfe – schnell, *al-hamdu li-llah*.

Ein ähnliches Notpaket haben wir inzwischen auch mit Helfern vor Ort in Indien vereinbart. Die Kommunikation mit Indonesien hat sich als am schwierigsten herausgestellt, aber wir arbeiten daran und möchten auch dort behilflich sein. Großzügige Spenden für die weitere Hilfe werden dringend benötigt!

KOLLAY IST NICHT IN DEN SCHLAGZEILEN

Die rote Kugel der untergehenden Sonne schwebt noch über dem Wasser. Kleine Wellen plätschern sanft auf das Ufer. Der Sand scheint besonders weich im milden Licht. Die elegant geschwungenen Stämme der Palmen zeichnen sich fast schwarz gegen den Abendhimmel ab. Mehrere kleine, niedrige Sandhügel sind mit Palmwedeln wie von einem Zaun eingerahmt. Auch an den Seiten der Sandhügel sind Palmzweige zu sehen. Auf jedem dieser Sandhügel liegt groß wie ein Menschenkopf eine grüne Kokosnuss. Ich zähle 16 dieser kleinen Erhebungen.

Hier ruhen 16 Menschen, begraben von den Überlebenden der großen Flutwelle, die am 26. Dezember 2004 weite Teile der Küstengebiete des Indischen Ozeans verwüstete und auch hier Not und Tod an den Strand von Kollay warf. Kollay ist nicht in den Schlagzeilen. Ich bin sicher, kaum jemand weiß mit dem Namen dieser Kleinstadt etwas anzufangen, die in Südindien liegt, etwa vier Autostunden entfernt von Cochin in Kerala. Die Stadt selbst ist unversehrt geblieben. Betroffen sind die Ärmsten der Armen, Menschen, die in unmittelbarer Nähe des Meeres leben. Die Gegend und was dort geschah, kann man sich vielleicht etwas besser vorstellen, wenn man sich die Kurische Nehrung im ehemaligen Ostpreußen vor Augen führt. Dem Festland ist hier wie dort eine kilometerlang gestreckte Sandbank vorgelagert. Hier allerdings ist das Klima tropisch und überall stehen Kokospalmen. Diese Sandbank trennt ein Streifen Meereswasser vom eigentlichen Festland, und auf dieser Sandbank standen die Behausungen der Leute. Als die Flutwelle von der Meeresseite kam, konnten sie nicht weiter davor fliehen als bis zum anderen Ufer der Sandbank. Der Weg zum Festland war abgeschnitten. Wer nicht stark genug war, sich noch irgendwo festzuhalten, und wer nicht schwimmen konnte, ist ertrunken.

Oachira liegt vielleicht vier Kilometer vom Meer entfernt. Im Auffanglager von Oachira sind etwa 4.000 Flutopfer untergebracht. Die genaue Zahl der Familien, auch untergliedert nach Männern und Frauen, wird täglich auf eine Tafel am Eingang des Geländes angeschrieben. Kinder werden nicht gezählt. Man darf schätzen, dass sich also insgesamt 10.000 Menschen oder mehr hier aufhalten. Das Lager befindet sich auf dem Gelände einer Schule und dem gegenüberliegenden großen Sportfeld, auf dem ansonsten wohl Cricket gespielt wird. Geführt wird das Lager vom indischen Militär unter dem Kommando eines freundlichen Majors, der höflicherweise eine Besichtigung des gesamten Lagers anbietet und doch erleichtert reagiert, als wir unsere Absicht kundtun, uns nur einen kurzen Eindruck verschaffen zu wollen.

Ja, es sind viele Menschen hier, allesamt äußerst bedauernswerte Menschen. Die meisten von ihnen konnten nichts anderes retten außer den Kleidern, die sie am Leib tragen, aber sie haben überlebt. Jetzt ist das Militär für ihre Grundversorgung zuständig. Es gibt ausreichend Trinkwasser und genug zu essen. Geschlafen wird zwar im Freien, aber unter aufgezogenen Zeltbahnen, die tagsüber als Sonnenschutz dienen. Man sieht Menschen in Gruppen, deren Haare nass glänzen. Sie kommen vom Waschen zurück. In einiger Entfernung befinden sich Toiletten. Es sind einfach Löcher in der Erde, eins neben dem anderen, voneinander getrennt und abgeschirmt durch große blaue Plastikbahnen, die an in den Boden eingeschlagenen Holzpfählen befestigt sind und an unsere großen Müllsäcke erinnern. Alles nur das allernotwendigste, aber überall die weißen Spuren des ausgestreuten Kalks, der die Verbreitung von Krankheiten verhindern soll.

Man hat den Eindruck, dass hier das Militär eine sinnvolle Aufgabe gut erledigt und sich auf beste Weise bemüht hat, den so schwer Getroffenen zunächst das Überleben zu ermöglichen. Aber auf Dauer werden die Menschen hier nicht bleiben können, und sie sollen es auch nicht. Man stellt sich vor, daß sie hier allenfalls noch ein paar Tage ausharren müssen, um danach in temporäre Behausungen möglichst in der Nähe ihrer eigentlichen Wohnstätten untergebracht werden zu können.

Die Phase Eins, die der unmittelbaren Überlebenshilfe, nähert sich hier zwar dem Ende, aber nun führt der Weg unvermeidlich hin auf den riesigen Berg von Schwierigkeiten zu, aus denen die Phase Zwei besteht, die des Wiederaufbaus und der Rehabilitation. Muslime helfen, das freie, gemeinnützige Hilfswerk von Muslimen in Deutschland, für das ich diese Reise unternommen habe, wirkt in dem für diese vergleichsweise kleine Nichtregierungsorganisation möglichen Rahmen dabei mit, diesen Berg von Schwierigkeiten zu überwinden. In Kooperation mit zwei indischen Organisationen stehen jetzt sogenannte „Haushalt-Sets" bereit, die an diejenigen der Flutopfer abgegeben werden, die das Lager verlassen und wieder für sich selbst Sorge tragen müssen.

Jedes solche „Haushalt-Set" enthält eine große Matte, einen 30 Liter fassenden Vorratsbehälter für Wasser oder sonstigen Gebrauch, einen Reiskochtopf mit Deckel, eine Bratpfanne, zwei Essplatten, Tassen, Löffel und Becher, eine Zudecke und ein Bekleidungsstück – das hier gebräuchliche „Lungi" genannte Hüfttuch. Das scheint wenig und ist es auch. Andererseits haben die meisten der Menschen, die hiermit ausgestattet werden, auch vor der Flutkatastrophe auf dem Boden auf einer Matte sitzend gegessen, von Essplatten, aus Blechbechern getrunken, im Reiskochtopf mit Deckel ihren Reis gekocht, in der Bratpfanne ihren Fisch gebraten, und während sie ihr eines Bekleidungsstück nach dem Waschen in der Sonne trocknen ließen, das andere, das sie noch hatten, getragen. Lebensmittel, vor allem Reis, werden sie noch für eine geraume Zeit von der Regierung erhalten, aber die Frage, wie den Reis kochen?, müssen sie selbst beantworten.

Der Chef der Bezirksverwaltung, Herr Srenivas, ist sichtlich über unseren Besuch erfreut, auch wenn die Umstände nicht gerade erhebend sind. Er sitzt in einem etwas verwahrlost wirkenden Amtsgebäude, das von zahlreichen Menschen bevölkert ist, die Hilfe und Rat suchen, und wird nun auch noch von unserer über ein Dutzend großen Besuchergruppe in seinem kleinen Büro umdrängt. Denn bei diesem Besuch wollten möglichst alle Amtsträger unserer indischen Partnerorganisationen dabei sein. Sehen und gesehen werden, heißt hier offenbar die Devise, die Presse wird ja wohl auch davon berichten, und vielleicht gibt es dann ein Foto, auf dem man mit dem Regierungs-beamten zu sehen sein wird.

Frau Rehana, die tatkräftige Sekretärin der „Royal Educational Society", die hier federführend tätig war und ist, ergreift das Wort. Ein paar der „Haushalt-Sets" wurden von den Helfern mitgebracht, einer davon jetzt Herrn Srenivas auf den Schreibtisch gestellt und alle Bestandteile aufgezählt und erläutert. Der anwesende Fotograf bemüht sich, die wichtigen Personen ins Bild zu bekommen, davon hängt sein guter Ruf ab. Das ist schwer für ihn, denn der Raum ist klein und voll von Menschen, die alle den Schreibtisch umlagern. Ich halte mich im Hintergrund, wie es ohnehin das Wesen unserer Arbeit ist, und auf mich kommt es hier nicht an. Wichtig ist, daß die Bedürftigen ihre „Haushalt-Sets" bekommen. Unseren Teil haben wir dazu beigetragen, jetzt kommt es darauf an, daß die Helfer vor Ort die Verteilung mit der Bezirksverwaltung abstimmen, und dazu muß der Chef der Bezirksverwaltung herangezogen und mit ihnen bekannt werden. Aber was soll der gute Herr Srenivas mit dem 30-Liter-Vorratsbehälter und der Bodenmatte auf seinem Schreibtisch anfangen?

Sein Gesicht hellt sich auf, als er erfährt, daß es sich bei diesem „Haushalt-Set" nicht um ein Einzelstück handelt, mit dem Versprechen für die Zukunft in Aussicht gestellt werden sollen. Nein, es stehen insgesamt 2.000 dieser Sets bereit, davon 1.000 hier, nur ein paar Kilometer entfernt in einem Lagerraum der „Muslim Educational Society", auf Abruf. Er fragt zurück, und als ihm versichert wird, die Sachen seien in der Tat bereits gekauft und gepackt, bringt er Freude und Dank zugleich zum Ausdruck. Ja, er habe natürlich viele Anfragen und auch verschiedene Angebote, aber das, was hier nun tatsächlich bereitsteht, ist jenseits seiner Hoffnungen. Damit habe er nicht gerechnet, und es bedeute für die Betreffenden eine wirkliche Erleichterung und Hilfe zur Rückkehr in ein hoffentlich bald wieder annähernd normaleres Leben.

Man mag sich fragen, was zwei einheimische Organisationen, die eigentlich mit Bildungsfragen befasst sind, zu brauchbaren Partnern für eine humanitäre Hilfsmaßnahme gemacht hat. Die Antwort ist einfach: Eine auf humanitäre Hilfe spezialisierte Nichtregierungsorganisation gibt es hier nicht. Die beiden Bildungsorganisationen aber zeichnen sich dadurch aus, daß sie durch ihre langjährige Erfahrungen über gebildete Mitarbeiter mit hoher Auffassungsgabe verfügen und zudem die Schüler, die deren Schulen besuchen, in wenigen Stunden freiwilliger Mithilfe die „Haushalt-Sets" zusammenstellen und transportfähig machen konnten.

Die Verteilung wird mit der Bezirksverwaltung abgestimmt, denn diese weiß am besten, wann Leute aus dem Lager gehen. Muslime helfen hat das Projekt mit seinen Partnern vor Ort beraten, abgestimmt und finanziert. Zu Ende geführt wird es von den Einheimischen, das ist bei uns so üblich. Wir unterhalten keine Auslandbüros, sondern nutzen örtliche Ressourcen, nachdem wir sie ermittelt haben. So kann unsere Unterstützung der eigentlichen Nothilfe unmittelbar zugute kommen, ohne daß ein aufgeblähter Verwaltungsapparat Zusatzkosten verursacht und Mittel beansprucht.

Ausländische Hilfsorganisationen sind zumindest hier in dieser Gegend nicht zu sehen, und schon gar keine muslimischen. Muslime helfen ist bisher die einzige derartige Organisation, die sich hier engagierte. Die Behörden haben bis jetzt die Lage unter Kontrolle. Bekanntlich möchte die indische Regierung, aus welchen Gründen auch immer, keine Unterstützung aus dem Ausland. Man mag der Ansicht sein, daß dann hier insofern auch keine Unterstützung erforderlich ist, aber das wäre wohl ein Irrtum. Auch wenn hier im Bezirk Kollay „nur" etwa 3.500 Häuser vom Wasser zerstört wurden, „nur" etwa 35.000 Menschen obdachlos sind und „nur" etwa 150 ihr Leben verloren, für jeden einzelnen der Überlebenden ist das die gleiche Katastrophe wie an anderen Orten, wo die zehnfache oder gar hundertfache Opferzahl zu beklagen ist.

Jeder Einzelne, der einen ihm nahestehenden Menschen so plötzlich und unerwartet verlor, trauert darum. Jeder Küstenbewohner hier, der vom Fischfang lebte und dessen Boot zerschlagen ist, weiß nicht, wovon er sich nun ernähren soll. Jede Familie, die jetzt in einem Auffanglager haust, hat kein Dach mehr über dem Kopf. Jeder Familie, die buchstäblich alles, was sie besaß, von einer Minute auf die andere verlor und nichts davon ersetzen kann, ist zwar nicht allein aber ihr ist doch auch mit einem „Haushalt-Set" geholfen, einer obwohl bescheidenen dennoch sinnvollen Grundausstattung, um die sie sich dann nicht mehr zu bemühen braucht und stattdessen daran gehen kann, vielleicht das zerstörte Haus zu reparieren oder anderswo eine Hütte aufzubauen.

ICH MUSS DOCH ZUR MOSCHEE

Nächste Woche ist es drei Monate her, daß die große Flutwelle, der Tsunami, weite Küstengebiete in Süd- und Südostasien zerstört hat. Hunderttausende Menschen verloren ihr Leben, hunderttausende sind obdachlos und ohne Einkommen. Muslime helfen ist damals schon am ersten Tag tätig geworden und hat sich an der Soforthilfe beteiligt. Mit Unterstützung einheimischer Partner in Südindien, Sri Lanka und Aceh in Indonesien wurden Medikamente, Haushaltskits, Lebensmittel, Trinkwasser und Wasserpumpen bereitgestellt. Allerdings waren wir stets der Ansicht, daß unser eigentlicher Schwerpunkt in der Phase Zwei liegen würde. Das ist die Phase nach der akuten Nothilfe. Dann sind die dabei beteiligten Hilfsorganisationen abgezogen, und die Katastrophenopfer bleiben oft mehr oder weniger hilflos ihrem weiteren Schicksal überlassen. Wir wissen ja, daß solche Menschen sehr bald vergessen werden. Gerade in Sri Lanka gibt es beispielsweise noch immer zahlreiche Flüchtlinge und Vertriebene des Bürgerkriegs, die nun schon seit fünfzehn Jahren in Notunterkünften zu hausen gezwungen sind. Allerdings wäre es falsch zu behaupten, in Sri Lanka geschähe nichts, um den Tsunami-Opfern zu helfen. Nein, die Regierung tut zweifellos manches, setzt beispielsweise die Küstenstraße im Touristengebiet des Südens und auch die Eisenbahnlinie wieder instand. Verschiedentlich sieht man hier und da schon Notunterkünfte, meist Hütten aus Wellblech oder Holzplanken. Das bedeutet durchaus eine gewisse Verbesserung für die Obdachlosen. Aber noch immer kampieren tausende und tausende Menschen in Zelten. Je weiter man von der Südküste weg und an die touristisch unbedeutende Ostküste gelangt, umso weniger Hoffnungszeichen gibt es dafür, daß die Menschen endlich wenigstens aus den Zelten herauskommen. Sich darin aufzuhalten ist eine unerträgliche Tortur schon allein wegen des tropischen schwülheißen Küstenklimas.

Muhammad Salimun Cassim geht es da etwas besser, *al-hamdu-li-llah*. Er ist ein kleiner Mann mit freundlichem Gesicht, leicht gebückt und – 85 (!) Jahre alt. Er zeigt mir sein Mini-Motorrad. Es liegt lädiert in einem Schuppen, von dem ein Teil der Flutwelle widerstehen konnte. Das Wasser hat es im Raum herumgeschleudert, aber nicht herausgetragen. „Das muß ich in Ordnung bringen", sagt der alte Mann und zeigt auf sein Gefährt, „ich muß doch zur Moschee..."

Muhammad Salimun war früher einmal Polizist, und seine Adresse lautet merkwürdigerweise „Jail-Street – Gefängnis-Straße". Er lebt in Hambantota, mit zwei Töchtern, einem Schwiegersohn und zwei Enkeln in dem Rest dessen, was die Flut von seinem Haus übriggelassen hat. „Meine Tochter kam eben vom Einkaufen zurück", erzählt er, „die Läden waren ja gerade da drüben. Ihr war aufgefallen, wie das Meer seltsame Blasen warf. Dann hat sie die Welle kommen gesehen, hat alles weggeworfen, ist schreiend zu uns gerannt – Das Wasser kommt, lauft weg! Lauft weg! Da sind wir losgelaufen, auch mein Schwiegersohn, der gerade im Bad war, kam noch rechtzeitig heraus. So haben wir Gott sei Dank alle überlebt. Aber viele sind gestorben, dort im Nachbarhaus zwei Menschen, da drüben ebenfalls, und auch auf der anderen Straßenseite. Ich selbst bin auch gelaufen, so schnell ich konnte. Aber dann hat mich das Wasser eingeholt. Die Flutwelle hat mich einfach umgeworfen, ich habe mich überschlagen, kopfüber im Wasser, und wurde weggespült, weit weg, bis ganz dort hinten. Aber ich konnte mich doch über Wasser halten und bin nicht ertrunken."

An dem Rest der Schuppenwand ist deutlich die dunklere Färbung von der darüber liegenden helleren zu unterscheiden. Wie hoch das Wasser stand, läßt sich an dieser Trennlinie erkennen. Auch wenn Muhammad Salimun, der alte Mann, sich selbst auf seine eigenen Schultern gestellt hätte, wäre sein Kopf noch immer tief unter Wasser gewesen. Aber wie gesagt, ihm geht es etwas besser als so vielen sonst, das Haus läßt sich irgendwann irgendwie wohl halbwegs wieder herrichten, so ähnlich wie ein anderes in der Nachbarschaft. Von dem ist die Hälfte weggerissen worden, aber von der anderen Hälfte sind die Außenmauern stehen geblieben. Da, wo früher einmal in der Mitte des Hauses eine Zimmerwand stand, wurde schon mit Trümmerziegeln eine neue „Außenwand" errichtet, und über das jetzige Haus, das in Wirklichkeit eben das halbe frühere ist, ein provisorisches Dach gelegt. Und so läßt sich bei allen Einschränkungen doch anders leben als in den engen, stickigen heißen Zelten. Und vor allem, da ist man doch zuhause...

Muslime helfen hat sich zur Aufgabe gemacht, mitzuhelfen, daß Flutopfer in Sri Lanka, für die dies in Frage kommt, an ihre früheren Wohnplätze zurückkehren und dort in Behelfsunterkünften leben können, bis sich für sie eine andere Perspektive ergibt. Schon von Anfang an war dabei klar, daß die Betroffenen selbst mitwirken sollten und möglichst auch, daß statt der zu erwartenden Verwendung von Wellblech natürliche Baumaterialien zum Einsatz kommen. Eigene Anschauung vor Ort hat unsere Annahme erwiesen, daß es unter dem Wellblechdach unerträglich heiß wird, selbst wenn die Wände der Notunterkunft aus Holzbrettern bestehen. Gespräche mit Obdachlosen haben bestätigt, daß die Betroffenen selbst es vorziehen würden, wenn die Notunterkünfte Wände und Dach statt aus Holz und Blech aus geflochtenen Kokosmatten und dick geschichteten Palmzweigen hätten. Aber so etwas bieten die internationalen Hilfsorganisationen nicht an. Nur an einer Stelle habe ich eine derartige Behelfsunterkunft gesehen, bezeichnenderweise errichtet von einem einheimischen Helfer, Muzammil Hadschi. Wer hier zur Zeit der drückendsten Mittagshitze durch die Türe eintrat, befand sich plötzlich in einem angenehm kühlen, leicht schattigen Raum. Genau so haben die Menschen ja auch, seit man sich erinnern kann, ihre Häuser hierzulande gebaut. Darum haben wir uns mit unseren Partnern darauf verständigt, daß sie ihr Möglichstes tun, die Notunterkünfte, die wir bereitstellen, auf diese Weise zu gestalten.

Als konkrete Ergebnisse meines erneuten Besuchs in Sri Lanka sind nun zu nennen: Muslime helfen engagiert sich auch in der Phase Zwei weiterhin an der Ostküste Sri Lankas, in den Gegenden, wo von internationaler Hilfe vergleichsweise wenig zu sehen ist. Gerade hier lebt übrigens der überwiegende Teil der Muslime. Konkret hat Muslime helfen mit zwei einheimischen Partnern vereinbart, insgesamt 100 obdachlosen Familien zu festen Notunterkünften zu verhelfen, damit diese bedauernswerten Menschen endlich die unerträglichen Zeltlager verlassen können. Diese Notunterkünfte sollen möglichst dort errichtet werden, wo die jeweiligen Familien früher lebten. Dabei sollen die Betroffenen selbst entscheiden, ob es sinnvoller ist, eine Notunterkunft oder entsprechendes Baumaterial für die Wiedernutzbarmachung einer zerstörten Wohnstätte zu Verfügung zu stellen. Für fünfzig dieser Notunterkünfte ist inschallah die Ortschaft Nintavur im Bezirk Ampara vorgesehen. In Nintavur lebt auch Dr. Ishaq, einer von jenen stillen Helfern, wie sie in der muslimischen Welt immer und überall zu finden sind, solche, die außer Allah und den Betroffenen niemand kennt. Er ist ein Universitätsprofessor im Ruhestand, geht auf die 70 zu und hat lange Jahre an einer Universität in den Golfstaaten unterrichtet. Sein Haus liegt außerhalb der Schadenszone und ist unbeschädigt. Jetzt organisiert er die Reparatur von Fischerbooten, die vom Tsunami zerstört wurden. Viele sind völlig vernichtet, aber andere kann man wieder instandsetzen und so den Fischern zu Lohn und Brot verhelfen. Mit dem jeweiligen Bootseigentümer hat Dr. Ishaq sich darauf verständigt, daß er auf seine Kosten das Boot reparieren läßt – unter der Voraussetzung, daß der Bootseigentümer noch eine andere Familie an der Arbeit mit dem Boot und damit an dem Einkommen beteiligt, und zwar eine von denjenigen Familien, die jetzt gar kein Boot mehr haben. Über ein Dutzend solcher Partnerschaften hat Dr. Ishaq schon arrangiert. Er fragte, ob Muslime helfen sich da, wo notwendig, damit beteiligen möchte, die erforderlichen Gerätschaften bereitzustellen, insbesondere die Netze. Das haben wir gern zugesagt, denn so kommen diese Menschen dann Gott sei Dank wieder auf eigene Füße. Wer sie besucht und mit ihnen spricht, stellt schnell fest, daß sie trotz der schrecklichen Erlebnisse wohl erstaunlich gelassen aber keineswegs apathisch wirken. Sie möchten das Notwendige für sich selber tun und brauchen dazu oft nur eine Unterstützung in geringem Umfang, so etwa ein Fahrrad, eine Nähmaschine oder eben ein Fischernetz. Ich bin in diesen Tagen mit zahlreichen der Flutopfer zusammengekommen, die in bitterer Not und Armut leben. Kein einziges Mal hat einer von ihnen nach Geld gefragt.

Die anderen fünfzig Notunterkünfte sollen inschallah in Kuchchaveli nördlich von Trincomalee stehen. Hier haben die Überlebenden erzählt, daß sie wohl von den Behörden mit Lebensmittelrationen und Wasser versorgt werden und auch wöchentlich ein Arzt kommt. Ansonsten aber haben sie keine Perspektive. Nur einmal sei hier eine Hilfsorganisation gewesen und habe sich umgeschaut. Danach hat man nichts weiter gehört oder gesehen. Wir wollen versuchen, es besser zu machen. Die Finanzierung der ersten zwanzig Notunterkünfte ist erfolgt, die nächste Tranche steht bereit, und unsere Partner haben zugesichert, ihrerseits das Beste zu geben. Wir wollen darum weitermachen, sobald die ersten 20 Notunterkünfte errichtet sind und damit unter Beweis gestellt ist, daß sich diese beiden Projekte derart verwirklichen lassen.

Ein weiteres Vorhaben betrifft die kleine Stadt Kinniya südlich von Trincomalee. Dort möchten wir helfen, ein Waisenhaus zu errichten. In Kinniya gibt es bereits seit mehreren Jahren zwei Waisenhäuser, eines für Jungen und eines für Mädchen. Beide werden von der einheimischen muslimischen Wohlfahrtsorganisation „Azizah Foundation" geführt. Beide Häuser, in denen die Waisen untergebracht waren, sind von der Flutwelle zerstört. Derzeit leben die Kinder und Jugendlichen mit ihren jeweiligen Betreuern und Betreuerinnen in zwei angemieteten Häusern, in sehr beengten Verhältnissen, aber ausreichend versorgt und gut betreut. Es handelt sich um insgesamt 25 Jungen und 20 Mädchen. Vormittags gehen sie in die öffentlichen Schulen. Danach gibt es für sie im Waisenhaus, wo sie auch wohnen und essen, ihre Hausauf-gabenbetreuung und islamischen Religionsunterricht. Für sie ist soweit gesorgt. Aber in der Umgebung gibt es mehr Waisenkinder, insbesondere infolge der Tsunami-Katastrophe. Darum soll in Zukunft jedes der beiden Häuser 100 Plätze aufweisen. Wir haben uns darauf verständigt, daß Muslime helfen inschallah die Errichtung eines zweistöckigen Gebäudes als Waisenhaus für Mädchen fördert. Die Hälfte der benötigten ca. 53 000 Euro kommt aus den Spenden für die Flutopferhilfe. Darum sollen von den 100 Plätzen dann wenigstens die Hälfte für Kinder zur Verfügung stehen, die infolge der Flutkatastrophe zu Waisen geworden sind. Die andere Hälfte der Gesamtsumme soll mit Hilfe der kommenden „Woche der Waisen" finanziert werden. Am schönsten aber wäre es, wenn dabei nicht nur die Hälfte der 53 000 Euro zusammenkäme, sondern das Doppelte. Denn dann wären wir in der Lage, auch für die Waisenjungen ein entsprechendes Gebäude zu errichten. Ich meine, mit Allahs Hilfe sollte das möglich sein. Was meinen Sie?

BANDA ACEH HABIS

Das indonesische Wörtchen „habis" heißt so viel wie „aufgebraucht, fertig, zu Ende, alles weg." Drei Wörter sind mit Farbe auf den Rest einer Hauswand geschrieben: „Banda Aceh habis – Banda Aceh weg." Die Stadt Banda Aceh war eine hübsche, angenehme Stadt mit etwa 300 000 Einwohnern an der Nordspitze Sumatras, und als Hauptstadt der Provinz Aceh auch eine stolze Stadt. Denn Aceh galt und gilt als die am längsten und tiefsten mit dem Islam verbundene Gegend ganz Indonesiens, mit einer jahrhundertealten Tradition des Bemühens um Selbstbewahrung und Selbstbehauptung, insbesondere gegenüber der holländischen Kolonialmacht, aber auch noch bis in unsere Tage gegenüber der Zentralregierung in Jakarta. Vor diesem Hintergrund scheint „habis" mehr zu bedeuten, als einfach nur „zu Ende." Es klingt schon wie „Banda Aceh ist verloren." Sechzig Prozent der Fläche der Stadt sind von der Flutwelle nach dem Erdbeben am 26. Dezember 2004 überschwemmt worden. Das Wasser zerschmetterte mit unvorstellbarer Gewalt alles, was im Weg war und drang bis zu vier Kilometer tief von der Küste in die Stadtmitte ein. Der amerikanische Außenminister Powell sagte, nachdem er im Hubschrauber über das Katastrophengebiet geflogen war, er habe ein solches Ausmaß an Zerstörung noch nie gesehen, obwohl er doch in zahlreichen von Kriegen und Naturkatastrophen betroffenen Gebieten gewesen sei. Wäre ich ihm begegnet, hätte ich ihm gesagt: Doch, Herr Powell, solche Bilder haben auch Sie schon gesehen, aber als amerikanischer General möchten Sie vielleicht nicht davon sprechen. Das, was wir hier sehen, sieht aus wie auf den Bildern von Hiroshima und Nagasaki!

Zusammen mit Mohammed Noor bin ich von Medan aus nach Banda Aceh geflogen. Anders als in den Medien berichtet, war der Flughafen vom Wasser nicht erreicht worden, er befindet sich weit hinter der Stadt. Aber wegen der inzwischen angelaufenen Hilfsmaßnahmen ist er besonders stark frequentiert, und insofern kann von einem geregelten Flugbetrieb keine Rede sein. Wir hatten Glück und kamen mit nur etwas mehr als einer Stunde Verspätung an. Zurück hat es länger gedauert, und besonders schwer war das für Agus, einen 14 jährigen Jungen, der in Begleitung seiner Eltern nach Jakarta fliegen sollte. Er wurde von seinem Vater auf beiden Armen getragen, denn ihm waren die Beine unter den Knien amputiert. Ein von der Flut abgerissener Strommast hatte sie zerquetscht. Eine indonesische Großbank nahm sich seiner an und ließ ihn durch ein Helferteam abholen, um ihn in die Hauptstadt zu bringen, wo eine bessere medizinische Versorgung möglich ist. Agus hatte Schmerzmittel für die Reise bekommen, aber deren Wirkung ließ während der langen Wartezeit zunehmend nach, und er litt sichtlich sehr große Not. Mehr als sieben Stunden mußte er es ertragen, bis der Abflug endlich beginnen konnte.

Uns begrüßte Ade Salamun am Flughafen, der junge Mann, der schon am Vortag aufgebrochen war und einen schweren Lastwagen begleitet hatte, auf dem sich die in Medan eingekauften Hilfsgüter befanden. Wir hatten uns bei Einheimischen vor Ort erkundigt und dann so verabredet, daß insgesamt etwa 9 Tonnen Vorräte beschafft werden, vor allem Reis, Trockenfisch, Öl, Zucker, Salz, Seife und Waschmittel sowie Babynahrung. Siebzehn Stunden seien sie unterwegs gewesen, berichtete Ade jetzt, aber alles sei gut gegangen, *al-hamdu li-llah* – Gottlob, die Hilfsgüter auch schon abgeladen und sogar die Verteilung habe bereits begonnen, denn man wolle die Empfänger nicht warten lassen. Auf dem Weg in die Stadt machen wir Halt an einer Moschee, neben der sich auch eine Schule befindet. Dort sind Obdachlose untergekommen, in jedem Klassenraum etwa 30 Personen. Es herrscht ein erbärmliches Gedränge, die Menschen hocken auf dem Boden, mittellos und hilflos. Nur hier und da haben sie noch ein paar Matten und Kleidungsstücke, die sie retten konnten, aber unsere Lebensmittel sind schon da. Meine Begleiter fragen nach, was diese Leute sich jetzt noch am dringendsten wünschen und schreiben es sich auf, und ich bin sicher, sie werden sich bemühen, diese Wünsche zu erfüllen, sofern es ihnen möglich ist.

Wir fahren weiter zum „Posko" – „pos komando", das heißt so viel wie „Zentrale" oder „Basis-Station", von der aus alles koordiniert wird. Das kleine Gebäude liegt im Bereich der Stadt, der nicht überflutet worden war. Es handelt sich um eine Art Laden. Unten im großen Lagerraum die Hilfsgüter, in der Etage darüber, eigentlich Wohnung des Ladenbesitzers, übernachten die Helfer. Gerade wird ein kleiner „pick-up" mit Lebensmitteln beladen. Wir verzichten darum jetzt zunächst auf eine längere Begrüßung und Besichtigung und schließen uns der Helfergruppe an, die diese Lebensmittel noch am selben Nachmittag außerhalb von Banda Aceh an Bedürftige übergeben will. Inzwischen hat es zu regnen begonnen. Wir fahren vorbei am „Kantor Gubernor", dem zerstörten Sitz des Gouverneurs der Stadt, einem imposanten modernen Gebäude, an dem sowohl die Spuren der Flutwelle als auch des Erdbebens kurz zuvor deutlich erkennbar sind. Von hier bis zur Küstenlinie sind es gut drei Kilometer. Auch die noch weiter in Richtung Stadtmitte liegende große Zentrale der Polizei ist noch immer vom Schlamm überhäuft, die schweren Mannschaftsfahrzeuge stehen unbrauchbar geworden kreuz und quer, teils umgeworfen, auf dem Gelände. Erdbeben und Flutwelle haben auch die Schaltstellen der Verwaltung zerstört, so daß ein Vorbereiten und Durchführen von Hilfsmaßnahmen aus Banda Aceh selbst heraus kaum möglich war. Je näher wir an die Küste kommen, umso größer das Ausmaß der Zerstörung. Bald ist nichts mehr zu sehen außer großen freien Flächen, übersät mit Wassertümpeln, zwischen denen bei genauerem Hinsehen noch die flachen Fundamente von Häusern erkennbar sind. Hier haben überall Menschen gewohnt, Hunderte, ja Tausende, und nichts ist übrig: „Banda Aceh habis."

Inzwischen sind wir außerhalb der Stadt und fahren an Stellen vorbei, wo es noch wenige Tage zuvor kleine Küstendörfer gab. Man erkennt sie an den Moscheen, die dort noch stehen. Merkwürdigerweise scheinen die Moscheen nahezu unbeschädigt, während rund um sie kaum ein Stein auf dem anderen geblieben ist. Auch in vielen Bezirken von Banda Aceh sieht man dieses Bild: Inmitten einer großen freien Fläche, wo früher die Häuser standen, eine Moschee. Man möchte das vielleicht darauf zurückführen, daß beim Bau der Moscheen besonders großer Wert auf Stabilität gelegt wurde. Aber meine Begleiter berichten auch davon, daß das Wasser im Bereich der Hauptmoschee von Banda Aceh, der „Masjid Raya Baiturrahman", zwar hoch aber nur ganz sanft angestiegen sei und deshalb die ansonsten durch die Gewalt des hereinbrechenden Flutstroms verursachten Zerstörungen an der Moschee nicht aufgetreten sind. Und in der Tat, die große Moschee steht praktisch unbeschädigt da, während sich in nicht allzu weiter Entfernung die riesigen Trümmerhaufen aus angeschwemmten Holz- und Hausratsresten auftürmen.

Rund 20 Kilometer östlich von Banda Aceh kommen wir dann in den Bezirk Durung. Dort lagen drei Fischerdörfer mit insgesamt 900 Einwohnern, die meinen Begleitern schon aus früheren Tagen bekannt waren, denn sie hatten sich von der Stadt aus darum gekümmert, den Menschen in diesen Dörfern das religiöse Leben zu erleichtern und seit Jahren dort Zusammenkünfte und Bildungsveranstaltungen sowohl für Erwachsene als auch Kinder durchgeführt. Obwohl manche von ihnen selbst Angehörige durch die Flutwelle verloren und andere noch immer vermissen, haben sie sich auf den Weg gemacht, um festzustellen, was aus den Dorfbewohnern geworden ist. Und sie haben sie gefunden und schon in den ersten Tagen notdürftig versorgt. Die meisten sind am Leben, *al-hamdu li-llah*. Sie konnten sich auf die hinter ihren Dörfern liegenden Berghänge flüchten und hausen jetzt dort im Wald unter notdürftig aus Holz und großen Plastikplanen erstellten zeltähnlichen Hütten. Als wir ankommen, regnet es in Strömen. Der Boden ist nicht bloß aufgeweicht, sondern derart vom Wasser gesättigt, daß es nicht mehr versickert und man überall praktisch nur noch im Schlamm watet. Wasser überall. Unten am Hang die Ruinen des von der Flut weggeschwemmten Dorfes, im Wasser. Oben vom Himmel Regen in tropischer Stärke. Die Plastikplanen, die als Schutzdächer dienen, im Nu vollgelaufen. Wenn man sie nicht ständig durch Stoßen von unten entleert, werden sie zerreißen. Etwa 250 Menschen halten sich hier auf, seit dem Tag der Katastrophe überleben sie hier, 22 werden vermißt. In der Nähe gibt es eine Wasserquelle, Lebensmittel haben sie nun auch für ein paar Tage bekommen, besondere Sorge macht aber die Gesundheit der Kinder, unter ihnen auch Ridwan, 12 Jahre, geht seit 5 Jahren zur Schule, da ist Abdalul, fünf Jahre alt, Devi 7, Irhan 9 und alle die anderen, die nun zu Waisen geworden sind. Die Dorfbewohner kümmern sich um sie und versorgen sie wie ihre eigenen Kinder auch.

Wir treffen den Imam Tunku Abdullah, der alle drei Dörfer betreut und mit etwa 170 Menschen an einer anderen Stelle am Berghang Zuflucht gefunden hat. Er berichtet, daß von 10 Personen noch immer jede Spur fehle, 20 habe man inzwischen beerdigt. Hier bei ihm gibt es 16 Waisenkinder, doch um sie brauche man sich erst später zu sorgen, wenn es um ihre Schule und ihr Fortkommen geht, jetzt aber nicht, denn die Dorfgemeinschaft kümmert sich um sie. Die Dorfgemeinschaft – das sind die etwa 170 Menschen, die nun unter Plastikplanen am Berghang kampieren und die selbst nicht wissen, wie es überhaupt weiter gehen soll. Am Morgen des 26. Dezember sei er nach dem Erdbeben mit anderen auf der Straße seines Dorfes gewesen. Sie hätten bemerkt, wie das Wasser im Meer zurückgeht, sie hätten auch ein lautes Geräusch vernommen, und sie hätten die Flutwelle aus der Ferne kommen sehen. Die erste Welle sei etwa 15 Minuten nach dem Erdbeben gekommen und noch recht sanft gewesen, eine hochansteigende Überflutung, die zweite sei bereits schneller aufgeschlagen und die dritte habe mit großer Geschwindigkeit und Kraft alles hinweggespült. Weil fast alle der Dorfbewohner schon beim Eintreffen der ersten Welle davongelaufen seien, hätten sich auch fast alle retten können, *al-hamdu li-llah*. Gefragt, was sie denn außer den Lebensmitteln, die wir bringen, noch besonders nötig hätten, antworten die Leute: Trinkwasser müssen wir von weit her herantragen, aber es ist vorhanden. Essen haben wir von euch bekommen. Auch ein Arzt war schon hier und hat nach Kranken gesehen, aber Gott sei Dank, noch ist niemand schwer erkrankt. Was wir brauchen sind Gebetsmatten und saubere Kleider für das Gebet. Besonders unsere Frauen verlangen danach. Und Koranbücher, um daraus zu lesen. Und Lampen, weil es hier im Wald ja keine Elektrizität gibt und es nach Sonnenuntergang stockdunkel wird. Wenn wir ein paar Lampen hätten, dann könnten wir uns zusammensetzen und gemeinsam Koran lesen…

Ja, stockdunkel wird es nach Sonnenuntergang. Die Sonne ist schon längst untergegangen, und wir fahren zurück nach Banda Aceh. Dunkelheit breitet sich aus. Schwarz der Himmel, von Wolken bedeckt, kein Stern zu sehen und kein Mond, der sonst mit seinem milden Licht die Tropennacht erhellt. Schwarz das Meer am Horizont, schwarz die Silhouetten der Palmen. Schwarz das Wasser in den Tümpeln, schwarz der Schlamm und die Trümmerhaufen. Schwarz die Schemen von vereinzelten Hausruinen. Schwarz die Fensterlöcher, aus denen sonst zu dieser Tageszeit die hellen Lampen ihre Schimmer nach außen senden. Und es ist still. Kein Laut ist zu vernehmen, dort, wo noch vor ein paar Tagen alles von den üblichen Abendgeräuschen belebt war: Musik aus dem einen Haus, eine Fernsehsendung durch das Fenster eines anderen, Kochgeräusch aus einer Küche, wo das Abendessen zubereitet wird, ein Gruß und Zuruf „Ke-mana? – Wohin des Weges?" an den Vorbeigehenden gerichtet, im Hintergrund der Ruf zum Gebet aus dem Lautsprecher der Moschee in der Nähe, das Knattern vorbeifahrender Motorräder und Autohupen, Lachen von Kindern, die im Vorhof und auf der Straße Fangen spielen – nichts ist zu hören, nichts. „Banda Aceh habis." Und dennoch, bald wird es sie geben, inschallah: Ein paar Lichter im Dunkel des Waldes auf dem Berghang von Durung, und die Stimmen von Menschen, die dort im Schein der Lampen lesen – den Koran.

ZWANZIG JAHRE MUSLIME HELFEN

In diesem Jahr dürfen wir als Muslime in Deutschland daran erinnern, daß die Gründung unseres freien, gemeinnützigen Hilfswerks Muslime helfen e.V. nun schon 20 Jahre zurückliegt. Unser Lob und Dank gebührt zuerst Allah, um dessentwillen wir uns dieser Aufgabe angenommen haben. Dann aber, im Namen der tausenden von Menschen, denen wir im Laufe dieser Jahre in ihrer Not beistehen und Erleichterung schaffen konnten, danken wir den zahlreichen Helfern, Unterstützern, Spendern und Freunden, ohne die es nicht möglich wäre, diese Hilfe zu leisten. Zudem freuen wir uns darüber, daß mit Gottes Hilfe durch Muslime helfen ein gemeinschaftliches Werk von Muslimen in Deutschland gelungen ist, das auch Bestand hat. Wir sehen darin Segen und bitten Allah darum, ihn auch weiterhin zu gewähren. Der nachstehende Überblick ist notgedrungen unvollständig, kann aber das Wesentliche exemplarisch aufzeigen. Er soll vor Augen führen, wie sich unsere Arbeit entwickelt und gestaltet hat, dem, der Muslime helfen kennt und unterstützt zur Erinnerung, und dem, der Muslime helfen erst kennenlernt, zur Orientierung. Zwei Hände wurden bei der Gründung zum Symbol für Muslime helfen gewählt, entsprechend dem Prophetenwort: „Die obere Hand ist besser als die untere Hand." Die obere ist die Hand, die gibt, die untere diejenige, die empfängt. Damit soll zum Spenden ermutigt werden. In einem weiteren Prophetenwort heißt es, daß Allah gesprochen hat: „Gib, o Sohn Adams, Ich gebe für dich!" Was Besseres als Gottes Lohn könnten wir erwarten?

Das Wichtigste im Überblick

1984 Schreckliche Nachrichten aus Ostafrika in der zweiten Jahreshälfte: Mindestens 6 Millionen Menschen in Äthiopien und Eritrea dem Hungertod ausgeliefert, auch eine Million Sudanesen und eine halbe Million Eritreer in Flüchtlingslagern im Sudan vor diesem Schicksal, verursacht nicht allein durch eine Dürrekatastrophe, sondern vor allem auch durch militärische Konflikte in der Region. Im Islamischen Zentrum München entstand das Komitee Hungerhilfe Eritrea, das bereits vor Jahresende in der Zeitschrift Al-Islam zu Spenden aufrief und über die erste Hilfsmaßnahme berichtete: „Neuester Stand ... Hungerhilfe Eritrea ... Nur kurze Zeit, nachdem wir uns zur Bildung dieses Komitees entschlossen hatten ... wurden wir – völlig ohne eigenes Zutun – zu einer Stelle geführt, an der wir über vier Tonnen (!) trockene, unverderbliche Lebensmittel (Hülsenfrüchte) zu einem Bruchteil des üblichen Preises erwerben konnten. Wir hatten dafür nicht genug Geld. Unsere Sammelaktion war ja nicht einmal angelaufen... Spontan haben wir zuerst mit den eigenen Taschen angefangen und dann mit Hilfe anderer Muslime, die wir an diesem Tag getroffen haben, die Sammlung begonnen. So gab uns Allah der Barmherzige, noch bevor uns die Rechnung für die Lebensmittel ausgestellt wurde, ausreichend Geld in die Hand, um zu bezahlen. *Al-hamdu li-llah*. Da sage noch einmal jemand, es gäbe keine Wunder ... Es war und ist nicht zu erwarten, daß einem eine solche Menge Lebensmittel zu einem derart geringen Preis genau zu der Zeit angeboten wird, in der man ... Vorbereitungen für eine Hilfsaktion treffen will... und dazu, daß genau an dem Tag, wo es erforderlich ist, man innerhalb sechs Stunden von DM Null auf die benötigte Summe kommt. *Al-hamdu li-llah*. Wer auf Allah zugeht, nur Schritte tut, Ihm wohlgefällig zu sein, zu dem kommt Allah gelaufen und hilft ihm, wie es im Heiligen Koran heißt, von wo er es nicht vermutet (65:3)...“

1985 Für das kommende 24. Treffen deutschsprachiger Muslime (TDM) vom 1. bis 3. Februar in Aachen wurde das Motto „Muslime helfen“ gewählt. Man informierte sich über humanitäre Hilfe aus muslimischer, aber auch nichtmuslimischer Sicht. „Am nächsten Vormittag berichteten die Sprecher der Arbeitsgruppen. Dabei wurde deutlich, daß viele der Ansicht waren, die Hilfe der Muslime müsse in erster Linie immaterieller Art sein ... Schließlich wurde danach gefragt, wer von den Anwesenden bereit sei, für ein sinnvolles Hilfsprojekt monatlich DM 5.- zur Verfügung zu stellen ... worauf sich viele dazu verpflichtet haben, wenn eine Arbeitsgruppe „Muslime helfen!“ ihnen ein solches Projekt vorschlägt...“ Damit das TDM nicht erfolglos zu Ende gehen würde, erfolgte abschließend ein Aufruf zur Bildung einer „Arbeitsgemeinschaft Muslime helfen!“ (Ag Muslime helfen), der sich 14 Brüder und Schwestern anschlossen. Diese begannen ihre Arbeit unverzögert am 5. Februar, konkretisierten die Zielvorstellungen, entwarfen eine Satzung und konnten auf dem 25. TDM in Hamburg berichten, dass der Verein „Muslime helfen“ am 5. April 1985 gegründet und die Arbeit aufgenommen worden war. Zweck des Vereins, so die Satzung, ist es, „Mittel für bedürftige Menschen vor allem in Notstandsgebieten, bei Krieg, Hungersnot und Naturkatastrophen sowie für anderweitig unschuldig in Not geratene Menschen durch Sammeln von Geld und Sachspenden, wie z.B. Lebensmittel, Medikamente u.ä. bereit zu stellen und sie den Betroffenen zukommen zu lassen.“ Der Grundstein für die erste langfristig organisierte humanitäre Hilfsarbeit von Muslimen in Deutschland war gelegt, *al-hamdu li-llah*. Das konkrete Vorhaben, das daraufhin angegangen wurde, war Hilfe für die Menschen in

Afghanistan, das sich damals im Krieg befand. Medikamente und Rollstühle wurden gesammelt, sogar gebrauchte Krankenwagen beschafft.

1986 Der neugewählte Vorstand wurde beauftragt, die Medikamentenhilfe Afghanistan fortzuführen, die Öffentlichkeitsarbeit zu verstärken und Verbindung mit der in England entstandenen Hilfsorganisation „Muslim Aid" zu halten. Auch die Hilfe für die Hungernden in Äthiopien wurde fortgesetzt.

1987 Weiterhin im Vordergrund stand die Not der afghanischen Flüchtlinge, vor allem in Pakistan. Sie erhielten Lebensmittel, Medikamente und Decken. Flüchtlingsfamilien aus Uganda in Kenia wurden unterstützt und einzelnen Bedürftigen in Deutschland mit Sachspenden oder kleinen zinslosen Darlehen geholfen. Muslime helfen verteilte nun Info-Blätter, auch in der Zeitschrift „Al-Islam" abgedruckt, und gewann dadurch neue Mitglieder und Spender. Erstmals wurden Muslime helfen nicht nur Spenden, sondern auch in größerem Umfang Zakat-Gelder zur entsprechenden Verwendung anvertraut.

1988 Die Unterstützung ugandischer Flüchtlinge in Kenia wurde fortgeführt, als neues Projekt kam eine Palästina-Hilfe hinzu. Auch wurden Hilfsmaßnahmen in Bangladesch und im Sudan unterstützt. Vieles, was bei Muslime helfen heute als selbstverständlich gilt, wurde in der Folge in diesem Jahr ausprobiert, so z.B. die Einrichtung eines kleinen Büros, ein Info-Blatt „Neues von Muslime helfen e.V.", die erste Sammeldosenaktion mit Unterstützung freiwilliger Helfer, eine Rollstuhlsammlung für Minenopfer in Afghanistan u.a.m.

1989 Hungernden in Äthiopien und im Sudan wurde mit Lebensmitteln geholfen, ebenso Erdbebenopfer im Iran unterstützt. In Sierra Leone ging Hilfe an Waisen und ein Landwirtschaftsprojekt, mit dem Einnahmen für gemeinnützige Zwecke im Land selbst erwirtschaftet werden sollten. Medizinisches Gerät ging an eine Poliklinik in Palästina, weitere Hilfen an Bedürftige in Bangladesch und im Sudan.

1990 Die Rollstuhlsammlung für Afghanistan wurde abgeschlossen, und die 45 Rollstühle wurden verschifft. Die Palästina-Hilfe wurde auf den Schwerpunkt Waisenkinder-Patenschaften konzentriert und dieses Projekt ausgebaut. Weitere Hilfen gingen nach der irakischen Invasion von Kuwait an Kriegsflüchtlinge in Jordanien.

1991 In Zusammenarbeit mit dem Islamischen Zentrum München wurde ein umfangreiches Lebensmittelhilfeprojekt in Albanien durchgeführt, wo die langjährige kommunistische Herrschaft zusammengebrochen war und äußerst große Not herrschte. In Palästina wurde über eine Poliklinik medizinische Hilfe geleistet, auch in

Afghanistan brachte Muslime helfen Medikamente und medizinische Geräte zum Einsatz.

1992 Eine weitere umfangreiche Lebensmittelhilfe wurde in Albanien durchgeführt. Muslime helfen finanzierte den Transport von medizinischem Gerät nach Tansania und versorgte Bedürftige in Südafrika mit Kleidung und Lebensmitteln. In München war als Reaktion auf den Zerfall Jugoslawiens und dem daraus folgenden Bosnienkrieg ein umfangreiches Bosnien-Hilfsprojekt entstanden und ein kleines Büro eingerichtet worden. Das Bosnien-Projekt wurde u.a. auch von Muslime helfen mit unterstützt.

1993 Angesichts der dramatischen Entwicklung in Bosnien wurde bald darauf das Muslime helfen-Büro nach München verlegt und das Münchner Bosnien-Hilfsprojekt von Muslime helfen übernommen. Erstmals gab es nun mit Ercihan Gümüsel auch einen ganztags beschäftigten Mitarbeiter, zunächst finanziert von Muslim Aid (London), was in der Folge erheblich zum weiteren Wachstum von Muslime helfen beitrug. Die Bosnienhilfe entwickelte sich nun zu einem Schwerpunkt von Muslime helfen, wobei sich viele ehrenamtliche Helfer engagierten. Neben verschiedenen kleineren Hilfslieferungen von Lebensmitteln, Medikamenten usw. kaufte Muslime helfen als „Aktion Winterbox" große Mengen von Grundnahrungsmitteln und verpackte sie in Standardkartons zu je 18 kg, die in etwa einen Monatsbedarf abdeckten. Die 1000 Pakete wurden in die zentralbosnischen Städte Tuzla und Zenica gebracht und dort an Bedürftige verteilt. Medikamente und Arzneimittelgrundstoffe für eine Medikamentenherstellung in Visoko wurden ebenfalls in großem Umfang geliefert. Die Palästina-Waisenhilfe wurde fortgeführt, neu hinzu kamen ein kleines Siedlungsprojekt für Obdachlose in Sri Lanka, Kleidung, Medikamente und gebrauchte Nähmaschinen für Bürgerkriegsflüchtlinge im Sudan und die Unterstützung afrikanischer Studenten in Russland, die durch die dortigen politischen und wirtschaftlichen Veränderungen mittellos geworden waren. Erstmals erschien das zweisprachige (Deutsch, Türkisch) Info-Blatt von Muslime helfen.

1994 Auch in diesem Jahr blieb der Schwerpunkt der Arbeit von Muslime helfen noch weiterhin Bosnien. Insgesamt wurden fünf Transporte mit insgesamt über 50 Tonnen Hilfsgütern durchgeführt, vor allem Lebensmittel und Medikamente und zudem zwei Krankenwagen ausgeliefert. Das davon unabhängige „Box Projekt" stellte in diesem Jahr über 12 000 Standard-Lebensmittelpakete zur Verfügung. Ein gemeinsames Team von Muslim Aid (London) und Muslime helfen wurde in Kroatien bei der Durchreise vorübergehend in Haft genommen, doch kam Gott sei Dank niemand dabei zu Schaden. Die Palästina-Waisenhilfe wurde weitergeführt und in Dschalalabad (Afghanistan) ein Gebäude für eine „Mutter-Kind-Klinik" errichtet.

1995 wurde die Apotheke in Visoko (Bosnien) wie schon in den beiden Vorjahren weiterhin mit Medikamenten und Rohstoffen versorgt, für Mütter mit Neugeborenen 100 Baby-Pakete gepackt und in Bosnien verteilt, zudem auch wie bereits in der Vergangenheit bosnischen Flüchtlingsfamilien in Deutschland geholfen. Neben weiteren kleineren Maßnahmen wurde der Transport von medizinischen Geräten und Krankenhausausstattung nach Senegal übernommen und erstmals in beträchtlichem Umfang Kriegsopfern in Tschetschenien Hilfe geleistet.

1996 Die Hilfsmaßnahmen für Bosnien wurden fortgesetzt, gingen auf Grund der veränderten Lage dort aber langsam zurück. Zwei weitere Container mit Hilfsgütern kamen in Senegal an, außerdem wurden Studenten in der ehemaligen Sowjetunion gefördert, die durch die politischen und wirtschaftlichen Umwälzungen in Russland in Not geraten waren. Waisenkinder im Sudan erhielten Kleidung, eine Klinik in Lome (Togo) medizinische Ausstattung. Zum Opferfest (Kurban Bayrami, *Idu-l-Adha*) wurde eine umfangreiche Kurban-Aktion eingeleitet und seither jährlich durchgeführt.

1997 Da sich das Mutter-Kind-Zentrum in Dschalalabad bewährt hatte, wurde ein zweites derartiges Gebäude in Herat (Afghanistan) errichtet. Das Universitäts-krankenhaus in Lome (Togo) erhielt medizinische Geräte (Dialyse u.a.m.), ebenso das Kinderkrankenhaus der Universitätsklinik Alexandria (Ägypten) und das Krankenhaus Pristina (Kosovo). In sieben Flüchtlingslagern bei Muzaffarabad (Kaschmir/Pakistan) wurden 746 Kinder, die teilweise bisher nicht einmal Schuhe hatten, neu eingekleidet. Nochmals wurden in Not geratene Studenten in Russland unterstützt, gleichfalls in Tulkarem (Palästina) Waisenkinder. Die Palästina-Waisen-hilfe wurde erweitert in „Muslime helfen Waisen". Über die Waisenprojekte berichtete nun der Muslime helfen Waisen-Brief. Muslime helfen legte vermehrt Info-Material zu unterschiedlichen Themen auf, wie Kurban, Zakat u.a.m.

1998 Auf den Philippinen entstand infolge der El-Nino-Trockenheit in ländlichen Gebieten Lebensmittelknappheit. Muslime helfen sorgte für Reisverteilung im Gebiet Zamboanga (Mindanao). In der Rückkehrersiedlung der Krimtataren von Bach-tschisaray (Ukraine) begann Muslime helfen schon im Vorjahr, zur medizinischen Grundversorgung der etwa 1200 Anwohner einen „Medical Point" einzurichten, der nun in Betrieb ist. Auch für Kosovo wurde medizinische Hilfe in die Wege geleitet. Weitere Hilfeleistungen, teils als Lebensmittellieferungen, teils als medizinische Hilfe oder Unterstützung von Waisen erfolgten für Bedürftige in Afghanistan, Burkina Faso, Ghana, Palästina, Senegal und Uganda.

1999 Der Krieg im Kosovo machte es erforderlich, hier nun verstärkt tätig zu werden, Muslime helfen verteilte als Soforthilfe sechs Tonnen Lebensmittel, Hygiene-Artikel und dergleichen in den Flüchtlingslagern im nordalbanischen Kukes, lieferte zudem drei Tonnen Medikamente und unterhielt zeitweilig eine Koordinierungsstelle in Pogradec (Albanien), von wo aus weitere 12 000 Hilfspakete an Kosovo-Flüchtlinge verteilt werden konnten. Die Erdbebenkatastrophe im August machte in diesem Jahr die Türkei zu einem weiteren Schwerpunkt. Als Soforthilfe wurden zunächst 400 kg Medikamente und Wasserreinigungstabletten nach Adapazarı und Gölcük gebracht, anschließend mehrfach Lebensmittel und Zelte, in der Folge aber dann vor allem Wohncontainer für Überlebende des Erdbebens aufgestellt und übergeben. Die Hilfe für die Tschetschenienflüchtlinge in Georgien wurde fortgesetzt, in Jakarta (Indonesien) Lebensmittelhilfe für verarmte Menschen geleistet, Waisenkinder im Libanon, Palästina, Ruanda, Sri Lanka und Uganda erhielten neue Kleidung oder Lebensmittelhilfen. Um weitere Einnahmen für die Hilfsprojekte von Muslime helfen zu erzielen, wurde der Versandhandel „kauf&hilf" eingerichtet.

2000 Erneut traf Ostafrika eine Dürrekatastrophe. Muslime helfen organisierte in Faafan (bei Dire Dawa, Äthiopien) eine Mutter-Kind-Ernährungsstation, durch die bis zu 1000 Kinder, Schwangere und stillende Mütter ernährt werden konnten. In Kenia wurden im Bezirk Wajir zehn neue Brunnen gebaut und zehn bereits bestehende mit Handpumpen ausgestattet. Im Fastenmonat Ramadan kam etwa 5 500 Menschen Lebensmittelhilfe zugute. Auch in Afghanistan war Muslime helfen in diesem Jahr tätig. Flüchtlinge infolge von Kämpfen zwischen Taliban und Nordallianz erhielten über vier Monate Lebensmittelpakete und Haushalts-Sets, um in ihren Notbehausungen in Kabul überleben zu können. Flüchtlinge in Peschawar (Pakistan) erhielten Steppdecken für den Winter. Aus dem Muslime helfen-Informationsblatt wurde ab dem Jahr 2000 die Muslime helfen-Zeitung, die seither ausführlich über die Arbeit von Muslime helfen berichtet.

2001 Tschetschenische Flüchtlinge in Georgien erhielten erneut Hilfen zum Lebensunterhalt und Gesundheitsversorgung. Medizinisches Gerät wurde nach Baku (Aserbaidschan) geschickt, dort zudem ein Hilfsprojekt für tschetschenische Mütter und Waisen durchgeführt, die auch in den Folgejahren weitere Unterstützung erhielten. Die Reisverteilungen in Mindanao (Philippinen) wurden ebenfalls fortgesetzt. Auch konnten Erdbebenopfer in Gujarat (Indien) durch Lebensmittelhilfen und die Errichtung von Notunterkünften unterstützt werden. Auf der Krim (Ukraine) setzte der „Medical Point" in Bachtschisaray seine Arbeit fort, und zudem wurde dort ein TBC-Vorsorge-programm gefördert.

2002 Weitere Lebensmittelpakete, Decken u.ä. konnten in der Provinz Nangarhar (Afghanistan) und in Kabul an über 1 300 Familien verteilt und vor allem die Abazak-Klinik (Provinz Logar) als einzige Anlaufstelle für ca. 17 000 Menschen mit Personal und Medikamenten ausgestattet und in Betrieb genommen werden. Lebensmittelhilfen sowie Erste-Hilfe-Material gingen nach Jericho und Hebron (Palästina), Lebensmittelhilfe auch für verarmte Landbewohner in zehn Dörfern bei Garut (Java, Indonesien). Weitere Muslime helfen-Maßnahmen waren die Versorgung von Kriegsflüchtlingen mit Reis in den Gebieten von North Cotabato und Davao (Mindanao, Philippinen), eine „Medical Mission" auf Palawan (Philippinen), Ramadan-Lebensmittelhilfen in Kenia, Waisenhilfen in Guyana, Indonesien, Palästina, Tschetschenien, Türkei und Uganda, Transporte von Hilfsgütern nach Mazedonien und Somalia, Wiederbeschaffung eines durch die Flutkatastrophe an der Elbe zerstörten Krebs-Diagnosegeräts für die Klinik Friedrichstadt (Dresden), Unterstützung eines Waisenhauses in Karabulag (Inguschetien) sowie die Fortführung der Waisenhilfen und Kurban.

2003 Neu begonnen wurden in diesem Jahr ein „40 Brunnen"-Projekt für Ostafrika sowie eine umfangreiche Spendendosen-Aktion, bei der die vielen ehrenamtlichen „Ansar" (Helfer) von Muslime helfen sich besonders engagierten. Muslime helfen leistete Lebensmittelhilfen in verschiedenen Dörfern in Sierra Leone und baute in Maforki-Town einen Brunnen. Medikamente für die vom unmittelbar bevorstehenden Krieg bedrohten Menschen wurden in den Irak gebracht, in der Folge weitere Notversorgung mit Medikamenten, Nahrungsmitteln und Wasser in Bagdad, Kerbela und Basra (Irak) geleistet, in Grozny (Tschetschenien) eine Ambulanz („Medical Point") insbesondere für Frauen eingerichtet und seither betrieben, medizinisches Verbrauchsmaterial und Medikamente für die El-Wafa-Klinik geliefert sowie Unterstützung der Zentralen Blutbank in Gaza (Palästina) geleistet, Lebensmittelpakete für Opfer von Überflutungen im Gebiet Tana River (Kenia) sowie im Raum Garut (Java, Indonesien) verteilt, ebenso Lebensmittelpakete für Flüchtlinge in fünf Lagern im Raum Pikit (Mindanao, Philippinen), Lebensmittelpakete und Haushalts-Sets für 200 Familien im Erdbebengebiet von Boumerdes (Algerien), für Rückkehrerfamilien im Gebiet Srebrenica (Bosnien) 20 Milchkühe, weitere Lebensmittelhilfen im Ramadan für Bedürftige in Bosnien, Indonesien, Kenia, Kosovo, Palästina, Philippinen und Uganda, Kleidung und Waisenhilfe bzw. Lebensmittel für Waisen in Aserbaidschan, Bosnien, Burundi, Guyana, Indonesien, Inguschetien, Libanon, Palästina, Türkei und Uganda, Kurban wie in den vergangenen Jahren.

2004 An erster Stelle stand in diesem Jahr die Hilfe für die Überlebenden des großen Erdbebens in Bam (Iran). Muslime helfen lieferte als erste Nothilfe 130 Decken sowie 1350 Lebensmittelpakete in eines der Zeltlager in Bam, später folgten noch weitere Lebensmittelpakete. Auch Erdbebenopfer in Gebirgsdörfern um Al-Houceima (Marokko) erhielten Unterstützung zum Lebensunterhalt. In Afghanistan sorgte Muslime helfen für die Neueröffnung und den laufenden Betrieb eines Krankenhauses in der Stadt Gardez (Provinz Paktia) sowie den weiteren Betrieb der Abazak-Klinik (Provinz Logar). Die Puwami-Moschee-Klinik in einem Slum von Nairobi (Kenia) erhielt eine Medikamentenausstattung, ebenso die El-Wafa-Klinik in Gaza (Palästina) für sechs Monate. Auch in Tschetschenien konnten die Ambulanz (Medical Point) in Grozny fortgeführt und mehrere Witwen, Waisen und alte Menschen mit Nutztieren (Kühe, Schafe, Hühner) zur Selbstversorgung versehen werden. Ebenso erhielten tschetschenische Flüchtlinge in Georgien Winterhilfen, darunter vor allem auch Brennholz, und die Waisenkinder in Aserbaidschan teils Lebensmittel, teils Kleidung. Weiterhin wurden das Waisenhaus in Inguschetien und Waisen in Afghanistan, Burundi und Indonesien nochmals gefördert. Neu hinzu kam die Unterstützung von 100 Waisenkindern im Irak. Für die bessere medizinische Notfallversorgung in der verarmten Bergregion um Tekrit (Libanon) konnte ein Krankenwagen beschafft und übergeben werden. Weitere 20 Milchkühe gingen an Rückkehrerfamilien im Gebiet Srebrenica (Bosnien). In Kenia wurden die ersten Brunnen aus der Aktion „40 Brunnen für Ostafrika" gebaut und gingen in Betrieb. Wie alljährlich konnten schließlich wiederum viele Bedürftige in 21 Ländern im Ramadan mit Mahlzeiten oder Lebensmittelhilfen und am Kurban-Festtag mit Fleisch versorgt werden. Da sich die in den Versandhandel „kauf&hilf" gesetzten Erwartungen nicht erfüllten, wurde dieser aus Muslime helfen ausgegliedert. Neu in diesem Jahr waren eine „Woche der Waisen" mit verschiedenen Veranstaltungen, um über die Waisenhilfe von Muslime helfen zu informieren und weitere Förderer zu gewinnen, sowie eine groß angelegte Sammelaktion von Brillen, die für bedürftige Brillenträger in Kenia verwendet werden. Am 26. Dezember 2004 gingen die ersten Nachrichten von der Erdbeben- und Flutwellenkatastrophe in Süd- und Südostasien ein. Muslime helfen wurde noch am selben Tag aktiv, lieferte bereits drei Tage darauf Trinkwassertanks, Wasserpumpen, Bodenmatten sowie Lebensmittel nach Marathamunai (Sri Lanka) und traf Vorbereitungen für ähnliche Notpakete in Indien und Indonesien.

2005 Im Vordergrund der Arbeit steht in diesem Jahr das Tsunami-Katastrophengebiet. Nach der ersten Hilfsmaßnahme in Sri Lanka lieferte Muslime helfen im Januar im Gebiet Cochin (Kerala, Indien) Haushalts-Sets und Medikamente an Flutopfer aus und versorgte obdachlos gewordene Überlebende in Aceh (Indonesien) mit Lebensmitteln. Auch als die Insel Nias (Indonesien) kurz darauf von einem Erdbeben erschüttert wurde, konnte Muslime helfen dort vor allem wiederum mit Lebensmitteln helfen. Seit Abschluß der akuten Nothilfephase läßt Muslime helfen für insgesamt 100 obdachlose Familien in Nintavur und Kuchavelli (Sri Lanka) feste Notunterkünfte mit einheimischen Baumaterialien errichten, ein Waisenhaus für Mädchen in Kinniya an der Ostküste bauen und betreibt ebenfalls in Kinniya eine medizinische Ambulanz. In Aceh (Indonesien) wurden nochmals Lebensmittel verteilt und Flutopfer bei der Notinstandsetzung zerstörter Häuser unterstützt. Insbesondere aber hilft Muslime helfen dort in Durung lebenden Witwen durch ein kleines Landwirtschaftsprojekt, um wieder zu eigenem Lebenserwerb zu kommen, ein zweites ebenfalls speziell zur Unterstützung von Witwen mit Kindern vorgesehenes Projekt ist in Sigli angelaufen. Erneut wurden die „Woche der Waisen" durchgeführt und die Sammeldosenaktion erweitert. Ein besonderes Veranstaltungsprogramm im Spätsommer des Jahres soll unseren Dank an alle Förderer, Spender und Mitwirkenden von Muslime helfen zum Ausdruck bringen, indem wir uns daran erinnern, wie wir vor 20 Jahren mit dieser Arbeit angefangen haben und wo wir heute mit Gottes Hilfe sind.

2006

PAKISTAN: MOBILE KLINIK

Als nächstes und längerfristiges Projekt für die Hilfsbedürftigen im Erdbebengebiet von Pakistan stellt Muslime helfen inschallah eine Mobile Klinik bereit. Im Gespräch mit dem UN-Koordinator Poulsen in Batagram hatte ich erfahren, daß mehrere große Organisationen bereits wieder abreisen, die örtlichen Krankenhäuser aber zerstört und noch nicht wieder aufgebaut sind. Eine Mobile Klinik ist darum besonders nützlich, weil sie eine empfindliche Lücke schließen hilft. Batagram liegt in der „Nord-West-Grenz-Provinz" (NWFP) Pakistans, die ebenso wie Kaschmir vom Erdbeben betroffen ist, von der aber in den Medien nur selten berichtet wird. Muslime helfen übergab dort und in der Umgebung von Mansehra Spenden aus der *sadaqatu-l-fitr* an Bedürftige. Dabei wurden insbesondere Witwen berücksichtigt. In Balakot, das dem Augenschein nach noch stärker als Muzaffarabad zerstört ist, konnten 250 Zelte an Familien übergeben werden. Auch hier erhielten Witwen und Frauen mit Kindern Vorrang. Trotz großen Mangels an Zelten war es gelungen, diese Stückzahl zu einem vernünftigen Preis und mit guter Qualität in Peschawar herstellen zu lassen.

Von einer zunächst geplanten Lebensmittelverteilung wurde abgesehen, weil zur Zeit ausreichende Lebensmittelversorgung besteht. Die dafür vorgesehene Summe wird aber weiterhin bereitgehalten, um im Winter, wenn es vermutlich knapper wird, mit Lebensmitteln zu helfen. Für Muzaffarabad schien das Verteilen von Geldspenden an die Erdbebenopfer am sinnvollsten, denn die Bedürfnisse der einzelnen Familien sind dort sehr unterschiedlich, weil es sich um eine Stadtbevölkerung handelt, die nun in einem riesigen Trümmerfeld haust. In der Nähe von Muzaffarabad konnten zudem 11 Ziegen und eine Kuh geschlachtet und das Fleisch an die Bewohner des Dorfes Manrowpayan verteilt werden. Sie waren davon freudig überrascht, weil sie seit dem Tag des Erdbebens kein Fleisch mehr zu essen bekommen hatten, und baten (wie auch die übrigen Empfänger von Unterstützung) darum, den Muslimen im deutschsprachigen Raum ihren Dank zu übermitteln.

Für ein Zeltlager in Islamabad, in dem die Partnerorganisation Muslim Aid etwa 2.300 Erdbebenopfer betreut, kaufte Muslime helfen 300 Wasserbehälter und 300 Waschschüsseln, damit jedes der 300 Zelte, mit einem eigenen Trinkwasserbehälter und einer Waschmöglichkeit ausgestattet ist. Für die Frauen wurden 650 wärmende Übergewänder pakistanischer Art (sog. „Shawls") beschafft, für die Kinder 850 Pullover verschiedener Größen. Insgesamt hat Muslime helfen für alle diese Maßnahmen bislang 40.000 Euro ausgegeben.

Die Mobile Klinik wird insgesamt ca. 55.000 Euro kosten. Mit dieser Summe wird ein geländegängiges, als Ambulanz eingerichtetes Fahrzeug beschafft und mit einem medizinischen. Laborsatz ausgestattet. Hinzu kommt ein ausreichender Vorrat an Medikamenten sowie Vitaminergänzungsnahrung für Kinder.

Die Mobile Klinik soll mit einem Arzt und einer Ärztin, einem Krankenpfleger und einer Krankenpflegerin sowie einem Apotheker monatlich 20 Sprechstunden an unterschiedlichen Orten abhalten, zehn davon im Bezirk Balakot und zehn im Bezirk Muzaffarabad, und diese Orte im Abstand von maximal 15 Tagen erneut besuchen, um so eine fortwährende medizinische Grundversorgung während der kommenden Wintermonate zu gewährleisten. Wir rechnen mit mindestens 80 Patienten pro Termin und hoffen und beten, auf diesem Weg einen Beitrag dazu leisten zu können, daß die von Entkräftung und Kälte geschwächten Menschen so weniger leiden und, wenn Allah will, auch Leben gerettet werden. Beten Sie mit uns, und helfen. Sie weiter!

STOCKFINSTER DIE NACHT

Unsere Arbeit in Muzaffarabad war beendet, die Lage erkundet, die erste Hilfsmaßnahme durchgeführt, die nächsten Schritte abgesprochen, die Sonne längst untergegangen, als wir die Stadt verließen. Inzwischen war es dunkel geworden. Und kalt. Auch tagsüber sind es nur ein paar Grad über Null gewesen, doch wenigstens hatten die Sonnenstrahlen gewärmt. Schon in der Abenddämmerung kroch die Kälte durch die Kleidung, und jetzt war es frostig. Morgen früh würden Wasserlachen mit einer dünnen Eisschicht bedeckt sein und Reif über dem Land liegen. Stockfinster war die Nacht. Nur die Scheinwerfer des Autos bohrten sich in das unendliche Schwarz, das vor uns lag.

Lange, sehr lange waren wir gefahren, um nach Muzaffarabad zu kommen. Die Straße in dem felsigen Tal war schon wieder freigeräumt. Aber immer noch konnte man deutlich erkennen, wo sie vom Erdbeben durch Bergrutsch verschüttet oder abgesackt und teilweise ins Flußbett hinabgestürzt war. Eng ist die endlose Schlucht, die der Jhelum-River hier in die Berge Kaschmirs gegraben hat. Rechts und links ragen steile Felshänge auf, dazwischen schießt der Fluß über zahllose Steine, und etwas über seinem Ufer schlängelt sich Kilometer um Kilometer die einzige Straße, die Muzaffarabad mit der Außenwelt verbindet. Ein Zelt hatte ich gesehen, als wir tagsüber vorbeigefahren waren, auf dem schmalen Streifen zwischen der Straße und dem Abhang zum Flußufer. Es war aus schmutzig-braunem Stoff, niedrig und erbärmlich. Davor war eine Frau gesessen, auf einem Stein oder einer Kiste, ich weiß nicht, auf was. Im linken Arm hielt sie ein kleines Kind, in der rechten Hand einen Löffel, mit dem sie das Kind fütterte. Noch zwei oder drei weitere Zelte standen da. Diese Leute waren keine Stadtbewohner, denn die Überlebenden von Muzaffarabad blieben, wo die Reste ihrer Häuser stehen und stellten dort ihre Zelte oder sonstigen Notunterkünfte auf. Diese Leute müssen von den Bergen herabgestiegen sein, und weil sie in der Stadt ohnehin Fremde waren, haben sie sich nun außerhalb niedergelassen, zwischen Straße und Flußböschung. Ein Dutzend Menschen, wohl teils Verwandte und teils Nachbarn, die das Erdbeben überlebten und nun hier gestrandet sind. Kaum etwas gerettet außer den Kleidern am Leib und wenigen Habseligkeiten, die sie mit sich tragen konnten. Und ein kleines Kind eben, das die Frau im Arm hielt und mit dem Löffel fütterte.

Hier irgendwo muß die Stelle sein, an der diese Leute waren. Ich bitte den Fahrer, anzuhalten. Die Autoscheinwerfer leuchten nach vorn auf die Straße. Von rechts kommt jetzt jemand herüber, das ist zu hören. Dann noch ein paar Stimmen. Ja, hier ist es, hier stehen die Zelte, hier sind die Leute. Zu sehen ist nichts in der stockfinsteren Nacht. Kein Licht haben sie, nicht einmal eine Taschenlampe oder eine Petroleumleuchte, kein Holz für ein Feuer, um sich zu wärmen. Es ist so dunkel, daß keiner sehen kann, welche Summe es ist, die ihm da jemand überbringt, irgendjemand, den sie nicht kennen, dessen

Sprache sie nicht verstehen, ja, dessen Gesicht sie nicht einmal wahrnehmen können in der stockfinsteren Nacht. Ein völlig Fremder, der da vorbeigekommen ist, der angehalten hatte, ohne daß sie auf sich hätten aufmerksam machen können, obwohl ihre Zelte ohne Licht und ohne Feuer gar nicht zu sehen gewesen waren. Und doch einander so nahe nach nur einem Wort, das gesagt wird: *„as-salamu alaikum…"*. Und am kommenden Morgen dann würden sie ein anderes Wort sagen, im frühen Tageslicht würde jeder sehen, welche Scheine es sind, die er bekommen hat, und sich dann überlegen, was wohl das Allernötigste sein würde, das damit beschafft werden kann: *„al-hamdu li-llah!"*

Die Scheinwerfer des Autos bohren sich in das unendliche Schwarz, das vor uns liegt. Lange, sehr lange haben wir noch zu fahren. Mir kommt der Koranvers in den Sinn: „Wenn ihr die Spenden sichtbar macht, so ist das vortrefflich, und wenn ihr sie geheimhaltet und den Bedürftigen gebt, so ist das besser für euch, und es nimmt manches von euren Schlechtigkeiten von euch, und Allah ist dessen kundig, was ihr tut." (2:271) Auch ich bin froh und dankbar und sage: *„al-hamdu li-llah!"*

WO IN ALLER WELT IST MPONDA?

Mponda im März 2006 – eine Katastrophe so klein, daß man in Deutschland davon wohl gar nichts gehört hat, und dennoch für die Betroffenen eine Katastrophe so groß, wie man sie sich in Deutschland wohl gar nicht vorstellen kann...

Wo in aller Welt ist Mponda? Um es gleich zu sagen: Mitten in Afrika. Mponda heißt eine kleine Streusiedlung im Süden Malawis, im Bezirk Mangochi. Malawi ist eines der ärmsten Länder der Erde. Vor wenigen Jahren wegen einer großen Hungersnot kurz in die Schlagzeilen geraten, ist es seitdem wieder nahezu vergessen.

Unbemerkt von der Weltöffentlichkeit spielt sich gerade in diesen Tagen in Malawi erneut eine Hungerkatastrophe ab, wenn auch von geringerem Ausmaß. Aber Hunger bleibt Hunger, und die anstehende, hoffentlich ausreichende Maisernte, kann erst nach etwa zwei Monaten beginnen. Den meisten der verarmten Landbewohner ist inzwischen ihr Vorrat an Maismehl ausgegangen. Sie wissen nicht, wovon sie sich in den kommenden Wochen ernähren sollen. Die vom Staat erwartete Lebensmittelhilfe ist nicht eingetroffen.

Frau Merekapenda kocht gerade das Mittagessen – zehn kleine Kartoffeln, jede etwa drei Zentimeter groß. Das ist die einzige Mahlzeit heute für ihren Zehnpersonenhaushalt, und in den übrigen Hütten des Dorfes sieht es nicht anders aus. Die Menschen in Mponda allerdings sind noch übler dran.

Als ich mich mit Freunden von der einheimischen „Zamzam Foundation" auf den Weg in die Provinz Mangochi machte, um mir einen Überblick über die Lage dort zu verschaffen, stand in der Zeitung, daß in Mangochi durch eine Überschwemmung über 500 Häuser fortgespült worden waren, die betroffenen Familien seit Sonntag obdachlos sind und ihnen bisher von keiner Seite Hilfe geleistet worden ist. Zwar gelang es fast allen Betroffenen, noch rechtzeitig ihre Behausungen zu verlassen, so daß Gott sei Dank nur wenige ums Leben kamen. Von den ohnehin nur geringen Habseligkeiten konnten sie jedoch kaum etwas in Sicherheit bringen. Die Leute hausen nun in Moscheen, Schulen und einem Kirchennebengebäude, jeweils über 50 Personen in einem Raum, schlafen dort auf dem blanken Boden, haben seit Tagen nichts mehr gegessen und auch ihre Kleider nicht mehr gewechselt.

Wir waren unterwegs nach Mangochi und beschlossen deshalb, uns dort noch genauer über die Lage dieser bedauernswerten Obdachlosen zu informieren. So kamen wir schließlich nach Mponda. Die Menschen dort haben jetzt nicht einmal mehr eine kleine Kartoffel pro Tag, um sich zu ernähren. Ihre aus Lehm erbauten Hütten mit Dächern aus Gras sind vom Wasser, das nach ungewöhnlich starkem Regen die Berghänge herabströmte, schlicht und einfach davongetragen und in ein Nichts aufgelöst worden. Und was die Katastrophe, die eigentlich kaum größer sein kann, noch um ein Vielfaches verschlimmert: Die Maispflanzen, an denen die Kolben reiften, die in den nächsten Monaten geerntet werden und der Vorrat für das kommende Jahr sein sollten, die Maispflanzen sind entwurzelt, weggespült, unter dem Schlamm begraben.

„Mit der Schwierigkeit kommt ja die Erleichterung" heißt ein tröstendes Wort aus dem Koran. Wir brachten in Erfahrung, daß es sich insgesamt um etwa 1.000 betroffene Familien handeln dürfte, denen am besten jetzt damit zu helfen sei, daß man ihnen Nahrungsmittel und ein paar andere Kleinigkeiten zur Verfügung stellt, um die kommenden besonders schweren Tage durchzuhalten. Wir brauchten also etwa 1.000 Notfall-Kits malawischer Art, und verständigten uns darauf, daß Muslime helfen eine Soforthilfe im Umfang von 20.000 Dollar bereitstellt, um davon die entsprechenden Hilfsgüter zu kaufen und in das abgelegene Katastrophengebiet zu transportieren.

Die Mitarbeiter begannen sofort damit, festzustellen, welche Hilfsgüter überhaupt wo zu bekommen waren, und organisierten dann die Bestellungen und den Transport. Ein Notfall-Kit bestand am Ende aus 10 Kilo Maismehl, 9 Metern Plastikplane, einer Bodenmatte, einer Zudecke, einem 20-Liter-Plastikbehälter mit Deckel, der für vielerlei Zwecke dienen kann, sowie zwei Tellern und zwei Bechern. Die kleineren Gegenstände wurden in den Behälter gesteckt und dieser zusammen mit der Zudecke und der Plastikplane in einen Sack gepackt. So vorbereitet konnte die Verteilung gut geordnet und zügig erfolgen. Mit der Wahl der Hilfsgüter lagen wir Gott sei Dank richtig, wie dies Äußerungen von Betroffenen in der Zeitung zu entnehmen war: „Mein unmittelbarer Bedarf ist Essen und eine Plastikplane, damit ich mir eine vorübergehende Bleibe bauen kann", sagte der sechzigjährige Yasini Wadi, der mit seiner Frau und drei Kindern durch die Flut obdachlos geworden ist.

Es ist der Verdienst der zahlreichen Spender von Muslime helfen, die es uns ermöglicht haben, diese Hilfe leisten zu können. Insgesamt haben wir an diesem Tag über eintausend Menschen mit Hilfsgütern versorgt, die eng zusammengedrängt im Schatten eines riesigen Baumes auf uns gewartet hatten, um Schutz vor der sengenden Sonne zu finden. Die drei Lastwagen mit den Hilfsgütern wurden jubelnd begrüßt. Bemerkenswert war zudem, daß die Verteilung mit einem Gebet begann.

Es war ein anstrengender Tag. Erbarmungslos hatte schon seit dem frühen Vormittag die Sonne vom Himmel gebrannt. Erst gegen Abend ließ die drückende Hitze nach. Jetzt ist die Sonne untergegangen. Leicht streichelt ein kühlender Lufthauch über die Stirn, wischt sanft die Spuren der Sonnenglut davon. In der Moschee hallen die Worte wider, die der Imam mit klarer Stimme rezitiert: *„al-hamdu li-llahi rabbi-l-alamin* – Gelobt sei Gott, der Herr der Welten." Noch stärker ist nach diesem Tag ihr Widerhall im Herzen...

ARMENKÜCHE IN ELAZIG

Elazig ist mit über 250.000 Einwohnern eine mittelgroße Stadt im Osten der Türkei. Wie alle Städte zieht auch Elazig viele Menschen aus dem Umland an, die sich erhoffen, wenn sie ihr Dorf verlassen, in der Stadt ein besseres Auskommen zu finden. Das gelingt manchem, und er kehrt deshalb nicht in sein Dorf zurück. Vielen anderen gelingt es nicht, aber auch für sie kommt die Rückkehr ins Dorf kaum noch in Frage. Dort würden sie als gescheitert gelten und haben keinerlei Perspektive. In der Stadt zumindest haben sie noch Hoffnung, auch wenn sie tatsächlich völlig verarmt sind. Seit seiner Gründung 1996 kümmert sich in Elazig der „Mamuret'ül-Aziz Vakf", finanziert aus privaten Spenden, um die Unterstützung bedürftiger Menschen in Elazig und Umgebung, vor allem um Arbeitslose, Behinderte, Waisen, alte Leute sowie Frauen und Kinder, die aus verschiedenen Gründen mittellos sind und sich nicht mehr selbst helfen können. Insbesondere werden diese Armen mit Lebensmitteln, Kleidung, Heizmaterial und gelegentlich auch mit etwas Bargeld versorgt. In der letzten Zeit wurde dabei immer deutlicher, daß für diese Menschen der Betrieb einer Armenküche eine echte Hilfe darstellen würde. Gäbe es eine solche Armenküche in Elazig, dann könnte sichergestellt werden, daß diese Bedürftigen einmal täglich eine vollwertige, warme Mahlzeit zu sich nehmen könnten. Der „Mamuret'ül-Aziz Vakf" hätte die Mittel, ausreichend Lebensmittel für die Mahlzeiten bereitzustellen, und er hat den Platz in seinem Gebäude für eine solche Küche mit Speiseraum. Was fehlte, war die entsprechende Einrichtung. Hier konnte Muslime helfen einspringen. Anfang Februar wurden 18.000 € bereitgestellt. Damit wird inschallah eine Großküche mit Speiseraum installiert sowie ein Koch bezahlt, den zweiten Koch und alle Lebensmittel finanziert der „Mamuret'ül-Aziz Vakf". Wir hoffen, daß die Eröffnung der Armenküche Elazig im April erfolgen kann und dann täglich außer Sonntag 500 warme Mahlzeiten an die Armen von Elazig ausgegeben werden können. Mit Allahs Segen wird diese Kücheneinrichtung auf Jahre hinaus ihren Zweck erfüllen. Weitere entsprechende Projekte, insbesondere für die Osttürkei, sind geplant.

GOTONG ROYONG

Das Erdbeben vom 27. Mai 2006, das die Umgebung von Jogjakarta auf der indonesischen Insel Java erschütterte, hat etwa 6000 Menschenleben gefordert. Etwa 40 000 Personen wurden verletzt und insgesamt eine halbe Millionen Häuser beschädigt, davon 132 000 völlig zerstört. Schon kurz darauf erreichte die erste Soforthilfe von Muslime helfen die Betroffenen durch die einheimische Partnerorganisation Lazis. Mit insgesamt 25 000 Euro wurden nicht nur Lebensmittelpakete und Werkzeug zum Wiederaufbau verteilt, sondern auch zwei Ambulanzstationen eingerichtet und zwei Gemeinschaftsküchen eröffnet, wo Menschen, deren Häuser zerstört sind und in deren Ruinen sie hausen, ihre täglichen Mahlzeiten gemeinsam zubereiten und zu sich nehmen. Einander gegenseitig zu helfen ist auf Java und in Indonesien überhaupt eine tief verwurzelte soziale Tugend, die mit dem Ausdruck „gotong royong" bezeichnet wird, was auf Deutsch in etwa „gemeinsam tragen" bedeutet.

In größerem Maß unterstützt Muslime helfen indes die Erdbebenopfer durch ein Projekt „Behelfsunterkünfte". Dabei soll auch das traditionelle Material zum Hausbau wieder zur Anwendung kommen. Dies wurde von den Dorfbewohnern, die ich nach dem Erdbeben besuchte, selbst vorgeschlagen. Aus einer bestimmten Sorte von Bambus werden große Matten hergestellt, die als Seitenwände dienen. Diese werden auf einem festen Holzgerüst über einem Betonfundament errichtet und mit Zinkdachplatten gedeckt. Die „ghedheg" genannten Bambuswände halten jahrelang und sind vor allem erdbebensicher. Außerdem wird ihre Herstellung einigen der aus der Sicherheitszone um den Vulkan Merapi evakuierten Menschen eine vorübergehende Beschäftigungsmöglichkeit bieten, mit der sie sich ihren Lebensunterhalt erwerben können. Die Behelfsunterkünfte wiederum werden von den Betroffenen selbst im „gotong royong"-Verfahren errichtet. Für das Material, die Herstellung und den Transport werden pro Einheit etwa 200 Euro benötigt, so daß Muslime helfen mit einem Gesamtbetrag von 40 000 Euro auf diese Weise 200 Familien unterstützt, die durch das Erdbeben ihr Dach über dem Kopf verloren haben. Damit ist dann inschallah etwa 1000 Menschen geholfen. Fünfzig dieser Familien leben in Dusun Dahromo Segoroyoso, fünfzig weitere in Klaten, dreißig in Dusun Karang Gayam, nochmals fünfzig in Bambang Lipuro Bantul und zwanzig in Wedi und Cawas, allesamt Ortschaften in der Umgebung von Jogjakarta.

Den eigentlichen Wiederaufbau müssen die Betroffenen selbst leisten. Die Regierung hat zwar Finanzhilfe zugesagt, aber niemand weiß, wann und in welchem Umfang sie ausgezahlt wird. Zumindest bis dahin stellt die Notunterkunft eine echte Verbesserung gegenüber der Ausgangslage dar, denn bis jetzt haben viele Menschen dort allenfalls eine Plastikplane, unter der sie schlafen. Stattdessen bietet die Behelfsunterkunft mit den Bambuswänden und dem Zinkdach nicht nur Schutz vor dem Klima, insbesondere dem häufigen Tropenregen, sondern auch Privatsphäre, die gerade von muslimischen Familien besonders gesucht wird. Ein solches Dach über dem Kopf, auch wenn es bescheiden ist, stellt darum einen wesentlichen Schritt hin zu einem normalen Leben dar. Möge es den Erdbebenopfern im Gebiet von Jogjakarta gelingen, mit Allahs Hilfe auch die weiteren notwendigen Schritte in Kürze zu bewältigen.

UNTERWEGS MIT DER MOBILEN KLINIK

Es war nicht gerade kühl, als ich gegen 4.30 Uhr das Frühgebet verrichtet hatte, aber im Vergleich zur Hitze des Tages erträglich. Nach dem Frühstück brachen wir auf nach Phogla, einem kleinen Dorf im Bezirk Mansehra der Nordwest-Grenz-Provinz von Pakistan. Dort in Phogla ist das „Basislager" der Mobilen Klinik von Muslime helfen. Im Hof eines kleinen Hauses mit zwei Zimmern steht sicher hinter hohen Mauern und abgeschlossenem Zufahrtstor das Fahrzeug der Mobilen Klinik. In dem einen Zimmer erledigt der Arzt seine Verwaltungsarbeiten und übernachtet dort auch, die übrigen Team-Mitglieder sind in Mansehra zu Hause. In dem anderen Zimmer lagern die medizinische Ausrüstung und die Medikamente. Der Vermieter, ein alleinstehender, über 60 jähriger alter Mann, bewacht das Haus während der Abwesenheit des Teams und kocht auch, so daß die Mitarbeiter nach ihren anstrengenden Tagestouren gut versorgt sind, wenn sie zum „Basislager" zurückkehren.

Geleitet wird das Team von dem 35 jährigen Arzt Dr. Gul Badschah, einem Afghanen aus der Provinz Paktia. Wir kennen uns schon, denn er war zuvor auch an dem von Muslime helfen unterstützten Krankenhaus in Gardez tätig gewesen. Er ist nicht nur Allgemeinmediziner, sondern auch auf die Behandlung von Kindern spezialisiert und spricht Paschtu, Dari, Urdu sowie Englisch. Unterstützt wird er von der jüngeren pakistanischen Ärztin Dr. Taslim Mir. Sie ist 25 Jahre alt, hatte ihr Studium 2003 beendet und dann zunächst am Distriktkrankenhaus von Abbottabad gearbeitet. Sie kümmert sich insbesondere um die Frauen, die zu den Terminen der Mobilen Klinik von Muslime helfen kommen. Beide Ärzte sprechen auch den Gudschri-Dialekt dieser Gegend, können sich also mit den Patienten gut verständigen. Außerdem gehören zum Team der Apotheker Mohammed Agha, der Assistent und Krankenpfleger Schaukat Hussein Mirza sowie Wahidullah, der Fahrer.

Während des Winters hatte die Mobile Klinik verschiedene Notaufnahmelager angefahren, in denen die Erdbebenopfer kampierten. Inzwischen sind diese Lager weitgehend aufgelöst und die Menschen an ihre früheren Wohnorte zurückgekehrt. Aber auch dort wird medizinische Hilfe benötigt, heute, wo alles zerstört ist, noch mehr als früher. Deshalb besucht die Mobile Klinik nun diese Orte.

Als wir nach Phogla kommen, fährt die Mobile Klinik gerade von der Dorfzufahrt auf die Hauptstraße und dann vor uns her auf der kurvenreichen Bergstraße bis nach Balakot. Dort führt eine Notbrücke über den reißenden Kunhar-Fluss, und mitten in dieser völlig vom Erdbeben zerstörten Stadt biegen wir links in eine schmale Seitengasse. Zwischen Häuserruinen und Schutthaufen stehen Bretterbuden und Zelte. Balakot, so erklärt man mir, liegt im höchstgefährdeten Bereich und wird deshalb nicht wieder aufgebaut. Darum sieht hier heute auch noch alles fast wie nach dem Erdbeben aus, und es ist kein wirklicher Fortschritt zu erkennen. Die Einwohner, die überlebt haben, sind unsicher, was die Zukunft betrifft, und alternative Wohnorte hat die Regierung noch nicht angewiesen. Also hausen sie weiter in den Notunterkünften und wissen nicht, wie es weitergehen soll.

Hoch über Balakot auf einem Bergabhang und nur über einen steilen Schotterweg zu erreichen, liegt das, was vom Dorf Phaglan übrig geblieben ist. Dreihundert Familien leben hier, das Erdbeben vor 8 Monaten hatte 46 Todesopfer aus ihrer Mitte gefordert. Die Leute waren Bauern, bauten Getreide an und züchteten Büffel. Außer zwei Familien hat heute niemand mehr Vieh, die Tiere waren zur Zeit des Erdbebens in den Ställen und von den Trümmern erschlagen worden. Auf schmalen Terrassen sieht man die Fundamente von Häusern, eingestürzte Wände, Haufen von Ziegeln, Holzbalken und dazwischen wieder Zelte und notdürftig gezimmerte Hütten, in denen die Dorfbewohner hausen. Darüber hinaus aber auch kleine, aufgeschichtete Getreidehaufen – die erste Ernte nach dem Erdbeben und dem vergangenen Winter.

Die Mobile Klinik hält an, und das Team beginnt auszuladen. Unter einem großen Baum wird ein Klapptisch aufgestellt, dazu ein paar Stühle. Das ist die „Praxis". Der Apotheker Mohammed Agha trägt seine große, mit den verschiedenen Medikamenten bestückte Transportkiste auf der Schulter zu einem anderen Baum, legt sie dort ab und hat damit die Apotheke eröffnet. „Wir haben 48 verschiedene Medikamente dabei", sagt er mit sichtlichem Stolz, „andere fahren zwar die großen Toyotas, aber haben nur 17 Medikamente." Die Dorfbewohner schleppen ein altes Bettgestell herbei, das nahe dem Klapptisch aufgestellt wird. Das ist das „Wartezimmer", denn darauf kann man sitzen, bis man an der Reihe ist. Um 9.30 Uhr hat die Mobile Klinik heute geöffnet. Und nun kommen die Dorfbewohner, die sich nicht gesund fühlen, in kleinen Gruppen, Männer, Frauen, Kinder. Mehr als siebzig Patienten untersuchen Dr. Gul Badschah und Dr. Taslim Mir an diesem Tag. Jeder einzelne von ihnen wird in ein Register eingetragen: Name, Alter, Beschwerden, erforderliche Behandlung. Und jeder bekommt, sofern nötig, sein Rezept, mit dem er oder sie ein paar Schritte weiter zum Apotheker geht, der dann das vom Arzt verschriebene Mittel aushändigt und nochmals den Gebrauch erläutert.

Da ist der 80 jährige Dschuma. Er hat Gliederschmerzen und gelegentliche Atembeschwerden, wird untersucht und bekommt ein Rezept. Da ist der 70 jährige Nurani Mir. Als der Arzt ihn fragt, was sein Problem ist, antwortet er: „Du bist doch der Arzt, du musst es wissen!" Dann klagt er über Appetitlosigkeit und allgemeine Schwäche. Er möchte ein Mittel dagegen, weil er doch arbeiten muß. Der Arzt misst den Blutdruck, der in Ordnung ist, geht aber von Mangelernährung aus und verschreibt ihm Mittel gegen Eisen- und Vitaminmangel. Da ist Tadschnis, die etwa 45 Jährige. Sie hat Magenschmerzen und Blasenprobleme, die Ärztin stellt außerdem eine Halsentzündung fest und händigt ihr anschließend ein Rezept für den Apotheker aus. Da ist Abdurrahman, etwa 60 Jahre alt. Er weigert sich, auf dem Stuhl Platz zu nehmen. Befragt, warum er sich nicht setzen will, sagt er: „Aus Respekt vor dem Arzt!" Auch bei ihm liegt Mangelernährung vor, ebenso bei Aischa Bibi. Sie ist die älteste Patientin an diesem Tag, über 100 Jahre ist sie alt. Ihr 61 jähriger Sohn Nuralam hat sie auf der Schulter den Hang hinauf zur Mobilen Klinik getragen. Beim Erdbeben war sie verletzt worden, hat sich aber wieder erholt. Vor dem Erdbeben, sagt ihr Sohn, hat sie jede Woche den ganzen Koran gelesen, jetzt ist sie dazu nicht mehr in der Lage. Sie hat mehr als 150

Nachkommen, erklären die Dorfbewohner, und sie hat einen ungewöhnlichen Blutdruck, erweist die Untersuchung: 170 zu 50. Dazu leidet sie an allgemeiner Schwäche, Schlaflosigkeit, Gliederschmerzen, Angstzuständen und ißt kaum noch. Sie bekommt etwas gegen die Schmerzen, ein leichtes Schlafmittel, dazu ein appetitanregendes Mittel und als einzige Erwachsene die sonst nur Kindern vorbehaltene, mit Nährstoffen angereicherte Milch. Möge Allah ihr und allen anderen, die an diesem und an anderen Tagen vom Team der Mobilen Klinik behandelt wurden, gute Gesundheit schenken!

Zusammen mit meinen Begleitern fahre ich nun noch weiter den Berg hinauf. Etwa 15 Kilometer entfernt von Balakot liegt das Dorf Bamara mit 515 Haushalten. Auch an diesem Ort überall nur Zelte und Hütten auf den Fundamenten der früheren Häuser. Hier soll inschallah, wie in Phaglan, zukünftig eine kleine Baracke errichtet werden, als eine Art Ambulanzstation. Auch zwei weitere dafür vorgesehene Standorte habe ich noch besucht: Dschabra mit etwa 400 Familien, das 2.466 Meter hoch gelegen ist, und Radschpat mit 150 Familien, das ebenfalls auf etwa gleicher Höhe liegt. Wenn die Mobile Klinik in Zukunft einmal in der Woche in diese Dörfer kommt, sollen diese Baracken als „Praxisräume" dienen können, denn die Untersuchung der Patienten im Freien ist auf Dauer nicht zumutbar. Muslime helfen möchte, um den Opfern des Erdbebens in Pakistan weiter beiseite zu stehen, den Betrieb der Mobilen Klinik noch über längere Zeit hin fortsetzen. Den Aufbau ihrer Wohnstätten werden die Dorfbewohner selbst bewerkstelligen müssen, aber wir können sie dabei unterstützen, indem wir diesen hunderten Familien zumindest eine medizinische Grundversorgung bereitstellen, die für sie kostenlos ist und ohne unsere Mobile Klinik völlig unerreichbar wäre.

NOTHILFE FÜR GAZA

In Deutschland herrscht große Freude: Deutschland feiert gerade den Einzug ins Halbfinale der Fußballweltmeisterschaft. In Palästina herrscht große Angst: Palästina erlebt gerade den Einmarsch in den Gaza-Streifen. Von dort erreichte uns folgender Hilferuf:

„As-salamu alaikum, in diesen Tagen sind die Verhältnisse im Gaza-Streifen sehr schwer, die Besatzungsmacht zerstörte das Kraftwerk, unterbrach die Wasser- und Stromversorgung und befahl der Bevölkerung von Al-Shoka in Nord-Gaza und von Khozaa ihre Häuser zu verlassen und alles zurückzulassen. Die Leute kampieren in Schulen, ohne irgendwelche Hilfsmittel, sie haben ihre Wohnungen verloren und nichts,

worauf sie sich stützen können wie Unterkunft, Wasser und Essen. Wegen dieser schwierigen Situation im Gaza-Streifen trägt die Al-Huda Entwicklungs-Vereinigung Euch das Anliegen vor, den Leuten in Palästina bei ihrem Weiterleben zu helfen. Die Zahl der betroffenen Familien ist mehr als 1000, Al-Huda bittet darum, 500 Familien Hilfe zu leisten. Wir sind bereit, das Projekt umzusetzen, sobald wir eine Zusage erhalten."

Muslime helfen hat sich diesem Hilferuf nicht verschlossen, sondern die Unterstützung dieser Maßnahme zugesagt. Jede Familie erhält demnach als erste Hilfe eine große Bodendecke und dazu ein Lebensmittelpaket mit zehn Stück Backwaren, vier Dosen Fleisch, 1 kg Milchpulver, 1 kg Käse, 3 Liter Wasser und 1 kg Lebensmittelkonserven. Das ist nicht viel, kann aber die Not zumindest lindern und wird darüber hinaus ein Zeichen der Hoffnung sein. Danken Sie Allah, daß wir hierzulande in Frieden leben, bitten Sie Allah, den leidenden Mitmenschen im Gaza-Streifen beizustehen und spenden Sie reichlich.

UNSER WAISENHAUS IN SRI LANKA

Al-hamdu li-llah, Gott sei gelobt, unser Waisenhaus in Sri Lanka ist eröffnet. Ich sage und meine u n s e r Waisenhaus, denn es ist im wahrsten Sinne des Wortes ein gemeinschaftliches Projekt. Zusammen mit der Azizah Foundation unter ihrem Leiter Scheich Hassan haben wir es geplant, und mit den vielen Spenden, die Muslime helfen erreichten, haben wir es finanziert. Es ist damit unser aller Waisenhaus geworden.

Eine Tafel am Eingang zeigt den arabischen Schriftzug „Im Namen Allahs, des Allerbarmers, des Barmherzigen" und darunter das Symbol von Muslime helfen – die Mondsichel mit den beiden Händen darin. Es folgt die Inschrift in englischer Sprache: „Dieses Gebäude des Hassanath Waisenhauses, eröffnet am 27. August 2006, wurde von Muslime helfen (Deutschland) finanziert mit Spenden von Muslimen aus Deutschland, Österreich und der Schweiz. Möge Allah all jene belohnen, die dieses Projekt unterstützten." Darunter steht noch: „Dieses Projekt wurde durchgeführt auf Ersuchen von Scheich Muhammad Hassan bin Sadaq Lebbe, Gründungsvorsitzender des Hassanath Waisenhauses."

Anlässlich der Eröffnung kamen viele Leute, um sich das Waisenhaus anzuschauen. Es ist das größte Gebäude in der Umgebung geworden, nicht protzig oder prunkvoll, im Gegenteil, zweckdienlich und schlicht, aber eben groß genug, um dort bis zu 100 Kinder und Jugendliche unterzubringen, zu versorgen und durch Förderunterricht bei ihren schulischen Bemühungen zu unterstützen. Bei dieser Gelegenheit wurden auch mancherlei Reden gehalten. Man bat mich immer wieder, den Spendern und Förderern den Dank der Menschen in Sri Lanka zu übermitteln, was ich hiermit nochmals tue.

Noch während wir im Versammlungsraum des Gebäudes saßen, waren plötzlich draußen laute Explosionen zu hören. Aber niemand schien beunruhigt. Ich fragte nach und erfuhr, das seien Artilleriegeschosse gewesen, die von Zeit zu Zeit hier über der Gegend abgefeuert würden, um die weit entfernt in den Bergen versteckten Positionen der Tamil-Tiger zu treffen. Diese kämpfen jetzt wieder verstärkt gegen die Zentralregierung, um im Norden von Sri Lanka einen unabhängigen Tamilenstaat zu errichten. Nach dem Tsunami, als wir unser Waisenhaus-Projekt planten, herrschte Waffenstillstand, und es gab gute Aussichten, durch Verhandlungen ein wirkliches Ende des Blutvergießens zu erreichen. Doch im Sommer diesen Jahres flammten die Kämpfe wieder auf.

Tamilenstaat bedeutet übrigens zugleich ein Staat frei von Buddhisten und Muslimen, und um dieses Ziel zu erreichen, waren kurz vor meiner Ankunft etwa 40.000 Muslime von den Tamil-Tigern aus ihren Dörfern vertrieben worden. Erst gestern war ich in Kantale gewesen, einer kleinen Ortschaft, um die herum nun Tausende der Vertriebenen in Notunterkünften hausen. Die Moscheen und muslimischen Schulen dienen als provisorische Flüchtlingslager, weil dort zumindest Wasser und einige Toiletten vorhanden sind, aber natürlich reichen die Klassen- und Gebetsräume nur für ein paar hundert Menschen. Die allermeisten kampieren unter Plastikplanen, aber inzwischen sind auch Zelte angekommen.

Die Mobile Klinik „Hassanath Medizinisches Zentrum", die Muslime helfen seit dem Tsunami im Raum Kinniya in Sri Lanka betreibt, wurde kurzfristig und vorübergehend nach Kantale verlegt und hat dort mittlerweile zahlreichen Flüchtlingen helfen können. Und unsere Helfer vor Ort haben täglich über 1.000 Essensportionen zubereitet und ausgegeben. Ich selbst durfte noch gestern Abend Hunderte solcher Portionen an die Flüchtlinge verteilen, die in langer Reihe darum anstanden. Ein Spender aus Deutschland hatte darum gebeten, ein paar Tiere schlachten und das Fleisch an Bedürftige verteilen zu lassen. Das Fleisch wurde in diesem Fall auch noch gleich gekocht und dem Reis und Gemüse beigefügt, aus denen ansonsten die Essensportionen für die Flüchtlinge bestehen. Das war gestern erst gewesen, und es erinnerte mich daran, daß es nicht allein Naturkatastrophen wie der Tsunami sind, die Menschen in Not bringen, sondern oft und zu oft Katastrophen, die von den Menschen selbst unmittelbar herbeigeführt werden. Wir hoffen und beten, daß die Kinder und Jugendlichen, die zukünftig in unserem Waisenhaus in Sri Lanka heranwachsen, von solchen Katastrophen verschont bleiben und zu Menschen gebildet werden, die fähig und willens sind, solche Katastrophen nicht weiter zuzulassen.

PROJEKT OLIVENBAUM

Während meines Besuchs im Gaza-Streifen von Palästina sah ich mit eigenen Augen die Spuren der Zerstörung, die infolge der israelischen Besatzung und des Abzugs entstanden waren. Selbst Olivenbäume blieben nicht verschont, deren Früchte in Palästina bekanntlich einen wichtigen Beitrag zur Ernährung leisten und von deren Verkauf ein Teil der Bevölkerung lebt. Zugleich erfuhr ich, daß unsere Partner-organisation Al-Huda vor einigen Jahren einmal ein kleines Projekt durchgeführt hatte, bei dem neue Olivenbäume gepflanzt worden waren. Einige dieser Bäume, die von einzelnen Personen, insbesondere von Jugendlichen, gepflegt wurden, konnte ich sehen. Dieses Projekt war aber mangels Unterstützung nur von kurzer Dauer gewesen. Auch an einer kleinen Gärtnerei kam ich vorbei, in der Pflanzensetzlinge gezogen wurden. So entstand noch während meines Aufenthalts in Gaza die Idee vom „Muslime Helfen Projekt Olivenbaum". Klärende Gespräche mit unseren Partnern vor Ort halfen, es zu konkretisieren, und wir vereinbarten, gemeinsam den Versuch zu wagen, es mit Allahs Hilfe umzusetzen.

Inzwischen hat das „Muslime Helfen Projekt Olivenbaum" konkrete Form angenommen. Es befindet sich in Palästina, in Khan Younis im Gaza-Streifen, und darf durchaus als „multidimensionales Projekt" bezeichnet werden: Einerseits ist es ein „Hilfe zur Selbsthilfe"-Projekt, das letztendlich den Menschen, denen es zugute kommt, einen, wenn auch nur beschränkten, aber doch langfristigen Zuschuß zum Lebenserwerb bietet. Zweitens ist es damit im islamischen Sinn für denjenigen, der dieses Projekt mit einer Spende unterstützt, eine „*sadaqa dscharijah*", also eine „fortdauernde Spende", und drittens ist es ein Ausbildungsprojekt, weil es Kenntnisse und Fähigkeiten im Zusammenhang mit der Olivenbaumpflege vermittelt. Viele Kleinbauern in Palästina haben ihre Olivenbäume verloren und danach den Olivenanbau resigniert aufgegeben. Das „Muslime Helfen Projekt Olivenbaum" will Mut machen, den Olivenanbau wieder aufzunehmen und dabei auch konkrete praktische Hilfe anbieten, indem einerseits Olivenbaumsetzlinge zur Verfügung gestellt und andererseits Schulungen für den Anbau und die Pflege der jungen Bäume durchgeführt werden.

Zur Umsetzung des „Muslime Helfen Projekt Olivenbaum" wurden zwei Phasen geplant. In Phase I wird ein geeignetes Stück Land gesucht und erworben. Dem Partner-schaftsvertrag zwischen Muslime helfen und Al-Huda Development Association vom

7.6.2006 zufolge ist es im Grundbuchamt gemeinsam auf beide Organisationen einzutragen. Auf diesem Grundstück soll eine Baumschule eingerichtet und betrieben werden. Dabei finden auch einige arbeitslose Jugendliche einen Arbeitsplatz.

In Phase II sollen 15 000 junge Olivenbäume an etwa 2 500 bedürftige Kleinbauern verteilt werden, die diese Setzlinge auf ihren Parzellen anpflanzen und die auf Einweisungskursen für den Umgang mit den jungen Pflanzen geschult werden.

Inzwischen wurde *al-hamdu li-llah* ein passendes Grundstück erworben. Es hat eine Fläche von einem Dunum, das sind 1000 Quadratmeter. Es hat 30 000 Dollar (23 300 Euro) gekostet.

Auch mit dem Einrichten der Baumschule konnte schon begonnen werden. Dazu gehört neben Einzäunen und Vorbereitung des Bodens vor allem auch der Anschluß von Strom und insbesondere Wasser sowie ein Schuppen für die beschafften Arbeitsgeräte. Hierfür und die ersten Setzlinge hat Muslime helfen insgesamt 25 000 Dollar bereitgestellt. Es wird erwartet, daß mit der eigentlichen Pflanzarbeit in der Baumschule noch im November 2006 begonnen werden kann.

2007

DER STAUB IN DEN SCHUHEN

Um die javanische Südküste zu erreichen, waren wir von der schmalen aber asphaltierten Straße abgebogen. Jetzt führten nur noch schmalere, kurvenreiche, holprige Wege durch den tropischen Bergwald, vorbei an Lichtungen mit grün schimmernden Reisfeldern, hier und da ein Wasserbüffel, der sich durch ein Bad im Schlamm vor der sengenden Sonne schützte. An dem Lager, wo wir eigentlich Lebensmittel verteilen wollten, haben wir unseren kleinen Lastwagen nicht ausgeladen, denn dort waren, wie wir feststellen konnten, die Menschen mittlerweile ausreichend versorgt. Ein Motorrad kam uns entgegen, darauf zwei junge Männer mit den sandbraunen Westen unserer Partnerorganisation „Dewan Dawah Islamiyyah". Sie berichteten von einem Dorf, das weiter westlich lag. Dorthin, so schlugen sie vor, sollten wir stattdessen die Lebensmittel bringen, denn dieses Dorf habe bisher kaum etwas bekommen, weil die Straßenverbindung unterbrochen sei und sich deshalb kaum jemand der Mühe unterzog, dorthin zu gelangen. Wir nahmen den Vorschlag an und fuhren noch etwa eine halbe Stunde weiter, diesmal an der Küste entlang. Die ausgesprochen starke Brandung mit den hohen, schweren Wellen ließ erahnen, welch zerstörerische Kraft durch die gut zwei Meter hohe Tsunami-Welle vom 17. Juli 2006 wirksam geworden war. Schließlich kamen wir an die Mündung eines kleinen Flusses, der hier ins Meer überging. An dieser Stelle endete der Weg, denn die Brücke über den Fluß war weggespült. Mit dem Kleinlastwagen die Böschung hinunter- und auf der anderen Seite wieder hinaufzufahren, war zu riskant. Das Gewicht des Fahrzeugs würde die Räder tief in dem lockeren, wasserdurchtränkten Sandboden versinken lassen.

Von weiter oben am Fluß waren Hammerschläge zu hören. Ein paar Männer hatten einen hölzernen Steg über das Wasser errichtet, breit genug für Fußgänger und Motorräder, aber nicht für Autos. Wir beschlossen, den Rest des Weges zu Fuß zu gehen, vielleicht zwei Kilometer bis zu den Kokospalmen, in deren Schatten wohl das Dorf zu vermuten war. Ein Teil unseres Teams sollte inzwischen die Lebensmitteltüten an der zerstörten Brücke ausladen, während wir im Dorf die Einwohner benachrichtigen wollten, damit sie sich selbst die Lebensmittel über den Fluß schaffen würden. Hinter dem Holzsteg über das Wasser führte ein schmaler Pfad zunächst durch einen kleinen Palmenbestand, danach über ein weites, offenes Stück Land, wo es keinen Schatten gab und die Sonne gnadenlos vom Himmel glühte. Es muß ein großes Reisfeld gewesen sein, vom Tsunami überschwemmt, die Pflanzreihen waren noch andeutungsweise erkennbar, die Pflanzen selbst aber entwurzelt und weggespült, alles bedeckt mit einem Gemisch aus trockener Erde, feinem Sand und grauem Staub. Die Schritte wurden schwer, die Füße versanken im Boden, der Sand drang in die Schuhe ein, der Staub wirbelte auf, die Sonne brannte. Endlich war auf der anderen Seite wieder Schatten erreicht. Überall an den Palmstämmen vertrocknete Pflanzenreste. Bis hierher hatte die Flutwelle alles hingespült.

Der schmale Pfad führte nun an Bananenstauden vorbei und schließlich kamen die ersten unzerstörten kleinen Häuser mit Wänden aus Bambusmatten in Sicht und dann in der Mitte eine Moschee. Dort verrichteten wir zunächst unser Mittagsgebet. In Desa Legokjawa, so hieß das Dorf, im Bezirk Cimerak, leben 185 Menschen, von denen vier in der Flut umgekommen und 49 obdachlos geworden waren. „Als die Tsunami-Welle kam", so wurde uns berichtet, „waren die Frauen gerade beim Kochen. Man hörte ein Geräusch wie von einem Flugzeug, niemand rechnete mit einem Tsunami, die Leute sahen die Welle kommen und schauten zu, dann erst verließen sie ihre Häuser. Die Häuser, die dem Meer näher lagen, wurden durch die Welle zerstört, die Leute rannten den Hügel hinauf. Dort blieben sie die ganze Nacht und wagten nicht, herunter zu kommen. Am nächsten Morgen wurde die Moschee zu einer Notunterkunft für die

Frauen und Kinder gemacht, denn die Moschee liegt weit weg vom Meer und wurde vom Wasser nicht erreicht."

Nahe der Moschee hatten die Dorfbewohner nun wie in vielen ähnlichen Orten unter Plastikplanen eine Gemeinschaftsküche eingerichtet. Die Frauen ließen den Reis in ein paar Töpfen auf glimmenden Holzstämmen kochen und bereiteten jetzt ein Gemüse als Beilage zu. Noch während wir uns bei einigen Männern nach der Lage erkundigten, begann das Abholen der Lebensmittel, vom Dorfvorsteher in die Wege geleitet. Mit einem Motorrad war ein junger Mann gekommen, auf dem Rücksitz saß ein zweiter, der mit beiden Händen eine Schubkarre hinter sich herzog, die mit Lebensmitteltüten gefüllt war. Ein paar Jungen hatten Fahrräder und brachten die Lebensmittel in Körben herbei. Zwei oder drei Männer schoben einen großen Handkarren, auch der voll mit Lebensmitteltüten. Alles wurde auf der Veranda der Moschee abgeladen und von dort aus verteilt. Wir brachen nun wieder auf, begleitet von den Danksagungen und Friedensgrüßen der Dorfbewohner. Der Weg zurück führte vorbei an den Bananen-stauden, durch den Palmenhain, heraus aus dem Schatten über das brennend heiße, staubige ehemalige Reisfeld, den kleinen Palmenbestand und den Holzsteg über den Fluß bis zu unserem Fahrzeug. Dort angekommen, versuchte ich mühsam, den Sand und Staub aus Schuhen und Socken zu entfernen. „Der Staub in Deinen Schuhen", sagte einer meiner Begleiter, „wird Dein Zeuge sein im Jenseits, dafür, daß Du die Opfer der Flut besucht hast!"

ZUERST DIE SCHOKOLADE

Im Februar 2007 besuchte ich erneut das von Muslime helfen finanzierte Mädchen-waisenhaus in Kinniya, das im August letzten Jahres eröffnet worden war. Inzwischen sind 54 Mädchen in das Waisenhaus eingezogen. Ich hatte für jedes der Kinder als kleines Mitbringsel je einen Apfel und eine Packung Kekse mitgebracht. Die Waisen berichteten, daß sie mit ihrem neuen Heim sehr zufrieden sind. Sie bekommen gutes Essen und haben viel Platz in dem geräumigen Gebäude. Auf meine Frage, was sie sich noch wünschen, sagten sie: Schokolade! Bring uns doch bitte beim nächsten Besuch Schokolade mit! Äpfel schmecken gut, aber Schokolade schmeckt noch besser!

Ich hatte anfangs zwar auch an Schokolade gedacht, doch dann, weil Äpfel gesünder sind, mich anders entschieden. Der Schokoladewunsch war mir natürlich absolut verständlich, aber irgendwie wollte ich die Kinder dennoch auf den gesundheits-bedingten Vorzug des Apfels hinweisen und fragte sie deshalb: Wenn ich euch Schokolade und Äpfel mitbringe, was sollt ihr zuerst essen? Die Mädchen konnten sich auf keine Antwort einigen und gaben die Frage schließlich an mich zurück. Also nannte ich ihnen drei gute Gründe dafür, zuerst die Schokolade zu essen: Erstens schmilzt die Schokolade bei der Hitze, zweitens reinigt der Apfel die Zähne nach dem Schokoladenverzehr, und drittens – wenn ihr die Äpfel zuerst esst, werde ich in der Zeit die Schokolade verspeisen!

Beim nächsten Besuch habe ich wunschgemäß Schokolade mitgebracht...

WIEDER IN BALAKOT

Es schien alles wie im vergangenen Jahr. Wir fuhren auf der selben Straße nach Balakot – es gibt nur die eine. Links steile, hohe Felswände, rechts steile, tiefe Abhänge und weit unten im Tal im Licht der frühen Morgensonne das glitzernde Band des Flusses. Dort am Ufer hatten wir die Zelte an Erdbebenopfer verteilt, jeweils ein Zelt mit Gestänge an eine obdachlose Familie, für Menschen, die nicht in einem Lager bleiben sondern zu ihren zerstörten Häusern zurückkehren wollten. Da waren sie, die Lager entlang der Straße, da waren sie, die zahlreichen Schilder von Hilfsorganisationen aus verschiedenen Ländern, die diese Lager eingerichtet und betrieben hatten. Es schien alles wie im vergangenen Jahr. Nur eines war anders: Kein Mensch zu sehen, die Lager leer, die Hilfsorganisationen abgereist, die von ihnen aufgestellten Notunterkünfte zurückgelassen. Erst als wir uns der Stadt Balakot näherten – genauer gesagt, dem Trümmerfeld, das vor dem Erdbeben die Stadt gewesen war – sah man die Menschen. Zwischen eingestürzten Häusern haben sie Buden und Stände aufgebaut und so das Marktleben wieder in Gang gebracht. Wo etwas noch zu reparieren war, ist es hier und da geschehen, doch die meisten Gebäude sind völlig unbrauchbar und nicht wieder herzustellen. Die Bewohner von Balakot, die überlebt haben, sind zudem verunsichert. Eigentlich sollen sie, so der Wunsch der Regierung, ihre Heimatstadt verlassen, weil diese genau in der roten – der höchst erdbebengefährdeten – Zone liegt. Etwa auf halbem Weg nach Mansehra steht am Straßenrand ein großes Schild mit der Aufschrift „The New Balakot". Dort ist ein Gebiet ausgewiesen worden, wohin die Einwohner von Balakot in „Das Neue Balakot" umsiedeln sollen. Aber diese Gegend ist ihnen fremd, und dort ist bisher kaum etwas für sie vorbereitet worden. Deshalb ziehen sie es vor, im zerstörten alten Balakot zu bleiben und versuchen, hier zu überleben.

Im Zentrum biegen wir nach links von der Hauptstraße ab, und nach kurzer Fahrt durch enge Gassen halten wir vor einem kleinen, neu errichteten Gebäude. Das Tor wird geöffnet, wir steigen aus und werden von einer Gruppe junger Männer begrüßt. Naveed Kandria stellt sie uns als sein Team vor, mit dem er das Computer-Trainings-Zentrum betreibt, das Muslime helfen hier zusammen mit seiner einheimischen Partnerorganisation „Society for Skill Training" (SST) gebaut hat. Heute leben im Bezirk Balakot etwa 245 000 Menschen (vor dem Erdbeben waren es etwa 400 000 gewesen), und die meisten von ihnen sind arbeitslos. Viele junge Leute haben zwar die Schule besucht, doch scheitern sie immer wieder daran, daß ihnen Computerkenntnisse fehlen. Wer sich qualifiziert und dann über solche Kenntnisse verfügt, kann Arbeit finden und somit auf eigene Füße kommen. Aber entsprechende Ausbildungsmöglichkeiten gab es im ganzen Bezirk nicht. Das jetzt neu eröffnete Computer-Trainings-Zentrum ist die einzige Stelle, die hier Abhilfe schafft. Es wurde aus erdbebensicherem Material gebaut und ist außerdem so konstruiert, daß man es, falls notwendig, in seine Einzelteile zerlegt abtransportieren und an einem anderen Ort wieder aufbauen kann. Es besteht aus zwei „Software Lab" genannten Unterrichtsräumen und einem dritten, der „Hardware Lab" heißt, die entsprechend technisch ausgestattet sind und wo die jeweiligen Kurse stattfinden. Daneben gibt es noch einen Büro- und Aufenthaltsraum für die Lehrer, und es gibt Toiletten – letztere, wie man mir mit Stolz zeigt, nach bestem hygienischem Standard gebaut, d.h. mit unterirdischer Sickergrube. Das ist für das pakistanische Bergland und insbesondere das Erdbebengebiet in der Tat außergewöhnlich.

Inzwischen, so berichtet Scherafzal, der Sekretär, haben 48 Interessenten ihr Antragsformular abgegeben und 25 wurden bereits angenommen. Insgesamt sollen drei Kurse stattfinden, jeweils einer vormittags, einer nachmittags und einer am frühen Abend, um den sonstigen Bedürfnissen der Teilnehmer gerecht zu werden. In jedem Klassenzimmer können bis zu 16 Personen unterrichtet werden. Jeder Kurs dauert drei Monate und schließt mit dem staatlich anerkannten Zertifikat ab, dem „Certificate of Information Technology" (CIT) Software Stufe 1. Danach können die weiterführenden Kurse besucht werden. Alle Kurse werden kostenlos angeboten, d.h. Muslime helfen finanziert den Betrieb des Computer-Training-Zentrums in Balakot für ein ganzes Jahr. Im Anschluß daran will die Partnerorganisation SST moderate Gebühren erheben, um nicht auf Dauer von Spendengeldern abhängig zu sein. So dient dieses Projekt nicht nur den einzelnen Betroffenen im Erdbebengebiet von Balakot, sondern stellt zugleich auch eine Hilfe zur Selbsthilfe dar.

Ich schaue mich in einem der Unterrichtsräume um. Einer der Kursteilnehmer fällt mir besonders auf: Da sitzt neben erwachsenen Männern auch ein Junge vor dem Bildschirm. „Wie heißt Du?" frage ich ihn, und er antwortet: „Muhammed Siddiq" – „Und wie alt bist Du?" – „Zwölf!" – „Wo bist Du zuhause?" – „In Hangria", sagt er. Hangria ist ein Dorf, zwölf Kilometer von Balakot entfernt, erklären mir meine Begleiter. Ich mache ein überraschtes Gesicht und frage den Jungen: „Und jeden Tag kommst Du von Hangria hierher?" – „Nein", lacht er, „ich bin hier nebenan in einer

Koranschule." Jetzt bin ich wirklich überrascht: Ein zwölfjähriger Koranschüler sitzt am Computer! – „Und warum willst Du Computer lernen?" frage ich weiter. „Ich möchte später eine gute Arbeit finden, eine Arbeit in einem Büro." – „Viel Erfolg wünsche ich Dir" sage ich zu dem Jungen und auch den anderen Teilnehmern, mit denen ich sprach. Ja, denke ich beim Hinausgehen, *al-hamdu li-llah*, beides zusammen, Koran und Computer, das ist es, beides zusammen, das ist, was die Menschen brauchen, um ihr Leben zu bewältigen, beides zusammen, Religion und Bildung. Allahs Segen für Deinen Weg, Du junger Koran- und Computerschüler in Balakot…

KROKODILGESCHICHTEN

Krokodile kennen wir hierzulande nur aus dem Zoo oder dem Fernsehen. Das ist nicht überall so. Zur Überprüfung und weiteren Planung des Brunnenbau-Programms von Muslime helfen reiste ich neulich nach Kenia. Auch dieses Mal hörte ich, wie schon bei früheren Besuchen, Krokodilgeschichten. Der Tana-River ist voller Krokodile, wurde mir gesagt, und in jedem Dorf am Fluß, an dem wir vorbeikamen, wurde von der großen Gefahr gesprochen, die von den Krokodilen ausgeht.

Am Ufer, von dem aus das Dorf Gomesa zu erreichen ist, sehen wir zwei Mädchen, die Wasser aus dem Fluß schöpfen. An einer langen Stange ist oben eine Schnur befestigt, am unteren Ende der Schnur hängt eine große Blechdose. Wie eine Angel werfen sie das Gerät aus, die Blechdose nimmt das braun gefärbte Wasser auf, wird ans Ufer gezogen und dann in einen der bereitstehenden Behälter gefüllt. „Das ist eine neue Methode", sagt Abdulhamid, „so können die Mädchen Abstand zum Wasser halten, und so ist die Gefahr geringer, von einem Krokodil angegriffen zu werden. Hier sind schon viele Menschen von Krokodilen angegriffen worden. Sie lauern im Wasser, man sieht sie nicht, und wenn dann ein Mädchen oder eine Frau zum Wasserschöpfen vom Ufer in den Fluß geht, wird sie gepackt und unter Wasser gezogen."

Vor einigen Jahren kam eine Gruppe aus Pakistan nach Garissa, und die Leute von der Moschee schickten sie ins Waisenhaus, weil dort zu übernachten für sie etwas bequemer sein würde. Der Leiter des Waisenhauses nahm sie auf und gab ihnen auch einige Erläuterungen zu dem Gelände, auf dem sie sich nun befanden. Das Wasser, so wurde den Besuchern gesagt, kommt aus dem Fluß. Am nächsten Morgen vermissten die Reisenden aus Pakistan einen der Ihrigen. Schließlich berichtete ein Mitarbeiter des Waisenhauses, er habe gesehen, daß ein Fremder frühmorgens zum Flußufer gegangen sei. Aus einiger Entfernung habe er wahrnehmen können, daß dieser Mann dort die Waschung für das Gebet vollzog. Seither hat ihn kein Mensch mehr gesehen.

An einem Flußübergang wird eine Rinderherde von einem Ufer zum anderen durch das Wasser getrieben. „Ist das nicht gefährlich?" will ich wissen. „Doch", sagt der Hirte, ein älterer Mann, „aber jetzt ist das Wasser niedrig." Er fährt fort: „Manchmal verlieren wir ein Tier, dagegen ist nichts zu machen." Dann hebt er sein Wickeltuch, und auf seinem Oberschenkel sind tiefe Narben zu erkennen. „Ich bin dem Krokodil entkommen", sagt er, „es wollte mich ins Wasser ziehen."

Ein zweiter Mann aus dem nahegelegenen Dorf entblößt seinen Rücken. Auch dort sind die vernarbten Spuren der Krokodilzähne zu sehen. „Ich war am frühen Morgen am Flußufer, da hat das Krokodil nach mir geschnappt. Ich konnte noch rechtzeitig weglaufen, aber fast hätte es mich gepackt."

In den letzten Jahren, so erzählen die Dorfbewohner, sind in dieser Gegend elf Menschen von Krokodilen getötet worden, die meisten waren Mädchen und Frauen, die Wasser aus dem Fluß schöpften. Ich frage, weshalb denn überhaupt die Mädchen und Frauen diese gefährliche und mühselige Arbeit verrichten, und nicht die Männer die schweren Wasserbehälter ins Dorf tragen. Die Antwort lautet: Das Wasserholen ist Aufgabe der Frau, wie auch das Führen des Haushalts, das Zubereiten der Speise, das Waschen der Kleider, die Versorgung der Kinder und des Mannes sowie die Feldarbeit. Der Mann geht mit dem Vieh nach draußen, wenn er welches hat, ansonsten sitzt er meist da und tut nichts. So ist das geregelt.

„Als Junge", erzählt Mohammed Roba, „konnte ich sehr lange unter Wasser bleiben. Man brachte uns bei, mit geschlossenen Augen durch den Fluß zu tauchen." – „Warum das?" will ich wissen. Die Erklärung ist einfach: „Das Wasser kommt nicht nur durch Mund und Nase in den Körper, sondern auch durch die Augen, hat man uns gesagt. Außerdem ist das Wasser im Fluß ja sehr trüb und schlammig." – „Warum durch den Fluß tauchen?" wiederhole ich, was ich eigentlich gemeint hatte. „Ein Krokodil schnappt nur nach etwas über dem Wasser, nie etwas, das tiefer im Wasser ist." Sehr beruhigend, denke ich, aber irgendwann muß der Taucher doch wieder nach oben...

Der Fluß wird mit einem einfachen Boot überquert, richtiger gesagt mit einem Einbaum. Das ist ein Baumstamm, innen so ausgehauen, daß man sich hineinhocken kann, mehrere Menschen hintereinander, je nach Länge und Umfang des Baumes. Hinten sitzt der Fährmann und lenkt das Boot mit einem Holzpaddel. Ganz geheuer war es mir nicht, als ich aufgefordert wurde, einzusteigen, aber es mußte sein, schließlich sollte ich ja über den Fluß. Dann waren wir vier oder fünf im Boot, und es schwankte bedenklich, als es vom Ufer abstieß. Doch es war aus einem großen Baumstamm gefertigt und deshalb auch einigermaßen tief. Wir kamen heil am anderen Ufer an. Auch die nächsten Flussüberquerungen gingen gut. Krokodile habe ich keine gesehen.

Dann kamen wir an eine Stelle, wo es nur ein kleines Boot gab. „Nur einer soll einsteigen", sagte der Fährmann. „Wer geht zuerst?" fragte Abdulhamid. „*Bismillah*", sagte ich, stieg das Flußufer hinab und in das Boot. Vorsichtig bewegte ich mich rückwärts um mich hinzuhocken. Ich wollte möglichst weit nach hinten, damit sich die Spitze des Bootes leicht vom Ufer lösen würde. Aber je weiter es nach hinten ging, um so enger war die Aushöhlung des Baumstammes. Ich musste mich etwa in die Mitte quetschen. Beim Versuch, das Boot ins Wasser zu schieben, rutschte Sajjed auf dem wassergetränkten schlammigen Uferboden aus, fiel auf den Rücken und schrie vor Schmerz. Abdulhamid half ihm wieder auf die Beine. Sajjed war mit seinem Oberarm aufgeschlagen und litt noch tagelang daran. Auch mehrere Besuche bei seinem „Physiotherapeuten" – einem afrikanischen Heiler – brachten kaum Erleichterung.

Nun schiebt Mohammed Roba das Boot an, und als es sich vom Ufer löst, springt er hinein. Im selben Moment neigt sich der Baum nach links, und gleich darauf liege ich im Tana-River. „Baah!" fährt es mir durch den Sinn, und das andere wiederhole ich hier nicht. Auch ist der Augenblick der Frustration sehr kurz, denn sofort verspüre ich die wohlige Kühle des Flußwassers, die meinen von der afrikanischen Sonne aufgeheizten Körper von Hitze und Schweiß befreit. Ich stehe auf, wate ein paar Schritte durch das Wasser und steige dann wieder auf das Ufer hinauf, wo ich mich in der Sonne stehend trockne. Das dauert eine Weile. Zwei Buben kommen vorbei und betrachten mich ausgiebig in meiner nassen Kleidung. Dann fahren sie fort, mit Stöcken auf das kniehohe Gras zu schlagen und aufgeschreckte Heuschrecken zu fangen – ihr Mittagessen.

Mohammed Roba hatte sich, als ich in den Fluß gefallen war, mit einem Sprung ans Ufer gerettet – er stand ja noch aufrecht und ganz vorn im Boot – und der Fährmann hatte sich auf sein Paddel gestützt. Er sagte: „*Al-hamdu li-llah* – Gott sei gelobt!" Er meinte, erklärt mir Abdulhamid, Gott sei Dank, daß dies am Ufer und nicht mitten im Fluß geschah. Ja, auch ich hatte „*Al-hamdu li-llah*" gesagt, als ich aus dem Wasser ans Ufer gestiegen war. An Krokodile allerdings hatte ich nicht gedacht. Erst jetzt kamen sie mir in den Sinn...

Jeder Brunnen, den Muslime helfen in dieser Gegend bauen läßt, verhilft nicht nur den Dorfbewohnern zu sauberem Trinkwasser, erspart nicht nur den Frauen die große Mühsal des Wasserschleppens, sondern schließt nicht zuletzt auch ihre Gefährdung durch Krokodile aus. Denn hier gibt es die Krokodile nicht wie bei uns im Zoo oder im Fernsehen, sondern im Fluß, aus dem man täglich sein Wasser holen muß. Solches Brunnenwasser rettet Leben – auf mehrfache Weise. Und mit einem solchen Projekt befaßt zu sein ist es auch wert, einmal unfreiwillig im Tana-River gebadet zu haben.

Zum Abschluß noch ein Nachtrag: Als ich in den Fluß fiel, hatte ich meine Digital-kamera in der Hosentasche. Nach dem Bad funktionierte die Kamera nicht mehr. Zurück in Deutschland brachte ich sie in ein Fachgeschäft zur Reparatur. Nach einiger Zeit konnte ich sie wieder abholen. Man sagte mir, leider sei der Schaden nicht zu beheben. Beim Aufräumen fand ich die Kamera wieder, mehr als zwölf Jahre später. Daß ich sie überhaupt noch hatte, war mir längst entfallen. Ich nahm den Akku heraus, setzte einen neuen ein und drückte auf den Auslöser. Die Kamera funktionierte, das Bild kam von der alten Speicherkarte, die noch in der Kamera war. Ich lud den alten Akku auf und versuchte es nochmals. Die Kamera funktionierte wieder, *al-hamdu li-llah*. Deshalb mein Rat an alle, die vielleicht ähnlich wie ich einmal in einen Fluß fallen oder die auf andere Weise ihre Digitalkamera wässern: Legt die Kamera an einen ruhigen Ort, vergeßt sie, wartet mindestens zwölf Jahre und holt sie dann wieder hervor. Sie dürfte dann funktionieren. Ich gehe davon aus, daß der Fluß, in dem Eure Kamera badete, nicht unbedingt in Afrika sein muß. Es sollte auch bei anderen Flüssen klappen. Wie es mit Meerwasser ist, müßt Ihr selbst ausprobieren, da habe ich keine Erfahrung und kann für nichts garantieren.

DIE FLEISSIGEN FRAUEN VON CHAMANAMUMA

Vielleicht 100 km nordöstlich vom Küstenort Malindi liegt eines der unzähligen klei-nen Dörfer im Tana-River Distrikt des südlichen Kenia. Es heißt Chamanamuma, der Name kommt aus der Pokomo-Sprache und bedeutet auf Deutsch „Ort am Wasser". Hier leben etwa 800 Menschen in den für diese Gegend typischen Rundhütten oder Behausungen mit Lehmwänden, und hier wurde 2002 einer der ersten Muslime helfen-Brunnen gebaut. Was danach geschah, ist eine bemerkenswerte Geschichte, von der ich kurz berichten möchte. Ich erfuhr davon auf einer Inspektionsreise, bei der ich mir für Muslime helfen selbst ein eigenes Bild von der zufriedenstellenden Durchführung der neuesten Brunnenbauprojekte durch unsere Partnerorganisation Young Muslims Association machen wollte. Da die Route an Chamanamuma vorbeiführte, hielten wir dort kurz an.

Mohammed Roba, der seitens unserer Partnerorganisation die Brunnenprojekte betreut, war vor einigen Jahren Lehrer an einer Madrasa im nächstgrößeren Ort Tarasa. Zwei der Junglehrer stammten aus Chamanamuma, und so erfuhr er von der dortigen Notlage. Eigentlich lag das Dorf am Ufer des Tana-River, doch dieser Fluß hat seinen Lauf gewechselt, und das alte Flußbett war im Zuge der Dürrekatastrophe von 2002 völlig ausgetrocknet. Die nächste Wasserstelle war ein weit entfernter Teich, und von dort mußte alles Wasser ins Dorf gebracht werden. Mohammed Roba besuchte Chamanamuma und empfahl dann den Brunnenbau. Als schließlich im August 2003, drei Wochen nach Baubeginn, die Handpumpe in Betrieb genommen werden konnte und zum ersten Mal sauberes kühles Trinkwasser aus dem Rohr floß, war das der Dorfgemeinde Anlaß zu einem Fest. Der Tradition zufolge erhielt dabei Mohamed Roba eine Ziege zum Geschenk. „Eigentlich hätte sie ja Muslime helfen bekommen müssen", meinte er etwas beschämt, als die Rede darauf kam. Dabei war er doch als unser einheimischer Partner tätig geworden und auch an diesem Festtag stellvertretend für uns da.

Nachdem der Brunnen mit der Handpumpe in Betrieb genommen worden war, schlossen sich einige der Frauen des Dorfes unter der Leitung von Mama Halimah zu einer kleinen Fraueninitiative zusammen, die sie „Mazingera Frauengruppe" nannten. „Mazingera", ein Swahili-Wort, bedeutet „Umwelt", und der Gruppe gehören zur Zeit 26 Mitglieder an. Denn es waren in erster Linie die Frauen, die von dem Brunnen besonderen Nutzen hatten. Darum wollten sie sich auch gern darum kümmern. Die jetzige Leiterin von „Mazingera", Frau Safija Ali, erklärte:

„Für mehr als ein Jahr gab es kein Wasser aus dem Fluß. Wir mußten das Wasser aus über sieben Kilometer Entfernung holen. Hin und zurück sind wir dazu täglich 15 Kilometer gelaufen. Es gab große Freude und Feiern, als wir nun zum ersten Mal wirklich sauberes Trinkwasser hatten. Flußwasser ist ja verschlammt und muß erst lange stehen, bevor man es überhaupt gebrauchen kann. Auch die Angst vor den Krokodilen gibt es nicht mehr, seit wir das Wasser nicht mehr aus dem Fluß schöpfen müssen. Die Kinder leiden viel weniger unter Magen- und Darmerkrankungen. Und wir Frauen haben mehr Unabhängigkeit, denn wir haben jetzt nicht mehr die Pflicht, das Wasser von so weit weg zu holen."

Ich bat die Frauen, mir eine Frage zu erlauben und sie mir nicht zu verübeln, falls sie unpassend sein sollte. Dann sagte ich: „Warum müssen denn die Frauen das Wasser herbeitragen?" – „Der Mann oder die Kinder werden das Wasser nur dann holen, wenn die Frau sehr krank ist", kam die Antwort. „Andernfalls ist das die Aufgabe der Frau, das ist unsere Tradition, die wir nicht ändern können." Die Grenze des Zumutbaren wollte ich nicht überschreiten, aber dennoch fragte ich nach: „Ist das eine gute Tradition?" Die Frauen schwiegen etwas verlegen, dann sagte eine von ihnen: „Es ist unsere dustur, wir können sie nicht ändern!" Dustur bedeutet eigentlich „Verfassung" und hier das feste Regelwerk von Grundsätzen, nach denen das Leben der Menschen in den afrikanischen Dörfern geordnet ist.

„Das Wasser aus dem Brunnen verwenden wir zum Kochen der Speise und zum Trinken. Außerdem können wir nun wieder ordentlich baden und unsere Kleidung waschen. Und schließlich gebrauchen wir es zum Bewässern."

Denn man habe bald mit viel Begeisterung den Plan gefasst, mit dem beim Abpumpen immer wieder überschüssigen Brunnenwasser ein kleines Bewässerungsprojekt anzulegen. Unsere Partnerorganisation ermutigte die Frauen dazu, ein kleiner Graben wurde angelegt, durch den das Wasser von der Pumpe zu einem nicht weit entfernten kleinen Garten geleitet werden konnte. Nachdem dieser mit Hilfe von Ästen und Zweigen eingezäunt war, beschafften unsere Partner den Frauen Saatgut im Wert von 4000 Kenia-Schillingen und ließen dieses aus Malindi ins Dorf bringen. Die Frauengruppe fing nun an, Tomaten, Spinat und grüne Chillies zu ziehen, die mit Hilfe des Brunnenwassers zu erntereifen Pflanzen gediehen und von den Frauen verkauft wurden. „Zwei aus unserer Gruppe", so berichtete mir Frau Safija Ali weiter, „sind dafür zuständig, mit den Feldfrüchten auf den Markt nach Malindi zu fahren. Morgens um 6.00 fährt hier ein Matatu, ein Kleinbus, ab, der nach etwa 3 Stunden in Malindi ankommt, und abends sind sie wieder zurück im Dorf."

Zwei Jahre später kamen die Frauen mit einem Stoffbündel. „Wir dachten, darin sei ein kleines Geschenk für uns, wie es Besucher üblicherweise von den Dorfbewohnern erhalten", erinnerte sich Abdul Hamid Slatch, der auch dabei war. „Als wir das Tuch öffneten, sahen wir lauter Geld darin, Münzen und Scheine." – „Das gehört euch", sagten die Frauen, „Es ist für das Wasser und das Saatgut, das wir euch verdanken." Es waren 18 000 Kenia-Schillinge, knapp 180 Euro, von der Frauengruppe durch ihren Gemüseanbau erwirtschaftet. Ein riesiges Vermögen für die Menschen im Dorf. Natürlich war die Antwort: „Nein, es gehört euch, ihr habt es verdient".

Die Frauen waren hoch erfreut, und ihre Begeisterung wuchs weiter. Sie wollten auf einem noch größeren Stück Land noch mehr anbauen, doch dazu sei ein weiterer Brunnen erforderlich. Schon mein Sohn Sulaiman von Denffer, der 2004 die Brunnenbauprojekte von Muslime helfen betreute und Chamanamuma besucht hatte, war beeindruckt gewesen und sagte zu. Die geeignete Stelle wurde gefunden und auch dieser Brunnen gebaut. Heute sah ich in den beiden Gärten der fleissigen Frauen von Chamanamuma Kürbisse, Tomaten, Spinat, Zwiebeln, Chillies, Auberginen, Kasava und Rosmarin.

Die Young Muslim Association schlug nun den Frauen vor, es mit Kleinviehzucht zu versuchen. Von dem eingenommenen Geld wurden also Tiere gekauft. Heute gehören der „Mazingira"-Fraueninitiative von Chamanamuma 16 Ziegen und fünf junge Bullen, die gemästet und später verkauft werden sollen.

In ihrer Kasse haben die Frauen schon wieder 15 000 Kenia-Schillinge (knapp 150 Euro). Als nächstes möchten sie eine Maismühle anschaffen, mit der nicht nur das Maismehl für die Dorfbewohner, sondern auch für viele andere Menschen aus der Umgebung hergestellt werden kann. Doch bis dahin ist es noch ein weiter Weg. Für eine motorbetriebene Mühle würden etwa 180 000 Kenia-Schillinge (knapp 1800 Euro) benötigt. Ein Kilogramm Maismehl mahlen zu lassen kostet 5 Kenia-Schillinge, und gäbe es eine Maismühle im Dorf, müsste man keinen weiten Weg auf sich nehmen und könnte zugleich die Einnahmen für weitere gemeinschaftliche Vorhaben verwenden.

Und nicht zuletzt: Das Beispiel von Chamanamuma macht Schule. Auch im Dorf Simikaro, wo Muslime helfen ebenfalls zwei Brunnen anlegen ließ, haben, wie zu erfahren war, die Frauen auf Empfehlung der Young Muslim Association begonnen, Gemüse, vor allem Mais und Bohnen, anzubauen und so inzwischen 35 000 Kenia-Schillinge zusammengebracht, und im Dorf Nduru besitzen die Frauen derzeit vier Kühe, die sie gemeinschaftlich versorgen.

Dies also sind einige der Folgen, die ein Brunnenbau in Kenia nach sich ziehen kann. Mir scheint, Allahs Segen, der darin liegt, ist unübersehbar.

NACH BENGKULU KOMMEN KEINE HILFSORGANISATIONEN

Das Modell Toyota, in dem wir fahren, kenne ich noch aus den 80er Jahren. Irgend etwas klirrt verdächtig, vermutlich das Getriebe. Klima-Anlage hat das Auto nicht, halb geöffnete Fenster lassen stattdessen einen feuchtwarmen Luftstrom herein, gemischt mit den Abgasen der schwerfälligen, tief brummenden Lastwagen und der flinken, laut knatternden Motorräder um uns herum. Auf dem Gesicht entsteht so im Laufe der Fahrt ein langsam immer dunkler werdender Film aus Schweiß und Abgasfeinstaub. Am Steuer sitzt Scharafuddin, Abgeordneter im Provinzparlament für die „Partai Bulan Bintang". Wir fahren auf der Küstenstraße von Bengkulu nach Norden. Bengkulu ist eine der Provinzen Indonesiens. Sie gilt als die am meisten zurückgebliebene und am wenigstens geförderte Provinz auf der Insel Sumatra. „Die Bevölkerung ist über 95% muslimisch", sagt Scharafuddin. Bengkulu heißt auch die Provinzhauptstadt, von der aus wir aufgebrochen sind.

Am 1. Ramadan des Jahres 2007, kurz vor dem Abendgebet, gab es hier ein Erdbeben, von dem die Außenwelt kaum Notiz genommen hat. „Ich weiß nicht warum, aber nach Bengkulu kommen keine Hilfsorganisationen", sagt Ade Salamun, der hier im Dorf Desa Luduk Lesung zusammen mit Scharafuddin und anderen Helfern im

Ramadan Lebensmittelpakete an besonders bedürftige Erdbebenopfer verteilt hatte, eine Aktion im Rahmen des Ramadanprogramms von Muslime helfen. Noch ein paar Kilometer weiter, hinter dem kleinen Ort Lais, biegt rechts ein schmaler Weg von der Küstenstraße ab, führt für ein Stück am Flußufer entlang und dann auf einen Hügel hinauf. Oben an einer Wegkreuzung stehen rechts und links aus Holzgerüsten und Plastikplanen gebaute Notunterkünfte. Dieser Ort heißt „Air Padang". Hier haben sich nach dem Erdbeben 16 Familien eine erbärmliche Bleibe geschaffen, etwa 100 Personen sind es insgesamt. Ihre Häuser weiter unten an der Küste sind zusammengestürzt und nicht mehr bewohnbar. Hier oben wollen sie nun bleiben, sagen sie. Unten ist es zu gefährlich, sie haben Angst vor einer Flutwelle, die das nächste Erdbeben auslösen könnte. Ein richtiger Tsunami sei es zwar nicht gewesen, dennoch habe eine ungewöhnlich hohe Welle erheblichen Schaden verursacht. Gerade kommt ein kleiner Tankwagen und bringt frisches Trinkwasser. Dafür zumindest sorgt die zuständige Bezirksverwaltung. Es wird in zwei große Behälter gefüllt und reicht wieder für ein paar Tage. Aber ansonsten ist es hier oben trostlos. Zum Baden und Kleiderwaschen geht man zum Fluß. Elektrizität gibt es nicht, gekocht wird auf Holz. Man sitzt teils auf Stühlen, die aus den eingestürzten Häusern stammen, und teils auf primitiven, selbstgemachten Bambusrohrbänken.

Da ist Herr Mawardi, 52 Jahre alt. Er hat vier Kinder und zwei Enkelkinder. Von Beruf ist er Landwirt, hat Gummibäume. Er ist in gewisser Weise der Verantwortliche für die 16 Familien, die übrigens alle irgendwie, zumindest weitläufig, verwandt sind. Das Stück Land hier oben gehört ihm, und er hat alle mit hierher gebracht. Da ist Herr Ramadani, 35 Jahre, verheiratet und ein Kind. Er ist Arbeiter. „Ich mache jede Arbeit", sagt er, und fügt hinzu: „Jede Arbeit, die *halal* ist." Und da ist Herr Lukman, ein Fischer, 34 Jahre alt, verheiratet und drei Kinder. Insgesamt, sagt man mir, gibt es hier vierzig Kinder. Ich frage nach ihrem Gesundheitszustand. Der sei gut, niemand sei krank, heißt es. Dies war schon mein oberflächlicher Eindruck von den Kindern, die ich hier sehe. Ich frage weiter: Welche unmittelbaren Schwierigkeiten gibt es, abgesehen davon, daß sie keine Häuser mehr haben. Es fehlt an Essen, erfahre ich, insbesondere Reis wird benötigt, Öl und Zucker. Eine der Frauen erwähnt auch Kaffee, aber die Männer wehren ab. Wirklich nötig habe man Kaffee nicht, aber wie gesagt, vor allem fehlt Reis. Eine durchschnittliche Familie verzehrt davon im Monat 60 kg, 3 kg Öl und 4 kg Zucker. Ich rechne mit: 60 kg sind 2 kg pro Tag. Auf den ersten Blick scheint das viel, aber hier ißt man kaum etwas anderes als Reis mit verschiedenen Beilagen wie Gemüse oder Fisch, Reis zum Frühstück, Reis zum Mittagessen, Reis zum Abendessen, das sind etwa 660 g pro Mahlzeit und damit bei 6 Personen 110 g pro Person. Ja, die Frau, die das sagte, hat durchaus richtig gerechnet!

Wie lange sie denn noch unter diesen Planen hausen müssen, frage ich dann. Keiner weiß eine Antwort darauf. Wir bräuchten Baumaterial, sagen die Männer, dann könnten wir uns selbst weiterhelfen, einfache Holzhäuser bauen, 6 x 4 Meter, mit Zinkdach. Den genauen Preis aber müßte man erst herausfinden. Gut, sage ich, tut das, sagt uns, was dieses Baumaterial kosten soll.

Ich vereinbare mit unseren Helfern vor Ort: Wir wollen jeder der 16 Familien eine Monatsration Reis, Öl und Zucker liefern, das ist etwas Konkretes, das sich schon in Kürze und ohne großen Aufwand machen läßt. Und was die Behausungen angeht, sagt Ade Salamun, könnte das Baumaterial pro Haus bei etwa 6 Millionen Rupiah liegen. Das wären etwa 450 Euro. Scharafuddin fügt hinzu: Auch wenn sie alle zusammengehören, zur Sicherheit soll Herr Mawardi jeder Familie schriftlich bestätigen, daß sie auf dem Land bleiben darf, wenn sie dort ein Holzhaus gebaut hat. Er will uns darüber und über die Baumaterialkosten Bescheid geben. Danach sollte es nicht mehr allzu lange dauern, bis die Häuser stehen. Es wäre schön, denke ich, nachdem wir uns verabschiedet haben, wenn sie zum kommenden Opferfest, gegen Ende Dezember, schon so weit wären. An Muslime helfen jedenfalls soll es nicht liegen...

2008

KENIA FLÜCHTLINGE IN UGANDA

Wie uns aus dem östlichen Grenzgebiet von Uganda berichtet wurde, haben die Unruhen nach den Wahlen in Kenia dazu geführt, daß auch mehrere Tausend Flüchtlinge im benachbarten Uganda Zuflucht gesucht haben. Die dortigen Behörden halten sie davon ab, sich auf den Weg ins Landesinnere zu machen und bringen sie, da gerade Schulferien sind, in Schulgebäuden grenznaher Ortschaften unter. Insofern haben die Flüchtlinge Glück im Unglück. Allerdings ist die Versorgung mit Lebensmitteln bislang völlig unzureichend. In der Grundschule in Busia, an der Hauptstraße, die von Kenia nach Uganda führt, sind 575 Flüchtlinge untergekommen. Eine zuständige Rotkreuz-Mitarbeiterin teilte mit, sie habe zunächst nur einen Sack frische Kartoffeln als Spende erhalten. Nach Auskunft des Bürgermeisters ziehen manche der Flüchtlinge bettelnd durch die Straßen. Muslime helfen unterstützt deshalb ein Lebensmittelhilfeprogramm des örtlichen Mpogo Islamischen Zentrums im Bezirk Sironko, nordöstlich von Busia. Im dortigen Grenzgebiet zu Kenia sollen insgesamt etwa 2200 Flüchtlinge, davon gut die Hälfte Kinder, mit einem Wochenbedarf von 5 kg Maismehl und 2 kg Bohnen versorgt werden. Man hofft, daß die Flüchtlinge nach zwei bis drei Wochen zurückkehren können. Für die erste Hälfte dieser drei Wochen hat Mh bereits den Betrag von 4500 Euro bereitgestellt. Falls erforderlich, soll auch weiter geholfen werden.

MERKWÜRDIGE MENSCHEN

Wir sind im Mpogo Islamischen Zentrum (MIC) in Uganda. Zwei alte Männer gehören zu den Gründungsmitgliedern – Schaich Maazi Zaidi, zugleich der Haupt-förderer, ist Kaufmann. Hussein Dschombo betreibt eine Maismühle, Schaich Mtwalibi Kafo, der Vorsitzende, ist ebenfalls Händler, aber auch Transportunternehmer. Im Halbdunkel der bescheidenen Räume ist es etwas weniger heiß als draußen, und später, als ein kurzer aber kräftiger Regenguß auf das Wellblechdach prasselt, kommt sogar ein frischer Luftzug durch Fenster und Türen. Schaich Kafo hat eine Begrüßungsrede vorbereitet, er gibt mir ein Exemplar davon in die Hand, damit ich mitlesen kann, während er sie vorträgt. Mich erstaunt auf gewisse Weise, aber dann doch nicht wirklich, zu hören, daß ich in ihrem Islamischen Zentrum der erste ausländische Besucher überhaupt bin.

Dann gehen wir gemeinsam den Projektabschlußbericht durch, es geht um Lebensmittelverteilung in Form von Maismehl, dem örtlichen Hauptnahrungsmittel, an Flüchtlinge aus Kenia, die bei Lwakhakha, Malaba, Mount Elgon und Chebukube über die Grenze nach Uganda gekommen waren. Insgesamt wurden 2252 Personen versorgt, 5 kg Maismehl pro Kopf (von Kleinkindern abgesehen) und pro Woche, für insgesamt drei Wochen, vom 10. Januar bis 3. Februar. Muslime helfen hatte dafür 7995 Euro zur Verfügung gestellt, die komplett für den Kauf der 32 Tonnen Maismehl verwendet werden konnten, weil das MIC die sonstigen Kosten für Transport, Verteilung usw. selbst getragen hat. Ebenfalls aus eigenen Mitteln finanzierte das MIC 10 Tonnen Bohnen und half weiterhin durch Verteilung von Decken, Töpfen, Wasser, Seife, und beglich die Kosten für erforderliche ärztliche Versorgungen.

Der Betrag von 7995 Euro mag im Vergleich zu dem, was zur Versorgung der Flüchtlinge insgesamt aufgewendet werden muß, gering erscheinen. Aber das Bedeut-same daran ist: Dieser Betrag wurde eingesetzt, als sonst noch niemand half. So wurde die Ernährung von über 2000 Flüchtlingen gesichert und verhindert, daß diese armen Menschen notgedrungen bettelnd umherziehen mußten. Die örtlichen Behörden waren zwar in der Lage, provisorisch ein paar Schulgebäude freizumachen, um die Flüchtlinge dort unterzubringen, aber in keiner Weise darauf vorbereitet, diese Menschen auch mit Nahrung und Kleidung versorgen zu müssen. In einem Zeitungsbericht hieß es: „Manche der Verzweifelten sind dazu übergegangen, durch die Straßen zu ziehen und zu betteln, um Essen an Häusern und Essensreste von den wenigen Gaststätten, die noch offen sind."

Den großen Hilfsorganisationen, auch den muslimischen, mag diese Katastrophe zu klein gewesen sein, um sich hier zu engagieren. Von irgendwelchen anderen muslimischen Hilfsorganisationen sah ich keine Spur. Wer gern als „global player" wahrgenommen werden möchte, muß da in Erscheinung treten, wo die Medien präsent sind. Hinter der Grenze von Kenia, in Uganda, waren die Medien nicht. Aber die Unterstützung von Muslime helfen war da, als sie gebraucht wurde, rechtzeitig, ohne allzu großen Aufwand, auf bewährte Weise mit Hilfe einer örtlichen Partnerorganisation eben.

In der jetzigen Situation ist das Engagement von Muslime helfen nicht wirklich mehr zwingend erforderlich. Die Regierung von Uganda und das Flüchtlingshilfswerk der Vereinten Nationen sind tätig geworden, haben sich der Flüchtlingsfürsorge angenommen und würden aus nachvollziehbaren Gründen ein Mitwirken Anderer nur unter ihrem Dach gestatten, d.h. in enger Koordination, die ihrerseits wiederum einen erhöhten Verwaltungsaufwand für alle Beteiligten verursachen müßte. Natürlich brauchen diese bedauernswerten Menschen weiterhin Unterstützung und Hilfe, keine Frage, aber jetzt, unter den veränderten Umständen, ist es nicht mehr wirklich erforderlich, daß Muslime helfen dies leistet. Unser Beitrag wurde geleistet, als sonst niemand mithalf, jetzt sind Andere für weitere Hilfe besser geeignet als wir.

Im Büro des MIC erfahre ich auch, daß Ahmet, der Sekretär, gestern (!) Muslim geworden ist. „*Al-hamdu li-llah*" sage ich und frage „Wie das?" – „Er war Christ und hieß Enor", wird mir erklärt, „er hat sich lange mit dem Islam befaßt und viel gelesen. Und da war ein Buch, das den Ausschlag gegeben hat", fährt der Vorsitzende Schaich Kafo fort. Er greift aus einem verstaubten Regal ein zerfleddertes Buch heraus. Es hat einen grünen Umschlag und trägt den Titel „'Ulum al-qur'an. Introduction to the sciences of the Qur'an." An so etwas hätte ich nicht gedacht – hier, am östlichen Zipfel von Uganda, im Busch darf man sagen, so ein Buch! Ich sage noch einmal „*al-hamdu li-llah.*" Der Sekretär Ahmet selbst ergänzt: „Ich kannte diese Organisation von Anfang an. Ich war einer der ersten, denen sie geholfen hat, da ging ich noch zur Schule. Ich habe dann auch immer mitgeholfen, wenn es ging. Jetzt bin ich in der Distrikt-Justizverwaltung tätig und sehr froh, weiterhin praktisch mitarbeiten zu können." Die Geschichte von Ahmet war erstaunlich. Mir wäre nicht in den Sinn gekommen, ausgerechnet hier ein Exemplar meines vor über 20 Jahren veröffentlichten Buches vorzufinden, geschweige denn, welche Folgen dies haben sollte. Ich bin ja bekanntlich nicht auf den Mund gefallen, aber jetzt genügte es mir, voll Erstaunen und aus ganzem Herzen, noch einmal zu sagen: *„al-hamdu li-llah.“*

Von verschiedenen kleineren provisorischen Auffangstätten, wo die Flüchtlinge aus Kenia anfangs untergebracht waren, wurden sie schließlich nach etwa drei Wochen an einen zentralen Ort gebracht. Dort hat die Regierung mit Unterstützung des Flüchtlingshilfswerks der Vereinten Nationen ein Zeltlager aufgebaut. Hunderte von Zelten gibt es hier, dazu Wassertanks, Latrinen und was sonst noch zur Grundausstattung gehört. Alle etwa 3000 Flüchtlinge sind an diesem Ort, nicht weit von der Grenze, doch in einer recht abgelegenen Gegend, etwa zehn Kilometer von der Stadt Tororo entfernt, im Gemeindebezirk Mulanda, auf dem Gelände eines Polytechnischen Lehrerbildungszentrums.

Größere Lager für Flüchtlinge mögen ihre Vorteile haben, insbesondere für die Organisationen, die sie betreuen. Alle, die versorgt werden müssen, sind an einem Ort, Lebensmittel, Wasser, Medikamente beispielsweise können in größeren Mengen beschafft, zentral gelagert und nach Bedarf ausgegeben werden. Aber solche Lager haben auch ihre Nachteile. Je mehr Menschen an einem Ort, um so leichter verbreiten sich Krankheiten. Auch ist die Versorgung trotz Zentralisierung nicht immer optimal. Ich habe Hunderte von Zelten gesehen, aber keine Moskitonetze, obwohl hier Malariagebiet ist. Auf einem Plakat steht zu lesen: „Vergewaltigung ist ein Schwerverbrechen. Laßt es nicht zu!“

Und wie sieht die Zukunft all dieser Menschen aus? Das hängt vor allem von der weiteren Entwicklung in Kenia ab. In diesem großen Sammellager sind sie nun schon einen ganzen Monat untergebracht, für das Allernotwendigste ist gesorgt: Grundnahrungsmittel (Maismehl und Bohnen), ein paar Kleidungsstücke, eine Zeltbehausung stehen allen zur Verfügung. Ansonsten fehlt fast alles: Kein Zucker, kein Paraffin für die Lampen…

Wir gehen ziellos zwischen den Zelten umher. Plötzlich steht eine ältere, hagere Frau vor uns, strahlt über das ganze Gesicht und begrüßt mit sichtbarer Freude meine Begleiter vom MIC. Sie gehöre zu den Flüchtlingen, die anfangs vom MIC versorgt wurden, wird mir gesagt. Sie führt uns weiter durch das Lager bis zu dem Zelt, das hier als Bleibe für sie und ihre vier Kinder dient. Frau Khadidschah Masera ist 52 Jahre alt und seit 1994 Witwe. Sie stammt aus einem kleinen Ort im Tesso Distrikt Kenias, 13 km von der Grenze entfernt. Sie floh zu Fuß am 31. Dezember und erreichte Uganda am 1. Januar. Die Grenzpolizei brachte sie und ihre vier Kinder, mit denen sie unterwegs war, in einem Kleinbus, nach Lwakhakha, wo eine geräumte Schule für sie und zahlreiche andere Flüchtlinge die erste Bleibe bot. Dorthin kamen auch die Helfer vom MIC. Khadidschah betrieb eine kleine Landwirtschaft, die aber doch so viel einbrachte, daß sie allen vier Kindern den Schulbesuch ermöglichen konnte. Ihre Kinder sind Haschim 17, Adam 13, Mosa 11 und Zainab 9 Jahre alt.

Bei Khadidschahs Kindern treffen wir auch auf Beti Kituku, eine jüngere Frau. Sie hat zwei Töchter, die vierjährige Rebekka und Elisabeth, anderthalb Monate alt. Elisabeth wurde drei Tage vor der Flucht aus Kenia geboren. Beti und Khadidschah waren Nachbarn gewesen. Beti handelte mit gebrauchter Kleidung, ihr Ehemann Joschua Motoku, 30 Jahre, war Tankwart an einer Tankstelle. Seit dem „Vorfall", sagt sie, hat sie ihn nicht mehr gesehen, sie weiß nichts über ihn, nicht wo er ist, nicht einmal, ob er noch lebt. Nachdem Beti im ersten provisorischen Lager, einer Grundschule in Malaba, in Sicherheit war, bekam die kleine Elisabeth, nun gerade fünf Tage alt, Lungenentzündung. Die Helfer vom MIC, die am 3. Januar auch dieses Flüchtlingslager besuchten, um festzustellen, was sie dort tun könnten, entdeckten das todkranke Kind, brachten es ins örtliche Krankenhaus und beglichen auch die Rechnung für die Behandlung. Zuerst am Tropf, später mit Injektionen und Medikamenten gestärkt, konnte die kleine Elisabeth nach einer Woche wieder zu ihrer Mutter zurück. Jetzt geht es ihr vergleichsweise gut, sagt die Mutter, aber gesund ist sie noch immer nicht. Die Nase sei verstopft, das Atmen nicht normal, und auch das Stillen bereite Probleme. Was denn der Arzt im hiesigen Lager tue, frage ich. Man habe ihr Milchpulver für das Baby gegeben, aber bisher noch nichts gegen die Atemprobleme. Ich sehe das Elend: Das Wasser, mit dem das Milchpulver für die kleine Elisabeth angesetzt wird, muß in einem Topf über einem brennenden Holzscheit am Boden zum Kochen gebracht werden. Außerdem erfahre ich, daß die kleine Elisabeth jetzt auch noch einen Hautausschlag bekommt, es gebe keinen Puder und auch nicht ausreichend Seife. Ich bin froh, daß sich beides besorgen läßt…

Der „Vorfall" – vorsichtig versuche ich herauszufinden, was geschehen war: Warum mußten die Leute überhaupt fliehen? Warum wurden sie denn angegriffen? Es wurde behauptet, sagen die Frauen, daß der Stamm Kamba, dem sie angehören, den Stamm der Kikuju unterstütze, der wiederum den Stamm Dschaluo um den Wahlsieg betrogen habe. Offenbar gab es eine Art Protestdemonstration, eine Menge Leute zog aufgebracht los, dann, so berichtet Khadidschah, stürmten plötzlich Menschen ihr Haus, zündeten es an, stachen ihr Kleinvieh ab, rannten mit ihren Vorräten an Maismehl, Bohnen und allem sonst davon. Khadidschah ergriff die Flucht.

Ganz genau so geschah es wohl mit dem Nachbarhaus. Beti Kituku saß mit ihrem Mann beim Mittagessen, als die Demonstranten und Plünderer eindrangen. Sie habe ihre ältere Tochter bei der Hand und ihr Neugeborenes auf den Arm genommen und sei davongelaufen, sie zur einen Seite, ihr Mann zur anderen. Das sei am 31. Dezember gewesen, etwa um zwei Uhr nachmittags. Sie habe nichts mitnehmen können, nur ihre beiden Kinder und die Kleider, die sie anhatten, und sich anderen Flüchtlingen angeschlossen, die in Richtung Uganda loszogen. Von ihrem Mann habe sie seither keinerlei Nachricht. Und ihre Nachbarin Khadidschah habe sie dann später im Flüchtlingslager gefunden, wo die Menschen nach ihren vermißten Angehörigen zu suchen begannen. „Seither sind wir zusammen", erklärt Khadidschah, und wie selbstverständlich fügt sie hinzu, „wir bleiben es auch. Jetzt sind wir eine Familie."

Die wahren christlich-muslimischen oder muslimisch-christlichen Beziehungen finden nicht auf Tagungen und Konferenzen statt, so interessant und vielleicht sogar manchmal nützlich diese sein mögen. Denn bei solchen Veranstaltungen geht es in der Regel erst einmal darum, überhaupt die Voraussetzungen für diese Beziehungen zu schaffen. Die wahren christlich-muslimischen Beziehungen werden auch nicht von ausländischen Organisationen aus Europa nach Afrika oder sonst wohin in die muslimische Welt vermittelt, so bedeutsam solchen Organisationen derartige Initiativen auch vor dem Hintergrund der eigenen Umstände erscheinen mögen. Die wahren christlich-muslimischen Beziehungen werden vielmehr von gläubigen Menschen vor Ort im Alltag gelebt, praktisch, ohne viel Aufhebens davon zu machen, schlicht und bescheiden, still und wirksam. Die Welt ist voller merkwürdiger Menschen – merkwürdig im eigentlichen Sinn des Wortes: würdig, d.h. wert, daß man sie bemerkt. Nur weil uns von so vielen Seiten schon vorgegeben wird, wen wir wahrzunehmen haben, nehmen wir diese wirklich Merkwürdigen nur selten wahr. Bemerkenswerte Menschen, wirklich bemerkenswerte – Schaich Kafo und seine Helfer, Ahmet, der bis gestern noch Enor hieß, Khadidschah Masera, die kleine Elisabeth mit ihrer Mutter, und die vielen anderen im Osten Ugandas an der Grenze nach Kenia…

NEUES VOM PROJEKT OLIVENBAUM

Unser Projekt Olivenbaum im palästinensischen Khan Younis wird trotz der schwierigen Lage im Land fortgesetzt. Nach dem Erwerb eines 1000 qm großen Grundstückes im Jahr 2006 wurde hier eine Olivenbaumschule aufgebaut. Inzwischen sind schon 7000 Setzlinge großgezogen worden. Um die kleinen Olivenbäumchen kümmert sich ein Team aus zehn Mitarbeitern. Sie alle haben hier auf der Plantage einen Arbeitsplatz gefunden.

Zwischen dem 5. und 8. Juli 2007 fand die Verteilung der ersten 1000 Bäumchen statt. 50 Bauern erhielten je 20 Setzlinge. Nun müssen sie diese in den kommenden

Jahren pflegen und erhalten so die Chance, in Zukunft durch die Ernte etwas zu ihrem Lebensunterhalt hinzuzuverdienen. Unsere Partnerorganisation vor Ort, Al-Huda, unterrichtet die Bauern über die Pflege der Bäume. Nachdem die ersten Setzlinge bereits verteilt sind, wird nun die zweite Baumserie herangezüchtet. Die Verteilung dieser Bäumchen kann in Kürze erfolgen, wenn die Setzlinge die geeignete Größe erlangt haben.

Unser Projekt hat inzwischen auch bei der UNRWA (United Nations Relief and Works Agency), einer Einrichtung der Vereinten Nationen, großes Interesse geweckt. Vertreter dieser Organisation, die sich seit den 50er Jahren um palästinensische Flüchtlinge kümmert, haben am 12. April unsere Olivenbaumschule aufgesucht und die Arbeit vor Ort begutachtet. John King, der UNRWA-Direktor, bedankte sich ausdrücklich für die Unterstützung von Muslime helfen und würdigte zugleich die Arbeit, die unsere Partnerorganisation Al-Huda hier leistete und immer noch leistet. Glücklicherweise ist das Projekt trotz der schwierigen Situation im Gazastreifen nicht gefährdet. Beten wir, daß es dies auch in Zukunft so sein wird.

WAISENHAUSBAU IN SRI LANKA FERTIGGESTELLT

Der 7. August 2008 soll uns, den Freunden, Spendern und Mitarbeitern von Muslime helfen, den Angehörigen der Hassanath Stiftung in Sri Lanka und insbesondere den Waisen in Kinniya, als ein Tag besonderer Freude in Erinnerung bleiben. An diesem Tag konnte in meinem Beisein das neu errichtete Gebäude des Waisenhauses für Jungen eröffnet und seiner Bestimmung übergeben werden. Zusammen mit dem ebenfalls von Muslime helfen erbauten benachbarten Waisenhaus für Mädchen, das schon seit dem 27. August 2006 in Betrieb ist, besteht damit nun eine Gesamteinrichtung zur Betreuung und Förderung von Waisenkindern, die in der gesamten Ostprovinz Sri Lankas ihresgleichen sucht. Zutiefst sind wir Allah dankbar, der es uns ermöglichte, dieses herausragende Projekt zu einem erfolgreichen Abschluß zu führen.

Zur Einweihungsfeierlichkeit waren nicht nur die Waisenkinder und ihre Betreuer gekommen. Moulana Hassan Azhari, der Begründer des Hassanath Waisenhauses, hatte diesmal auch verschiedene Persönlichkeiten des öffentlichen Lebens eingeladen. Den ausgesprochen weiten und strapaziösen Weg von Colombo an der Südwestküste quer über die Insel nach Kinniya an der Nordostküste hatte sogar der 88 jährige Minister für Parlamentsangelegenheiten Alhadsch M.H. Mohamed auf sich genommen. Ebenso nahm A. Muhseen, der Sekretär des Ministers für Kooperativenentwicklung teil, gleichfalls die Minister der Ostprovinz S. Chandrakanthan (Ministerpräsident) und M. Hizbullah (Gesundheit und Sport). Der Präsident des Landes Sri Lanka hatte ein Grußwort geschickt, das in einer anläßlich der Eröffnung vorbereiteten Broschüre abgedruckt wurde. Darin heißt es: *„Ich freue mich, anläßlich der Eröffnung des Heims für Jungen in Kurinchankerni in Kinniya, erbaut auf Initiative der Hassanath Stiftung, dieses Grußwort zu übersenden. Dieses Heim, in dem 100 Waisenjungen untergebracht werden, folgt einem gleichen Heim für 100 Mädchen, das 2006 eröffnet wurde, die beide Kindern Unterbringung und Fürsorge bieten, die durch den Tsunami vom Dezember 2004 und Angriffe von Terroristen auf Familien zu Waisen wurden. Sie erhalten Erziehung, medizinische Versorgung und fachliche sowie sportliche Ausbildung, um in einer sicheren und gesunden Umgebung aufzuwachsen... Ich weiß die Rolle von Muslime helfen aus Deutschland zu würdigen, die großzügig Unterstützung mit zusammen über 50 Millionen Rupien für diese beiden Waisenprojekte im Distrikt Trincomalee geleistet haben; und danke dem Vorsitzenden von Muslime helfen Deutschland, dessen Anwesenheit bei dieser Feier die starken Bande der Freundschaft zwischen Deutschland und Sri Lanka zum Ausdruck bringt. Ich ...wünsche den beiden Waisenhäusern und den darin betreuten Kindern allen Erfolg. Mahinda Rajapaksa, Präsident Republik Sri Lanka. "*

Nach der Besichtigung des Gebäudes und der Begrüßung sangen die Kinder Willkommenslieder und trugen Gedichte vor. Die kleinen Mädchen zeigten ihr Können im Tanz, ältere Jungen im Sport. Auch wurden verschiedene Ansprachen gehalten. Ich bat die Anwesenden, sich an die enge Verbindung zu erinnern, die zwischen dem Wort Islam und Frieden besteht und sich dieses Zusammenhangs auch bei der Arbeit in den Waisenhäusern bewußt zu sein. Die Kinder fragte ich, ob sie sich noch an meinen letzten Besuch erinnerten – ja, klang es zurück. Und ob sie noch wüßten, was ich damals mitgebracht hätte – ja, Äpfel, riefen sie. Und ob sie damals vielleicht etwas anderes lieber als Äpfel bekommen hätten – ja, Schokolade, hieß es im Chor, und die Begeisterung war unüberhörbar, als ich sagen konnte: Diesmal habe ich Schokolade für euch mitgebracht…

Muslime helfen hatte anläßlich der Eröffnungsfeier auch noch weitere kleine Hilfsmaßnahmen für Bedürftige aus der Umgebung der Waisenhäuser vorbereiten lassen. So wurden im Rahmen eines Erwerbsförderungsprojekts jeweils 10 Pakete mit Tischlerwerkzeug, 10 Pakete mit Maurerwerkzeug, 15 Fischernetze und 10 Fahrräder für Kleinhändler an zuvor ausgewählte Empfänger übergeben, die so mit den notwendigen Hilfsmitteln ausgestattet sind, um mit Einkünften aus entsprechenden Arbeiten sich und ihre Familien versorgen zu können. Weil sich das Kleinvieh-zuchtprojekt von Muslime helfen bewährt hat, wurden zudem insgesamt erneut 250

Ziegen an 50 bedürftige Familien verteilt, denen so ebenfalls zu einem Lebenserwerb verholfen wird. Schließlich erhielten zahlreiche Arme noch Päckchen mit Fleisch von Ziegen, die namens verschiedener Spender von Muslime helfen geschlachtet worden waren. So war der 7. August 2008 in Kinniya ein Tag großer Freude nicht nur für die Waisenkinder, sondern zusätzlich auch noch für viele hilfsbedürftige Familien. Möge Allah das Bemühen aller annehmen, die zur Verwirklichung all dessen beigetragen haben.

WAISENPROJEKT GARUT WIRD FORTGESETZT

Wie schon in den vergangenen Jahren unterstützt Muslime Helfen auch 2008 in Zusammenarbeit mit der örtlichen Al-Husna-Stiftung Waisen aus Garut in West-Java/Indonesien. Für das erste Halbjahr hat Muslime Helfen deshalb den Betrag von 3492 Euro zur Verfügung gestellt.

Es handelt sich dabei derzeit um insgesamt 34 Kinder. Bei der überwiegenden Zahl von ihnen betrifft die erste Hilfe, die benötigt wird, den Schulbesuch. Teilweise bestehen die Probleme darin, daß manche Kinder von den selbst ungebildeten Eltern nur wenig zum Schulbesuch motiviert werden. Andere Kinder haben auch nicht immer den besten Freundeskreis. Die Al-Husna-Stiftung kümmert sich um diese Fragen, betreut die Kinder regelmäßig und versorgt sie zudem wo nötig mit Lebensmitteln und medizinischer Hilfe. Auch wenn kein akuter Notfall vorliegt, werden die Kinder alle zwei Monate einem Arzt bzw. einer Krankenschwester vorgestellt.

Besonders aber machen die mit dem Schulbesuch verbundenen Ausgaben Schwierigkeiten. Die Verwandten, die sich um diese Kinder kümmern, sind ohnehin finanziell nicht gut gestellt und haben zum Teil selbst große Familien zu versorgen. Dann reicht es nicht immer, um die notwendigen Kosten zu decken, die der Schulbesuch mit sich bringt – vor allem gehen die notwendige Schuluniform und die Schulgebühren ins Geld. Die Bekleidung kostet etwa € 7,50 pro Kind, Schulmaterial (Bücher, Hefte) etwa ebenso viel und die Schulgebühr pro Monat etwa € 2,25. Für uns sind das nur geringe Beträge, aber in einem Land mit einem durchschnittlichen Jahreseinkommen pro Kopf von knapp € 1150 (d.h. weniger als € 100 im Monat!) ist das für ärmere Menschen viel Geld und nicht immer aufzubringen. Dabei ist eine abgeschlossene Schulausbildung in Indonesien natürlich ebenso wie bei uns die allererste Voraussetzung dafür, als junger Erwachsener einmal auf eigene Füße zu kommen, mit Allahs Hilfe selbst für sich sorgen zu können und Armut und Ausbeutung zu entgehen. Möge Allah diese bescheidene Unterstützung annehmen und alle daran Beteiligten segnen.

HILFERUF AUS GAZA

Gerade konnte ich unsere Partner in Gaza, mit denen Muslime helfen seit Jahren erfolgreich zusammenarbeitet, telefonisch erreichen. *Al-hamdu li-llah*, Gott sei Dank, noch sind sie selbst nicht zu Schaden gekommen. Aber die Lage ist dramatisch. Schon vor den Luftangriffen war, wie jedermann weiß, die Versorgungslage ausgesprochen schlecht. Abgesehen von manchen Wohlhabenden, die es in Gaza auch gibt, leben die Menschen seit Jahrzehnten in ärmlichsten Verhältnissen. Der einfache Mann muß für alles, was er benötigt, mit zwei Dollar am Tag auskommen. Deshalb hat Muslime helfen bisher u. a. auch ein Schulspeiseprogramm in Gaza unterstützt. So bekommen täglich etwa 2000 Kinder ein gesundes Frühstück. (Näheres unter Projekte/Palästina/Nahrung auf www.muslimehelfen.org). Dieses Programm soll weiter fortgeführt werden. Außerdem baten unsere Partner um eine sofortige Notfallhilfe von 15 000 Euro für Lebensmittel und Medikamente, um besonders Bedürftige unterstützen zu können. Wir haben zugesagt und bitten um großzügige Spenden. *Dschasakumu llahu khairan*, Gott vergelt's auf beste Weise!

2009

GAZA UPDATE

Update (08.01.2009):

Als Erstes: *Al-hamdu li-llah* – Das Lob ist Gottes. Allen Spenderinnen und Spendern, die auf den „Hilferuf aus Gaza" geantwortet haben, sei herzlich gedankt, *dschasakumu llahu khairan*, Gott vergelt's auf's Beste. Trotz der wahrlich bedrückenden Lage im Gaza-Streifen haben wir gute Nachrichten. Bisher konnten wir uns praktisch täglich, wenn auch zu unterschiedlichen Zeiten, mit unseren Partnern vor Ort in Verbindung setzen. Die Verantwortlichen und die Helfer sind bislang gesund geblieben, und wir beten, daß es so bleibt.

Die Not in Gaza ist groß, aber auch die Hilfsbereitschaft ist beeindruckend. Jeder, der guten Willens ist, tut, was in seinen Kräften steht. und was er kann. Auch wir von Muslime helfen – und damit die zahlreichen Spenderinnen und Spender, denn wir handeln an ihrer Stelle – unterstützen die notleidenden Menschen in Gaza nach unseren Möglichkeiten. Als wir vor Jahren damit begannen, das Schulspeiseprojekt zu fördern, mit dem etwa 2000 Kinder an verschiedenen Schulen mit einem gesunden Frühstück versorgt werden, konnten wir natürlich nicht wissen, wie nützlich das ganze Projekt auch gerade unter den jetzigen Umständen sein würde. Doch Fakt ist, daß unsere Partner zur Umsetzung dieses Projekts mit einer voll ausgerüsteten Backstube versehen sind und über eine kleine auf das Backen spezialisierte Belegschaft verfügen. Auch sind trotz der allgemein besonders schwierigen Versorgungslage in Gaza, wo bekanntlich seit langer Zeit die Grenzen blockiert werden, gewisse Mengen an Vorräten notwendig, um den Backbetrieb zur Versorgung der Schulkinder ordentlich durchführen zu können. Auf diese Vorräte kann nun zunächst zurückgegriffen werden. Derzeit werden kleine Brote gebacken und an Flüchtlinge und andere Bedürftige verteilt, Schulbetrieb kann es unter den täglichen Bombardierungen derzeit nicht geben. Die Schulen dienen als Notunterkünfte für Menschen, die aus den unmittelbaren Kampfzonen fliehen mußten, um ihr Leben zu retten. So fügt es sich, daß auch die Örtlichkeiten. an denen sich die mit Brot zu versorgenden Flüchtlinge aufhalten, unseren Helfern in Gaza bestens bekannt sind, denn es sind genau die selben, an denen sonst täglich den Schulkindern ihr frisch gebackenes Frühstück ausgegeben wurde. Zu den Lieferanten der Back-zutaten, vor allem Mehl, besteht auf Grund der mehrjährigen Tätigkeit ein Vertrauens-verhältnis, so daß die erforderliche Ware – sofern noch vorhanden – auch dann geliefert wird, wenn die Bezahlung auf Grund der Umstände erst später erfolgt. Wir sind deshalb zuversichtlich, daß der Backbetrieb und die Versorgung der Bedürftigen mit Brot auch zukünftig fortgesetzt werden kann, zumindest solange die Stromversorgung nicht vollständig ausfällt und die Lagerbestände nicht völlig aufgebraucht sind. Beten wir, daß sich die Lage nicht noch weiter verschlimmert, sondern ein Ende der Kämpfe dazu führt, daß die Menschen in Sicherheit leben und ungefährdet mit dem Lebensnot-wendigen versorgt werden können.

Bei dieser Gelegenheit noch ein Hinweis: Verschiedentlich wurde danach gefragt, ob man nicht Sachspenden sammeln solle. Davon raten wir aus verschiedenen Gründen ab. Derzeit ist die Grenze nach Gaza ohnehin ja praktisch geschlossen. Zu den wichtigsten Gründen aber gehört, daß, wie die Erfahrung zeigt, allein die Kosten für Lagerung und Transport den Wert der Sachgüter weit übersteigen. Wenn man stattdessen dieses Geld dafür einsetzt, Sachgüter in der unmittelbaren Nähe des Krisengebietes zu beschaffen, ist damit viel effektiver geholfen. Abgesehen davon entstehen bei Sachspen-densammlungen viele Probleme mit Koordination, Abholung, Lagerraum, Versand, Zollverfahren usw. – kurz gesagt: Der Aufwand steht fast immer in keinem vertretbaren Verhältnis zum Nutzen. Muslime helfen bittet darum stets um Geldspenden und empfiehlt auch anderen diesen Weg. Wir beten und hoffen, daß die Kämpfe nun bald beendet sein werden Es ist klar, daß die Notleidenden in Gaza auch und gerade danach Unterstützung und Hilfe brauchen werden. Deshalb bitten wir Sie auch weiterhin um großzügige Spenden. Und vergessen Sie die Notleidenden in Gaza nicht in ihrem Bittgebet. Möge Allah es allen, die den Notleidenden helfen, recht vergelten.

Update (09.01.2009)

Al-hamdu li-llah, das Lob ist Gottes...

Wir haben eine weitere Nachricht aus Gaza, für die wir Allah dankbar sind. Unsere Partner konnten uns Folgendes mitteilen:

„Wir backen Brot in der Backstube in unserer Organisation, weil alle Bäckereien geschlossen sind. Wir haben die Zahl der Mitarbeiter erhöht, um die Produktion zu erhöhen. Wir stellen 20 000 Stück Brot am Tag her und geben an jede Familie 15 Stück Brot und ein Paket Käse ab, auch warme Mahlzeiten mit Fleisch und Reis. Wir verteilen an 1000 Familien aus verschiedenen Gebieten (Khan Yunis, Rafah, Beit Hanoun). Wir nehmen Patienten in der Ambulanz unserer Organisation an und versorgen sie mit Medikamenten. Seit Beginn der Krise haben wir ein medizinisches Notfall-Team im Einsatz, das Familien besucht, die ihre Wohnungen verlassen mußten. Die Situation ist sehr schlimm, wir machen jede Anstrengung, das Leiden der Familien zu lindern. Wir hoffen, daß uns mehr unterstützen, um die Zahl der Familien zu erhöhen.“

Um Mißverständnisse zu vermeiden, noch folgende Erläuterungen: Mit „Stück Brot“ sind kleine Brote gemeint, etwa das, was bei uns Semmeln oder Brötchen sind. Die 20 000 Stück reichen für etwas mehr als 1 000 Familien (22 Familien mehr), denn auch die Mitarbeiter und ihre Angehörigen haben selbst kein Brot.

Wie schon mehrfach gesagt und auch in dieser Nachricht von unseren Partnern erwähnt: Die Not ist groß. Bitte spenden Sie und beten Sie weiter, Gott vergelt's auf's Beste, *dschasakumu llahu khairan.*

GAZA NOTHILFE

Al-hamdu li-llah, Gott sei gelobt, die Kämpfe haben aufgehört, oder zumindest sind sie unterbrochen. Wir wissen nicht, von welcher Dauer dies sein wird. Wir beten für Frieden und Schutz für die Schutzbedürftigen. Über Ursachen und Folgen, über Leid und Angst, über die Opfer und die Hinterbliebenen, über all das braucht hier im Einzelnen nichts weiter gesagt zu werden. Auch wenn die Öffentlichkeit hierzulande darüber ganz sicher nicht ausreichend unterrichtet wurde, das, was bekannt ist, genügt, um die Not zu erkennen, die im Gazastreifen herrscht.

Inzwischen haben wir eine Bestätigung erhalten, daß unsere erste Rate zur Finanzierung der Unterstützung für die notleidenden Menschen im Gazastreifen angekommen ist, *al-hamdu li-llah*. Die zweite Rate ist ebenfalls unterwegs, sie soll inschallah in Kürze dort eingehen. Die Verantwortlichen und die Helfer unserer Partnerorganisation Al-Huda sind bislang gesund geblieben. Das sind gute Nachrichten, und wir beten, daß es so bleibt.

Mit Allahs Hilfe gelang es, unsere Partner in Gaza am zweiten Tag nach dem Angriff telefonisch zu erreichen und seither nahezu täglich mit ihnen in Verbindung zu bleiben. Die Lage war dramatisch, nicht zuletzt auch die Versorgungslage unerträglich schlecht schon vor den Luftangriffen durch die völlige Abriegelung des Gaza-Streifens...

Da die meisten Bäckereien geschlossen hatten, wurde die Backstube von Al-Huda nun besonders wichtig. Mit täglich 20 000 kleinen Broten, ähnlich unseren Semmeln oder Brötchen, werden etwa 1000 Familien versorgt. Sie kommen aus den Gebieten von Khan Yunis, Rafah und Beit Hanoun. Jede Familie erhält eine Tüte mit 15 Stück Brot und ein Paket Käse dazu. Auch warme Mahlzeiten werden gekocht und verteilt. Kranke können sich an die kleine Ambulanzstation von Al-Huda wenden und werden dort soweit möglich betreut und mit Medikamenten versorgt. Ein medizinischer Dienst besucht auch die Flüchtlingsfamilien in den Schulen und anderen Unterkünften. Sicher, die Not in Gaza ist groß, viel größer, als daß sie allein mit Brot und Medikamenten zu bewältigen wäre. Aber auch die Hilfsbereitschaft ist beeindruckend. Jeder, der guten Willens ist, tut, was in seinen Kräften steht, und was er kann. Für ein Flüchtlingskind, notdürftig in einer Schule untergebracht, ist es wirklich nicht gleich, ob es vor Hunger weint oder ob es vor Freude lacht, weil es in eine frisch gebackene Semmel beißen kann. Auch für seine Mutter ist das ein großer Unterschied. So unterstützen wir von Muslime helfen – und damit Sie, die zahlreichen Spenderinnen und Spender, denn wir handeln an Ihrer Stelle – die notleidenden Menschen in Gaza nach unseren Möglichkeiten. Allen Spenderinnen und Spendern, die auf den „Hilferuf aus Gaza" geantwortet haben, sei herzlich gedankt, *dschasakumu llahu khairan*, Gott vergelt's auf's Beste. Trotz der wahrlich bedrückenden Lage im Gaza-Streifen haben wir wie gesagt auch gute Nachrichten. Deshalb bitten wir weiterhin um großzügige Spenden. Und vergessen Sie die Notleidenden in Gaza nicht in Ihrem Bittgebet.

WIE EINE BLUME, DIE AUS EINEM FELSSPALT WÄCHST

Es ist Anfang Mai. Überall sieht man schwarz-orange gestreifte Bänder. Viele Leute tragen sie als kleine Streifen oder Schleifen am Revers. In den Schaufenstern der Geschäfte dienen sie zur Dekoration, ebenso sind sie auf großen Plakaten abgebildet. Schwarz-orange gestreift war das Band der Medaille für den Sieg über Deutschland. Inzwischen heißt es wieder „Georgs-Band" wie in der Zarenzeit, als es zum Tragen des angesehensten Kriegsordens, des St. Georg-Kreuzes, diente. Auch die Tribünen auf dem Roten Platz in Moskau, wo am 9. Mai die traditionelle große Militärparade stattfindet, sind damit geschmückt. Das alles erinnert an das Ende des Zweiten Weltkriegs, den Sieg der Sowjet-Union über Hitler-Deutschland, den „Großen Vaterländischen Krieg". Das Gedenken an die Abermillionen von Kriegstoten ist zweifellos berechtigt, insbesondere, wenn man daraus die richtigen Lehren zieht. Ich frage mich, wie weit das gelingen kann, wenn bei diesem Anlaß spätere Kriege ausgeblendet werden. Was ist mit Afghanistan und was mit Tschetschenien?

Heute, am 5. Mai 2009, soll unser Haus in Grozny eröffnet und seiner Bestimmung übergeben werden. Wir nennen es kurz „Reha-Zentrum", gemeint ist damit ein Rehabilitationszentrum für kriegstraumatisierte Frauen und Invaliden. Es ist ein Projekt, an dem wir wegen der besonderen Umstände in Tschetschenien drei Jahre lang stillschweigend gearbeitet haben. Um verschiedenen denkbaren Komplikationen vorzubeugen, haben wir es nicht an die große Glocke gehängt. Mit Allahs Hilfe ist es gelungen, den Bau abzuschließen. Unerwartet kommt der glückliche Umstand hinzu, daß gerade jetzt der Ausnahmezustand in Tschetschenien aufgehoben wurde. Zumindest in der Hauptstadt Grozny sieht man kaum noch Militär, und die Menschen können sich weitgehend ungehindert und jederzeit frei bewegen. Das „Reha-Zentrum" steht also nun nicht nur für die Arbeit bereit, sondern ist somit auch ohne besondere Schwierigkeiten für seine Nutzer erreichbar. Schon das stellt für sie eine große Erleichterung dar, denn viele von ihnen können sich nur auf Krücken oder im Rollstuhl fortbewegen. Das Grundstück befindet sich im nordwestlichen Stadtteil Katajama in unmittelbarer Nachbarschaft eines großen Krankenhauses, dessen Instandsetzung noch im Gang ist. Es soll 2010 seinen Betrieb aufnehmen. Die Vorteile dieser Lage für die im „Reha-Zentrum" betreuten traumatisierten und behinderten Kriegsopfer sind offensichtlich, möglicherweise werden auch manche Patienten des Krankenhauses von dem Angebot im nahegelegenen „Reha-Zentrum" Nutzen haben.

Während die letzten Vorbereitungen für die Eröffnung getroffen werden, gehe ich noch einmal durch das Haus. Steht man vor dem Eingangstor zum Grundstück, sieht man im Hintergrund das große Krankenhaus. Auf der rechten Seite des Hauses gibt es einen Zugang zu den Kellerräumen, die wir anschließend noch besuchen. Auf der

Vorderseite des Hauses führt eine mehrstufige Treppe hinauf in das Erdgeschoß, auf der anderen Seite gibt es eine Rampe, auf der auch Rollstuhlfahrer durch eine zweite Tür nach oben gelangen können. Beide Eingangstüren führen in einen Vorraum im Erdgeschoß. Rechts geht es in einen größeren Mehrzwecksaal, der als Veranstaltungs- und Vortragsraum genutzt werden kann. Durch die nächste Tür gelangt man in ein kleineres Zimmer, an das sich ein schmaler aber langer Raum anschließt, in dem sich ein Kochherd und eine Spüle befinden. Diese beiden Räumlichkeiten dienen als Küche und eventuell auch kleines Speisezimmer. Dazu gibt es im Erdgeschoß noch drei weitere Räume sowie eine Toilette. Eine zweite Toilette befindet sich außerhalb des Hauses. Über eine Treppe gelangt man in die obere Etage. Die Raumaufteilung dort ist ähnlich wie im Erdgeschoß. Vom Vorraum führen drei Türen zu den weiteren Räumen, rechts und links jeweils drei Zimmer und zudem eine weitere kleine Teeküche. Durch die zahlreichen Fenster wirkt das Innere des Hauses angenehm hell, es ist mit einer ausreichenden Zahl von Heizkörpern versehen und mit soliden Türen ausgestattet. Auf der Rückseite des Hauses gibt es eine Art Terrasse, auf der man im Sommer auch im Freien sitzen kann, umgeben von einem neu angelegten kleinen Gartenbereich, in dem schon ein paar Rosen blühen, aber auch kleine Obstbaumsetzlinge und etwas Gemüse angepflanzt sind. Das Kellergeschoß schließlich besteht aus Heizungsraum und Abstellkammer sowie drei großen Räumen. Im ersten Raum befinden sich bereits die Geräte des Pasta-Projekts, das Muslime helfen vor mehreren Jahren finanziert hatte und das nun von hier aus fortgesetzt werden kann, wenn die Geräte angeschlossen sind und alles aufgebaut ist. Den zweiten großen Raum möchten die Invaliden für ihre Sportübungen einrichten. Dort soll auch noch eine Duschkabine installiert werden. Der dritte Raum ist für Unterricht und Kurse gedacht, auch eine kleine Bibliothek hat Platz.

Gerade habe ich meinen Rundgang beendet, als vor dem Hoftor ein Auto mit schwarz verdunkelten Scheiben vorfährt, dahinter ein weiteres Fahrzeug, aus dem bewaffnete Männer springen. Es ist elf Uhr, und Hussein Kadirov ist tatsächlich gekommen. Gestern hatte ich ihn in seinem Büro besucht und persönlich eingeladen, bei der Eröffnung dabei zu sein. Er gehört dem Parlament der Republik Tschetschenien an und leitet den Ausschuß für Wirtschaftsplanung und Entwicklung. Unsere Partner- organisation „Frauenwürde" hatte den Wunsch geäußert, daß ich die Gelegenheit wahrnehme, ihn zu treffen. Für sie sind gute Beziehungen zur eigenen Regierung von Vorteil, um bei der Durchführung der Projekte nicht mißverstanden oder gar behindert zu werden. Ich persönlich weiß humanitäre Hilfe von politischer Wirksamkeit zu unterscheiden, doch manchmal muß man als Angehöriger einer humanitären Hilfs- organisation den jeweiligen Landesumständen angemessen auch auf die speziellen Belange einer Partnerorganisation eingehen können. Von Hussein Kadirov war ich übrigens sehr freundlich empfangen worden, er hatte sich gut über die früheren

Hilfsprojekte von Muslime helfen in Tschetschenien informieren lassen und bedankte sich dafür, nicht ohne darauf hinzuweisen, daß nach islamischem Verständnis derjenige, der Bedürftigen hilft, von Allah vielfach dafür belohnt wird. Gerade diesen Hinweis möchte ich an dieser Stelle auch unseren Spenderinnen und Spendern weitergeben, die Muslime helfen ja erst in den Stand versetzen, tätig zu werden. Hussein Kadirov ist ein Verwandter des Präsidenten Tschetscheniens (ein Cousin zweiten Grades um genau zu sein) und wirkt wie dieser noch recht jung, aber sportlich. Man erinnert sich vielleicht an die Bilder, als der damalige russische Präsident Putin den neuen tschetschenischen Präsidenten Kadirov vorstellte – letzterer war im Trainingsanzug erschienen! Beide Kadirovs tragen inzwischen Anzug und Krawatte, diese jedoch sehr locker gebunden. Außer der Abneigung gegen Anzug und Krawatte habe ich mit den beiden wohl nicht allzu viel gemein, und kann im Gegensatz zu ihnen sogar ganz darauf verzichten…

Jetzt wird eine Schere gebracht, um das grüne Band am Hoftor zu zerschneiden. Ich lasse dem tschetschenischen Parlamentarier dabei gern den Vortritt, auch wenn er mich an die erste Stelle zu drängen versucht. Nach mir durchtrennt als dritte Frau Libkan Bazaeva, die Vorsitzende unserer Partnerorganisation „Frauenwürde" das grüne Band. So etwas wie „Ladies first" kennt man in Tschetschenien nicht, und auch hieran muß ich mich in gewisser Weise anpassen, um nicht gegen die örtlichen guten Sitten zu verstoßen. Diese sind übrigens, obwohl es sich bei den Tschetschenen meist um festgläubige Muslime handelt, teils doch recht ungewöhnlich. So darf beispielsweise ein Neffe nicht zusammen mit seinem Onkel essen – „aus Respekt", wie man mir erklärte. Kadirov läßt sich nun das Haus zeigen, die Fernsehteams, die ihm gefolgt sind, gehen mit ihm durch alle Räume, und er gibt anschließend noch ein Interview, in dem er die Wichtigkeit dieses Hilfsprojekts unterstreicht, das sich zum Ziel gesetzt hat, die in der Gesellschaft benachteiligten Gruppen von Frauen und Kriegsinvaliden zu fördern. Auch ich werde wieder, wie schon gestern, befragt, doch brauche ich nicht allzu viel zu sagen, da Adam, der für mich übersetzt, meine Antworten inzwischen schon kennt. Die erste und immer wiederholte Frage war übrigens: „Was ist Ihr Eindruck vom Wiederaufbau in Tschetschenien?" Natürlich ist mir klar, warum diese Frage gestellt wird. Ich habe sie aber wahrheitsgemäß wie folgt beantwortet: „Ich bin wenige Jahre nach Kriegsende in Deutschland geboren, und ich erinnere mich, auch als zehnjähriges oder zwölf-jähriges Kind noch vom Krieg zerstörte Häuser gesehen zu haben. Grozny, soweit ich es in der kurzen Zeit meines jetzigen Aufenthalts gesehen habe, wurde also schneller aufgebaut." Dem schloß ich noch den Wunsch an: „Mögen auch die Wunden an den Herzen und Seelen der Menschen so gut heilen wie der Wiederaufbau all dieser Gebäude!" – „Amin!" sagt daraufhin mein Gesprächspartner…

Bevor Kadirov uns verläßt, nehme ich ihm das Versprechen ab, das Reha-Zentrum später nochmals zu besuchen, wenn es seinen vollen Betrieb aufgenommen hat. Inzwischen sind die Teilnehmer an der Eröffnungsveranstaltung im Saal versammelt. Zu ihnen gehören Besucherinnen und Mitarbeiterinnen der Partnerorganisation „Frauenwürde", die von unserer zweiten Partnerorganisation „Reliance" betreuten Kriegsinvaliden und ihre Verwandten sowie Vertreter verschiedener anderer Hilfsorganisationen, Abgesandte des Ministeriums für Auswärtige Beziehungen und Journalisten. Frau Bazaeva begrüßt die Anwesenden, vor allem die Frauen und Invaliden, die in Zukunft das Haus nutzen wollen. Sie berichtet über Plan und Bau des „Reha-Zentrums" und dankt Muslime helfen für die langjährige großzügige Förderung, die sich nicht allein auf den Bau dieses Hauses beschränke, sondern auch viele andere Projekte einschließe. Dazu gehörten außer Lebensmittelhilfe im Ramadan und Fleischverteilung an Bedürftige zum Opferfest in Flüchtlingslagern vor allem die Unterstützung des „Medical Point" in Grozny sowie Lebensmittelhilfe, Winterkleidung für Schulkinder und Versorgung mit Brennholz im Winter für bedürftige Bewohner abgelegener Bergregionen. Meinerseits danke ich Allah dafür, daß es möglich ist, uns heute hier in Sicherheit zu treffen und mit dem Haus einen neuen Schritt auf dem Weg der Zusammenarbeit zur Unterstützung hilfsbedürftiger Menschen in Tschetschenien zu tun, danke besonders Frau Libkan und ihrem Bruder Hassan, die den Bau des Hauses im Wesentlichen durchgeführt haben, übermittele die Grüße von Muslime helfen und betone: Bei unserer Arbeitsweise steht die Zusammenarbeit mit örtlichen Organisationen im Vordergrund. Sie kennen sich viel besser aus, wir unterstützen sie, doch wir wollen nicht, daß sich irgend jemand hier bei uns bedankt – dankt allein Allah!

Anschließend sprechen Herr Achmet vom Ministerium für Auswärtige Beziehungen und Sultankhanov Aslan. Letzterer gehört zu den von „Reliance" betreuten Invaliden, als Kind trat er auf eine Mine, hat beide Beine verloren, geht mit Prothesen und Krücken, und man sagt mir, er sei Russlandmeister im Armringen! Alida, eine Frau im Rollstuhl, stimmt zu, daß aller Dank Allah gebührt, dennoch möchte sie vor allem Frau Lipkan und Frau Petimat, den Verantwortlichen der beiden Hilfsorganisationen ihre Anerkennung sagen: Sie haben uns in den schwierigsten Zeiten nicht im Stich gelassen, wir sind überall zerstreut, jetzt haben wir mit diesem Haus einen Platz, wo wir uns treffen können und von dem aus wir arbeiten können. Alida, so wird mir berichtet, hat während einer Bombardierung ihr Haus verlassen, weil sich noch Kinder auf der Straße befanden. Sie brachte sie alle und schließlich auch sich selbst in Sicherheit, doch hat sie seither, ohne äußere Verletzung, die Fähigkeit verloren zu laufen. Eine für die Zeitschrift „Dosch" (Das Wort) tätige Journalistin sagt: Ich bin seit langer Zeit eine Freundin der Invaliden, aber ich konnte ihnen nicht wirklich helfen. Jetzt bin ich sehr glücklich zu sehen, daß sie einen eigenen Platz bekommen haben. Sie sind normale

Angehörige dieser Gesellschaft, wie alle anderen Menschen auch, nur haben sie besondere Bedürfnisse. Wir können sehr viel von ihnen lernen, vor allem von ihrem Mut. Sie sind wie eine Blume, die aus einem Felsspalt heraus nach oben zum Himmel emporwächst...

Nach all den Grußworten besichtigen die Anwesenden das Haus, ich sitze mit den Vertretern der verschiedenen Hilfsorganisationen zusammen, wir sprechen über Probleme und mögliche Lösungen, beispielsweise darüber, ob und wie bessere Prothesen für die Behinderten hergestellt werden könnten. Dann wird zum Mittagsgebet gerufen und das Programm unterbrochen. Unmittelbar nach dem Gebet versammeln sich einige Männer, um ein „maulid" zu lesen, das heißt aus feierlichem Anlaß die Geschichte von der „Geburt" des Propheten Muhammad (s) vorzutragen. Dies geschieht mit dem im Kaukasus üblichen eigenartigen Gesang und Rhythmus, der auch für Fremde, die den Wortlaut nicht verstehen, durchaus beeindruckend ist – so beeindruckend, daß selbst die Russen diesen Stil imitierend, einen „Kaukasischen Gesang" nachempfunden haben. Serge Jaroff ließ ihn seinen Donkosaken-Chor vortragen. Diese Sänger intonierten dabei deutlich vernehmbar etwas, das wie „la ilaha illa llah" (Kein Gott außer Allah) klingen soll, doch sprachen sie die Worte, anders als die Tschetschenen, nicht wirklich korrekt aus und verstanden offensichtlich nicht, was sie da überhaupt sagten. Doch das alles ist in muslimischen Kreisen wohl gar nicht und auch außerhalb heutzutage nur wenig bekannt und verständlich...

Dann wird ein Mittagessen serviert, die Männer sitzen am Boden, die Behinderten an Tischen, die Frauen ebenso in einem der anderen Räume. Am Vormittag war ein kräftiger Widder geschlachtet worden, nun wird sein gekochtes Fleisch mit Brot und kleinen Beilagen gereicht. Schließlich vollziehen einige der Männer noch ein besonderes Ritual – ein „dsikr" (Gedenken), bei dem durch das Wiederholen verschiedener Worte von Lob und Preis die Gottesnähe gesucht wird. In Tschetschenien gehört dies dazu, um einer Feierlichkeit den angemessenen Rahmen zu geben. Hieran zeigt sich der starke Einfluß der „tariqat" genannten Bruderschaften, der sich dort bis heute erhält und insbesondere in der religionsfeindlichen Sowjetzeit das Weitergeben der religiösen und ethnischen Traditionen ermöglichte. Nun ist das Haus eingeweiht und sozusagen gesegnet und die eigentliche Arbeit darin kann beginnen.

Ich nehme die Gelegenheit wahr, in einer längeren Sitzung mit den zukünftigen Nutzern des Hauses deren Vorstellungen und Pläne besser zu verstehen. Zulikha übersetzt, sie war lange Jahre in der Schweiz als Flüchtling und spricht fließend Deutsch. Da ist Aslan, von dem schon die Rede war, 30 Jahre alt, beschäftigt sich mit Technik und Computern, Alida unterrichtete Psychologie, bevor sie ihre Gehfähigkeit verlor. Nuha 25 Jahre, hat nur einen Arm, sein Betätigungsfeld ist Sport. Schamil, Salman und

Madinah, alle Anfang Zwanzig, haben wohl die Schule abgeschlossen, aber keine Berufsausbildung beginnen können. Schamsuddin 26 Jahre, beide Beine amputiert, will sich mit Marketing befassen. Dies sind nur einige der Anwesenden. Mir fällt es etwas schwer, zwischen Wunschvorstellungen und Wirklichkeit zu unterscheiden, doch versuche ich, nur sehr behutsam nachzufragen. Es stellt sich langsam heraus, daß die Anwesenden zwar vielseitige Interessen und Begabungen, aber oft keine abgeschlossene Ausbildung haben. Natürlich werden vielfältige Wünsche geäußert und vermutlich wird sich nicht alles umsetzen lassen. Darüber, daß hier im Haus nun ein Informationszentrum von und für Invaliden entstehen kann, besteht Einigkeit. Als besonders wichtig stellten sich indes nicht wirklich unerwartet die beiden Bereiche „Bildung und Ausbildung" sowie „Arbeitsplatz bzw. Berufstätigkeit" für die längerfristige Zukunftsplanung heraus. Es ist offensichtlich, daß gerade auf diesen Gebieten Menschen, die an Traumata oder Verlust von Körpergliedern leiden, besondere Unterstützung brauchen. In Tschetschenien gibt es niemanden, der nicht durch die furchtbare Geschichte dieses Landes gelitten hätte. Selbst heute noch wirkt sich die Zwangsdeportation der gesamten Bevölkerung in der Stalinzeit aus, und die Folgen der beiden jüngsten Kriege sind unübersehbar. Immerhin aber kommen Menschen, die körperlich und seelisch einigermaßen gesund geblieben sind, heute langsam wieder mit ihrem Leben zurecht. Wer ein Körperglied oder gar beide Beine verloren hat, bekommt diese nie wieder zurück. Er bleibt sein ganzes Leben lang ganz eindeutig behindert. Gerade deshalb hat Muslime helfen das Projekt „Reha-Zentrum Grozny" in Angriff genommen. Gott vergelt's und Dank allen, die es unterstützt haben und auch zukünftig weiter unterstützen werden!

Nach Deutschland zurückgekehrt, erreicht mich folgende Nachricht aus Grozny:

„Assalamu alaikum, sehr geehrter Ahmed... wir waren froh, Sie hier in Grozny zu sehen... ich soll sagen, daß Ihr Besuch in Grozny für uns sehr nützlich war, für unsere weitere Arbeit in Ruhe. Das Mitglied des Parlaments hat uns heute das Fleisch (sadaka) für 50 Menschen für „Reliance" und für 50 Menschen für „Frauenwürde" hergeschickt... Heute haben wir das Fleisch an die Invaliden und die Witwen, die Kinder haben, verteilt... Man rief aus Nohchi-Keloi an. Die Leute sind sehr erstaunt, daß Sie sich entschieden hatten, zu ihnen zu kommen, daß Sie sich für das Schicksal dieses armen Dorfes interessiert haben... Alle Mitarbeiter von „Frauenwürde" und „Reliance" äußern Dankbarkeit für Ihren Besuch und die Unterstützung unserer Tätigkeit. Dank Ihnen und allen, die daran teilhaben. Inschallah können wir nun viel nützlicher sein und es besser machen, um das Leben der ärmsten und hilflosen Menschen zu erleichtern. Herzliche Grüße an alle bei Muslime helfen..."

WOHNHEIM IST GLEICH BILDUNG

„Wohnheim = Bildung" – das scheint auf den ersten Blick eine seltsame Gleichung zu sein. Doch in dem Fall des Wohnheims für Frauen in Kambodschas Hauptstadt Phnom Penh trifft sie zu. Kambodscha hat eine besonders traurige jüngere Vergangenheit. Das Land lebt erst langsam wieder auf, nachdem es nach der Kolonialzeit in die Wirren der Indo-China-Kriege hineingezogen wurde und unter dem Terror der sogenannten „Roten Khmer" etwa 2 Millionen Menschen verloren hatte. Die kleine muslimische Minderheit (ca. 6%, d.h. 900 000 Muslime) im ansonsten buddhistischen Kambodscha (ca. 93% einer Gesamtbevölkerung von ca. 15 Millionen Menschen) litt hierunter besonders.

Bildung ist eine der Grundvoraussetzungen für die Menschen, um sich aus ihrer mißlichen Lage befreien zu können, und das gilt gleichermaßen für Kambodschas Muslime. Diese leben indes bis heute überwiegend in ländlichen Gegenden, während sich die bedeutenderen Bildungseinrichtungen in den Städten und insbesondere in der Landeshauptstadt Phnom Penh befinden. Viele verlassen das heimatliche Dorf und versuchen, andernorts weiter zu kommen. Sie hoffen auf eine Arbeit, die ihnen ermöglicht, ihr tägliches Brot zu erwerben und ihre im Dorf zurückgelassenen Familien zu unterstützen.

Wenn überhaupt finanzielle Mittel zur Bildung bereitstehen, werden sie meist für einen Sohn verwendet. Mädchen besuchen in der Regel nicht mehr als die Dorfschule. Nur selten können Eltern sich entschließen, ihre Töchter für Monate in eine weit entfernte Stadt ziehen zu lassen, damit sie dort eine Oberschule abschließen oder gar zum Studium nach Phnom Penh gehen. Von den Kosten abgesehen geht es vor allem auch um die Frage: Wo können Mädchen und junge Frauen in der Großstadt unbehelligt und ungefährdet leben und in Ruhe ihrem Studium nachgehen?

Diese Frage stellte sich auch die Muslimische Studentenorganisation Kambodschas (CAMSA) und entwickelte den Plan, ein Wohnheim für muslimische Studentinnen zu errichten. Man wollte damit eine der notwendigen Voraussetzungen schaffen, um die Bildungschancen für muslimische Frauen zu erhöhen und ihnen die Möglichkeit zu geben, durch bessere Bildung zum Fortkommen der eigenen Familien und der Gesellschaft überhaupt beitragen zu können. Ein Grundstück auf dem Gelände und damit in der Nachbarschaft der Großen Moschee von Phnom Penh stand zur Verfügung. Bei einer Begegnung mit dem deutschen Botschafter wurde hierüber gesprochen, und die Deutsche Botschaft stellte schließlich im Jahr 2007 den Betrag von 16 500 Dollar zur Verfügung. Damit konnte das Erdgeschoss des Wohnheims gebaut werden, in dem 18 Studentinnen in einfachen Mehrbettzimmern Unterkunft fanden. Der Gesamtplan umfasste allerdings drei Etagen und eine Dachterrasse, um insgesamt 50 Studentinnen unterzubringen. Muslime helfen nahm sich dieses Projektes an und unterstützte den Bau mit insgesamt 43 808 Dollar.

Die Eröffnung des Wohnheims fand im Rahmen einer kleinen Feier am Sonntag den 23. November 2008 statt. Nach einer kurzen Lesung aus dem Koran hielt Dr. Sos Mousine, der Vorsitzende unserer Partnerorganisation CAMSA, die Begrüßungsrede. Er ist mittlerweile auch Staatssekretär im Ministerium für Religionsangelegenheiten und dort zuständig für den Bereich Muslime. Anschließend kam ich als Vorsitzender von Muslime helfen zu Wort, übermittelte die Grüße der Muslime aus Deutschland, Österreich und der Schweiz, ging kurz darauf ein, daß der Baubeginn dieses Hauses zuerst Allah, dann aber der Unterstützung durch die Deutsche Botschaft zu verdanken war, daß Muslime helfen die Fertigstellung übernommen hatte und das Wohnheim nun seinen Bewohnerinnen anvertraut werde, um das Beste daraus zu machen. Nach mir überbrachte Frl. Melanie Köller die Grüße und guten Wünsche der Deutschen Botschaft in Phnom Penh, und zum Abschluß sprach Othsman Hassan, Staatssekretär im Ministerium für Arbeit und berufliche Bildung. Zu weiteren Gästen gehörten u.a. Syed Farizal Syed Mohamad, Erster Sekretär der Botschaft von Malaysia und Mahfuzur Rahman, der Direktor des Kambodscha-Büros von Muslim Aid.

Bei der anschließenden Begehung des Gebäudes stellte sich heraus, daß die Innenausstattung noch nicht vollständig war. Es fehlte an Betten, Matratzen, Schränken, Moskitonetzen sowie Gaskochern und Töpfen. Auch fand ich die Anzahl der Toiletten als nicht ausreichend. In der Folge haben wir uns deshalb darauf verständigt, noch weitere 10 300 Dollar aufzubringen, um die fehlende Ausstattung und vier weitere Toiletten zu finanzieren (die Toiletten übrigens mit Zinsgeld, das Muslime helfen eigentlich nicht verwendet, das aber doch gelegentlich an Muslime helfen überwiesen wird). So ist das Wohnheim mittlerweile vollständig eingerichtet und mit ausreichenden sanitären Anlagen versehen.

Im Abschlußbericht unserer Partnerorganisation heißt es nun: *„Jetzt haben wir den Bau vollständig abgeschlossen. Wir haben 53 Studentinnen aus verschiedenen Provinzen ausgewählt, die ihre Studien an verschiedenen Universitäten, Fakultäten und Schulen in der Stadt Phnom Penh während des akademischen Jahres 2008/2009 fortsetzen. Wie vorgeschlagen und angestrebt, wurde dieses Wohnheim errichtet, um die armen Studentinnen aus weit entfernten Gegenden kostenlos unterzubringen. Manche von ihnen haben keine Eltern mehr und sind arm, andere können nicht gleichzeitig die Mittel für Wohnung und Studiengebühren aufbringen. Manche von ihnen kommen aus Familien von Bauern und Fischern... Dieses Projekt ist sehr wichtig, um bedürftigen Studentinnen Wohnraum zu bieten, die nicht in der Lage sind, Mietkosten zu tragen. Zusätzlich werden wir den Studentinnen Weiterbildung in Englisch,*

Computer und Islam anbieten. So können manche beispielsweise nebenher arbeiten und ihre Familien oder jüngeren Geschwister zu Hause unterstützen... Alle Studentinnen waren sehr froh und sagten den Spendern ihren aufrichtigen Dank. "

PROJEKT OLIVENBAUM BEENDET

Das im Gaza-Streifen mit Hilfe unserer Partnerorganisation Al-Huda betriebene „Projekt Olivenbaum" wurde vorläufig beendet. Von weiteren zweckgebundenen Spenden für Olivenbäume bitten wir deshalb abzusehen und dafür vorgesehene Mittel stattdessen entweder zweckfrei oder für den „Muslime helfen Notfall-Fonds" vorzusehen. Seit 2007 konnten im Rahmen dieses Projekts durch die Verteilung von Olivenbaumsetzlingen aus der dazu eingerichteten Baumschule an hilfsbedürftige Bauern- und Kleingärtnerfamilien mehr als 13 500 neue Olivenbäume gepflanzt werden, deren zukünftige Ernte einen Beitrag zur Sicherung des Lebensunterhalts dieser bedauernswerten Menschen leisten soll. Allen Unterstützern des Projektes Olivenbaum sei an dieser Stelle nochmals herzlicher Dank gesagt – möge Allah es auf beste Weise vergelten. Leider haben sich die politischen Umstände im Gaza-Streifen nach dem Krieg derart verändert, daß die Unabhängigkeit unserer Partner als Nichtregierungs-organisation neuerdings fraglich geworden ist. Muslime helfen verstand sich stets und versteht sich weiterhin als freies und rein humanitäres Hilfswerk und ist insofern durch die Umstände gezwungen, die bisherige Tätigkeit im Gaza-Streifen als abgeschlossen zu betrachten, bis sich die Verhältnisse zukünftig wieder ändern.

EIN INNIGER FREUND

Freundschaft ist neben der Verwandtschaft und der Ehe wohl die engste Verbindung, die man sich vorstellen kann. Ein Freund ist jemand, dem man vertraut und auf den man sich verlassen kann, ohne daß man mit ihm verwandt oder ehelich verbunden ist. Freunde stehen füreinander ein, sie tun alles füreinander, geben alles für den anderen her. Gleiches gilt für die Freundin, auch wenn gerade letzteres Wort umgangssprachlich heutzutage insbesondere von Männern vielfach anders verstanden wird. Und „innig" bedeutet „innerlich", also im Gegensatz zu äußerlich und damit oberflächlich, vielmehr tief und im Inneren gründend, damit auch rein, unverfälscht und echt, zuverlässig eben und somit gewissermaßen eine nochmalige Verstärkung all dessen, was man mit der Vorstellung von einem wahren Freund verbindet.

Wenn wir als Muslime, wie nun wieder, alljährlich das Opferfest (*idu-l-adha*, kurban bayram) begehen, erinnert uns das erneut an die Geschichte von Ibrahim (Abraham), von dem wir in Anlehnung an einen Koranvers als „*khalilu-llah* – Gottes innigem Freund" sprechen.

Das Wort „*khalil*" im Koran bezeichnet diesen „innigen Freund". Interessanterweise steht es in einem Zusammenhang mit der Wortwurzel „*khalla*", die nicht zuletzt „Not leiden, arm werden" bedeutet. Der „*khalil*", der „innige Freund", ist also auch in diesem Sinn jemand, auf den man sich verlassen kann, einer, der auch dann zu einem steht, wenn es einem nicht gut geht, wenn man arm wird, und der, wenn man Not leidet, einem hilft, auch wenn man nicht miteinander verwandt oder verehelicht ist.

Im Koran heißt es: „...Allah hat sich Ibrahim zum innigen Freund genommen." (4:125) Diesen Satz muß man überdenken: Ibrahim ist also Allahs inniger Freund, aber was bedeutet das? Im Allgemeinen versteht man es so, daß Allah Ibrahim innige Freundschaft entgegenbringt, ihm also ganz besondere Gunst erweist, ihm besonders beisteht und hilft, und das alles ist sicher nicht falsch. Aber man darf sich doch auch fragen: Welche besondere Gunst liegt denn darin, daß Allah Seinen innigen Freund Ibrahim mit einer solch unvergleichlichen Last belastet, wie sie das Verlangen darstellt, den einzigen Sohn zu opfern? Sollte nicht gerade ein inniger Freund dem anderen Bedrückendes und Not ersparen? Es gibt also vielleicht noch einen weiteren Gesichtspunkt, den man berücksichtigen kann: Nicht Ibrahim hat sich Allah zum innigen Freund genommen, sondern Allah hat sich Ibrahim zum innigen Freund genommen. Und was war noch mal ein Freund? Jemand, auf den man sich verlassen kann... Das Bedeutsame an dieser Aussage, abgesehen von Allahs besonderer Gunst gegenüber Ibrahim, ist also: Es ist Allah, der sich auf Ibrahim verlassen können will.

Diese Zuverlässigkeit, diese Freundschaft muß sich bewähren, und deswegen wird sie geprüft. Und Allah prüft Ibrahim auf das Äußerste. Er stellt ihn mit der Forderung, seinen einzigen Sohn herzugeben, zu opfern, vor die Entscheidung, sich selbst und sein Eigeninteresse in den Vordergrund zu stellen oder um Allahs willen darauf zu verzichten. An diese Prüfung erinnert uns das alljährliche Opferfest. Auch ein jeder von uns steht immer wieder vor dieser Frage, besonders in unseren jetzigen Tagen: Kann Allah sich auf mich verlassen? Lebe ich so, wie Allah es von mir will? Bin ich bereit, falls es von mir gefordert wird, um Allahs willen, auch auf das zu verzichten, was mir lieb und teuer oder gar unersetzlich ist? Bin nicht auch ich manch schwieriger Prüfung ausgesetzt? Und frage ich dann etwa nicht: Warum muß ich das ertragen? Welcher Sinn liegt darin? Und lautet dann nicht auch die Antwort: Zuverlässigkeit muß sich bewähren, Freundschaft ist nur dann wahr und innig und echt, wenn sie auch

Schwieriges durchsteht? Will nicht auch ich, wie Ibrahim, in diesem Sinn nicht nur Muslim sein, sondern als solcher auch zu einem innigen Freund Allahs werden?

BUJUMBURAS WAISENZENTRUM STEHT

Al-hamdu li-llah, Gott sei gelobt, nach nur einem Jahr Bauphase dürfen wir uns schon über die Vollendung des Waisenzentrums in Bujumbura, der Hauptstadt von Burundi, freuen. Das Gebäude für die künftige Waisenförderung steht.

Nun müssen die Innenräume für die Nutzung vorbereitet und möbliert werden. Wir hoffen, daß dies ebenso unverzögert gelingt und die Eröffnung inschallah im September 2010 stattfinden kann.

Muslime helfen unterstützt seit 2003 Waisenkinder in Bujumbura, darunter viele, die Vater oder Mutter durch Aids verloren haben oder sogar selbst infiziert sind. Die Kinder wurden mit Lebensmitteln versorgt, medizinisch betreut und auch im Hinblick auf den Schulbesuch unterstützt. Anfangs planten wir, 100 Kindern zu helfen, doch schon im ersten Jahr wurden daraus 315 Kinder. Sie erhielten damals 3095 kg Reis und 2510 kg Bohnen. Bei 31 Kindern mußte ein HIV-Test gemacht werden, bei 16 stellte sich heraus, daß sie den Virus in sich tragen. Auch in den folgenden Jahren konnte Muslime helfen diese und andere Waisenkinder in Burundi unterstützen. Im Jahr 2009 sind es insgesamt 903 Waisen gewesen. Sie erhielten eine monatliche Grundnahrungsmittelration (Bohnen, Reis, Zucker) und darüber hinaus, je nach Bedarf, medizinische Versorgung, Schulgeld und andere kleine Hilfen. 89605 Euro hatte Muslime helfen hierfür bereitgestellt. Mehrfach konnten wir inzwischen auch im Auftrag unserer Spender Ziegen schlachten und die Kinder zu einem Festmahl einladen, zuletzt Anfang 2009. Das war für sie und die sie betreuenden Angehörigen jedes Mal ein Tag großer Freude. Nur sehr selten bekommen sie überhaupt Fleisch zu essen. Die *Aqiqa*-Speisung 2009 kostete 2230 Euro.

Als sehr großes Problem stellte sich im Laufe der Zeit die Schulbildung der Waisenkinder heraus. Selbst zum Besuch öffentlicher Schulen brauchen viele finanzielle Unterstützung, um sich die Schuluniform und das einfachste Material wie Hefte, Stifte usw. beschaffen zu können. In der öffentlichen Schule stehen sie als Waisen meist hinter anderen Kindern zurück. Die Lehrer kümmern sich eher um Kinder aus intakten Familien. Zudem gilt das Unterrichtsniveau in der öffentlichen Schule als niedrig. Besondere Förderung bekommen die Kinder dort auch nicht, obwohl viele von ihnen sie gerade wegen ihrer schwierigen Situation als Waisen nötig haben. Angesichts dieser Umstände und der stark angestiegenen Zahl von Kindern, die von Muslime helfen unterstützt werden, entstand der Gedanke, in Bujumbura ein „Waisenzentrum" zu errichten. Ziel dieses Vorhabens ist es, einen Platz zu schaffen, an dem zukünftig die Waisen besser betreut und nicht zuletzt in einer eigenen Grundschule unterrichtet werden können. Nur so ist eine bessere Ausbildung und damit auch eine bessere Zukunftsperspektive für sie vorstellbar.

Um die monatlichen Lebensmittelverteilungen durchzuführen, muß bisher eine öffentliche Schule genutzt werden. Das ist nur mit Zustimmung der Behörden und nur an Wochenenden möglich und bedeutet jedes Mal viel Hektik, weil die Schulräume nach der Nutzung durch die Waisen wieder in ordnungsgemäßen Zustand zu bringen sind, damit auch der Schulbetrieb ungestört weiterlaufen kann. Bei mehreren hundert Kindern, die sich zu solchen Anlässen versammeln, ist das keineswegs einfach. Im eigenen Gebäude können solche Aktionen dann unabhängig von anderen Institutionen geplant und viel leichter durchgeführt werden.

Das Waisenzentrum ist um einen Innenhof herum gebaut und besteht aus sechs Klassenzimmern, dazu Sanitäranlagen, Lehrerzimmer, einer Bibliothek, Büro für die Verwaltung, Lagerraum, einer kleinen Klinik, einem kleinen Labor, Küche und Speiseraum für die Schulkinder, alles um den Innenhof angeordnet. Im August 2008 wurde ein 1500 m² großes Grundstück gefunden, für 15427 Euro gekauft und im Januar 2009 mit dem Bau begonnen. Seit Dezember 2009 ist der Gebäudekomplex nun fertig gebaut, *al-hamdu li-llah*. Die Gesamtausgaben für Material, anfallende Arbeiten sowie Arbeitergehälter belaufen sich auf 125000 Euro.

Burundi ist eines der ärmsten Länder der Erde und von der weltweiten Wirtschafts- und Finanzkrise natürlich ganz besonders betroffen. Ohne Allahs Segen und die großzügige Unterstützung der Spenderinnen und Spender von Muslime helfen, die engagierte Arbeit unserer Partner in Burundi – Orphans Care, unter der Leitung von Hussein Kahinga – die tatkräftige Mithilfe unserer ehrenamtlichen „*ansar*" und unseres Mitarbeiter-Teams ließe sich das alles nicht verwirklichen. Ich danke allen, die dazu beigetragen haben und bitte um weitere großzügige Unterstützung für die Errichtung eines zweiten Waisenzentrums in Rumonge. Hierfür hat Muslime helfen inzwischen den Erwerb eines 19000 m² großen Grundstücks mit 56401 Euro und bereits die erste Bauphase mit 33000 Euro finanziert.

RUANDA: SCHRITT FÜR SCHRITT

Afrika ist ein riesengroßer Kontinent. Mitten in Afrika liegt Ruanda, ein kleines Land, nicht größer als Brandenburg. Ruanda hat zwar nur etwa 9 Millionen Einwohner, doch es ist das am dichtesten bevölkerte afrikanische Land. Vor 15 Jahren war in den Medien immer wieder von Ruanda die Rede. Es war die Zeit des Mordens, als der Konflikt zwischen den beiden großen Bevölkerungsgruppen, den Hutu und den Tutsi, etwa 800 000 Menschen das Leben kostete und die sogenannte Weltgemeinschaft dem tatenlos zusah. Die Mehrheit der Menschen in Ruanda war schon damals und ist heute christlich. Die muslimische Minderheit wird, damals wie heute, praktisch ausgeblendet. Man weiß nicht einmal genau, wie viele Muslime es in Ruanda überhaupt gibt. Die verschiedenen Schätzungen sprechen von 5% bis 15% der Gesamtbevölkerung, das wären zwischen 450 000 bis 1,5 Millionen Muslime – auf jeden Fall noch erheblich weniger als beispielsweise in Deutschland. Einer der Gründe für die Unklarheit hierüber dürfte auch die Tatsache sein, daß sich offenbar gerade in der jüngsten Vergangenheit, der Zeit nach dem Völkermord, mehr Menschen in Ruanda dem Islam zuwenden und so die Zahl der Muslime merklich wächst. Das ist jedenfalls die Feststellung sowohl von muslimischer als nichtmuslimischer Seite im Land. Es heißt, daß sich die Muslime an dem großen Morden im Allgemeinen nicht beteiligt und sogar vielen Flüchtlingen Zuflucht geboten hätten. Dieses Verhalten der Muslime wird als im Islam begründet gesehen, anerkannt, und es motiviert manchen Menschen dazu, sich zu fragen, welche Religion nun für ihn in Frage kommt. Für die muslimischen Gemeinden in Ruanda bedeutet dies aber zugleich, daß sie sich nicht bloß mit den eigenen Sorgen und Nöten als Minderheit befassen können, sondern daß auch viele neue Muslime und Nichtmuslime von ihnen Hilfe und Beistand erwarten, und das in einem der ärmsten Ländern überhaupt mit einem durchschnittlichen Einkommen von € 180 pro Kopf der Bevölkerung. Zwar sind die muslimischen Gemeinden im Land überregional in der Ruanda Muslim Vereinigung zusammengeschlossen, an deren Spitze der in der Gesellschaft hoch angesehene Mufti Saleh Habimana steht, doch hatte diese nationale Institution bislang nicht einmal einen Mitarbeiter und einen Schreibtisch für humanitäre Fragen. Muslime helfen hat darum die Aufgabe übernommen, zum Aufbau einer besonderen Organisation für humanitäre Hilfe beizutragen. Sie ist inzwischen als „Umbrella for Vulnerable – Schirm für Verletzliche" begründet, arbeitet unter dem Dach der Ruanda Muslim Vereinigung und soll sich vor allem der Unterstützung von Witwen, Waisen, Armen und anderen „Verletzlichen" wie Behinderte widmen. Ihr Leiter Ayoub Nsanzintwali hat verschiedene Orte in Ruanda ausgesucht, die für mögliche Hilfsprojekte in Frage kommen. Einer davon ist Nyagatare in der Ostregion, nördlich von Umutara.

Ein paar Kilometer abseits von der Hauptstraße führt der holprige Weg vorbei an Lehmhütten, verliert sich bald im steppenartig mit niedrigem Gebüsch überwachsenen Gelände und endet schließlich vor einer kleinen Moschee mitten im Nirgendwo. Ja, erklärt Ayoub, da hätten türkische Muslime aus der Stadt Malatya den Wunsch gehabt, eine Moschee zu bauen und sich deshalb an den Mufti gewandt, das Land gehöre der Ruanda Muslim Vereinigung, die habe es zur Verfügung gestellt, und so sei die Moschee im vergangenen Jahr 2009 gebaut worden. In der Umgebung gebe es etwa 300 Muslime, und die kämen nun freitags hierher zum Gebet. In dieser Moschee trafen wir dann auch eine Gruppe muslimischer Frauen der Ruanda Muslim Vereinigung, mit der Ayoub eine Begegnung verabredet hatte. Etwa 20 Frauen waren gekommen, manche waren abwesend, weil sie heute, am ersten Schultag, ihre Kinder zur Schule brachten, andere, weil sie zu weit entfernt wohnten. Die Gruppe, so ihre Leiterin Fatuma Mukarara, bestehe insgesamt aus etwa 50 Frauen. Von den Anwesenden waren, wie ich während des Gesprächs herausfand, etwa die Hälfte Witwen, und ein Drittel der Frauen aus Geldmangel nicht einmal im medizinischen Grundversorgungsplan, der in Ruanda gegen eine geringe Gebühr im Krankheitsfall eine ärztliche Untersuchung ermöglicht. Diese Frauengruppe hatte sich, wie ich nun weiter erfuhr, im vergangenen Jahr zusammengeschlossen, um gemeinsam ein großes Feld, das die Ruanda Muslim Vereinigung zur Verfügung stellte, mit Mais zu bepflanzen. Damit wollten sie einen Beitrag dazu leisten, den niedrigen Lebensstandard der meisten Frauen zu verbessern. Die Frauen sind Bäuerinnen, aber keine von ihnen besitzt selbst ein Stück Land. Sie leben in näherer und weiterer Umgebung der Moschee, das Maisfeld, das sie gemeinsam bewirtschaften, ist ihre einzige Einnahmequelle. Nach ihren bisherigen Erfahrungen gefragt, erklärten die Frauen: Sie haben den Mais selbst angepflanzt, zum ersten Mal im Juli 2009 geerntet, und zum zweiten Mal im Februar 2010. Das Bearbeiten des Bodens und das Anpflanzen dauere einen Monat, die Wachstumsphase ein Vierteljahr, die Ernte zwei Wochen.

Mais und Maismehl sind ein Grundnahrungsmittel in Ruanda und werden entweder stückweise oder gemahlen verkauft. Die Juli-Ernte habe 2000 kg betragen, die Hälfte davon wurde an die beteiligten Frauen zum Eigenbedarf oder Weiterkauf verteilt, die andere Hälfte für die nächste Aussaat verwendet und ein Teil davon auch dem örtlichen Krankenhaus zur Speisung von armen Patienten gespendet. Ein Maiskolben kostet derzeit 50 RWF (Ruanda-Franc), das sind € 0,06. Etwa vier Maiskolben wiegen ein Kilogramm, das Kilogramm kostet also 200 RWF. Gemahlenes Maismehl, wie es zum Kochen gebraucht wird, ist auf dem Markt für 350 RWF/kg zu haben, abgepackt für

500 RWF/kg. Wer Mais in einer Maismühle zu Mehl verarbeiten lässt, zahlt dafür 50 RWF/kg. Die Frauen möchten deshalb gern eine Maismühle betreiben, um den selbst angepflanzten Mais zu verarbeiten, zu einem besseren Preis verkaufen und weitere Einkünfte für ihre Kooperative durch Mahlen von Mais für andere Frauen erzielen zu können. Diese Einkünfte würden den Frauen helfen, ihre Alltagsbedürfnisse abzudecken, besonders auch die Schulkosten für ihre Kinder und die Beiträge zum medizinischen Grundversorgungsplan bezahlen zu können. Nicht zuletzt würde auch das örtliche Krankenhaus weiter unterstützt werden können.

Seither ist bald ein Vierteljahr vergangen. Die Frauen haben ihre Kooperative „Nyagatare Vision Kooperative" genannt und bei der Bezirksverwaltung Nyagatare offiziell angemeldet. Betreut werden sie von „Schirm für Verletzliche", und inzwischen hat „Schirm für Verletzliche" eine Möglichkeit gefunden, die Frauen konkret zu unterstützen. Auch der Mufti von Ruanda hat das Vorhaben empfohlen. In Nyagatare sind zwei solche Maismühlen zu erwerben, zusammen mit einer weiteren Maschine zum Weizenmahlen und einer Maschine für Erdnußbutter, alles auf einem Grundstück 100m x 75m, die Maschinen in einem Schuppen, dazu noch ein einfaches Haus mit fünf Räumen. Dort könnte die Frauenkooperative auch noch andere Pläne verwirklichen, die sie hat, wie z.B. einen Schneiderinnenkurs, in dem wiederum Frauen die Möglichkeit geboten wird, ein Handwerk zu erlernen und dadurch ihren Lebensunterhalt zu bestreiten. Alles zusammen soll € 44 630 kosten. Muslime helfen möchte diesen Betrag im Rahmen seiner diesjährigen Aktion „Meine Schwestern" zur Verfügung stellen. Wer muslimische Frauen in einem der ärmsten Länder Afrikas unterstützen möchte, die selbst die Initiative ergriffen haben, um sich durch gemeinschaftliche Arbeit und gegenseitige Unterstützung Schritt für Schritt aus den erbärmlichen Lebensverhältnissen zu befreien, in die sie hineingezwungen sind, kann hier seinen Beitrag leisten.

TOGO: BLINDENZENTRUM

Jeder Mensch ist etwas Besonderes. Jeder Mensch hat seine Eigenarten, seine Stärken, seine Schwächen, seine Begabungen, seine Mängel. Manche sind hervorragend begünstigt, andere sind auf diese oder jene Weise behindert. Manche können helfen, andere brauchen Hilfe und Beistand. Zu den besonders stark Behinderten gehören Menschen, die nicht sehen können, die Blinden. Im Koran erinnert die Sure 80 daran, gerade auch Blinde ernst zu nehmen. Der Prophet (s), der mit einigen der Hochangesehenen des Stammes Quraisch sprach, schenkte dem blinden Abdullah ibn Ummi

Maktum nicht die gewünschte Aufmerksamkeit, als dieser kam und von ihm etwas über den Islam erfragen wollte. Seither mahnt diese Sure uns immer wieder, die Blinden nicht außeracht zu lassen, sondern auf ihre besonderen Bedürfnisse einzugehen, ihnen entgegen zu kommen und ihnen behilflich zu sein.

Unterwegs in Lome, der Hauptstadt des kleinen westafrikanischen Landes Togo, höre ich deutlich eine fröhliche Stimme, die den Lärm der Marktstraße übertönt, doch ohne unangenehm laut zu wirken. Ein Mann, den ich nicht sehe, singt ein Lied, dessen Text ich nicht verstehe. Ich höre, daß er langsam näherkommt. Dann ist er nur noch ein paar Schritte entfernt. Nun kann ich ihn betrachten. Er ist nicht besonders groß, trägt ein sauberes, weißes afrikanisches Gewand und singt noch immer. In der rechten Hand hat er einen langen, dünnen Stock, in der linken eine kleine Schüssel. Den Kopf bewegt er hin und her, die Augen sind offen, aber blind. Als in der kleinen Schüssel ein paar Münzen klimpern, ändert sich der Text des Liedes. Auch ich kann erkennen, daß nun dem, der etwas gegeben hat, gedankt und Gottes Lohn gewünscht wird.

„Wenn in Togo jemand erblindet, besonders ein Kind, ist ihm für seinen weiteren Lebensweg vorherbestimmt, Bettler zu sein. Eine andere Möglichkeit gibt es kaum", sagt mir Asmanou Bouraima, mit dem ich durch die Marktstraße gehe. „Man muß etwas tun, um gerade den Kindern dieses Leid zu ersparen." Asmanou hat ebenfalls einen Stock in der Hand, aber einen hochmodernen, weiß und zusammenfaltbar. Auch Asmanou ist blind, doch ihm blieb es erspart, Bettler zu werden. Mit 14 Jahren verlor er sein Augenlicht, heute ist er 38 Jahre alt, Magister der Soziologie, Universitätsmitarbeiter zur Betreuung behinderter Studenten, seit 2005 verheiratet. Zudem leitet er die Organisation ABEA (Action pour le bienêtre et l'épanouissement des aveugles/Aktion für Wohlergehen und Förderung der Blinden), die sich vor allem um blinde Schüler und Studenten kümmert.

Wir fahren nach Sokode, einer Stadt rund 320 km nördlich von Lome. Von hier aus soll sich der Islam in Togo verbreitet haben, noch heute leben hier überwiegend Muslime, etwa 100 000 Menschen sind es. Auch hier gibt es Blinde, aber keine Einrichtung, die sie unterstützt oder für sie sorgt. Asmanou hat hier Freunde, einer von ihnen heißt Souleyman Salifou und arbeitet beim örtlichen Radiosender. Er hat über Radio dazu aufgerufen, daß die Familien, die blinde Kinder haben, und die darüber beraten möchten, wie ihnen geholfen werden kann, am nächsten Tag zu einer Versammlung in eine der islamischen Schulen kommen können. Einige Familien haben sich entschuldigt. Zwölf sind gekommen, darunter vier erwachsene Blinde und Eltern mit acht Kindern, Kamal, 10 Jahre alt, Amrou, 8 Jahre alt, ebenso Fataou, 8 Jahre alt, Faiza 12, Kaled 9, Rached 11, Hamaudin 12, Salem 6 Jahre alt. Die meisten von ihnen gehen zur Schule, auch wenn sie dem Unterricht nicht wirklich folgen können.

Asmanou spricht zu ihnen, erzählt seine eigene Geschichte, erklärt, wie wichtig es ist, trotz Erblindung weiter zur Schule zu gehen, zu lernen. Wenn Interesse besteht, sagt er, soll versucht werden, zunächst die Kinder zu betreuen, ihnen Förderunterricht zu geben, damit sie weiterhin die Schule besuchen und möglichst auch abschließen können. Außerdem sollen sie Blindenschrift erlernen. Er weiß aus eigener Erfahrung, wie wichtig das für die weitere Bildung eines Blinden ist. Wer die Blindenschrift gemeistert hat, dem stehen eine Fülle von Informationen und Bildungsmöglichkeiten offen, die Blinde sonst nie nutzen können. Es ist harte Arbeit, sagt Asmanou, es kostet viel Mühe, aber es ist möglich, und es lohnt sich in jedem Fall. Souleyman, der Mann vom Radio, wird Verbindung mit ihnen halten und sie über die nächsten Schritte informieren.

Dann suchen und finden wir ein Haus, das als ein kleines Blindenzentrum geeignet ist. Es kann gemietet werden, hat aber eine Renovierung nötig. Die Kinder sollen sich wohlfühlen. Die Kosten dafür wollen wir übernehmen, der Eigentümer ist einverstanden, sie mit der Miete zu verrechnen. Besonders passend ist auch, daß dieses Haus direkt neben einer Moschee steht. So wird es einerseits den Kindern und ihren Betreuern nicht schwerfallen, an den Gebeten teilzunehmen, und andererseits werden sich die Moscheebesucher sicher den blinden Kindern gegenüber nicht verschließen, sondern gerade dann, wenn sie ihnen nun täglich begegnen, inschallah Anteil an ihrer Lage nehmen.

Wir hoffen, daß die Renovierung noch im März abgeschlossen und das Haus im April bezogen werden kann. Zunächst ist vorgesehen, zwölf Kinder aufzunehmen und jeweils vier von ihnen einem Betreuer anzuvertrauen, der sich um ihr Wohlergehen sorgt, sie bei den schulischen Anforderungen unterstützt und ihnen Blindenschrift beibringt. Die blinden Kinder brauchen eine solche intensive Förderung und sollen deshalb während der Woche auch im Blindenzentrum wohnen, schlafen und essen. Für die Renovierung und Möblierung des Hauses sowie Ausstattung und Lehrmaterial werden € 4215 benötigt, die monatlichen Betriebskosten belaufen sich auf knapp € 2000. Darin sind inbegriffen die Miete, Strom, Wasser, Lebensmittel für die täglichen Mahlzeiten, medizinische Versorgung und die Gehälter für die drei Betreuer, Köchin, Hausverwalter und Wachmann. Insgesamt wollen wir auf diese Weise zwölf blinde Kinder unterstützen. Dafür müssen wir € 192 pro Monat und Kind aufbringen. Auf den ersten Blick scheint das viel für afrikanische Verhältnisse. Aber es handelt sich hier um Kinder, die ganz besondere Bedürfnisse haben und die eine ganz spezielle und besonders intensive Förderung brauchen. Wir können so dazu beitragen, daß diesen Kindern inschallah ein anderer Lebensweg als der des Bettlers offensteht. Asmanou Bouraima hat gezeigt, daß es möglich ist, und auch wir können dabei helfen.

"Die Bildung von Blinden in Entwicklungsländern ist keine leichte Sache. Man braucht viel Mut und Entschlossenheit, um damit Erfolg zu haben. Die größte Schwierigkeit ist der chronische Mangel an Lehrmaterial, der Mangel an Büchern in Blindenschrift (Braille)... Ich bin deshalb immer allen dankbar, die Blinden Unterstützung bieten." (Asmanou Bouraima)

DAS GEHEIMNIS

Es war am ersten Tag des Fastenmonats Ramadan, im kleinen Dorf Tuwarrankulam in der Nähe von Kinniya an der Nordostküste von Sri Lanka, wo eine Lebensmittelverteilung von Muslime helfen für Bedürftige stattfand. Dort wurde ich mit einem schmächtigen alten Mann bekannt, die Leute nannten ihn Annawi. Er ist 84 Jahre alt, sagte man mir, und Annawi bedeutet „Meister". Eigentlich heißt er Abu-l-Hassan, aber man kennt ihn nur als „Meister", hieß es, er sei ein berühmter Lehrer von „Sinadi".

Sinadi, das wußte ich bereits, ist ein mit schnellen Bewegungen ausgeführter Kampfsport, ähnlich wie chinesisches Kung Fu oder malaiisches Silat. Die Gegend um Kinniya ist bekannt für Sinadi, hatte ich erfahren, das gibt es nur hier, und anderswo in Sri Lanka wissen das die Leute und sind sehr vorsichtig, wenn sie erfahren, daß jemand aus Kinniya stammt…

„Warum gerade Kinniya?" fragte ich, und man gab zur Antwort: „Vor langer, langer Zeit sind Menschen aus China hierher gekommen und haben dies den Einheimischen beigebracht, und seither wird es hier von Generation zu Generation weitergegeben." – „Sinadi" bedeutet etwa „Chinesisches Schlagen" – Sin steht für China, und adi bedeutet Schlag.

„Das trifft sich gut, daß wir uns hier begegnen" sagte ich zu Annawi, „darf ich eine Frage zu Sinadi stellen?" – „Aber gern", antwortete der Meister. „Gestern" sagte ich, „wurde ich von einem Jungen begrüßt, der dazu dieses Sinadi vorführte. Dabei streckte er mir mitten in der raschen Bewegung die rechte Hand entgegen. Ich ergriff sie, weil ich dachte, das gehört zur Begrüßung. Aber vielleicht habe ich da etwas falsch gemacht, und die ausgestreckte Hand war eine Einladung zum Kampf, und statt die Hand zu ergreifen, hätte ich mich auf einen Kampf einlassen sollen." Annawi fing laut zu lachen an. Dann sprang er blitzschnell umher, bald nach rechts, bald nach links gewandt, die Hände wie zum Angriff vorgestreckt, dann wieder zurückgezogen. Die Mütze flog dabei vom Kopf, aber Annawi ließ sich davon überhaupt nicht stören. „Genug, genug!", riefen die Leute um uns herum, „Du bist doch ein alter Mann!" Annawi brach seine

Darbietung ab, setzte seine Mütze auf, die ihm gereicht worden war, und lachte wiederum herzlich.

„Es war richtig, was Du gemacht hast", sagte er zu mir, „denn die ausgestreckte Hand war als Begrüßung gemeint, nicht als Herausforderung zum Kampf." – „Da bin ich beruhigt", antwortete ich und fuhr fort: „Darf ich noch eine Frage stellen?" – „Natürlich", sagte Annawi wiederum lachend. „Gut, nehmen wir an, wir beide kämpfen miteinander, wie wirst Du mich besiegen?" Annawi verstand nicht recht, was ich meinte. „Ich bin vielleicht 25 Jahre jünger als Du", erklärte ich, „drei Köpfe größer als Du und mindestens doppelt so schwer!" Annawi lachte schon wieder und sagte: „Mit Dir werde ich nicht kämpfen!"

„Nun gut, aber angenommen ich bedränge Dich, wie wirst Du mich besiegen?" – „Ich werde mich nur verteidigen", entgegnete Annawi, „ich greife Dich nicht an." – „Ja, ich verstehe", sagte ich, „aber angenommen, wir haben jetzt miteinander gekämpft, zehn Minuten lang, jetzt sind wir beide müde, und jetzt mußt Du mich besiegen, damit der Kampf ein Ende hat. Also, wie wirst Du mich besiegen?" Und erneut lachte Annawi und sagte: „Wenn wir so lange miteinander gekämpft haben, daß wir beide müde sind, dann sage ich ‚As-salamu alaikum' zu Dir, und ich gehe nach Hause!"

Diesmal habe auch ich gelacht, vor Freude, denn mit diesen Worten hatte Annawi mich an ein Geheimnis erinnert – das Geheimnis des Siegens im Islam.

PAKISTAN NACH DER FLUT

„Dort drüben ist eine große Zuckerfabrik", macht man mich aufmerksam, „und dort neben der Straße ist der Erdwall, der aufgeschüttet wurde, um das Wasser von der Fabrik fernzuhalten. Statt dorthin zu fließen, ist das Wasser so umgeleitet worden und hat die Lehmhäuser der Dorfbewohner weggespült."

In Multan konnte ich mit Hilfe von Freunden, die ungenannt bleiben wollen, Lebensmittel für 100 Familien kaufen. Jeweils zwei Kg Zucker, Öl und ein Kg Linsen wurden in eine Tragetüte verpackt. Mit einem Privatauto brachten wir diese halbe Tonne Lebensmittel in den von der Überschwemmung schwer getroffenen Bezirk Muzaffargarh und besuchten dort einige kleine Zeltlager. Den Anfang machten wir in Chahsadiqwala. Dort hausen seit sechs Wochen 30 Familien, insgesamt 180 Menschen, in fünfzehn Zelten, besser gesagt haben jeweils zwei Familien eine Plane, unter der sie sich verkriechen können, dazu eine Matte für den Boden und hier und da ein traditionelles pakistanischen Flechtbett. „Hier ist noch niemand vor Euch gewesen" – diesen Satz habe ich hier und andernorts immer wieder gehört. Im Bezirk Muzaffargarh entlang der Straße ist auf 40 Kilometer keine einzige medizinische Versorgungsstelle zu finden. Tausende von Flutopfern hausen teils immer noch in kleinen improvisierten Zeltlagern, in Schulen und auch auf den Trümmern ihrer eingestürzten Wohnstätten.

Hilfsmaßnahmen in Katastrophengebieten, auch solche vergleichsweise bescheidenen Umfangs wie sie von Muslime helfen durchgeführt werden können, sind selten einfach. Die Überschwemmung in Pakistan hat mehr als 20 Millionen Menschen in Mitleidenschaft gezogen. Allein schon das Ausmaß dieser Katastrophe überschreitet das Vorstellungsvermögen. Die Lage ist folglich ausgesprochen schwierig. Hinzu kommen in diesem Fall aber noch zusätzliche Erschwernisse.

Schon die allgemeinen Bedingungen in einem Katastrophengebiet bergen gewisse Risiken für Helfer. Straßen und Wege sind oft beschädigt und gefährlich, Fahrzeuge in schlechtem Zustand, Übernachtungsmöglichkeiten eingeschränkt. Von einer Mücke gestochen zu werden, die Malaria überträgt, ist nicht ausgeschlossen, und eine Magen-Darm-Infektion hat man sich leicht zugezogen, wenn man nicht wirklich streng auf Hygiene achtet. Ich weiß, für die Dorfbewohner ist es enttäuschend, wenn ich stets das Wenige, das sie in ihrer Gastfreundschaft anbieten können, freundlich aber konsequent ablehne, doch meine Arbeit vor Ort kann ich nur dann bewältigen, wenn ich selbst nicht erkranke. Ich halte mich bei Essen und Trinken gewöhnlich so weit zurück, daß einer meiner Begleiter dies schon mit den Worten kommentierte: Er muß ein Engel sein, denn er ißt nichts und trinkt nichts...

Unsere langjährige Partnerorganisation Lazis aus Indonesien hat zusammen mit anderen indonesischen Organisationen verschiedenen Hilfsmaßnahmen in Pakistan eingeleitet und bei Muslime helfen angefragt, ob wir in diesem Zusammenhang Reisekosten und Medikamentenvorrat für einen einmonatigen freiwilligen Einsatz eines Arztes im Überschwemmungsgebiet finanzieren könnten. Wir haben zugesagt, denn Dr. Ahmad Bajri ist nicht zuletzt dafür besonders geeignet, weil er sein Medizinstudium in Pakistan abgeschlossen hat und deshalb auch die Landessprache Urdu spricht.

Als ich Dr. Ahmad Bajri treffe, berichtet er mir, daß er gerade seinen ersten zehntägigen Einsatz in der Gegend nördlich von Peschawar hinter sich gebracht hat. Es sei Gott sei Dank gelungen, für zahlreiche Menschen eine medizinische Grundversorgung zu leisten, allerdings unter teils recht schwierigen Bedingungen. Da viele Straßen und Brücken zerstört sind, habe er an manchen Tagen bis zu zwei Stunden Fußmarsch benötigt, um die Orte zu erreichen, an denen die medizinische Versorgungsstelle eingerichtet war. Aber er habe alles gut überstanden. Schwieriger sei für ihn persönlich die Sicherheitsproblematik gewesen. Nachdem er bei einem weiteren Einsatz im Bezirk Charsadda den ganzen Tag in Begleitung von zwei bewaffneten Polizisten unterwegs war, habe man sich darauf verständigt, daß er nun den Norden des Landes verläßt und seine Arbeit in der südlichen Provinz Sind fortsetzt. Ich habe Dr. Bajri erklärt, weshalb auch ich Bedenken gegen Begleitpolizisten habe. „Binde dein Reittier an, dann vertraue auf Allah", hat uns der Prophet Muhammad (s) gelehrt, als ihn ein Mann einmal fragte, ob er sein Reittier anbinden oder auf Gott vertrauen sollte, daß es nicht wegläuft. Mit anderen Worten: Treffe die Dir mögliche Vorsorge, und was das Übrige angeht, vertraue auf Allah. In diesem Sinne vermeide ich stets, soweit möglich, den an sich gutgemeinten Schutz durch Polizisten oder Soldaten vor Überfällen und möglichen Entführungen. Denn solange ich mit einheimischen Freunden unterwegs bin, wird meine Anwesenheit oft gar nicht bemerkt. Erst wenn ich mit jemandem ins Gespräch komme, stellt sich heraus, daß ich von auswärts bin. Wenn aber ein Polizeifahrzeug ständig vor uns herfährt oder wir, wenn wir zu Fuß gehen, von Polizisten begleitet werden, ist schon von Weitem erkennbar, daß da jemand unterwegs ist, der vielleicht ein lohnendes Ziel sein könnte. Gerade dadurch aber wird dann vielleicht der Gedanke geweckt, hier zugreifen zu wollen, während andernfalls, wenn überhaupt kein Anlaß dafür gegeben scheint, auch kein Auslöser für einen solchen Gedanken und damit für die eigentliche Gefährdung gegeben ist.

In Peschawar habe ich in einem Gästehaus übernachtet. Kurz nach zwei Uhr morgens wache ich plötzlich auf, geweckt von einer nicht weit entfernten lauten Explosion, nach der es allerdings völlig still blieb. Im Haus rührte sich ebenfalls nichts. Nach kurzem Abwarten habe ich leise die Tür geöffnet. Draußen war nichts Auffälliges wahrzunehmen, also legte ich mich bald wieder zur Ruhe. Am Morgen fragte ich nach dem Geräusch. Man sagte mir, das sei nichts Außergewöhnliches gewesen. Nicht weit hinter dem Gästehaus verlaufe die Grenze zu den Stammeszonen FATA (Federally Administered Tribal Areas), dort haben die pakistanischen Behörden keine Zuständigkeit, und dort gebe es immer wieder Zwischenfälle mit Waffen und Bomben. Zwar waren diese Informationen nicht wirklich beruhigend, stellten aber doch zumindest eine Erklärung dar. Indes las ich am darauffolgenden Tag in der Zeitung, daß in besagter Nacht um kurz nach zwei Uhr morgens in der Gegend meines Nachtquartiers eine Schule gesprengt worden war. Es blieb unklar, ob die Täter damit den Schulbesuch von Kindern, insbesondere Mädchen, behindern wollten oder ob es sich um Täter handelt, deren Absicht war, den Eindruck zu vermitteln, daß in Peschawar solche Kräfte ihr Unwesen treiben. Einheimische, mit denen ich über diesen Vorfall sprach, haben beide Möglichkeiten in Betracht gezogen.

Auf der Straße außerhalb des Zentrums von Peschawar kommen wir an einem langen Stau auf der Gegenfahrbahn vorbei. Vollbeladene Lastwagen, einer hinter dem anderen, kilometerweit. „Da werden Hilfsgüter für die Überschwemmungsopfer gebracht", sage ich. „Nein", sagt mein Begleiter, „das geht alles an die Truppen in Afghanistan, jeden Tag." Man muß es mit eigenen Augen gesehen haben, denke ich daraufhin, dann werden die Zusammenhänge zwischen Elend und Überfluß, zwischen Nothilfe und Betrug an den Notleidenden, erst wieder recht ins Bild gerückt. Statt daß man sich in diesen Zeiten um die Flutopfer kümmert, wird täglich Material in Riesenmengen für den Krieg in Afghanistan unmittelbar an ihnen vorbeitransportiert. Und selbst das Wenige, das für die Flutopfer zur Verfügung steht, kommt nicht immer bei ihnen an. Wie die Zeitungen berichten, stehen Lokalpolitiker aber auch Hilfsorganisationen unter Verdacht, große Mengen an Hilfsgütern veruntreut zu haben.

Das Vertrauen in die Regierung ist auf den Nullpunkt gesunken, aber auch den NGOs, den Nichtregierungsorganisationen, vor allen den ausländischen, wird zunehmend mit Mißtrauen begegnet. Die von vielen Hilfsorganisationen schon seit Jahren kritisierte Vermischung militärischer und ziviler Maßnahmen und auch die Koordination zwischen Militär und Hilfsorganisationen stellt die Glaubwürdigkeit letzterer in Frage. Inzwischen werden manche NGOs, insbesondere solche aus den Vereinigten Staaten, Zeitungsberichten zufolge offen beschuldigt, im Rahmen der Flutkatastrophenhilfe hunderte Geheimdienstmitarbeiter und spezielles Militärpersonal, als humanitäre Helfer getarnt, nach Pakistan eingeschleust zu haben.

Ausländische Helfer sind auch deshalb nicht überall gern gesehen, weil sie nach ihrer Rückkehr schlechte Nachrichten über Pakistan verbreiten könnten, über Korruption, Behördenwillkür und andere Mißstände.

Besondere Schwierigkeiten gibt es darüber hinaus noch für muslimische Hilfsorganisationen. Die politischen Umstände mancherorts, nicht zuletzt auch in unserem Land, machen es muslimischen Hilfsorganisationen nicht immer leicht, ihre Arbeit zu tun. Auf Einzelheiten muß man hier wohl nicht näher eingehen. In den Medien wird davon berichtet, daß in Pakistan vor allem muslimische und ansonsten private, jedenfalls nicht amtliche Stellen, vom Militär abgesehen, Hilfe leisten. Von mancher Seite wird dies sogar als eine Gefahr gesehen, weil so der Rückhalt für muslimische Organisationen in der Bevölkerung gestärkt werde. Dahinter steckt die Befürchtung, die einheimischen muslimischen Organisationen, die helfen, nutzten die Notlage der Menschen aus, um an Popularität zu gewinnen. Mich erstaunt diese Sichtweise jedesmal auf's Neue. Was soll denn die Alternative sein? Sollen Muslime eines der Grundprinzipien ihrer Religion, nämlich Bedürftigen beizustehen und zu helfen, hintanstellen weil eine Regierung oder Behörden ihren Aufgaben nicht nachkommen?

Wer, wenn nicht die Muslime und die einheimischen Nichtregierungsorganisationen hilft denn dann überhaupt noch?

Asim ist der Leiter von Schunaizia, einer kleinen pakistanischen Organisation, die sich eigentlich auf Bildungsprojekte konzentriert, aber auch bei Katastrophen Hilfe leistet. Wir sind einander nach dem Erdbeben in Pakistan begegnet, jetzt, nach der Flut, hat Asim mit seiner Organisation und mit Verwandten und Bekannten ein Ärzte-Team organisiert, das Flutopfer betreut. Seit diese Maßnahme durch Muslime helfen unterstützt wird, kann das Ärzte-Team verschiedene Dörfer im Bezirk Charsadda aufsuchen. Ich bin dabei, als gerade in Gulabad Sprechstunde abgehalten wird. In einem großen Haus, das der Überschwemmung halbwegs widerstehen konnte, ist ein Wohnzimmer als Patientenbereich für Frauen und ein weiterer Raum mit eigenem Zugang für Männer vorgesehen. Frau Dr. Ahtar Bibi arbeitet normalerweise in einem Krankenhaus in Peschawar und wurde für diese medizinische Hilfsmaßnahme freigestellt. Gestern war sie im Dorf Khamki, wo sie 135 weibliche Patienten, Frauen und Mädchen, behandeln konnte. Ihre männlichen Kollegen, Dr. Numan und Dr. Yusuf, hatten etwa 100 Patienten zu versorgen. Auch hier in Gulabad scheinen mehr Frauen als Männer zu kommen, bis zwei Uhr nachmittags waren von 137 Patienten 89 weibliche. So wäre es besser, zwei Ärztinnen im Team zu haben, aber eine zweite Ärztin zu finden, die freigestellt werden kann, scheint nicht möglich.

Wie ich erfahre, sind die häufigsten Gesundheitsprobleme, die auftreten, Magen-Darm-Erkrankungen, besonders Durchfall, Hauterkrankungen, Atemwegserkrankungen und zunehmend Malaria, jetzt schon 55 Fälle, manche davon sehr schwer. Besonders die Frauen und Kinder leiden außerdem fast alle an allgemein geschwächtem Gesundheitszustand in Folge von schlechter Ernährung und verunreinigtem Trinkwasser. Frau Nazia beispielsweise, 45 Jahre alt, hat sowohl Atembeschwerden als auch eine Magen-Darm-Infektion. Eine andere medizinische Hilfe als die hier angebotene, könne sie sich gar nicht leisten, ihr Ehemann ist behindert und kann nicht arbeiten, ihr ältester Sohn ist geistesschwach, außer ihm hat sie noch sieben Töchter. Die Überschwemmung hat ihre einfache Behausung weggespült, mit ihrem wenigen Hab und Gut, derzeit sind sie bei einer anderen Familie im Dorf notdürftig untergekommen. Frau Dr. Ahtar Bibi verschreibt ihr erforderliche Medikamente, die draußen in einem aufgestellten Apothekenzelt kostenlos an die Patienten abgegeben werden, und ich wünsche ihr alles Gute und bitte Allah, ihr zu helfen. Frau Sherzadeh ist 55 Jahre alt, ihr Mann ein Tagelöhner, doch jetzt gibt es keine Arbeit für ihn. Sie habe sechs Töchter und einen kleinen Sohn, das Wasser hat eine Wand ihres bescheidenen Hauses einstürzen lassen, aber die Familie kann dort noch wohnen. Die Ärztin stellt Malaria fest und verschreibt ein Mittel dagegen, zur allgemeinen Stärkung noch ein

Multivitamin-Präparat. Kaval, 10 Jahre alt, hat Durchfall, ebenso Shabin, 11 Jahre. Rubina, 8 Jahre, zeigt der Ärztin ihren Hautausschlag am Arm und klagt über Bauchschmerzen. Ich frage nach ihrer Familie und wo sie wohnen. Rubina sagt, sie hat drei Brüder und vier Schwestern, der Vater hatte einen kleinen Laden, dieser und das ganze Haus sind nicht mehr da. Ob sie denn zur Schule geht, will ich weiter wissen. Nein, jetzt nicht, auch die Schule ist zerstört, aber vor der Überschwemmung sei sie in der dritten Klasse gewesen. Sie kann lesen und schreiben, auch „al-hamdu" weiß sie auswendig, und sie möchte bald wieder zur Schule gehen.

Bei Dr. Yusuf erkundige ich mich, weshalb das Trinkwasser nicht einfach abgekocht wird, um die durch die Verschmutzung verursachten Erkrankungen einzudämmen. Auch er stelle sich diese Frage, antwortet er mir. Ein Dorfbewohner, der zugehört hat, meint, man könne sich doch das Brennholz nicht leisten. „Aber ihr kocht doch jeden Tag morgens und abends euren Tee", sagt ihm Dr. Yusuf. Der Mann erwidert lachend: „Ja, den Tee muß man kochen, aber abgekochtes Wasser trinken wir nicht, das schmeckt nicht!" Ich weiß nicht, was ich dazu sagen soll, und Dr. Yusuf meint nur, da sehe man, wie notwendig es sei, den Dorfbewohnern nicht bloß medizinische Hilfe im Katastrophenfall zu leisten, sondern auch ihre Ansichten zu vielen Fragen des Alltags, vor allem im Hinblick auf Hygiene und Gesundheit, durch Aufklärung und Beratung zu beeinflussen.

Im Bezirk Nowshera besuchen wir den Ort Pashtun Gari. Das Wasser kam am Nachmittag, wird mir berichtet, am Abend war es auf dreieinhalb Meter angestiegen, alle Häuser am Ort waren überflutet, die aus Lehmziegeln erbauten brachen zusammen und wurden weggespült. Die Menschen konnten sich auf die erhöhte Fernstraße retten, wo sie 15 Tage ausharrten, bis das Wasser so weit gesunken war, um zurückzukehren und mit dem Aufräumen zu beginnen. Hier in Pashtun Gari hat Schunaizia mit Hilfe der Einheimischen zwanzig der am allermeisten hilfsbedürftigen Familien identifiziert und für sie am Tag des Id, nach dem Ramadan, ein kleines Auffanglager eingerichtet. Im Hof eines angemieteten Hauses wurden 20 Zelte aufgestellt, in denen insgesamt 80 Menschen untergekommen sind.

Mit Asim von Schunaizia und den Helfern aus Pashtun Gari berate ich darüber, wie diesen Ärmsten der Armen nun weitergeholfen werden kann. Das Zeltlager ist eingerichtet, auch ein Küchenzelt gibt es, und es werden täglich drei einfache Mahlzeiten ausgeteilt, aber die Lebensmittel aus Privatspenden reichen nicht mehr lange. Wir verständigen uns darauf, daß die Menschen im Zeltlager solange mit Mahlzeiten versorgt werden sollen, wie sie dort untergebracht sind. Muslime helfen übernimmt diese Kosten, sage ich zu, und lasse einen Betrag da, der zunächst für einen Monat reicht. Weiter verständigen wir uns darüber, zu versuchen, jede Familie dabei zu unterstützen, sich in den kommenden Wochen eine einfache aber feste Behausung zu bauen, weil der Winter nicht mehr weit ist und dann das Leben im Zelt nicht in Frage kommt. Wir nennen das Projekt „Safe Shelter – Sicheres Obdach". Als dritte Maßnahme rege ich an, für jede Familie einen Art „kick-start" in Angriff zu nehmen, eine Starthilfe je nach Umständen, um baldmöglichst wieder auf eigene Füße zu kommen. So hoffen wir, auf diesem Weg mit Allahs Hilfe, schon einmal diesen zwanzig Familien ihr Leben in den kommenden Wochen zu erleichtern und in der Folge weitere ähnliche Hilfsprojekte in Angriff zu nehmen. Und für die Kinder, sage ich, stellt bitte eine Schaukel, eine Wippe oder ein anderes Spielgerät auf und sucht nach einem Lehrer, der den älteren von ihnen Unterricht gibt, solange die Schule geschlossen bleibt.

2011

DER WINTER WIRD KALT

Ja, der Winter wird kalt. Dieses Mal ist das auch uns hier in Mitteleuropa schon sehr früh wieder ins Bewusstsein gerückt worden: Anfang Dezember lag der erste Schnee mit all seinen für uns so unangenehmen Folgen wie gefährlich glatte Wege und Straßen, lang Staus, Verspätungen bei Bus und Bahn und Temperaturen teils weit unter dem Gefrierpunkt. Ja, da war es kalt. Aber als wir dann ankamen, wo wir hinwollten, sei es am Arbeitsplatz, sei es zuhause, oder anderswo, da war es warm, angenehm warm. Wirklich frieren, den ganzen Tag und die ganze Nacht, das bleibt uns normalerweise *al-hamdu li-llah* erspart. Anfang November war ich in Kambodscha, um die dortigen Projekte von Muslime helfen zu überprüfen und mit den Partnern vor Ort auch zukünftige Pläne zu besprechen. Da stand in der Zeitung: „Kühles Wetter in Kambodscha kann bis Januar dauern. Nachdem die Temperaturen im ganzen Land gesunken sind, warnte das Ministerium für Wasser und Meteorologie gestern, daß die Kälteperiode bis Mitte Januar andauern könne. Die Provinzen in den Bergen und dem Hochland ... werden am meisten betroffen sein, mit Temperaturen zwischen 13 und 15 Grad Celsius... ‚Wenn die Temperaturen unter 10 Grad Celsius fallen, werden wir den Notstand ausrufen' erklärte ein Provinzverwaltungs-Sekretär."

Die meisten der Muslime helfen-Projekte in Kambodscha liegen in der Hochland-Provinz Kampong Cham. Dreizehn, fünfzehn, zehn Grad Celsius – ü b e r dem Gefrierpunkt natürlich... Man sieht, alles ist relativ. In Tschetschenien, wo Muslime helfen auch dieses Jahr wieder ein Winterhilfe-Projekt unterstützt, wird es erheblich kälter als bei uns. Nach Überprüfung der Lage durch unsere Partnerorganisation Reliance haben besonders die Menschen in den Dörfern der Bergregionen an der Grenze zu Georgien noch viele Probleme. In ihrem Bericht heißt es: *„Als wir zum Monitoring im Bezirk Scharoi unterwegs waren, wurden wir aufgefordert, die Dörfer in diesem Bezirk zu besuchen. Wir waren überrascht von der Armut dieser Dörfer. Es ist schwer, die richtigen Worte zu finden, diese Armut zu beschreiben. Es kam uns so vor, als seien wir in eine alte Zeit zurückversetzt. Die Mehrheit der Dorfbewohner ist überhaupt niemals woanders als in ihrem Dorf gewesen… Die Ärmsten unter ihnen konnten kein Geld zurücklegen, um Brennholz zu kaufen. Nach eigener Angabe haben sie kaum genug, um Brot und Käse zu essen…"* Der Winter ist die schwierigste Jahreszeit für sie. Dort gibt es, anders als in größeren Ortschaften, keine Ferngasleitungen, sondern es muß mit Holz geheizt werden. Selbst Holz im Wald zu holen ist wegen der vom Krieg übrig gebliebenen Minen hoch gefährlich und außerdem nicht immer und überall erlaubt. Reliance hat 100 Familien in den Bezirken Scharoi, Schatoi und Itum-Kalinksi ausgesucht, die mit Brennholz für die Winterzeit versorgt werden und auch Material zur Abdichtung der Fenster bekommen, um Wärmeverlust zu vermeiden. Zu den Hilfsbedürftigen gehören auch Witwen und Alte.

Und ebenso wird in Pakistan für diesen Winter Hilfe gebraucht. Selbst wenn in weiten Teilen des Landes, vom Norden abgesehen, Temperaturen unter dem Null-Punkt kaum vorkommen, wird es dort in den Winternächten dennoch empfindlich kalt. Die allermeisten der Flutopfer hausen noch immer in halbzerfallenen Hütten, in Zelten und Notunterkünften, und viele von ihnen haben keine ausreichend warmen Schlafstätten. Schlechte Ernährung, schlechtes Wasser, mangelnde medizinische Versorgung haben diese Menschen ohnehin geschwächt, und sie sind darum besonders anfällig für Erkältungskrankheiten. Muslime helfen unterstützt deshalb den Bau von winterfesten Behausungen für 80 Familien in den beiden Flutkatastrophenzonen von Paschtun Garhi im Bezirk Nowschera und Muzaffargarh bei Multan. Möglich ist das alles nur durch die Unterstützung der Spenderinnen und Spender, in deren Auftrag Muslime helfen tätig wird. Ihnen sei an dieser Stelle erneut ausdrücklich Dank gesagt: *Dschsakumu llahu khairan* – Gott vergelt's auf beste Weise!

VIER MONATE NACH DER FLUT

Rohilanwali heißt das kleine Dorf im Bezirk Muzaffargarh, etwa 65 Kilometer von Multan im Punjab. Eine Gasse zwischen mannshohen Lehmmauern führt durch den Ort. Rechts und links öffnen kleine Tore die Zugänge zu den einzelnen Höfen. An den Lehmmauern kleben dunkelbraune Pizza-große Fladen, das ist Kuhdung, bestätigen mir die Dorfbewohner, der wird getrocknet als Brennstoff verwendet, um das Essen zu kochen. Ein kleiner Junge kommt gelaufen. Natürlich versteht er nicht, wovon wir sprechen, aber er hat die Situation sofort erfaßt. Demonstrativ patscht er mit der Hand auf einen der Fladen an der Wand, um zu zeigen, wie sie dort befestigt werden. Aber der Fladen ist noch nicht ganz trocken, fällt in Stücken herab, Reste fliegen durch die Luft und bleiben an der Hand des Jungen kleben. So schnell wie er gekommen ist, läuft er auch wieder davon. Wann wird er sich die Hände waschen? frage ich mich und antworte mir: Wahrscheinlich überhaupt nicht, und wenn, dann mit Wasser, das völlig verkeimt ist, aber mit dieser Hand wird er essen, mit den Fingern natürlich, nicht mit Löffel oder Gabel.

Wie kann man unter solchen Verhältnissen gesund bleiben? Wie kann man so überhaupt leben? Millionen von Menschen leben so, und Millionen von Menschen hat die Flut in Pakistan noch ärmer, noch armseliger gemacht, als sie es ohnehin schon sind.

Ob die Kinder in die Schule gehen, will ich wissen. Die Dorfbewohner sind etwas verlegen. Nein, heißt es schließlich, die Kinder gehen nicht zur Schule. Warum nicht? Die Erklärung ist sehr einfach. Die Flut hat das Schulgebäude derart beschädigt, daß es nicht mehr genutzt werden kann, und die zuständige Behörde hat bisher nichts unternommen. Schule findet nicht statt. Ähnlich war es auch in Paschtun Garhi im Bezirk Nowschera bei Peschawar, wo unsere dortige Partnerorganisation Schunaizia auf Anregung ihres Leiters Asim Wazir deshalb eine Ersatzschule eingerichtet hat. Zur Zeit werden dort 99 Kinder aller Altersstufen von drei Lehrerinnen betreut. So will Schunaizia erreichen, daß die Kinder nicht auf unbekannte Dauer völlig ohne Unterricht bleiben und den Unterrichtsstoff versäumen.

Mich freute nicht zuletzt zu sehen, daß meine frühere Anregung berücksichtigt wurde, auch an Spielgelegenheiten zu denken. Es gibt ein einfaches Spielfeld mit Netz, und hier werden von den Kindern nun schon regelrechte Federball-Turniere ausgetragen.

Vor allem aber setzt Schunaizia in Paschtun Garhi mit Unterstützung von Muslime helfen einige der beschädigten Häuser der Bedürftigen instand, die bisher in dem kleinen Zeltlager untergebracht waren, und baut, wo das erforderlich ist, neue kleine Behausungen. Bei unserer Vorbesprechung und Projektplanung haben wir uns dabei auf ein Einheitsmodell verständigt: Vier Wände aus Ziegeln gemauert, darüber ein Flachdach, eine Tür, ein Fenster, eine Lüftungsöffnung, einfach aber stabil und in relativ kurzer Zeit benutzbar. Noch sind nicht alle fertig. Für fünf der Ärmsten, die schon vor der Flut kein eigenes Stückchen Land hatten, mußte der Baugrund erst am Ortsrand gefunden und gekauft werden, bevor überhaupt die Fundamente gelegt werden konnten.

Razia Bibi ist vierzig Jahre alt und seit fünf Jahren Witwe. Sie hat zwei Kinder, den 15 jährigen Sohn Salman Khan, der in der neunten Klasse war, und die fünfjährige Tochter Usra, die noch nicht zur Schule ging. Schon vor der Flut war diese Familie auf Hilfe von Verwandten und Nachbarn angewiesen, aber immerhin konnte sie im Haus des Verstorbenen wohnen, bis es die Überschwemmung völlig zerstörte. Das neue kleine „Haus" für Razia Bibi und ihre Kinder ist bis auf den Außenputz schon fertig, und sie sind inzwischen mit ihren wenigen Habseligkeiten eingezogen.

Auch in Rohilanwali entstehen 30 „Häuser". Malik Mohammed Riaz aus Multan, von Beruf Rechtsanwalt und Gründer sowie ehrenamtlicher Vorsitzender der „Social Development Organization" (SDO), zeigt mir die kleinen Baustellen und macht mich mit den zukünftigen Bewohnern der neuen „Häuser" bekannt. Zusammen mit den Leuten im Dorf hat er diejenigen ausgewählt, die in der allergrößten Notlage sind. Dazu gehören 24 Witwen, meist mit mehreren Kindern. Die Bauarbeiten sind fast abgeschlossen, die „Häuser" sind von besserer Qualität als viele andere im Dorf, es fehlen lediglich die Dächer und der Außenputz, das wird inschallah nur noch wenige Tage dauern.

Zuvor waren wir auch in Chah Pakka, etwa 50 km entfernt. Dort sind die meisten von ebenfalls 30 „Häusern" schon fertig und werden gerade bezogen. Dunkelrot angestrichen, die Türen und Fenstergitter in Grün, bilden sie angenehm bunte Tupfer in der sonst eher tristen lehmgrauen Farbgebung des Dorfes. Die Bewohner der „Häuser" sind auch hier, wie in Rohilanwali, die am meisten bedürftigen Flutopfer, darunter wiederum sieben Witwen. Wer im Dorf lebt, ist entweder Kleinbauer oder nur Landarbeiter, in Chah Pakka werden mit einfachsten Mitteln auch lange Binsenmatten hergestellt, wie sie vielfach in den ländlichen Moscheen am Boden liegen. Die hygienischen Verhältnisse sind erschreckend, die Flutschäden haben diese Umstände noch weiter verschlimmert. Manche der Armen und Witwen brauchen auch jetzt noch Hilfe, um nicht zu hungern, und sie werden deshalb in regelmäßigen Abständen mit Lebensmitteln versorgt.

Nachdem dieses Projekt von unserer Partnerorganisation „Social Development Organization" offensichtlich mit großem Einsatz in kurzer Zeit zu einem Erfolg

geworden ist, haben wir uns darauf verständigt, inschallah weitere 20 dieser „Häuser"
für Bedürftige zu errichten.

EIN HEIM FÜR DIE FRAUENKOOPERATIVE RUHIMBI

Eine Gruppe von Kindern geht die Straße entlang, wohlgeordnet in einer Reihe. Es sind Schüler und Schülerinnen der örtlichen *Madrassa* auf dem Weg zur Eröffnungsfeier. Die meisten Gäste sind schon da, sicher über hundert. Unter einem großen Zeltdach sitzen festlich gekleidete Frauen, unter einem zweiten Zeltdach daneben Männer. Während die letzten Vorbereitungen abgeschlossen werden, hört man Trommeln. Über die aufgebaute Lautsprecheranlage wird ein muslimisches Lied gespielt, dann ebben langsam die Gespräche der vielen Anwesenden ab und ein Rezitator trägt einen Abschnitt aus dem Koran vor. Die Eröffnungsfeier hat begonnen.

Es ist Samstag, der 19. Februar, kurz nach 10 Uhr am Vormittag. Wir sind in Ruanda, dem kleinen Land in der Mitte Afrikas, im Bezirk Rwamagana. Der Ort heißt Ruhimbi und liegt etwa eine Stunde mit dem Auto östlich von der Hauptstadt Kigali. Die dortige Frauenkooperative ist die zweite, die von Muslime helfen in Ruanda unterstützt wird. Die Kooperative mit dem Namen „Abakundumuco" (Liebende der Tradition) wurde 1996 gegründet und wird von Frau Salama Mukamazimpaka geleitet. Die Kooperative hat derzeit 129 Mitglieder. Die Frauen treffen sich zweimal wöchentlich und stellen verschiedene Flecht- und Näharbeiten her. Einen festen Treffpunkt hatten sie hierfür nicht, sie kamen hier und da in ihren Hütten und Häusern zusammen. Die räumlichen Verhältnisse waren somit sehr beengt und die Möglichkeiten der Betätigung sehr eingeschränkt. Um ihnen die Arbeit zu erleichtern, hat Muslime helfen der Kooperative ein Grundstück gekauft und darauf ein Haus erbauen lassen, das in Zukunft das Zentrum für die Aktivitäten der Frauen von Ruhimbi sein soll. Partner vor Ort ist, wie bei dem ersten Frauenprojekt, der Maismühle in Nyagatare, die ruandische Organisation „Umbrella for Vulnerable", geleitet von Ajjoub Nsanzintwali. Nachdem Frau Salama und der Mufti gemeinsam eine Tafel enthüllt hatten, auf der „Abakundumuco Kooperative" steht, haben wir das Haus von innen besichtigt. Es ist einfach aber zweckmäßig gebaut und hat drei Räume: Ein kleines Büro, einen Ausstellungs- und Verkaufsraum, in dem die von den Frauen hergestellten Produkte angeboten werden, und einen großen Saal, der als Werkstatt aber auch Versammlungsraum dient. Außerhalb des Hauses befinden sich ein Wasserspeicher mit Zulauf für Regenwasser vom Dach und die Toiletten.

Im Laufe der Eröffnungsfeier sprachen verschiedene örtliche Würdenträger, dann der Mufti von Ruanda und schließlich die Leiterin der Frauenkooperative. Alle brachten ihre Freude über die Unterstützung seitens Muslime helfen zum Ausdruck und bedankten sich bei Muslime helfen dafür, daß die Frauenkooperative nun endlich über ein eigenes Heim verfügt. Sie sind zuversichtlich, daß es von nun an weiter aufwärts gehen wird. In einem Gedicht, das ein junger Mann für die Eröffnungsfeier verfasst hatte, und das er unter viel Beifall vortrug, hieß es: „Nun können wir alle reich werden, so reich, daß wir auch Krawatten tragen...“ Dieser Satz war im Kontext eines afrikanischen Dorfes natürlich ein Spaß, der bei den Anwesenden auch viel Gelächter hervorrief, zugleich aber doch ebenso ein Ausdruck der großen Hoffnungen und Erwartungen, die auf das Projekt gesetzt werden. Ich selbst hatte in einer kurzen Rede die Grüße der Mitarbeiter und Spenderinnen und Spender von Muslime helfen übermittelt und daran erinnert, daß die eigentliche Aufgabe, die mit diesem Projekt begonnen wurde, erst vor den anwesenden Frauen liegt, nämlich das jetzt als *„amanah"*, als anvertrautes Gut, übergebene Haus, auf die rechte Weise zu nutzen. Die Rolle von Muslime helfen ist es, solche Initiativen wie die der Frauen von Ruhimbi zu unterstützen und ihnen bei ihrer Arbeit behilflich zu sein, doch die eigentliche Mühe muß und wird von ihnen selbst geleistet werden. Die kleinen Einkünfte, die sie sich im Rahmen der Kooperative erwirtschaften, helfen ihnen, die finanziellen Probleme des Alltags zu lösen: Nahrungsmittel kaufen, Schulgeld für die Kinder bezahlen, den geringen aber doch oft unerschwinglichen Beitrag aufbringen, der notwendig ist, um der vom Staat eingerichteten allgemeinen Krankenversicherung beizutreten, um so im Krankheitsfall eine medizinische Grundversorgung in Anspruch nehmen zu können.

Das älteste Mitglied der Frauenkooperative ist Halima Nyiramatovu. Sie ist 83 Jahre alt. Sie wuchs hier in der Nähe auf, etwa drei Kilometer entfernt, hat früh geheiratet und ist inzwischen verwitwet. Eine Schule hat sie nicht besucht, sie liest und schreibt nicht. Doch über die Religion hat sie, wie sie sagt, einiges gelernt, weil sie zur Moschee ging. Jetzt lebt sie bei einer ihrer Töchter. Ich frage sie nach ihren Enkelkindern. „Viele Enkelkinder habe ich", sagt Halima, „aber ich erinnere mich nicht, wie viele es genau sind..." Der Frauenkooperative hat sie sich vor vier Jahren angeschlossen. „Warum das, mit fast 80 Jahren?" will ich wissen. Halima sagt, so komme sie noch aus dem Haus, treffe andere Frauen und vor allem sei dies die einzige Möglichkeit für sie, sich ein kleines Einkommen zu erarbeiten.

Um das Projekt abzuschließen, möchte Muslime helfen den Frauen von Ruhimbi in den nächsten Monaten noch ein paar Nähmaschinen zu Verfügung stellen. Damit wird ihnen nicht nur ihre Arbeit erleichtert, sondern es können zukünftig auch Nähkurse für weitere Frauen angeboten werden. Der Bedarf dafür ist groß, und der Platz, um diese

und andere Programme durchzuführen, steht der Frauenkooperative „Abakundumuco"
nun zur Verfügung.

WAS IMMER GOTT UNS GIBT

Ostafrika ist von der schlimmsten Dürre- und Hungerkatastrophe seit 60 Jahren
betroffen. Muslime helfen engagiert sich im Osten Kenias und im Süden Äthiopiens. In
Kenia haben Lebensmittelverteilungen für insgesamt 6600 Menschen mit der
Partnerorganisation Wajir Education and Welfare Organisation (WEWO) in der Provinz
Wajir begonnen, die an Somalia angrenzt. Sie sollen jeweils monatlich im September,
Oktober, November stattfinden. Das Gesamtbudget beläuft sich auf € 150 000, das
Projekt kann in diesem Umfang aber nur umgesetzt werden, sofern ausreichende
Projektmittel eingehen. Die ersten Verteilungen fanden Anfang September statt. An
insgesamt 590 Familien (ca. 3540 Personen) wurden über 15 Tonnen Lebensmittel
verteilt, pro Familie 12 kg Mehl, 10 kg Zucker, 3 Liter Öl und 1 kg Milchpulver. Ich
war bei den ersten fünf dieser Nahrungsmittelverteilungen dabei, auch die nächsten
Verteilungen sind nun schon erfolgt. Weitere Spenden für das Projekt werden benötigt.

Die Provinz Wajir liegt im Osten von Kenia, hat eine Fläche von 56 501
Quadratkilometern und 661 491 Einwohner. In der gleichnamigen Provinzhauptstadt
leben derzeit 82 800 Menschen. Wajir grenzt an Somalia, und die Grenze ist
unnatürlich. Die Bewohner Wajirs sind Somalis, geschichtlich, kulturell, ethnisch und
sprachlich mit ihren Nachbarn verbunden, und wie diese Wanderhirten und
Viehzüchter. Der Wunsch, sich Somalia statt Kenia anzuschließen, führte in den Jahren
1963/64 zu den sogenannten „Banditenkriegen" (shifta wars) und zur Vernachlässigung
der gesamten Region seitens der Zentralregierung. Wajir gehört noch heute zu den am
wenigsten entwickelten Regionen Kenias, und die Menschen dort sind deshalb auch am
schlechtesten auf die Dürrekatastrophe vorbereitet. In der gesamten Provinz gibt es
keine asphaltierte Straße, nicht einmal in der Hauptstadt Wajir, nur Sand- und
Schotterpisten. Die Armutsrate (nach kenianischem Standard, der mit dem hiesigen
natürlich nicht vergleichbar ist) lag 2005/6 in der Landeshauptstadt Nairobi bei 22%, in
Wajir lebten 84,4% der Bevölkerung unterhalb der Armutsgrenze. Diese Zahl kann sich
angesichts der fortdauernden Dürre nur noch erhöht haben und weiter zunehmen. Aus
Wajir wird eine wachsende Zahl unterernährter Kinder gemeldet. Körperliche
Schwäche als Folge von Nahrungsmittelmangel führt zu stärkerer Krankheitsanfäl-
ligkeit. Der Viehbestand wird durch die Dürre weiter dezimiert, aber die Menschen in
diesen Gegenden leben allein von ihrer Tierhaltung. Trotz aller Bemühungen muß

darum realistischerweise mit einer weiteren Verschlechterung der Lage gerechnet werden. Ein Ende der Hungersnot ist nicht in Sicht.

Bei den Hilfsorganisationen spricht man von drei Stufen der Katastrophe: Krise (crisis), Notlage (emergency) und Hungersnot (famine). In Somalia gelten die Gegend um Mogadischu und Teile von Südsomalia als Hungersnot-Zonen. Das durch die Medienberichte bekanntgewordene große Flüchtlingslager Dadaab liegt, wie auch weite Teile Somalias, in Krisen-Zonen, während fast die Hälfte Äthiopiens sowie die Bezirke Wajir-West und Wajir-Nord derzeit zu den Notlage-Gebieten gehören. Anders gesagt: Wer trotz aller Schwierigkeiten und Not Dadaab erreicht hat und dort versorgt wird, steht dann zumindest im Hinblick auf Ernährung, medizinische Hilfe und Betreuung besser da als die Mehrheit der Menschen in Wajir.

Die Behörden fürchten, daß die zunehmende Zahl der Flüchtlinge aus Somalia in Kenia zu wachsenden Spannungen mit der einheimischen Bevölkerung führt. Die Polizei berichtete bereits von solchen Auseinandersetzungen. Im Hinblick darauf ist die Versorgung, die von Muslime Helfen mit der einheimischen Partnerorganisation WEWO in Wajir geleistet wird, nicht nur eine bloße Nothilfe, sondern auch ein Beitrag zur Konfliktprävention.

Die sechs Verteilungsorte der Phase Eins des Projekts liegen im Bezirk Wajir-West, auf Landkarten meist gar nicht verzeichnet: In Boji Heri, 40 km südwestlich von Wajir, wurden 100 bedürftige Familien ausgewählt, in Qanjera (94 km) 30 Familien, in LMD (130 km) 60 Familien, in Wara (147 km) 100 Familien, ebenso in Wichir (9km) 100 Familien und in Barwaqo (10 km) 200 Familien. Insgesamt sind damit 590 Familien versorgt. Rechnet man mit 6 Personen pro Haushalt, sind es mehr als 3500 Menschen, die unterstützt werden. Jede Familie erhielt 12 kg Mehl, 10 kg Zucker, 3 Liter Öl und 1 kg Milchpulver. Damit soll der Grundbedarf für 20 Tage abgedeckt sein, für die restlichen Tage des Monats haben die Familien kleine Vorräte. Das Muslime helfen-Programm sieht diese Unterstützung einmal im Monat vor, zunächst für das kommende Vierteljahr.

Warum so viel Zucker? will ich wissen, und frage: Wollt Ihr nicht statt des Zuckers etwas anderes? Nein, sagen die Leute, wir bekommen manchmal Lebensmittel, aber keinen Zucker. Wir kochen uns Tee mit etwas Milch und Zucker, das belebt und ersetzt eine ganze Mahlzeit. Zucker ist sehr gut, und wir sind Euch sehr dankbar dafür. Die Qualität Eurer Lebensmittel ist die beste in dieser Zeit der Not!

In Qanjera hilft der 15 jährige Dakane Hilole bei der Lebensmittelverteilung. Er geht zur Schule, ist jetzt im vierten Schuljahr. Bis zum elften Lebensjahr war er Wanderhirte und zog mit seinen vier Brüdern und den Tieren umher. Er sagt, seine Familie hatte 20

Kamele und 100 Ziegen und Schafe. Die Tiere starben dann eins nach dem anderen, die Herde wurde kleiner, und ein Teil der Familie ließ sich in Qanjera nieder, der sehr kranke Vater, die Mutter, drei Schwestern und er selbst. Dakane ist der erste in seiner Familie überhaupt, der zur Schule ging, seine Schwester Sadia folgte ihm. Die älteren Brüder sind mit den restlichen Tieren auf der Suche nach Futter und Wasser weit weggezogen. Es waren noch 30 Ziegen und 15 Schafe, als er sie zum letzten Mal sah. Die Familie lebt wie fast alle übrigen in Qanjera von Lebensmittelverteilungen, die teils von der Regierung und teils von Nichtregierungsorganisationen kommen. Einen Brunnen gibt es nicht, Wasser wird mit dem Tankwagen von Wajir gebracht, 20 Liter kosten 25 Kenia Schilling. Um Geld für Wasser und sonstige Bedürfnisse zu haben, mußte immer wieder einmal ein Tier verkauft werden. Seit einem Monat ist aber Hilfe gekommen, es gibt vorübergehend kostenlos 40 Liter pro Haushalt und Tag.

In Wichir ist Ali Adam derzeit das Dorfoberhaupt. Er berichtet, daß zu den bisher 250 Haushalten im Laufe dieses Jahres wegen der Dürrekatastrophe 100 weitere hinzugekommen sind. Noch gibt es hier genug Wasser, doch der Wasserspiegel sinkt ständig, und einige Brunnen sind schon ausgetrocknet. Für die 350 Haushalte stehen jetzt noch vier Brunnen zur Verfügung. Eine der Familien, die erst in diesem Jahr nach Wichir gekommen sind, ist die Familie von Mohammed Huzai Hussein und Habiba Siad.

Das Gelände, auf dem sich die Familie niedergelassen hat, liegt unweit der Moschee. Die Gestaltung ist typisch für nahezu alle Haushalte. Ein Kreis aus etwa einem halben Meter hohen Dornengestrüpp bildet die Einzäunung. In der Mitte steht ein schattenspendender Baum. Ganz in der Nähe ist noch eine kreisförmige Struktur am Boden erkennbar, dazu vertrockneter Dung. Dort waren Tiere untergebracht. Noch im Schatten des Baumes steht eine Hütte, die man als das „Wohnzimmer" bezeichnen könnte. Wenn Besucher kommen, werden sie dorthin geführt, um im Schatten zu sitzen. Daneben steht eine Eselskarre, der Esel ist allerdings verendet. Eine weitere größere Hütte ist die Behausung des Ehepaars und der Kinder, eine kleinere für den verheirateten Sohn mit seiner Familie, und eine noch kleinere dient den übriggebliebenen Ziegen als Stall, wenn sie am Abend von der Futtersuche zurückkommen. In einer vierten Hütte schließlich wird gekocht, auf Steinen steht ein Wasserkessel über einem kleinen Holzfeuer. Die „hori" genannte Hütte der somalischen Wanderhirten ähnelt einer mongolischen Jurte. Lange Zweige werden aufrecht im Kreis in den Boden gesteckt, oben zusammengebogen, an den Seiten mit Querverbindungen verstärkt. Abgedeckt wird das Gestell mit strohartigem Geflecht oder notfalls auch mit Tüchern und alten Säcken. Der Eingang bleibt möglichst schmal und niedrig, damit wenig Hitze eindringt. Ist der Weidegrund erschöpft, wird die Hütte abgebaut, auf ein Kamel verladen und am nächsten Lagerplatz wieder errichtet. Merkwürdigerweise ist das Auf- und Abbauen wie auch das Wasserholen Frauenarbeit. Die Männer beschäftigen sich mit den Tieren, aber nicht mit der Behausung.

Mohammed ist 73 Jahre alt, seine Frau Habiba erheblich jünger. Sie haben neun Kinder, drei Jungen und sechs Mädchen. Das jüngste der Kinder ist der siebenjährige Ibrahim. Der älteste Sohn ist 20 und wie eine seiner Schwestern schon verheiratet, und so sind zu den neun eigenen Kindern noch fünf Enkel hinzugekommen. Die Familie hatte eine Herde von etwa 100 Ziegen und Schafen, außerdem ein Stück Land, auf dem Gemüse angebaut wurde, Wassermelonen, Tomaten, Bohnen und Mais. Die Tiere sind durch Mangel an Wasser und ausreichendem Futter durch schleichende Entkräftung verendet, das Gemüsefeld verdorrt. Was eßt Ihr denn? will ich wissen. Habiba antwortet: Was immer Gott uns gibt! Sie erzählt, daß sie Feuerholz sammelt. Am ersten Tag trägt sie das Bündel auf dem Rücken aus dem Busch bis zu ihrer Behausung in Wichir, am nächsten Tag von dort zum Markt in die Stadt. Das macht sie zweimal wöchentlich. Mit einer Traglast Feuerholz kann sie 400 bis 500 Kenia Schilling verdienen, das sind etwa drei Euro. Was kann man dafür kaufen? frage ich. Lebensmittel, sagt sie, und nennt ein paar Preise: Das halbe Kilo Zucker kostet 70, das Viertel Kilo Fleisch 60 und das Päckchen Tee 20 Schilling. Mit dem wöchentlichen Verdienst von sechs Euro müssen 13 Personen versorgt werden, das macht 6 Cent pro Kopf und Tag! Es reicht nicht, sagt sie. Wir essen nur einmal am Tag, zur Mittagszeit. Manchmal bekommen wir etwas von den Nachbarn, manchmal können wir ihnen etwas abgeben. So helfen wir uns gegenseitig. Und wir trinken Tee, wenn wir welchen haben.

Die Geschichte von Mohammed und Habiba läßt erkennen, wie Menschen, die eigentlich ihren Verhältnissen entsprechend ein „normales" Leben führen, durch die Dürrekatastrophe nach und nach ihr Hab und Gut verlieren und am Ende zum Überleben auf Lebensmittelrationen angewiesen sind, die an sie verteilt werden. Die Eselskarre ist noch da, doch der Esel schon tot. Das Gemüsefeld ist noch da, aber kein Wasser mehr für die Pflanzen. Die Tiere, die auf der Suche nach Futter immer weiter in den Busch wandern mußten, leben nicht mehr, an Entkräftung verendet. Was bleibt, ist Feuerholz zu sammeln und auf dem Rücken zum Markt zu tragen, um es zu verkaufen...

Auf der Erde liegt ein verendetes Kamel. Die Augenhöhlen sind leer, die Zähne gefletscht. Sein Fleisch ist schon verwest, Wildtiere haben daran gefressen. Die Haut ist vertrocknet, die Knochen liegen bloß. Irgendwann wird der Wind den Sand darüber geweht haben. Auch wir enden so, am Ende von Erde bedeckt. Im Koran fragt der Mensch: „Wer gibt den Knochen Leben?" – „Sag: Es gibt ihnen Leben, der sie das erste Mal entstehen ließ, und Er weiß über alle Schöpfung Bescheid..." (36:79)

AUF EINEM KLEINEN BOOT

Von Zeit zu Zeit sieht man hierzulande Fernsehbilder aus der thailändischen Hauptstadt Bangkok, die seit mehr als einem Monat unter Wasser steht. Über die Hochwasserkatastrophe in Kambodscha wurde indes kaum berichtet. Dort begannen die Überschwemmungen im September. Straßen sind unterbrochen, Häuser überflutet, Schulen und Krankenstationen geschlossen, mehr als 200 000 Familien von den Wassermassen betroffen, mehr als 150 Menschen umgekommen. Muslime helfen half der einheimischen Partnerorganisation Camsa mit der Finanzierung eines Notfallprogramms im Umfang von knapp € 40 000 für insgesamt 2180 Familien. Sowohl in den Provinzgebieten von Kampong Cham, Kampong Thom und Prey Veng als auch in der Hauptstadt Phnom Penh wurden Lebensmittelpakete an obdachlose und anderweitig geschädigte Flutopfer verteilt. Jede Familie erhielt 15 kg Reis, 25 Päckchen Nudeln, 3 kg Zucker, 5 Dosen Fisch, 4 Flaschen Würzsoße und 12 Flaschen Trinkwasser. Die Lebensmittel mußten unter schwierigen Bedingungen teilweise mit Booten zu den vom Wasser eingeschlossenen Hilfsbedürftigen gebracht werden.

Zu den Empfängern gehört auch Frau Sles Maismah. Sie teilte uns mit: „Ich bin 1966 geboren, ich lebe im Dorf Prek Toch, in der Provinz Kampong Cham. Ich habe vier Kinder, zwei Söhne und zwei Töchter. Ich bin jetzt Witwe, denn mein Mann und meine beiden Söhne kamen letztes Jahr bei einem Sturm im Mekong-Fluß ums Leben. Jetzt ist meine Familie so arm und leidet Not, denn meine Hütte ist überschwemmt, und ich muß mit meinen Kindern auf einem kleinen Boot leben. Ich bin sehr glücklich, jetzt bei der Überschwemmung ein Hilfspaket zu erhalten und möchte Muslime helfen in Deutschland meinen tiefen Dank für die Lebensmittel sagen, die ich durch Camsa bekam. Dieses Paket ist die notwendige Hilfe, um unseren Lebensunterhalt für 15 Tage zu decken. So bete ich zu Allah, alle Spender, die meine Familie unterstützt haben, mit guter Gesundheit und Erfolg in allem zu segnen."

DANKBARKEIT UND FREUDE

Eine schmale Straße führt in ein Wohngebiet. Auf der linken Seite einfache Wohnhäuser, auf der rechten ein paar mit Stoffdächern versehene Verkaufsstände. Hier gibt es außer Süßigkeiten und sonstigem Naschwerk auch Batik-Stoffe, traditionelle Kräutermedizin, religiöse Schriften und CDs. Die Händler sind hierher gekommen, denn heute ist ein besonderer Tag. Sogar ein Brillenverkäufer ist da. Er möchte unbedingt meine Augen prüfen, und ich tue ihm den Gefallen. Es kommt heraus, was ich schon weiß: Die Fernsicht ist in Ordnung, doch eine Lesebrille wird benötigt. Er schreibt mir das Ergebnis auf einen Zettel und legt mir ein Brillenmodell vor, von dem er meint, daß es mir paßt. Ich mache ein trauriges Gesicht, zeige auf meine Ohren und frage: Und wie ist mein Gehör? Wollen wir nicht auch die Ohren prüfen? Zusammen lachen wir, die Umstehenden, die alles mit Interesse verfolgt haben, der Brillenverkäufer und ich. Der Scherz hilft ihm über die Enttäuschung hinweg, die Brille nicht an den Mann gebracht zu haben.

Zwischen den Verkaufsständen befindet sich der Eingang zu einem großen Platz, von einem Zeltdach gegen Sonne und Regen geschützt. Vor einer Bühne sind zahlreiche Stühle aufgestellt, inzwischen alle besetzt. Gut die Hälfte der Anwesenden sind Kinder, viele festlich gekleidet, begleitet von älteren Frauen oder Geschwistern. Es sind die Waisenkinder, die unsere Partnerorganisation Al-Husna betreut, mit ihren Begleitern. Die Anwesenden, vor allem die Kinder, sind sichtlich erfreut, mich wieder zu sehen, ich habe sie schon mehrfach besucht. Da sind die zehnjährige Andini, der elfjährige Dimas, Ratna und all die anderen. Ratna ist jetzt 15 Jahre alt und schon seit ihrem vierten Grundschuljahr in der Waisenbetreuung von Al-Husna und Muslime helfen. Ihr Vater starb 1998, ihre Mutter ging weg auf Arbeitssuche und kam nie wieder zurück. Ratna lebt seither bei ihrer Großmutter, die zum Lebenserwerb von Haustür zu Haustür zieht und Essen verkauft. Wahju Riswanto ist 12 Jahre alt. Weil seine Mutter ihn allein nicht versorgen kann, kam er zu seinem Großvater, der sich als Tagelöhner durchschlägt. Er lebt nicht weit vom bisherigen Al-Husna Haus und bat deshalb darum, seinem Enkel zu helfen.

Schon seit 2003 unterstützt Muslime helfen die indonesische Partnerorganisation Al-Husna, die in der kleinen Stadt Garut auf der Insel Java Waisenkinder betreut. Waren es zunächst 30 Kinder, ist ihre Zahl inzwischen auf 52 angewachsen, 49 sind Waisen, 3 besonders arm. Es sind 21 Jungen und 31 Mädchen. Etwa die Hälfte der Kinder geht noch zur Grundschule, die andere Hälfte sind Jugendliche in höheren Schulklassen. Die Kinder leben bei Angehörigen oder sonstigen Betreuern und besuchen wie andere die öffentliche Schule. Doch darüber hinaus erhalten sie Förderunterricht, Hausaufgabenhilfe, religiöse Unterweisung, Lebensmittelhilfe, Schulkleidung, Lernmaterial, Hilfe bei erforderlichem Schulgeld und bei Bedarf auch medizinische Versorgung. Alle drei Monate gehen sie zu einer ärztlichen Routineuntersuchung. Muslime helfen stellt hierfür im Jahr ca. 12 000 Euro zur Verfügung, also knapp 20 Euro pro Kind und Monat. In der Muslime helfen-Zeitung wurde darüber immer wieder berichtet, Spenden hierfür sind auch weiterhin willkommen. Längst aber war das angemietete Haus, in dem die Waisenbetreuung stattfand, zu klein geworden. Auf engstem Raum zusammengedrängt saßen die meisten Kinder beim Förderunterricht auf dem Boden. Auch die sanitären Anlagen reichten nicht mehr aus, und so entschlossen wir uns nach gemeinsamer

Beratung mit Al-Husna dazu, mehr Platz und bessere Möglichkeiten durch ein eigenes Waisenzentrum zu schaffen.

Nach einigem Suchen konnte ein geeignetes Grundstück gefunden werden. Es ist nicht allzu weit vom bisherigen Standort entfernt und grenzt zudem an eine öffentliche Schule an. Beides macht die neue Lage günstig für die Kinder. Der wohlhabende Eigentümer gewährte einen reduzierten Preis, als er von dem Zweck erfuhr, daß hier ein Waisenzentrum errichtet werden soll. Die 2120 m² gab es für rund 50 000 Euro. Im Bezirk Garut gelten wie in weiten Teilen Indonesiens bestimmte Regelungen des islamischen Rechts, die es ermöglichen, das Grundstück als „waqf" eintragen zu lassen, d.h. als eine unveräußerliche religiöse Stiftung. Der dazu notwendige Verwaltungsakt erfolgte am 21.Februar 2011. Zu diesem Zeitpunkt war die Bauplanung schon nahezu abgeschlossen, und die Bauarbeiten kamen zügig voran. Auch hierfür wurden etwa 50 000 Euro ausgegeben, dazu noch knapp 10 000 Euro für die Innenausstattung und Möblierung, also rund 110 000 Euro für das Waisenzentrum insgesamt.

Heute, am 30. Oktober 2011, wird das neu errichtete Waisenzentrum seiner Bestimmung übergeben. Eines der Waisenmädchen führt durch das Programm, ein Junge rezitiert aus dem Koran. Ahmad Shodiqun, der Vorsitzende von Al-Husna, hält die Eröffnungsrede. Er berichtet über Al-Husna, über das Waisenprogramm und dankt Muslime helfen für die langjährige Unterstützung. Ich danke Allah für das Gelingen, übermittele Grüße von Muslime helfen und seinen Spenderinnen, Spendern, Mitarbeiterinnen und Mitarbeitern und verweise darauf, daß nun nach der Fertigstellung die Verantwortung für das Waisenzentrum von uns übergeht auf Al-Husna und die Nutzer. Ich fasse mich kurz, ich weiß, die Kinder, und nicht nur sie, warten auf das Essen, und zuvor müssen wir noch den Besichtigungsrundgang absolvieren.

Das Gebäude ist 35 Meter lang und knapp 12 Meter breit. Etwa in der Mitte des Gebäudes führt ein Gang zur Rückseite. Dort befinden sich die Eingänge zu den vier Unterrichtsräumen. So ist gewährleistet, daß sich die Kinder weniger auf der Straßenseite aufhalten. Außerdem gibt es noch einen Büroraum für die Verwaltung und die Betreuer. An dem einen Ende des Gebäudes befinden sich drei Toiletten mit Waschraum für die Jungen, am anderen Ende drei Toiletten mit Waschraum für die Mädchen. Das Gebäude ist so gebaut, daß bei Bedarf in Zukunft ein zweites Stockwerk aufgesetzt werden kann, entsprechende Treppen sind bereits vorhanden. Zudem ist das Grundstück groß genug, um später zwei weitere Gebäudeflügel anzufügen. Die freie Fläche wird derzeit als Gartenland genutzt, um die Kinder mit Pflanzen und Gartenbau vertraut zu machen. Sogar ein kleines Fischzuchtwasserbecken ist vorhanden und schon in Betrieb genommen. So erwerben die Kinder ganz praktische Kenntnisse und lernen zudem, Verantwortung zu übernehmen.

Auch ein eigener Brunnen gehört zur Ausstattung. Er wurde im Rahmen des Muslime helfen Brunnen-Programms aus Spenden von Familie Badem finanziert, bringt bei Bedarf mit Hilfe einer elektrischen Pumpe Wasser aus etwa 30 Meter Tiefe an die Oberfläche und macht so das Waisenzentrum von der öffentlichen Wasserleitung unabhängig, deren Betrieb nicht zuverlässig ist und immer wieder unterbrochen wird.

Das Gebäude in Garut ist das fünfte Waisenzentrum, dessen Bau und Einrichtung von Muslime helfen gefördert wurde. Waisenhilfe gab es bei Muslime helfen schon immer, doch unser Vorhaben, Waisen speziell durch die Errichtung von Waisenzentren besondere Unterstützung zuteilwerden zu lassen, begann nach dem Tsunami in Sri Lanka. Dort bauten wir 2006 zuerst ein Waisenhaus für Mädchen, danach 2008 ein zweites für Jungen. Es folgte 2010 das Waisenzentrum in Bujumbura in Burundi und ein weiteres in Rumonge, das im Jahr 2011 eröffnet werden konnte. Was in Garut noch fehlt, ist ein weiteres Stück Land, das ebenfalls als „*waqf*" dienen soll und dessen Einkünfte, wie bei den anderen Waisenzentren, dazu beitragen soll, den Grundbedarf für den Betrieb des Waisenzentrums zu decken. Auch hierfür sind Spenden will-kommen.

Die Kinder sitzen auf ihren Stühlen und genießen ihren Imbiß, auch die Erwachsenen greifen gerne zu. Später gibt es Reis, Gemüse, Fleisch und Soße, reichlich und gut. Auf der Bühne wird das Festprogramm fortgesetzt. Die Kinder haben verschiedene Aufführungen eingeübt. Es werden Worte des Propheten vorgetragen, auch kleine Gedichte. Eine Gruppe der Mädchen singt beliebte Lieder und bekommt viel Applaus.

„Und dies sind die Tage", heißt es im Koran, „Wir lassen sie rundumgehen zwischen den Menschen..." (3:140). Der Koran bezieht dies auf die tragischen Ereignisse von Uhud und verweist damit darauf, daß es auch im Leben der Muslime nicht nur schöne, sondern ebenso schwierige Zeiten geben kann. Und bei Muslime helfen ist es nicht anders. Auch wir haben schon unschöne Zeiten erlebt. Doch der heutige Tag ist ein Tag von Dankbarkeit und Freude: *Al-hamdu li-llah*.

MUSLIME HELFEN NOTFALLKIT

Nach mehrmonatiger Vorbereitung wird jetzt in Indonesien der erste „Muslime helfen Notfallkit" eingerichtet. Immer wieder sind die Menschen dort von Naturkatastrophen betroffen, insbesondere von Erdbeben und Überflutungen. Seit vielen Jahren unterstützt Muslime helfen einheimische Partner, die in solchen Situationen Nothilfe leisten. Auch ein dafür speziell eingerichteter Kleinbus, von Muslime helfen bereitgestellt, kommt dabei zum Einsatz. Um den Ärzten und ihren Helfern die unverzögerte Hilfeleistung zu erleichtern, wird jetzt der erste Notfallkit vorbereitet. Medikamente und sonstiges medizinisches Material wie Verbände, Desinfektionsmittel u.a.m. für die Notversorgung von rund 1000 Personen werden eingelagert und können im Bedarfsfall einem Nothilfe-Team zum Einsatz mitgegeben werden. Die Liste der erforderlichen Medikamente wurde von unserer Partner-organisation Lazis zusammen mit indonesischen Ärzten erstellt, die entsprechende Erfahrung haben. Die Kosten belaufen sich auf € 10 000.

Die Medikamente und das medizinische Material werden mit dem längstmöglichen Gebrauchsdatum angeschafft. Sollte sich das Verfallsdatum nähern, ohne daß ein Einsatz erforderlich war (was man ja nur wünschen kann), werden sie für bedürftige Patienten einer mobilen Klinik oder eines Krankenhauses verwendet.

Muslime helfen plant, im Laufe des Jahres noch drei weitere derartige „Muslime helfen Notfallkits" bereitzustellen, die inschallah bei bewährten Partnerorganisationen in Kenia, Pakistan und Sri Lanka eingelagert werden sollen. Auf diese Weise möchten wir unseren Beitrag dazu leisten, bei Katastrophen rasche Nothilfe zu ermöglichen.

SYRIEN: WELCHE PERSPEKTIVE?

Antakya, das biblische Antiochien, in der türkischen Provinz Hatay ist die der syrischen Grenze nächstgelegene Stadt. In einer Seitenstraße stehen mehrstöckige Häuser, darin Wohnungen rechts und links der Treppen. In einer dieser Wohnungen im Erdgeschoß stehen in zwei Zimmern jeweils drei Betten. Auf jedem dieser Betten liegt ein Mann mit Schußverletzungen. Einer ist schon länger hier, ein anderer erst vor ein paar Tagen angekommen. Was sie berichten, ist ähnlich. Sie sind Syrer und kommen aus dem Grenzgebiet, nicht aus großen Städten. Sie wurden von syrischen Sicherheitskräften beschossen. „Ich hielt einen Ölbaumzweig in der Hand", sagt mir einer von ihnen, dessen linker Arm getroffen wurde. Die Wunde ist verheilt, doch der Arm ist sichtbar deformiert und seither gelähmt. „Wir waren am Freitag in der Moschee", sagt ein anderer, „danach haben wir demonstriert. Ein gepanzertes Fahrzeug schoß in die Menge." Sein linkes Bein ist bandagiert, die Wunde noch offen. Auch bei ihm gibt es Lähmungserscheinungen. Gäbe es die kleine Wohnung nicht, in der die Patienten untergebracht und versorgt werden, müßten sie Aufnahme in einem der sechs großen Flüchtlingslager suchen, die von der türkischen Regierung in Grenznähe eingerichtet wurden. Ich solle eines dieser Lager besuchen, sagt man mir und empfiehlt das in Bohşin. Dr. H., ein junger Arzt, fährt hin, und ich kann ihn begleiten. Er ist Kinderarzt syrischer Herkunft, lebt und arbeitet aber in Saudi-Arabien und hat sich entschlossen, seinen vierwöchigen Jahresurlaub hier zu verbringen und zu helfen. Für einige der Kinder, die er gestern untersuchte, bringt er nun die notwendigen Medikamente.

Was ich in Bohşin sehe, bestätigt meine Erwartungen. Ja, Flüchtlinge leben nicht in Fünf-Sterne-Hotels, und es gibt immer etwas, das man besser machen kann. Doch die 1700 syrischen Flüchtlinge hier sind gut versorgt. Das Lager wird vom Türkischen Roten Halbmond betrieben. Verglichen mit anderen Flüchtlingslagern, die ich im Laufe der Jahre gesehen habe, ist es beeindruckend gut organisiert, und trotz der meiner Ansicht nach vermeidbaren Enge ist es sehr sauber. Ich sehe keinen Menschen in abgetragener oder schäbiger Kleidung, kein Kind weint, weil es hungert. Es gibt regulären Unterricht für die etwa 500 Schüler, die Lehrer sind überwiegend Türken aus der Umgebung von Antakaya, und die meisten von ihnen sprechen ohnehin, wie viele Menschen im Grenzgebiet, auch Arabisch. Man hat die Türkei kritisiert, weil sie internationalen Hilfsorganisationen nicht Tür und Tor öffnet, aber man berichtet kaum darüber, was die Türkei hier selbst leistet. Das ist merkwürdig.

Im Gespräch mit einem der Vertrauensmänner der Flüchtlinge, der uns durch das Lager führt, erfahre ich indes, daß es für die Lagerinsassen jenseits des Schulalters keine besondere Betreuung gibt. Kann man da nichts tun? frage ich. Nein, heißt es, so etwas ist nicht vorgesehen. Kann man nicht eine Befragung machen, sage ich, um festzustellen, woran eventuell Interesse besteht? Darauf erhalte ich eine Antwort, die mich erstaunt: „Das ist eine gute Idee, das hat noch niemand vorgeschlagen." Diese Antwort drückt wohl die Lage aus, in der sich die Flüchtlinge befinden. Sie hoffen, nur vorübergehend bleiben zu müssen und haben sich innerlich auf einen langen Zeitraum nicht eingestellt. Dabei sind viele von ihnen nun schon um die neun Monate hier...

Ich betone, daß man die Zeit nicht einfach verstreichen lassen sollte. Vor allem die jungen Leute, die zwar die Schule abgeschlossen, aber nun keine Möglichkeiten zur Weiterbildung haben, brauchen eine Perspektive. Muslime helfen, denke ich mir, ohne es an dieser Stelle zu sagen, kann so ein Vorhaben unterstützen. Klärt bitte, empfehle ich stattdessen, ob nicht in einem großen Zelt eine Lehrwerkstatt vorstellbar ist, um diejenigen in Handwerk und Technik auszubilden, die dafür in Frage kommen, natürlich in Absprache mit der Lagerverwaltung. Haben denn einige der Frauen Nähmaschinen, will ich weiter wissen, so etwas ist doch bei der Instandhaltung der Kleidung, vor allem auch der Kinder, sicher hilfreich? Nein, Nähmaschinen gibt es nicht, erfahre ich. Auch hier könnte Muslime helfen also etwas tun, vielleicht haben ja manche Frauen und Mädchen Interesse an der Schneiderei. Es wird mir zugesagt, diesen Fragen nachzugehen und baldmöglichst Bescheid zu geben.

Wir sitzen im großen Moschee-Zelt und warten auf die Kinder, die ihre Medikamente bekommen sollen. Sie werden von ihren Eltern gebracht, nachdem der Vertrauensmann der Lagerinsassen sie über Lautsprecher ausgerufen hat. Der Arzt sieht das Kind nochmals an und erläutert Vater oder Mutter die Anwendung des Medikaments. Zwar gibt es im Flüchtlingslager auch eine Krankenstation, doch die Versorgung und damit der Heilungsverlauf können nach Ansicht von Dr. H. durch Unterstützung von außerhalb erheblich verbessert werden. So verhalte es sich auch bei den Verletzten in der Wohnung in Antakya. Beispielsweise werden diejenigen von ihnen, die Lähmungserscheinungen aufweisen, dort in der Stadt von einem Physiotherapeuten besucht und behandelt, was im Flüchtlingslager nicht zu erwarten ist. Die sechs Betten in der Wohnung in Antakya sind ohnehin nicht genug. Es kommen täglich neue Verletzte über die Grenze, sagt mir Dr. N., ein syrischer Arzt, der eigentlich in Deutschland zuhause ist, doch nun die Initiative ergriffen hat und nach Antakya gekommen ist. Mit bewundernswerter Geduld setzt er sich ein, sucht nach einem größeren Haus, und sucht nach Mitteln, um es zu mieten, einzurichten und die medizinische Betreuung zu gewährleisten. Das alles ist nicht einfach. Antakya liegt im Grenzgebiet zu Syrien, und die Einstellungen der hiesigen Einwohner sind in manchen Fragen ähnlich ungleich wie jenseits der Grenze. In der Stadt gibt es zudem auch noch knapp 300 Flüchtlingsfamilien, die ebenfalls für jede Hilfe dankbar sind.

Soviel ist klar: Wir können das Problem in Syrien nicht lösen. Aber wir können einen Beitrag leisten, manchen der Menschen, die davon betroffen sind, ihre Lage zu erleichtern. Wir können versuchen, ihnen verbesserte Heilungschancen zu geben und eine andere Perspektive für die Zukunft als Morden und Töten.

NAFISSATS ALLTAG

Nafissat ist ein Mädchen aus Atakpame in Togo, sieben Jahre alt. Frühmorgens hat der Gebetsruf sie geweckt. Nafissat streckt sich, öffnet die Augen und reibt sich die Lider. Das fahle Licht der Morgendämmerung hinter den dunkelgrauen Wolken am Himmel, die schwarzen Umrisse des großen Mangobaumes gegenüber, wo die Vögel übernachtet haben, mit seinen weitausladenden Ästen, vielen Blättern und tief herabhängenden Früchten, das kleine Minarett der Moschee mit der Mondsichel, das erste Huhn, das noch schlaftrunken über die sandige Straße huscht, all das sieht Nafissat – nicht. Nafissat ist blind.

Auch die anderen Kinder, die das Zimmer mit ihr teilen, wachen auf. Da ist Firdaussa, fünf Jahre alt, da ist Saliatou, ebenfalls fünf, und da ist Abdelmadschid, gerade vier. Alle sind blind. Sie gehören zu den 15 blinden Kindern und Jugendlichen, die im Islamischen Zentrum für Blinde in Sokode betreut werden. Dieses Zentrum, eröffnet 2010, betreibt die einheimische Partnerorganisation ABEA, gefördert von Muslime helfen.

Nafissat geht zur Toilette, anschließend in den Waschraum und dann in die kleine Moschee nebenan. Es sind nur wenige Schritte aus dem Haus, dann nach links über ein paar Stufen in die Moschee. Zusammen mit den Erwachsenen aus der Nachbarschaft nehmen die Kinder aus dem Blindenzentrum am Morgengebet teil. Danach wird etwas Koran rezitiert.

Zurück im Haus gibt es Frühstück, heute ist es Maisbrei, den „Maman", die Hausmutter, auf einem Holzfeuer gekocht hat. Dann wird die grünfarbene Schuluniform angezogen, und die Kinder gehen zu ihrem jeweiligen Unterricht, der mit dem Aufstellen um halb acht beginnt. Es gibt Lesen und Schreiben in Blindenschrift, ebenso Rechnen, auch mündlich, dazu mündlichen Ausdruck, Singen, Koranrezitation sowie Sachkunde und Handarbeiten. Jeweils drei bis vier Kinder werden von einem Lehrer betreut, die Vorschulkinder von einer Lehrerin.

Nafissat ist jetzt in die dritte Klasse gekommen. Sie war eines der ersten blinden Kinder, die hier aufgenommen wurden. Im ersten Schuljahr hat sie die Blindenschrift Braille erlernt, im zweiten Jahr geübt und verbessert, dazu auch all das gelernt, was andere Kinder in einer Grundschule lernen. Sie kann, wie diese Kinder, lesen, schreiben, rechnen, nur eben mit Blindenschrift. Von zehn nach neun bis halb zehn ist die „Große Pause", um halb zwölf endet der Unterricht, die Mittagshitze ist zu groß. Nach dem Mittagsgebet und dem Mittagessen legen sich alle zum Schlafen nieder. Um drei Uhr nachmittags wird geduscht, danach geht es an die Hausaufgaben. Betreut von ihren Lehrern üben und vertiefen die Kinder, was sie am Vormittag gelernt haben. Dabei sorgt das Nachmittagsgebet für eine Pause, und bis zum Abendgebet kurz nach sechs bleibt auch noch Zeit zum Spielen. Nun wird zu Abend gegessen, danach auf das Nachtgebet gewartet und bis dahin eine Weile Koran rezitiert. Gegen halb neun kehrt Stille ein, die Kinder schlafen.

„Was gefällt Dir am besten in der Schule?" habe ich Nafissat gefragt. „Das Braille-Lesen und Braille-Schreiben", antwortete sie. „Und was gefällt Dir am wenigsten?" wollte ich wissen. Nafissat schwieg einen Moment und sagte dann lachend: „Mir gefällt alles!"

Nafissat ist ein munteres, ein fröhliches Kind. Mit großer Sicherheit geht sie durch das Haus. Sie kennt alle Ecken und alle Stufen. Nur gelegentlich berührt sie mit der Hand etwas, das im Weg steht. Ich stelle mir vor: Wie würde es mir ergehen, wenn ich nicht sehen könnte? Um das zu wissen, brauche ich nur meine Augen geschlossen halten und dann versuchen, meinem Alltag nachzugehen. Natürlich wäre das unmöglich. Ich würde nicht einmal eine Viertelstunde davon komplikationslos bewältigen. Aber so kann ich mir vielleicht ein wenig vorstellen, was es bedeutet, blind zu sein. Dann aber frage ich mich: Ein Mensch, der von Kindheit an blind ist – wie kann er sich es vorstellen, zu sehen? Ich danke Allah für mein Augenlicht, und ich verstehe, daß allein dafür meine Dankbarkeit niemals ausreichen wird.

NICHT REDEN, SONDERN TUN

Erste Meldungen über Gewalt mit Todesopfern in Myanmar kamen Anfang Juni. Die Umstände mögen unklar sein, doch die eigentliche Ursache ist klar: Im Krisengebiet leben die Rohingya, etwa 800 000 Menschen muslimischen Glaubens, und für die buddhistische Mehrheitsbevölkerung und insbesondere die Regierung gelten diese weder als Einheimische noch als Staatsbürger. Das Problem der Rohingya ist primär ein politisches Problem, aus dem, weil ungelöst, ein humanitäres wurde. Obwohl die Rohingya laut UN zu den am stärksten verfolgten Minderheiten gehören, blieben sie weitgehend unbeachtet. Auch die muslimische Welt hat hier versagt. Seit 1978 leben im Nachbarland Bangladesch hunderttausende Rohingya-Flüchtlinge, die allermeisten bis heute in Lagern, und als nun wieder Rohingya Zuflucht suchten, schloß Bangladesch kurzerhand die Grenze.

Die Unruhen verschlimmerten sich, die Medien berichteten von niedergebrannten Häusern, zerstörten Siedlungen und vielen Toten. Das Krisengebiet war zunächst abgeriegelt, bis einige muslimische Länder bei der Regierung vorstellig wurden. Auch gab es lange keine zuverlässigen Informationen. Leider haben nicht alle, die helfen wollten, dem Rechnung getragen. Nicht alles, was berichtet wurde, war korrekt. Wir von Muslime helfen haben uns daran nicht beteiligt und stattdessen unser für solche Fälle bewährtes Konzept befolgt: Nicht reden, sondern tun!

Muslime helfen hat in Myanmar seit 2008 einheimische Partner bei mehreren Projekten unterstützt. Durch diese Verbindungen war es möglich, zunächst einen Versuch zu machen. Ein zuverlässiger Helfer, der Zugang zum Krisengebiet hatte, konnte 263 Familien in einer Notunterkunft kleine Geldbeträge für den Kauf von Lebensmitteln übergeben. Inzwischen erhielt nach viel Mühe unsere Partnerorganisation die offizielle Erlaubnis, den Opfern der Unruhen zu helfen. Nun wurden weitere Lebensmittel verteilt. Wir wissen, daß die Not groß ist und möchten sie lindern. Der Weg ist jetzt frei, der Zugang offen. Wie lange das so bleibt, ist unklar. Die Nachrichten sind nicht gut, gerade erfuhren wir, daß am 5. September erneut vier Rohingya ermordet wurden. Aber solange es möglich ist, den Notleidenden zu helfen, wollen wir es tun, und wer dabei mithelfen will, möge dafür beten und dafür spenden. *Dschasakumu llah* – Gott vergelts!

MUSLIME HELFEN NOTFALLKIT FÜR SRI LANKA

Rotgelb ist der Sand des Fahrwegs. Ein heißer Windstoß wirbelt Staubwolken auf. Mit ausgestrecktem Arm deutet Scheich Hassan in weitem Bogen über die Gegend vor uns und sagt: „Alles war überschwemmt, meterhoch, kein Durchkommen mehr." In der Ferne sehe ich die Ränder eines ausgetrockneten Flußbettes. Eigentlich hat die Regenzeit schon begonnen, aber jetzt fehlt es an Wasser. „Wir mussten hier mit dem Boot fahren, um die Menschen zu erreichen" erklärt Scheich Hassan weiter. Er spricht von der Überschwemmung Anfang 2011. Damals hatte Muslime helfen ein Notfallprogramm finanziert, das die einheimische Azizah Foundation vor Ort umsetzte.

Mit dem Gedanken, besser auf Notfälle vorbereitet zu sein, war ich schon länger befaßt. Die praktische Umsetzung konnte im Jahresplan 2012 erfolgen. Gestern hatten wir im Waisenhaus von Kinniya, dessen Bau Muslime helfen nach dem Tsunami ermöglichte, einen „Muslime helfen Notfallkit" seiner Bestimmung übergeben. Es ist der zweite Notfallkit, dieser Art, der erste war im Frühjahr in Indonesien eingerichtet worden. Zusammen mit unseren Partnerorganisationen und einheimischen Ärzten wurde der notwendige Bedarf ermittelt, um im Katastrophenfall wenigstens eintausend Menschen erste medizinische Hilfe zu leisten. Das erforderliche medizinische Gerät,

Medikamente und Verbrauchsmaterial stehen nun als „Muslime helfen Notfallkit" abholbereit vor Ort. Im Katastrophenfall können die einheimischen Ärzte, die dann Hilfe leisten, mit diesem Notfallkit unverzögert in das Katastrophengebiet aufbrechen.

„Und was geschieht mit den Medikamenten, wenn das Verfallsdatum abgelaufen ist?" wollte Mohan Wijewickrama wissen, der Gouverneur der Ostprovinz Sri Lankas. Er hatte es sich nicht nehmen lassen, zur Übergabe des „Muslime helfen Notfallkits" nach Kinniya zu kommen. Noch bevor ich das erklären konnte, sagte Scheich Hassan: „Morgen werden wir inschallah unsere erste Mobile Klinik in einem der abgelegenen Bezirke durchführen. Die Dorfbewohner sind schon informiert, und die Ärzte vorbereitet. Das ist ein weiteres gemeinsames Projekt mit Muslime helfen. Zukünftig soll es diese Mobile Klinik monatlich geben. Wenn sich das Verfallsdatum von Medikamenten aus dem Notfallkit nähert, können sie bei der Mobilen Klinik eingesetzt und im Notfallkit ersetzt werden."

Wir gehen ein paar Schritte zu einem niedrigen, weitausladenden Mangobaum. In seinem Schatten steht ein Tisch, darauf Medikamente. Nicht weit davon, im Schatten anderer Bäume, untersuchen drei Ärzte Dorfbewohner, die zur heutigen Mobilen Klinik gekommen sind. Vor allem Frauen mit Kindern haben sich versammelt, aber auch viele ältere Menschen, mehr als hundert Personen. Bei Bedarf verschreibt der Arzt ein Medikament, das die Patienten dann unter dem Mangobaum abholen, kostenlos, denn sie gehören zu den Armen. Ich bin froh und dankbar, daß dieses Vorhaben gelingt. Sollte der „Muslime helfen Notfallkit" wider Erwarten nicht zum Einsatz kommen müssen, was den Menschen vor Ort nur zu wünschen ist, dann haben sie anderweitig Nutzen durch die Medikamente, nämlich bei der Mobilen Klinik, *al-hamdu li-llah*.

2013

ES IST KALT IN KAZAN

Tagsüber hatte ich lange im Auto gesessen, deshalb wollte ich am Abend noch einen Spaziergang machen und mir die Beine vertreten. Die Sonne war längst untergegangen, der Himmel tiefschwarz, aber kaum wahrzunehmen, denn die Straßenbeleuchtung überstrahlte das Dunkel. Nur wenn man stehen blieb, den Blick weit nach oben hob und Ausschau hielt, begannen sacht die Sterne zu funkeln. Es ist kalt in Kazan. Schon in der vergangenen Nacht hatte es gefroren, und auch jetzt schlägt mir die Kälte in's Gesicht. Ich ziehe die Mütze über die Ohren und stelle den Jackenkragen hoch. Handschuhe habe ich nicht dabei, also versuche ich, die Hände in die Ärmel zu ziehen. Das hilft für eine kurze Weile, doch bald spüre ich, wie die eisige Luft hereinkriecht.

Kazan mit etwa 1,2 Millionen Einwohnern ist etwa so groß wie München und Hauptstadt der Republik Tatarstan, früher zur Sowjetunion gehörig, heute zur Russischen Föderation. Beide, die Stadt und die Republik, sind nicht arm. Aber es ist hier wie anderswo auch: Die Bessergestellten sind wenige, die anderen sind mehr. Am Vormittag war ich im Bezirk Mamadysch unterwegs gewesen, zwei Stunden Autofahrt von Kazan entfernt. In einem kleinen Dorf mit Namen Kamski Leschoz, ein paar Kilometer vom großen Fluss Kama, steht ein Gebäude, das zur Sowjetzeit als Kultur- und Jugendhaus für die Anwohner diente. Heute ist es mehr Ruine als Gebäude, denn in der Zeit nach dem Wandel galt das Staatseigentum als herrenlos und jeder, der meinte, er könne etwas gebrauchen, nahm sich, was ihm gefiel. Immerhin, die Mauern stehen noch, auch wenn Türen, Fenster und die gesamte Inneneinrichtung fehlen, Kabel und Rohre entwendet sind und das Dach an mehreren Stellen undicht ist. Aus diesem Gebäude soll, so habe ich erfahren, ein Pflegeheim für Kinder werden, Kinder, die an Krebs erkrankt sind. Es gehört Mut dazu, sich das vorzustellen, viel Mut. Aber daran scheint es dem kleinen Team von „Radost Detstva" nicht zu fehlen. Ihnen fehlt nur das nötige Geld, um den Traum zu verwirklichen. Sie haben mir ihre Geschichte erzählt.

„Radost Detstva" heißt auf Deutsch so etwas wie „Freude in der Kindheit" oder ungefähr „Freudige Kindheit". Befreundete Geschäftsleute, Tataren und Russen, hatten einen Verwandten, der an Krebs erkrankt war und nach längerem Krankenhaus-aufenthalt schließlich starb. Es gibt sehr viele Krebserkrankungen in Kazan, wird mir gesagt, auffällig viele in letzter Zeit. Warum weiß man nicht, so heißt es. Oder will man es vielleicht nicht wissen? denke ich. Bei den Besuchen im Krankenhaus haben sie andere Krebspatienten und deren Familien kennengelernt. Es waren viele Kinder darunter, und die meisten Familien überfordert, die kostspielige Behandlung zu finanzieren. Wer es sich leisten kann, bringt sein Kind in's Ausland, aber für die meisten ist das unerschwinglich. Wie also könnte man die Kosten senken, um auch weniger wohlhabenden Familien die Möglichkeit zu bieten, ihren krebskranken Kindern zu helfen? Es stellte sich heraus, daß der andauernde Aufenthalt im Krankenhaus für viele Kinder nicht notwendig ist, wenn die Behandlung erst einmal eingeleitet wurde. Bei entsprechender Betreuung und unter medizinischer Kontrolle könnten die Kinder zu günstigeren Konditionen und in gesünderer Umgebung als in der Großstadt auf dem Land in einem Pflegeheim untergebracht und versorgt werden. Also machte man sich auf die Suche und wurde schließlich in Kamski Leschoz fündig. Das ehemalige Kultur- und Jugendhaus, oder besser gesagt, das, was davon übrig ist, wurde ihrem Kinder-hilfswerk „Radost Detstva" samt Grundstück kostenlos überlassen. Instandsetzung,

Einrichtung und Betrieb stehen nun an. Es ist nicht abzusehen, wie lange das alles dauern wird und was es kosten soll. Doch „Radost Detstva" sammelt seither mit viel Engagement und noch mehr Mut Spenden für das Projekt. Ich habe es mir angesehen, um festzustellen, ob auch Muslime helfen etwas dazu beitragen kann. Das läßt sich heute noch nicht entscheiden. Es wird vom Fortgang der Sache abhängen.

Das Nachmittagsgebet hatte ich in der Al-Mardschani-Moschee verrichtet, der ältesten erhaltenen Moschee von Kazan, erbaut 1767. Die früheren Moscheen Kazans wurden alle zerstört. Im nahegelegenen Kaban-See, so heißt es, haben die Tataren ihren Schatz versenkt, als vor 460 Jahren die Russen am 2./15. Oktober 1552 unter Iwan dem Schrecklichen die Stadt eroberten. Viele haben seither danach gesucht, doch niemand hat bisher etwas gefunden. Noch immer soll der Schatz im Wasser verborgen sein. Wenn niemand den Schatz gefunden hat, so kommt es mir in den Sinn, hat man sich da vermutlich geirrt und deshalb immer an der falschen Stelle gesucht. Der Schatz der Tataren von Kazan, so denke ich, liegt gar nicht mitten im tiefen See, sondern vielmehr an seinem Ufer. Der wahre Schatz der Tataren von Kazan ist die Moschee mit der ihr angeschlossenen Schule, wo heutzutage wieder der Gebetsruf zu hören ist, wo wieder gebetet wird und junge Menschen den Islam studieren. Damals, als die tatarischen Muslime die Erlaubnis erhielten, die Al-Mardschani-Moschee zu erbauen, beschwerte sich die Stadtverwaltung bei der Zarin Katharina darüber, das Minarett sei zu hoch geworden. Die Antwort der Zarin soll gewesen sein: „Ich habe ihnen einen Platz auf der Erde angewiesen, doch sie können zum Himmel hinaufgehen so weit sie wollen, da der Himmel nicht zu meinem Besitztum gehört." Davon könnte sich noch heutzutage manche Baubehörde hierzulande ein Stück abschneiden...

Es ist kalt in Kazan. Ich mache mich auf den Rückweg. Die Nacht darf ich in einem warmen Zimmer verbringen, ich werde wohl nicht frieren. Tausenden und abertausenden Menschen geht es anders. Sie haben keine warmen Zimmer, oft nicht einmal ausreichend warme Kleidung. Tschetschenien fällt mir ein, dort unterstützt Muslime helfen seit mehreren Jahren ein Winterhilfeprojekt mit der Partnerorganisation „Doverije". Alten und bedürftigen Menschen wird ein Brennholzvorrat geliefert, damit sie den Winter überstehen. Auch für den jetzigen Winter ist dieses Programm angelaufen. Zusätzlich will Muslime helfen Winterkleidung an arme Menschen ausgeben. Dafür vorgesehen sind neben Bergdörfern in Tschetschenien auch Orte im Norden von Pakistan und die Stadt Kazan mit ihrer Umgebung. Hier soll „Radost Detstva" Winterkleidung an bedürftige Kinder verteilen. Bis das große Projekt, das Pflegeheim für die krebskranken Kinder, verwirklicht werden kann, vergeht wahrscheinlich noch eine geraume Zeit. Aber das bedeutet ja nicht, daß man bis dahin nur abwartet. Bedürftige Kinder mit warmer Winterkleidung zu versorgen, ist auch eine von vielen Möglichkeiten, Gutes zu tun.

Und noch etwas: Beim Aufräumen fiel mir eine alte Fotokopie in die Hände, von einem Brief ohne Datum. Es dürfte sich indes um das Jahr 1992 handeln, denn damals hatte ich Briefkontakt mit dem Absender Iljas Gainutdinov, der mir die Übersetzung der folgenden Mitteilung schickte:

„Gesundheitsverwaltung der Stadt Kasan dankt Ihnen für Ihre Hilfe. Die Medizin... ist dem Krebskrankenhaus übergegeben. Wir wünschen Ihnen Gesundheit, Wohlstand, Erfolge in allen Euren Taten. Herzliche Grüsse. Stellvertretender Leiter/Chef des Gesundheitswesens der Verwaltung R. U. Muhamedova. "

Iljas Gainutdinov war seinerzeit Deutschlektor an der Universität in Kazan, heute arbeitet er im Bildungsministerium. Ja, ich hatte das völlig vergessen. Auf eine Bitte aus Kazan hin konnte ich für die Zusendung von Medikamenten sorgen. Zwanzig Jahre ist das her, schon damals Krebs und heute noch immer...

Da möchte man fragen: Ändert sich denn gar nichts? Nein, es ändert sich nichts – Bedürftige und Menschen in Not wird es immer geben, und andere, die helfen wollen und helfen, wenn sie können, ebenso. Packen wir es an, *bismillah*!

WIR WOLLEN UNS NICHT ABWENDEN

Eine der frühen Suren des Korans, die achtzigste, hat die merkwürdige Überschrift *'abasa* – „er runzelte die Stirn". Sie beginnt: „Im Namen Allahs, des Allerbarmers, des Barmherzigen. Er runzelte die Stirn und wandte sich ab, weil der Blinde zu ihm gekommen war..."

In seinem Buch „*asbab an-nuzul* – Anlässe der Offenbarungen" schrieb al-Nisaburi zum Hintergrund dieser Sure und dem darin erwähnten Blinden:

„Er war Ibn Umm Maktum, der zum Propheten (s) kam, als dieser sich im vertraulichen Gespräch mit Utbah bin Rabiah, Abu Dschahl bin Hischam, Abbas bin Abd al-Mutalib, Ubai und Umaja Ibn Khallaf befand und er sie zu Allah einlud, und er hoffte, sie würden den Islam annehmen. Da erhob sich Ibn Umm Maktum und sagte: „O Allahs Gesandter, lehre mich von dem, was Allah dich gelehrt hat!", und er fing an, ihn zu rufen und seinen Ruf zu wiederholen, und er wußte nicht, daß der Prophet (s) beschäftigt und anderen als ihm zugewandt war, bis die Abneigung auf dem Gesicht von Allahs Gesandtem (s) erschien, wegen der Unterbrechung seiner Rede, und er sich selbst sagte: Diese vornehmen Leute werden sagen: Es folgen ihm die Blinden und die Niedriggestellten und die Knechte!, und Allahs Gesandter (s) runzelte die Stirn und wandte sich von ihm ab und wandte sich den Leuten zu, mit denen er redete. Da sandte Allah diese Verse herab. Und Allahs Gesandter (s) pflegte danach Ibn Umm Maktum zu ehren, und wenn er ihn sah, sagte er: „Willkommen dem, um dessentwillen mein Herr mich getadelt hat."

Aus anderen Quellen ist noch mehr über den blinden Ibn Umm Maktum zu erfahren: Er wanderte zusammen mit Musab ibn Umair nach Medina aus, um dort zum Islam einzuladen. Der Prophet (s) machte ihn zusammen mit Bilal zu einem der Gebetsrufer. Auch setzte der Prophet (s), wenn er außerhalb von Medina war, Ibn Umm Maktum mehrfach als Verantwortlichen für die Angelegenheiten der Gemeinde Medinas ein.

All dies erinnert uns Muslime daran, daß auch ein blinder Mensch die wichtigsten Rollen und Aufgaben in der Gesellschaft übernehmen kann, und daß es deshalb von größtem Wert und höchster Bedeutung ist, auch blinde Menschen auf ihre zukünftigen Lebensaufgaben vorzubereiten. Dies versucht Muslime helfen in Togo in Zusammenarbeit mit unserer Partnerorganisation Abea. Im Jahr 2010 haben wir in der Stadt Sokode ein kleines Zentrum zur Förderung blinder Kinder und Jugendlicher eingerichtet. Dort wurden zwölf blinde Jungen und Mädchen im Alter zwischen drei und siebzehn Jahren aufgenommen. Inzwischen sind es achtzehn Blinde geworden, und ein zweites Haus mußte angemietet werden, um sie unterbringen und unterrichten zu können. In kleinen Gruppen erlernen sie Blindenschrift und bekommen ansonsten Unterricht nach den Lehrplänen, wie sie an öffentlichen Schulen in Gebrauch sind. Auch zu handwerklichen Fähigkeiten werden sie angeleitet. Sie wohnen und essen gemeinsam im Blindenzentrum. Zum Gebet können sie in die direkt nebenan gelegene Moschee gehen. Die Lernerfolge sind ermutigend. Alle Kinder haben ihre Klassenziele erreicht, *al-hamdu li-llah*.

Bei meinem Besuch im vergangenen Frühjahr habe ich mit Br. Asmanoub, dem Vorsitzenden unserer Partnerorganisation Abea, vereinbart, eigene Räumlichkeiten für das Blindenzentrum zu bauen. Nachdem die örtlichen Verantwortlichen von dem Vorhaben erfuhren, haben sie Abea dafür ein Grundstück zur Verfügung gestellt. Es liegt sieben Kilometer vom Zentrum entfernt, an einem Ort namens Kadambara, und mißt 100 Meter mal 200 Meter. Zum Vergleich: Das sind knapp drei Fußballfelder. Batakpali Alkamatou Toure, der Hauptimam von Sokode, begleitete uns bei der Besichtigung des Grundstücks, und dort angekommen haben wir gemeinsam für ein gutes Gelingen und Allahs Segen für das Vorhaben gebetet. Dann mußte als erstes die Wasserversorgung erfolgen. Mit Unterstützung von Muslime helfen-Spendern konnten im Sommer 2012 auf dem Grundstück zwei Brunnen gebaut werden. Einer dieser

Brunnen soll das zukünftige Blindenzentrum mit Wasser versorgen, der andere ist für die Bewässerung von Gemüsepflanzungen gedacht. So können die blinden Kinder und Jugendlichen, sofern dafür geeignet, unter Anleitung das Gärtnern erlernen und auch einen kleinen Beitrag zur eigenen Ernährung leisten.

Bis die Pläne ihre endgültige Form erreichten, gab es noch manches zu beraten und zu beschließen. Das neue Blindenzentrum, das wir am Stadtrand von Sokode bauen wollen, ist zunächst für bis zu 30 Blinde und ihre Betreuer gedacht. Damit ist nicht ausgeschlossen, daß es im Laufe der Zeit noch mehr werden, im Gegenteil. Das Grundstück ist groß genug, um die Zahl zu verzehnfachen, sollte das zukünftig einmal in Frage kommen und möglich werden. Jetzt geht es darum, einen Anfang zu machen. Sechs kleine Häuser sind geplant: Zwei davon mit jeweils vier Unterrichtsräumen, und zwei weitere mit jeweils vier Schlafräumen. Hinzu kommen zwei abgetrennte Blocks mit Toiletten und Duschen. In den beiden übrigen Häuschen werden inschallah die Lehrer und Betreuer wohnen. Ein Vorhof mit einem Sonnendach bietet Raum zum Aufenthalt, Gebet und Spiel. Baubeginn soll inschallah im März sein, die Fertigstellung wird bis spätestens zum Jahresende erwartet. Bei solchen Vorhaben und insbesondere in einer Umgebung wie der von Sokode in Togo kann man eine Garantie dafür, daß alles nach Plan verläuft, nicht erwarten. Aber alle Beteiligten sind bemüht, mit Allahs Hilfe das vorgesehene Ziel zu erreichen: Die Unterbringung und Betreuung der blinden Kinder und Jugendlichen im neuerbauten Blindenzentrum ab 2014 inschallah.

DAS FASTEN IM RAMADAN UND DER GERADE WEG

Wir Muslime beten fünfmal täglich. Dabei rezitieren wir die Sure *al-Fatiha* und bitten Allah mit den Worten „*ihdina-s-sirata-l-mustaqim*" immer wieder um Rechtleitung auf dem geraden Weg, dem richtigen Weg.

Den geraden und richtigen Weg hat der Prophet Muhammad (s) seinen Gefährten veranschaulicht, indem er eine Art Schaubild zeichnete. Allahs Gesandter (s), so berichtet Ibn Mas'ud, zog für uns eine Linie, dann sagte er: „Dies ist Allahs Pfad." Dann zog er Linien rechts davon und links davon und sagte: „Dies sind (andere) Pfade, an jedem Pfad davon ist ein Teufel, der dazu einlädt." Und er rezitierte: „Und: Dies ist Mein richtiger Weg, also folgt ihm, (und folgt nicht den anderen Pfaden, so daß ihr von Seinem Pfad getrennt werdet. Dies hat Allah euch angeordnet, damit ihr vielleicht gottesfürchtig seid.") (Sure 6:153).

Bei einer anderen Gelegenheit gab der Prophet (s), wiederum nach Ibn Mas'ud, die folgende Erläuterung: „Allah hat ein Gleichnis vom richtigen Weg gemacht, an den beiden Seiten des Weges sind zwei Mauern, in ihnen sind offene Türen, und über den Türen hängen Vorhänge herab, und oben am Weg ist ein Rufer, der sagt: Bleibt gerade auf dem Weg und biegt nicht ab!, und darüber ist ein Rufer, der ruft, jedesmal, wenn ein Knecht vorhat, eine von diesen Türen zu öffnen: Wehe dir! Öffne sie nicht, denn wenn du sie öffnest, gehst du hinein! Dann erläuterte er dies und erklärte: Der Weg ist der Islam, und die offenen Türen sind die von Allah verbotenen Dinge, und die herabhängenden Vorhänge sind die von Allah gesetzten Grenzen, und der Rufer oben am Weg ist der Koran, und der Rufer über ihm ist der von Allah in das Herz jedes Gläubigen gesetzte Warner."

Das Fasten im Ramadan ist eine alljährlich wiederkehrende Übung, auf dem geraden Weg zu bleiben und nicht abzubiegen. Fasten hat zum Ziel, daß wir gottesfürchtig werden, wie es im Koran heißt: „...euch ist das Fasten vorgeschrieben ... damit ihr vielleicht gottesfürchtig werdet." (2:183) Genau davon ist auch in dem Koranvers die Rede, den der Prophet Muhammad (s) rezitierte, als er den geraden Weg mit Hilfe der Linie und den davon abgehenden Linien veranschaulichte: „Dies hat Allah euch angeordnet, damit ihr vielleicht gottesfürchtig seid."

Fasten bedeutet Enthaltsamkeit. Das deutsche Wort „Fasten" hängt leicht erkennbar zusammen mit „fest", „fest sein", „fest halten". Das arabische Wort „*saum*" bedeutet ganz entsprechend „festhalten" und „sich (von Tun) enthalten", wie beispielsweise „schweigen", d.h. sich der Rede enthalten.

Wenn wir das Jahr über auf Allahs Pfad gehen, begegnen uns immer wieder solche Teufel, die dazu einladen, die anderen Wege zu beschreiten, die rechts und links davon wegführen. Wir kommen an all den offenen Türen vorbei, und wir sehen all die herabhängenden Vorhänge. Wie kann es gelingen, daran vorbeizugehen und auf dem geraden Weg, dem richtigen Weg zu bleiben? Ohne es zu lernen, ohne es zu üben, wohl kaum.

Im Fastenmonat Ramadan lernen und üben wir, uns zu enthalten, zu verzichten, dies und das gerade nicht zu tun, was wir vielleicht gerade zu tun vorhaben. Es fängt an mit dem zeitweiligen Verzicht auf Essen und Trinken, aber das ist es nicht allein, worum es beim Fasten geht. Es ist eigentlich nur der Anfang. Wie Abu Huraira berichtete, hat Allahs Gesandter (s) gesagt: „Wenn sich einer nicht der Falschheit in Wort und Tat enthält, liegt Allah nichts daran, daß er sich des Essens und Trinkens enthält."

Vor allem aber hören wir gerade im Ramadan erneut und besonders jenen Rufer oben am Weg, den Koran. Jeden Abend können wir ihn uns beim *tarawih*-Gebet oder bei anderweitiger Rezitation und Lektüre in Erinnerung rufen. Er macht uns aufmerksam und weist uns immer wieder darauf hin, auf dem geraden Weg zu bleiben.

Der andere Rufer, der uns abhalten will, die Vorhänge beiseite zu schieben und durch die geöffneten Türen zu gehen, ist unser ständiger Begleiter, nicht nur im Ramadan, sondern jahrein jahraus – der Warner, den Allah jedem gläubigen Menschen ins Herz gegeben hat. Wir würden auch sagen: Es ist die Stimme des Gewissens. Ob wir auf das hören, was er ruft, entscheiden wir am Ende selbst. Wenn wir erneut im Ramadan geübt haben, festzuhalten, einzuhalten, uns zu enthalten, zu verzichten, Dinge gerade nicht zu tun, die wir üblicherweise tun, sind wir zumindest besser vorbereitet, uns erneut für den richtigen Weg zu entscheiden, den wir im Laufe des kommenden Jahres gehen wollen, auch wenn es im vergangenen Jahr, vor dem jetzigen Ramadan, vielleicht nicht so gelungen ist, wie wir es wollten. Der Ramadan ist auch der Monat der Vergebung und der Barmherzigkeit Allahs. Allahs Gesandter (s) hat gesagt: „Wer den Ramadan im Glauben und der Hoffnung (auf Allahs Lohn) fastet, dem werden seine vorausgegangenen Sünden vergeben."

DAS FLIEGENDE HÜHNCHEN

Nach etwa drei Stunden Fahrt ist es Zeit für eine Pause. Wir sitzen in einem Gasthaus am Flußufer, meine Reisebegleiter möchten zu Mittag essen. Mir genügt das Wasser einer jungen Kokosnuß, auch wenn ich gedrängt werde, mitzuessen, bleibe ich bei meiner Wahl. „Kelapa muda – junge Kokosnuß" ist für mich eine der wohltuendsten Erfrischungen, die ich kenne. Eine außen noch grüne Kokosnuß wird an der Spitze aufgeschlagen, das in der Nuß enthaltene Wasser ist ein vorzüglicher Durstlöscher, und mit einem Löffel kann man von den Innenseiten der Nuß dünne Streifen des zarten weißen Fleisches abschaben und verzehren. Mehr brauche ich nicht und zur Verwunderung meiner Begleiter will ich auch nicht.

Auf dem Tisch stehen nun außer den obligatorischen Tellern mit Reis zehn verschiedene Gerichte zur Auswahl – gebratener Fisch, Krabben, Hühnchen in Currysoße, Hähnchenschenkel, Ente, Gemüse und anderes mehr. Meine Mitreisenden greifen zu, im wahren Sinn des Wortes, denn sie essen, wie hier üblich, nicht mit Besteck, sondern mit den Fingern. Mein Sitznachbar bemüht sich, mit Daumen und Zeigefinger der rechten Hand etwas Fleisch vom Knochen des Hühnchens zu lösen, um es zum Mund zu führen. Dabei rutscht er ab, und das Hühnchen, Knochen mit Fleisch und Soße, landet auf meiner Hose.

Hmh! denke ich, das kommt davon, wenn man mit den Fingern ißt. Als Deutscher müßte ich jetzt wohl einen Kraftausdruck gebrauchen, der nicht zum Essen paßt. Doch hierzulande reagiert man anders. Ich sehe ein leichtes Lächeln und höre ein erstauntes „Oh!" dann ein Kichern „Hihihi!" und nach kurzer Pause: „Seltsam, das Hühnchen ist schon gekocht und kann doch noch fliegen..."

AL-HAMDU-LI-LLAH

Es war auf der Rückfahrt von Kute Panang nach Banda Aceh in Indonesien. Nach dem Erdbeben am 2. Juli 2013 hatte Muslime Helfen den Bau von 20 Behelfsunterkünften unterstützt, die Mitte September in meinem Beisein den betroffenen Familien übergeben werden konnten. Wir waren kurz nach Mittag losgefahren, um möglichst vor Einbruch der Dunkelheit die Provinzhauptstadt zu erreichen. Unterwegs hatten wir eine Reifenpanne. Das Ersatzrad wurde aufmontiert, und da noch mehr als die Hälfte der Wegstrecke vor uns lag, bestand ich darauf, in der nächsten Kleinstadt den beschädigten Reifen flicken zu lassen, damit dieser bei erneutem Bedarf als Ersatz dienen konnte. Wir suchten und fanden eine Werkstatt und gingen hinüber zu einer in Sichtweite liegenden Moschee, um dort das Mittags- und das Nachmittagsgebet zu verrichten. Zurück in der Werkstatt bezahlten wir die Reparatur, luden das Rad ein und fuhren auf der Hauptstraße aus dem Ort Bireuen heraus. Einer meiner Begleiter hatte vorsorglich Reiseproviant mitgenommen. Für jeden von uns gab es ein Stück Kuchen, und so wurde auch mir ein Stück Kuchen gereicht. Nicht jeder Kuchen ist nach meinem Geschmack, und überhaupt ist Kuchen doch eher überflüssig, und auf der Reise esse ich ohnehin nur morgens und abends. Dankend habe ich abgelehnt. In diesem Moment kommt unser Auto zum Stehen. Weiter vorn ist eine Ampel, und nun, während die Autos halten, laufen Kinder herbei. Mancher Autofahrer öffnet das Seitenfenster und reicht eine Münze heraus. Neben unserem Auto taucht plötzlich ein etwa fünfjähriger Junge auf, in abgerissener Kleidung, zerlöchertem Hemd, mit schmutzigen Füßen, ohne Schuhe. Bittend blickt er nach oben und hält die Hand auf. „Gib ihm den Kuchen!" sagt mein Begleiter. Die Ampel ist umgesprungen, die Autoschlange setzt sich in Bewegung, das Fenster geht auf, das Kuchenstück wird herausgereicht, der Junge ergreift es, lächelt, strahlt über das ganze Gesicht, ruft laut „al-hamdu li-llah" und rennt zurück zur Straßenseite, während wir losfahren.

Al-hamdu li-llah – Gott sei gelobt! Tausendmal und abertausendmal ist mir dieses Wort begegnet, tausendmal und abertausendmal habe ich dieses Wort auch selbst gesprochen, täglich im Gebet und bei vielen anderen Gelegenheiten. Tausendmal und abertausendmal habe ich *al-hamdu li-llah* gehört. Aber selten, so schien mir, kam es aus derart tiefem Herzen und in derart großer Freude wie an diesem Tag auf der Straße in Bireuen.

„*Al-hamdu li-llah*" hatte der kleine Junge gerufen, betont auf dem ersten Wort „*al-hamdu...*" – Gelobt sei Gott! Warum? fragte ich mich, während wir uns immer weiter entfernten. Warum? War es, weil er vielleicht nach langer Zeit und vielen vergeblichen Versuchen nun doch endlich überhaupt etwas bekommen hatte? War es, weil es ein Stück Kuchen war, und nicht eine kleine Münze, von denen er noch viele mehr brauchen würde, um überhaupt etwas Essbares kaufen zu können? War es, weil er gleich in das Stück Kuchen hineinbeißen konnte, während ihm eine Münze oder ein Geldschein von den Älteren, Stärkeren vielleicht abgejagt worden wäre? Oder warum „*al-hamdu li-llah*"? Ich weiß es nicht, aber die Worte waren ein kleiner Trost, als mir die nächste Frage durch den Kopf ging: Was wird aus einem fünfjährigen Jungen in abgerissener Kleidung, zerlöchertem Hemd, mit schmutzigen Füßen, ohne Schuhe, der wegen eines Stückchen Kuchens lächelt, über das ganze Gesicht strahlt und aus tiefstem Herzen und in größter Freude ruft: „*al-hamdu li-llah!*"?

EIN RIESENAPPLAUS

Ein Riesenapplaus für die blinden Schüler. Ihre Gesichter strahlen. Gerade haben sie ihr kleines Theaterstück beendet, Szenen aus dem Leben. Ein Ehepaar hat ein Kind, das blind zur Welt kam. Unsinniger Streit zwischen den Eheleuten darüber, warum das Kind blind und wer „schuld" daran ist. Ratlosigkeit, Hoffnungslosigkeit, weitere Kontroversen, dann schließlich eine Perspektive für das blinde Kind: Das Islamische Zentrum für Erziehung und Bildung von Blinden. Dort erhält es Betreuung und Förderung und mit Schulunterricht die notwendige Bildung, um inschallah sein Leben zu meistern. Rund 300 Besucher sind am 21. Dezember 2013 zur Eröffnung der neuen Gebäude dieses Zentrums gekommen, haben dabei das kleine Theaterstück gesehen und mit einem Riesenapplaus belohnt.

Ich habe bei der Begehung des Geländes die Intensität der Sonne unterschätzt, muß mich in den Schatten setzen. Wie hat das alles angefangen? Vor knapp vier Jahren, im Januar 2010, erstmals nach Togo gekommen, lernte ich Asmanou Bouraima, den blinden Leiter der Organisation Abea (Aktion für Wohlergehen und Förderung der Blinden) und ihre Freunde kennen, besuchte mit ihnen die 320 km nördlich gelegene Stadt Sokode, sprach mit dem Hauptimam und verabredete nach einem Zusammentreffen mit 12 blinden Kindern und Jugendlichen schließlich ein kleines Projekt zu ihrer

Förderung. Wir fanden ein Haus zur Miete, um dort, nach Renovierung, ein kleines Blindenzentrum einzurichten, in dem die blinden Kinder seit April 2010 betreut und unterrichtet werden konnten. Zwei Jahre später, im April 2012, besuchte ich erneut das Blindenzentrum. Jetzt waren es 15 blinde Kinder, das Haus zu eng, Zusatzraum wurde angemietet. Wir verabredeten, ein Blindenzentrum zu bauen. In Kadambara, etwa 7 km entfernt, besichtigten wir ein großes Grundstück, bereitgestellt vom dortigen „Chief", beteten vor Ort für das Gelingen. Vorgaben für einen Bauplan wurden erarbeitet, abgestimmt, der Plan erstellt, zur Wasserversorgung im Sommer zwei Brunnen gegraben. Mittlerweile wurden 18 Blinde betreut, nochmals Zusatzraum gemietet. Am 4. März 2013 verstarb Adjito Fousseni, ein Mitarbeiter im Blindenzentrum, *inna li-llahi wa inna ilaihi radschi'un*. Am 20. März schließlich konnte mit dem Bau in Kadambara begonnen werden, und nun, am 21. Dezember, ist die Eröffnung, *al-hamdu li-llah*.

Draußen entsteht Unruhe. Polizisten fordern die Leute auf, den Weg freizumachen. Dede Ahoefa Ekoue, Ministerin für Soziales, hat den weiten Weg auf sich genommen und ist angekommen. Ebenso wie andere Ehrengäste wird sie mit Trommeln und Tanz begrüßt. Die Eröffnung beginnt mit Koranlesung, dann Ansprachen des Hauptimams Batakpali, des „Chief" von Kadambara Medjesribi und anderer. Asmanou Bouraima, Vorsitzender von Abea, betont: „Bildung ist ein Menschenrecht", blinde Kinder und Jugendliche eingeschlossen. Auch ich komme zu Wort, will aber nicht viel sagen, danke Allah, der dieses Vorhaben gelingen ließ, den Spendern und Mitarbeitern von Muslime helfen und allen anderen Unterstützern, die es ermöglichten, und übergebe die Anlage als amanah, ein anvertrautes Gut, an unsere Partnerorganisation Abea und die Mit-menschen in der Nachbarschaft und Umgebung. Nein, viele Worte braucht es nicht, Taten zählen, ich bin froh und dankbar, sehen zu dürfen, was hier getan werden konnte, *al-hamdu li-llah*. Beim Durchschneiden des Bandes bin ich aus Höflichkeit dabei, in die große Menge, die nun die einzelnen Räumlichkeiten besichtigt, brauche ich mich nicht zu drängen, weiß Bescheid, hatte selbst die Grundzüge des Plans entworfen, ausgelegt für 30 Blinde, und das neue Zentrum noch vor Beginn der Feierlichkeiten inspiziert. Stattdessen sitze ich mit den blinden Kindern zusammen, erkundige mich nach ihrem Wohlergehen. Anders als wir, können sie die neuen Räumlichkeiten nicht sehen, sind aber schon herumgegangen, teils begleitet, teils allein, haben sich an Wänden entlang getastet, Türöffnungen erkannt, ihre zukünftigen Unterrichtsräume und Schlafräume betreten, die Wege erkundet. Ab Januar 2014 soll dies alles ihr neues Zuhause sein. Nach dem Umzug schrieb uns die 13 jährige Souroumatou: *„Ich bin froh, sehr froh, über die neuen Räumlichkeiten, die nur für uns gebaut wurden. Die Gebäude sind sehr schön, die Zimmer sind sehr groß. Auch der Hof ist sehr groß. Die Luftzufuhr ist sehr gut. Wirklich, ich bin sehr froh, in dieses neue Zentrum zu kommen... Möge Allah euch in Fülle belohnen."*

DER STEILE WEG

Schon die frühen Koranpassagen handeln nicht nur vom Jenseits, sondern ebenso vom Diesseits und dem Umgang der Menschen miteinander. Prägende Elemente des damaligen Alltaglebens, der Eigennutz der Starken und die Unterdrückung der Schwachen, werden thematisiert, so auch die Lage der Waisen: „...Vielmehr achtet ihr nicht die Waise, und ihr haltet einander nicht an zur Speisung des Armen..." (89:17 f.)

Aus koranischer Sicht verhalten sich die Menschen so, weil sie nicht an ein Weiterleben nach dem Tod glauben: „Hast du den gesehen, der das Gericht ableugnet? Also, das ist derjenige, der die Waise verachtend wegstößt und nicht anhält zur Speisung des Armen ..." (107:1 f.)

Zugleich erinnert der Koran den Propheten Muhammad (s) und alle Gläubigen daran, daß Allah Beistand in der Not leistet: „...Dein Herr hat dich nicht allein gelassen und nicht verabscheut... Hat Er dich nicht als Waise gefunden und Bleibe gegeben? ..." (93:3,6)

Dankbarkeit für Allahs Hilfe soll man ganz praktisch dadurch erweisen, daß man sich der Not der Waisen und Bedürftigen nicht verschließt: „...was die Waise angeht, so nötige sie nicht, und was den Bittenden angeht, so schelte ihn nicht ..." (93:9 f.)

Unter „Nötigen der Waise" kann man das Ausnutzen ihrer Notlage verstehen. Der Koranausleger Zamachschari schreibt: „Nimm ihr nicht wegen ihrer Schwäche ihr Vermögensgut und ihr Recht."

Weiter bezeichnet der Koran das Bemühen, Bedürftigen zu helfen, als „steiler Weg" nach oben: „Und was läßt dich wissen, was der steile Weg ist? Lossetzen eines Gefangenen oder Speise geben an einem Tag mit Hungersnot einer Waise aus der Verwandtschaft oder einem Armen." (90:12 f.)

Die Geschichte von Musa und dem in der Tradition al-Khidr genannten Knecht Allahs berichtet, wie letzterer eine einsturzgefährdete Mauer herrichtet, ohne Lohn dafür zu verlangen. Denn dort soll ein Schatz verborgen bleiben, der später zwei Waisenjungen zugutekommen wird. (18:82) So hilft Allah auf außergewöhnliche Weise durch einen außergewöhnlichen Seiner Knechte. Die vielen gewöhnlichen Hilfen läßt Allah indes von Seinen gewöhnlichen Knechten leisten. Jeder von uns kann sich dem anschließen, denn Gläubige verhalten sich entsprechend: „...sie geben die Speise, aus Liebe zu ihm, dem Armen und der Waise und dem Gefangenen: ,Wir geben euch Speise um des Antlitzes Allahs willen, wir möchten von euch kein Vergelten und keinen Dank...'" (76:8-9)

Für sie besteht Frömmigkeit nicht in Äußerlichkeiten und bloßer Ritualbefolgung, sondern erweist sich durch die guten Taten, die auf dem Glauben beruhen, darunter auch, den Waisen Beistand zu leisten: „Frömmigkeit ist nicht, daß ihr eure Gesichter nach dem Osten und dem Westen kehrt, sondern Frömmigkeit hat, wer an Allah glaubt und an den letzten Tag und die Engel und die Schrift und die Propheten und sein Vermögensgut aus Liebe zu ihm den Angehörigen gibt und den Waisen und den Armen und dem ‚Sohn des Weges' und den Bettlern und den Unfreien, und wer das Gebet einrichtet und die zakat-Steuer gibt, und die ihre Abmachungen halten ..." (2:177)

AN WESSEN SEITE STEHEN WIR?

Vor bald 30 Jahren entstand Muslime helfen, ist seit 1985 fortwährend bemüht, die damit verbundene Absicht zu erfüllen: Die Unterstützung hilfsbedürftiger Menschen, vor allem in Notstandsgebieten, bei Krieg, Hungersnot und Naturkatastrophen sowie anderweitig unschuldig in Not geratener Menschen.

Das ist unsere Art von ganzem Einsatz. Nicht alles kann perfekt sein, wir sind nicht vollkommen, das wissen wir. Doch die Richtung stimmt, in die wir gehen, so, wie wir als Muslime täglich zu unserem Schöpfer beten: „...leite uns den rechten Weg..."

Und daß wir Muslime sind und als Muslime handeln, haben wir nie verborgen. Schon unser Name weist das aus. Und so durften wir mit Allahs Hilfe zahlreichen Hilfs-bedürftigen, Muslimen wie Nichtmuslimen, Beistand leisten, auch zahlreichen Muslimen behilflich sein, manche ihrer religiösen Anliegen zu erfüllen, und zahlreiche Menschen im In- und Ausland sehen und erleben lassen, daß Muslime helfen. Und das nun schon seit drei Jahrzehnten. Insofern darf man sagen: Muslime helfen mit seinen zahlreichen Förderern ist eine gelungene gemeinsame Anstrengung von Muslimen in Deutschland und auch darüber hinaus in Österreich und der Schweiz. Darüber freuen wir uns, und dafür sind wir dankbar.

Andererseits können wir nicht einfach verschweigen, daß auch die Schwierigkeiten zunehmen. Natürlich bleibt die Arbeit von Muslime helfen von all dem, was um uns herum geschieht, nicht unberührt. Verbrechen und Greueltaten, gleich ob sie in der muslimischen Welt oder hierzulande verübt werden, lehnen wir von Muslime helfen wie alle Muslime ab. Doch damit ist es nicht getan. Verbrechen und Greueltaten müssen verhindert werden. Der Prophet Muhammad (s) hat uns gelehrt, worin das Mindeste besteht, das ein Muslim zu tun hat, um „*munkar* – Verwerflichem" zu wehren: Zumindest im Herzen nicht zustimmen, und wenn möglich das Wort dagegen erheben, wenn schon die Hand nicht dagegen erhoben werden kann. Wo Klarheit über die gute Gesinnung besteht, ist kein Raum für Übeltaten, schon gar nicht im Namen des Islam.

Als humanitäres Hilfswerk ist Muslime helfen von solchen Übeltaten auf besondere Weise betroffen:

Wir bemühen uns mit ganzem Einsatz, Not zu lindern. Diesem Bemühen arbeiten jene entgegen, die Menschen durch Gewaltanwendung Unrecht antun, sie unterdrücken und in Not bringen. Das passt nicht zusammen. Diese Kräfte arbeiten gegen uns. Wir mindern Not, sie mehren Not. Sie stehen nicht an unserer Seite, und wir stehen nicht an ihrer Seite.

Doch weil Gewalttaten und Unrecht angeblich im Namen des Islam geschehen und wir Muslime sind, sollen uns Schuld und Verantwortung dafür zugeschoben werden. So wird verborgen, wo wir wirklich stehen: Nicht an der Seite der Gewalttäter, sondern an der Seite der Opfer. Ein Generalverdacht, der alle engagierten Muslime trifft, gleich ob auf Unwissenheit beruhend oder wissentlich und willentlich gefördert, führt so oder so zu Rufschädigung und Verunsicherung. Derart wird die Arbeit von Muslime helfen zusätzlich erschwert und behindert.

Mit Dankbarkeit gegenüber Allah und den Förderern und Freunden von Muslime helfen dürfen wir feststellen: Nicht allzu viele haben sich verwirren lassen. Die stetig zunehmende Unterstützung, die Muslime helfen trotz aller Schwierigkeiten erfährt, läßt dies erkennen. Wir möchten darum allen von Herzen „*dschasakumu llahu khairan* – Allah lohne es Euch auf beste Weise" sagen, die weiterhin mit uns an der Seite der Hilfsbedürftigen und Notleidenden stehen und nicht an der Seite der Unterdrücker und der Unrechthandelnden, die Leid und Not verursachen.

AMRIN UND DIE ANDEREN

Mohammad Schamschir, Betreiber einer kleinen Werkstatt in der indischen Stadt Hubli, verheiratet mit Hamschira Banu, Vater dreier Kinder – Bibi Ayescha, Malik Rehan und Amrin Kousar – arbeitete hart, um seine Familie zu versorgen. Am 17. Oktober 2008 starb er bei einem Verkehrsunfall. Hamschira wurde mit 28 Jahren Witwe, ihre drei Kinder wurden Waisen.

Schon vorher war das Leben nicht einfach, nun wurde es kaum vorstellbar schwer. Ja, es gab anfangs Unterstützung durch Verwandte, doch nichts von Dauer. Hamschira war eine gute Hausfrau und Mutter, aber ohne Beruf, ohne Bildung, Analphabetin. Sie begann, das zu tun, was sie konnte, und verkauft seither „Papad", Fladen aus zermahlenem Reis, in heißem Öl gebacken. Damit verdient sie etwa 10 bis 12 Euro im Monat. Gut leben lässt sich davon offensichtlich nicht, nur überleben, und das auch nur mit Mühsal und Entbehrung. Damit die Kinder es einmal besser haben, sollen sie zur Schule gehen, wünscht sich Hamschira. Doch dafür wird Geld benötigt, das die Mutter allein nicht aufbringen kann.

In Hubli konnte ich die Affus Woman Welfare Association besuchen, die schon seit 2008 Waisen betreut, erfolgreich, wie ich bei der Begegnung mit ihnen sowie ihren Müttern oder Verwandten erfuhr. Derzeit sind es 100 Kinder, doch der Bedarf ist größer als die vorhandenen Mittel und die Warteliste lang. Deshalb sorgt Muslime helfen 2015 in Hubli für insgesamt 50 weitere Waisenkinder. Die neunjährige Amrin Kousar ist eines davon, eine durchschnittliche Schülerin, mit 386 von 600 möglichen Punkten im letzten Zeugnis, kommt dieses Jahr in die fünfte Klasse. Morgens steht sie um halb sieben auf, geht zur „madarsa", der Religionsschule, wo um sieben Uhr der Unterricht beginnt, dann von zehn Uhr bis fünf Uhr nachmittags zur regulären Schule. Am Abend hilft Amrin ihrer Mutter.

Unterstützung wird vor allem für die obligatorische Schulkleidung, Lernmaterial und Schulgeld benötigt. Zudem erfolgt eine ärztliche Untersuchung und bei Bedarf medizinische Hilfe. Aber Hamschira Banu möchte auch das Essen ein wenig aufbessern. Wer nicht nur den Hunger stillt, sondern etwas besser ißt, nahrhaft und gesund, wird auch besser lernen. *„Diese Hilfe der Spender von Muslime helfen ist ein Strahl der Hoffnung für meine Kinder in dieser Krisenzeit"* hat uns Hamschira wissen lassen, *„ich möchte Muslime helfen für die Unterstützung meines Kindes, ja meiner Kinder, danken. Ich danke Allah für die Hilfe durch Muslime helfen."*

Hilfe für Amrin und die anderen Waisen in Hubli ist nicht alles, was Muslime helfen in diesem Jahr für Waisen tun will. Langjährige Waisenprojekte, vor allem in Burundi, sollen ebenso unterstützt werden. Weitere Anfragen liegen vor, so aus Kaschmir für ein Mädchen-Waisenhaus, aus Kenia für Waisenbetreuung, aus Sri Lanka zur Erweiterung eines Waisenzentrums für Kleinkinder. Was sich davon mit Allahs Hilfe verwirklichen läßt, wird sich zeigen. Jedenfalls gibt es viel zu tun – packen wir es an, *bismillah*! ...

NACHDENKEN ÜBER GERECHTIGKEIT

Fast wöchentlich hören wir, wie wichtig die Gerechtigkeit ist, denn in vielen Moscheen wird beim Freitagsgottesdienst üblicherweise der Koranvers verlesen: „Allah trägt ja die Gerechtigkeit auf und das Gute tun und das Geben an die Verwandten, und Er untersagt das Abscheuliche und das Verwerfliche und die Gewalttätigkeit, Er ermahnt euch, damit ihr euch vielleicht erinnert." (16:90)

Gehört haben wir dies also – aber haben wir auch verstanden, haben wir darüber nachgedacht, was gemeint ist, was Gerechtigkeit eigentlich bedeutet?

Am deutschen Wort ist leicht erkennbar, daß Gerechtigkeit mit „Recht" zusammenhängt. Recht wiederum steht in Verbindung mit „richtig", aber auch „aufrecht", d.h. geradestehend und geradestellen, darüber hinaus mit „regieren", d.h. leiten, lenken und sogar mit „rechnen". Letzteres soll ursprünglich bedeutet haben „ordentlich machen, in Ordnung bringen", was in Ausdrücken wie „abrechnen" oder „Rechenschaft ablegen" noch nachklingt. Wie auch immer, allgemein verständlich ist es wohl zu sagen: Gerechtigkeit herstellen bedeutet, etwas, das nicht in Ordnung ist, in Ordnung bringen.

Das Wort, das wir im Deutschen mit Gerechtigkeit wiedergeben, lautet im Koran *'adl*. Ganz eng verwandt ist damit das Wort *'idl*, das bei genauer Betrachtung zum besseren Verständnis von *'adl* verhilft. Zunächst bedeutet *'idl* einfach „Sack", also ein Behältnis, in dem etwas aufbewahrt oder transportiert wird. Darüber hinaus bezeichnet es „eine halbe Last", und damit ist die Last gemeint, die dem Tragtier auf der einen Seite aufgeladen wird, und die mit einer weiteren halben Last auf der anderen Seite vervollständigt werden muß.

Das Gegenteil von Gerechtigkeit ist Ungerechtigkeit, im Arabischen *dsulm*. Dieser Ausdruck bedeutet auch Unrecht, Unterdrückung und Tyrannei. Ein Sprichwort läßt gut erkennen, worum es geht: Wer den Wolf als Hirten will, hat unrecht, hat falsch gehandelt, eigentlich: hat – den Wolf – an den falschen Platz gesetzt. Unrecht – *dsulm* ist demnach, wenn etwas nicht richtig gemacht wird, nicht am richtigen Platz ist.

Hieran läßt sich etwas sehr Bedeutsames ablesen: Wenn man die Lasten nicht richtig auflädt – d.h. auf beide Seiten richtig verteilt – kann das Tragtier nicht ohne Schwierigkeiten laufen oder, wenn es ein Kamel ist, vielleicht erst gar nicht aufstehen, und das wiederum bedeutet, daß man nicht leicht oder vielleicht auch gar nicht vorankommt. Die Lasten dürfen nicht am falschen Platz, sondern müssen am richtigen Platz sein. Beim arabischen Wort *'adl* wird man also an so etwas wie „Ausgewogenheit" erinnert, an Gleichgewicht und Balance, die zum Fortkommen notwendig sind. Gerechtigkeit im Sinn von *'adl* ist Voraussetzung für Stabilität und Erfolg. Ohne gerechte Lastenverteilung läßt sich nichts erfolgreich bewegen, kann es nicht wirklich weitergehen und das Ziel der Reise nicht erreicht werden.

Dieses Prinzip ist auch bei der sogenannten „Armensteuer", der *zakat*, erkennbar, die bekanntlich zu den fünf Grundpfeilern des Islam zählt. Eine ihrer bedeutsamsten Wirkungen besteht darin, die Ungleichgewichtungen auszugleichen, die in der Gesellschaft bestehen und entstehen. Die Menschen sind nicht alle gleich. Manche sind mehr und andere weniger fähig zum Erwerb der materiellen Dinge oder interessiert daran, doch alle Menschen haben Grundbedürfnisse, die erfüllt sein müssen, damit ihr friedliches Zusammenleben möglich ist. Die Ungleichheiten zumindest im Hinblick auf die Stillung dieser Grundbedürfnisse auszugleichen, ist mit dem alljährlichen Entrichten der *zakat*, der „Armensteuer", möglich. Für den Wohlhabenden ist das Entrichten der *zakat* eine Pflicht, für den Bedürftigen dagegen ist das Empfangen der *zakat* ein Recht. Seien wir also dankbar dafür, daß wir diese Möglichkeit zum Ausgleich haben, und tun wir über die Erfüllung unserer Pflicht hinaus noch Gutes, wie es im obigen Koranvers aufgetragen wird. Und welche Zeit wäre besser dafür als der Fastenmonat Ramadan?

2016

DIE FARBE IST ECHT

Zwei Lastkraftwagen fahren auf der Piste, die rechts und links von tiefen Gräben gesäumt ist. Die rötliche Farbe der Erde und des aufgewirbelten Staubs schimmert intensiv im Kontrast zu den grünen Blättern von Bananenstauden und anderen Pflanzen. Schwerfällig rumpelt das Fahrzeug unmittelbar vor uns die Neigung hinunter. Auf dem Schmutzfänger, der die Hinterräder abdeckt, steht in großen Buchstaben „God is King". Darüber hängt ein breites weißes Banner, auf dem eine grüne Mondsichel zu sehen ist, in deren Bogen zwei Hände, eine mit der Handfläche nach unten, die andere darunter mit der Handfläche nach oben, „die obere Hand" und „die untere Hand" – das Symbol von Muslime helfen. Auf dem Banner steht „muslimehelfen Emergency Aid Burundian Refugees November 2016 Rwanda." Ich persönlich bin kein Freund von derartiger Reklame, aber die fundraising-Abteilung von Muslime helfen legt Wert auf Bilder, die Muslime helfen erkennen lassen, und es scheint, daß unsere Partner sich freuen, ihren Beitrag dazu leisten zu können.

Das Fahrzeug schwankt, neigt sich gefährlich zur Seite, als die Räder in einer der tiefen Furchen versinken, die der Regen in die rotbraune Erde der Fahrbahn gegraben hat. Dann schließlich kommt es mit quietschenden Bremsen zum Stehen. Auch wir halten an. Wir sind angekommen, stehen vor einem Tor.

Gestern stand der große LKW noch im Hof vor dem kleinen Büro unserer Partnerorganisation „Umbrella for Vulnerable" in Kigali. Br. Ayyoub, der Leiter, beaufsichtigt das Beladen. Elftausend ineinander gestapelte Schüsseln füllen die Ladefläche, die Türflügel auf der Rückseite werden zugeschlagen und verschlossen, dann wird das Banner darüber befestigt. Der andere etwas kleinere LKW ist mit Paletten beladen, darauf Seife und Vaseline, das Ganze mit einer dicken Plane abgedeckt und gleichfalls mit einem Banner versehen. Der stille Br. Isa, einer der unermüdlichen Helfer, trifft die letzten Vorbereitungen für die morgige Fahrt. Er weist die Fahrer an, frühzeitig aufzubrechen. Die Wegstrecke wird lang, und die Lastwagen werden mehr Zeit brauchen als der Pkw, mit dem wir fahren. Am Steuer ist Scheich Saleh, der frühere Mufti von Ruanda und jetzige Botschafter des Landes in Ägypten. Er ist auf Urlaub zuhause und läßt es sich nicht nehmen, Ayyoub, Isa und mich zu begleiten. Wir sind unterwegs zum Mahama-Flüchtlingslager, das im Südosten an der Grenze nach Tansania liegt, wohl weil von dort eine Durchgangsstraße von Burundi herführt. Von Kigali sind das etwa 160 Kilometer, gut vier Stunden Autofahrt. Wir sprechen über Ruanda, über Burundi und über die Flüchtlinge.

Ruanda hat etwa 11 Millionen Einwohner, ist flächenmäßig ungefähr so groß wie Mecklenburg-Vorpommern und hat somit im Gegensatz zu letzterem eine der höchsten Bevölkerungsdichten weltweit. Die Anzahl der Flüchtlinge aus Burundi und Kongo beläuft sich auf rund 155 000, das sind also 1,4 %. Damit steht Ruanda nicht schlecht da. Im Vergleich dazu müßte die Bundesrepublik Deutschland mit ihren ca. 82 Millionen Einwohnern rund 1 150 000 Flüchtlinge aufnehmen.

Es sind gerade einmal 22 Jahre her, daß Ruanda von schlimmstem Völkermord heimgesucht wurde. Überall im Land gibt es die Erinnerung daran, sind die Überlebenden anzutreffen. Heute bietet das selbe Land Menschen Zuflucht, die Schutz vor Gewalt suchen. Erstaunlich, wie nahe Böses und Gutes beieinander sein können. In Burundi ist es voriges Jahr zu gewalttätigen Auseinandersetzungen gekommen, nachdem sich der Staatspräsident entgegen der Verfassung zum dritten Mal wählen ließ. Es gab Proteste, Tote und Mordanschläge, die Unruhen dauern weiter an. Menschen, die um ihr Leben fürchteten, flohen in die Nachbarländer, auch nach Ruanda, und fliehen noch immer.

Alle Flüchtlinge, die über die Grenze Ruandas kommen, werden registriert. Erstaunlicherweise dürfen sie sich im Land frei bewegen, und manche tun das auch und versuchen sich in Kigali durchzuschlagen. Doch für die allermeisten kommt das nicht in Frage. Wo sollen sie unterkommen? Woher sollen sie etwas zu essen bekommen, wovon ihren Lebensunterhalt bestreiten? Sie haben sich im Mahama-Flüchtlingslager niedergelassen, wo es zumindest ein Minimum an Nahrungsmittelsicherheit für sie gibt.

Als „Muslime helfen" von „Umbrella for Vulnerable" auf die Flüchtlinge aus Burundi aufmerksam gemacht wurde, habe ich dazu geraten, zunächst mit zuständigen Behörden Verbindung aufzunehmen um ein klares Bild von den Bedürfnissen zu bekommen. Ein Besuch im Ministerium für Flüchtlingsangelegenheiten stellte sich als hilfreich heraus, um die Koordination mit den Verantwortlichen im Flüchtlingslager abzustimmen. Wir verständigten uns dann darauf, auf einfache Weise mitzuhelfen, das noch ungelöste Problem der allgemeinen Hygiene anzugehen. Während die Grundversorgung mit Lebensmitteln durch die großen Hilfsorganisationen gesichert ist, fehlt es vor allem an sauberem Wasser und den einfachsten Möglichkeiten für die Flüchtlinge, sich sauber zu halten. An Brunnen zu bohren und Wasserstellen einzurichten wird gearbeitet, doch viele Flüchtlinge verfügen nicht einmal über die einfachsten Reinigungsmöglichkeiten. So kam es dazu, daß wir in Abstimmung mit den zuständigen Stellen die Verteilung von Waschschüsseln und Seife übernommen haben. Dazu gibt es noch jeweils eine Dose Vaseline, weil häufiger Gebrauch der eingesetzten Seife offenbar der Haut nicht gut bekommt. So soll zur Verhinderung von Erkrankungen beigetragen werden, deren Ursache mangelnde Hygiene ist.

Für uns, die wir, wann immer wir wollen, unsere Kleidung mit der Waschmaschine und unsere Hände unter fließendem Wasser im Handwaschbecken waschen, mag eine Waschschüssel bedeutungslos erscheinen. Wer aber nicht einmal Zugang zu fließendem Wasser hat, braucht als erstes überhaupt ein Gefäß, um irgendwo Wasser zu holen. Die Waschschüssel kann man dann zum Waschen der Kleidung verwenden, aber auch noch anderweitig nutzen. Man kann darin Teller und Becher reinigen, man kann die zugeteilten Lebensmittel von der Ausgabestelle in der Waschschüssel wegtragen, man kann darin Bohnen im Wasser einweichen und anderes mehr.

Das Tor zum Flüchtlingslager Mahama wird geöffnet, wir sind angekündigt, werden erwartet, dürfen hineinfahren. Die beiden Lastwagen halten vor einem Großraumzelt,

Helfer kommen und laden aus. Elftausend Waschschüsseln, die Kartons mit der Seife, den dunkelblauen „Safari Soap Bars", und mit der „Santé Vaseline Pure" werden im Depot säuberlich auf Paletten gestapelt. In der Zwischenzeit zeigt man uns das Flüchtlingslager. Es ist ein riesiges leicht hügeliges Gelände, nur rote Erde, offenbar hat man es gerodet, um freien Platz zu haben. Kaum ein Busch oder Baum ist geblieben. Dicht gedrängt stehen teils feste Behelfshäuser, mit Wänden aus Ziegelsteinen gebaut, vor allem aber viele einfache Zelte, wie man sie vom UN-Flüchtlingshilfswerk kennt. Ein paar junge Männer kommen uns entgegen, einer schiebt auf einem alten Fahrrad mühsam einen großen und offensichtlich sehr schweren Sack irgendwo hin, „50 Kilo White Maize" steht auf solchen Säcken des Welternährungsprogramms, die noch anderweitig zu sehen sind. Am Wegesrand hat ein anderer eine Plane auf den Boden gelegt, so eine Werkstatt zur Reparatur von Fahrradschläuchen eröffnet und wartet auf Kundschaft. In der Nähe von mit Planen abgedeckten Latrinen steht ein kleines Kind in einer Schüssel, das von einem etwas älteren Kind von Kopf bis Fuß gewaschen wird – noch ein Verwendungszweck für die Waschschüsseln, den ich schon jetzt mit eigenen Augen sehe!

Auf unserem Gang schließen sich uns manche der Flüchtlinge an, besonders Jugendliche und Kinder. Viele haben keine Schuhe. Unterwegs erfahre ich nochmals verschiedene Einzelheiten. Im Flüchtlingslager befinden sich etwa 18 000 Familien und täglich kommen mehr hinzu. Das Lager untersteht Ruandas Ministerium für Flüchtlingsangelegenheiten, wird aber vom Flüchtlingshilfswerk der Vereinten Nationen (UNHCR) und dem Welternährungsprogramm (WFP) sowie einigen anderen Organisationen finanziert. Während die Versorgung mit Lebensmitteln und einfache medizinische Hilfe gewährleistet sind, fehlt es ansonsten fast an allem. Sauberer Wasser gibt es kaum. Großer Bedarf besteht an Kleidung, insbesondere afrikanischer Art, gerade bei den Frauen, die sich in den T-shirts und kurzen Röcken nicht wohlfühlen, die man ihnen aus europäischen Kleidersammlungen übergibt. Die Flüchtlinge haben ja kaum etwas mitnehmen können, und viele haben nur die Kleider, die sie am Leib tragen. Ebenso fehlt es an Matratzen. Unsere Partnerorganisation „Umbrella for Vulnerable" und „Muslime helfen", sagt man uns, sind die ersten und einzigen muslimischen Organisationen, die hier etwas zur Flüchtlingshilfe beitragen. Auch manche Erwachsene begleiten uns auf unserem Weg. Es hat mich berührt, als mir übersetzt wird, was sie einander sagen: „Die Muslime sind da!" Von den 18000 Familien im Lager sind 3000 muslimisch.

Jede Woche bringen acht bis zehn Frauen Kinder zur Welt. Ich frage mich, wie es mit der Versorgung der Neugeborenen steht, und mir kommt der Gedanke, man könnte doch kleine Pakete vorbereiten und den Müttern nach der Geburt übergeben. Darin sollten ein paar Hygieneartikel sein, Seife, Creme, eine kleine Matratze und Decke für das Kind und ein Tragetuch für die Mutter, wie es die Frauen in Afrika verwenden, um ihr Kind auf dem Rücken zu tragen. Wir vereinbaren, das weiter zu besprechen und wenn möglich umzusetzen.

Wir kommen zurück vom Gang durch das Lager. Die Verwaltung ist dabei, die Vorbereitungen für die erste Verteilung unserer Hilfsgüter abzuschließen. Wir müssen noch etwas warten, dann ziehen Ayyoub, Isa und weitere Helfer weiße Kittel mit dem Emblem von „Umbrella" an. Die Lagerverwaltung hat vorab für den Nachmittag einen Termin angesetzt und die Flüchtlinge aus einem bestimmten Sektor des Lagers aufgefordert, zum Depot zu kommen. Viele sind Frauen mit kleinen Kindern, aber auch Männer verschiedenen Alters. Sie stellen sich in einer langen Reihe auf, die Helfer haben Namenlisten bekommen. So wird verhindert, daß sich jemand in die Reihe stellt, der heute nicht dabei sein soll. Im großen Zelt legen unsere Helfer jeweils eine von den langen Seifenstangen und eine Dose Vaseline in eine Schüssel und reichen sie dann durch den Eingang, wo ein weiterer Helfer sie dem Flüchtling übergibt, dessen Name dann auf der Liste abgehakt wird. Es geht alles sehr geordnet und ohne viel Schieben und Schupsen. Auch ich soll Schüsseln übergeben. Das ist zwar nicht nötig, doch ich tue es gern. Es macht allen Freude, und so bin ich nicht nur vor Ort dabei, sondern habe mit angepackt.

Elftausend Schüsseln sind an einem Nachmittag natürlich nicht zu schaffen, weitere Verteilungen folgen in den kommenden Tagen. Insgesamt hat Muslime helfen dafür 24 000 Euro bereitgestellt, das sind 2,18 Euro pro Familie, kaum der Rede wert und doch eine praktische Hilfe. Wir machen uns auf die Rückfahrt, damit wir vor Einbruch der Dunkelheit in Kigali ankommen. Ich möchte möglichst nicht bei Nacht auf Straßen in Afrika unterwegs sein. Wir sprechen über weitere Möglichkeiten zu helfen, aber auch über unsere Eindrücke von diesem Tag. Alles war gut organisiert und völlig störungsfrei abgelaufen, *al-hamdu li-llah*. Nur ein unerwartetes Vorkommnis hat es gegeben:

Wir stehen im Kreis auf dem Hauptweg im Flüchtlingslager. Ich erkundige mich nach verschiedenen Einzelheiten, meine Fragen werden beantwortet. Am Unterarm verspüre ich ein sanftes, ganz sanftes Streichen, nehme es kaum wahr. Wir reden weiter. Nochmal das Gefühl am Unterarm, ein Insekt vermutlich, vielleicht ein Schmetterling? Ich hebe den Arm und sehe direkt neben mir einen kleinen Jungen, der mit großen Augen leicht erschrocken zu mir aufschaut und dessen Zeigefinger noch ausgestreckt ist. Die Anderen lachen, und Scheich Saleh erklärt: Er wollte wissen, ob die helle Farbe bei dir abgeht! Nun streiche ich mit meinem Zeigefinger über den Arm des Jungen und führe mir dann demonstrativ die Fingerspitze vor Augen – seine dunkle Farbe ist echt! Jetzt lacht auch der kleine Junge und ebenso andere Kinder, die sich um uns herum versammelt haben. Alle kommen sie, und müssen unbedingt die Farbprobe an meinem Unterarm machen. Dabei begrüßen wir uns untereinander, indem wir jeder die rechte Hand zur Faust machen und dann mit den Knöcheln leicht gegeneinander stoßen. Wie wenig ist doch nötig, um einem Flüchtlingskind Spaß und Freude zu machen…

2017

UMM ISMAIL'S SCHWESTERN

Umm Ismail war allein mit ihrem kleinen Sohn Ismail, den sie stillte. Damals gab es in Mekka niemanden sonst. Ihr Vorrat an Datteln und Wasser war aufgebraucht. Der Durst plagte sie und ihr Kind. Sie konnte das Leiden des Kleinen nicht länger mitansehen und lief davon, hinauf auf den nächstgelegenen Hügel, der heute *as-Safa* heißt. Von dort oben schaute sie hinab in der Hoffnung, irgendwo Menschen zu sehen. Doch sie sah niemanden. Da stieg sie vom Hügel herunter, durchquerte das Tal und erklomm den Hügel *al-Marwa*. Wieder hielt sie Ausschau, doch kein Mensch war da. Dies machte sie siebenmal.

Ibn Abbas berichtete, daß der Prophet (s) gesagt hat: „Und das ist das Laufen der Menschen zwischen den beiden (Hügeln)."

Das siebenmalige Laufen zwischen den zwei Hügeln *as-Safa* und *al-Marwa* verrichten die muslimischen Pilger auf ihren Wallfahrten. So war es auch wieder in diesem Jahr, als sie im Pilgerfahrtmonat *Dsu-l-hidschah* die Riten der Wallfahrt vollzogen und am 10. Tag weltweit das muslimische Opferfest begangen wurde.

Am selben Tag begann auch Umm Ismail's Schwester ihr Laufen. Laufen, laufen und laufen, nur weg… Ihr kleines Kind trug sie auf dem Arm, quälte sich mit ihm zu Fuß am Tag und bei Nacht über Feldwege und schlammigen Boden. Schmerzen, Schmerzen und Schmerzen. Die Füße schmerzen, die Beine schmerzen, der Rücken und die Arme, besonders der mit dem Kind. Anfangs hatte es immer wieder geweint. Das tat Umm Ismail in der Seele weh. Später wimmerte es nur noch, das schmerzte sie mehr. Dann wurde das Kind still vor Durst und Hunger und Erschöpfung. Das sorgte sie am meisten. Sie lief und lief und lief, bis zur Grenze zwischen Myanmar und Bangladesch. Dort kam sie nicht weiter. Ohne Schutz und Obdach mußte sie im Niemandsland ausharren, bis schließlich mitleidige Polizisten ihr den Weg nicht weiter versperrten. Doch wohin? Die Polizisten zeigten ihr die Richtung an, nach da, weiter, weiter. Wieder begann ihr

Laufen, das Kind auf dem Arm, Schmerzen überall, weiter, weiter. Am Ende erreichte sie das große Flüchtlingslager Kutupalong. Und dann?

Umm Ismail's Schwester ist nicht allein. Tausende Mütter mit ihren Kindern waren auf der Flucht vor Soldaten und Banden. Sie kamen in die Dörfer, schossen wahllos auf die Menschen, brannten ihre Häuser nieder. Tausende Schwestern von Umm Ismail, Frauen in größter Not, in Angst um ihre Kinder und ihr eigenes Leben, oft barfuß, von Hunger und Durst geplagt, ohne Wasser, ohne Essen, ohne Bleibe, zwischen Büschen und Bäumen, erschöpft, apathisch am Wegrand sitzend, durchnässt von den strömenden Regengüssen, wohin?

Auch schwangere Frauen waren darunter. Von nahezu hundert Neugeborenen innerhalb zweier Wochen allein im Niemandsland wurde berichtet. Wie können deren Mütter sie stillen, die selbst nichts zu essen und zu trinken haben?

Als Umm Ismail zum letzten Mal auf dem Hügel *al-Marwa* stand, hörte sie etwas, lauschte, hörte es erneut und sagte: ‚Du hast mich (etwas) hören lassen, wenn (doch nur) bei dir Hilfe wäre!' Und da kam ein Engel und grub mit dem Fuß oder dem Flügel, bis Wasser hervorkam…

Der Prophet (s) hat gesagt: „Da trank sie und stillte ihr Kind. Der Engel sprach zu ihr: ‚Fürchte nicht, zugrunde zu gehen, denn hier ist Allahs Haus, das von diesem Jungen und seinem Vater erbaut (werden) wird, und Allah läßt die Seinen nicht zugrunde gehen.'"

Aus dieser Quelle, *Zamzam*, trinken die Wallfahrer noch heute.

Umm Ismail war allein, kein Mensch war zu sehen, kein Mensch sah sie in ihrer Not. Kein Mensch war dort, um ihr beizustehen. Da half ihr ein Engel.

Die Not von Umm Ismail's Schwestern haben viele Menschen gesehen. Menschen sind keine Engel. Aber manchmal können sie wie Engel handeln, können tun, was Engel tun. Und Du? Auch Du kannst wie ein Engel handeln! Hilf Umm Ismail's Schwestern!

DRINGEND NOTFALL ROHINGYA FLÜCHTLINGE

Gerade haben wir das muslimische Opferfest gefeiert, frohe Tage im Kreis der Familie, mit Nachbarn und Freunden verbracht. An den selben Tagen sind tausende von Flüchtlingen an der Grenze von Bangladesch angekommen, aufgebrochen in panischer Angst, ihre Wohnstätten niedergebrannt, sie mit dem Tod bedroht.

Die verzweifelte Lage der Rohingya in Myanmar ist nicht neu. Muslime helfen hatte bereits in der Vergangenheit kleinere Hilfsmaßnahmen für sie finanziert und sich seit dem Frühjahr verstärkt für die Flüchtlinge in Bangladesch eingesetzt. So kommt es, daß wir gerade jetzt Helfer vor Ort haben, die unverzögert handeln können.

Al-hamdu li-llah konnten wir in diesen Tagen schon helfen, Flüchtlingsfamilien mit Essen zu versorgen. Die Notpakete enthalten ca. 5 kg Nahrungsmittel, die ungekocht verzehrbar sind wie Reisflocken, Biskuits, Zuckersirup, Milchpulver, Brot und Salz.

Aus dem Grenzgebiet erreichte unser folgender Hilferuf: *„Die Not ist umso größer, als jeden Tag tausende neue Flüchtlinge hinzukommen. Sie kommen krank, hungrig und erschöpft an. Viele Flüchtlinge suchen Zuflucht in Wäldern und schlafen an den Straßen. Es ist bedauerlich, daß die Organisationen der Vereinten Nationen sehr wenig für die Grundversorgung der Flüchtlinge tun.“*

Muslime helfen ist nicht die Vereinten Nationen, und Muslime helfen kann auch nicht für alle Bedürftigen sorgen. Aber wie gesagt, wir haben gerade jetzt Helfer vor Ort. Zumindest manchen der kranken, hungrigen und erschöpften Flüchtlinge können wir beistehen. Darum die herzliche Bitte: Spendet jetzt und spendet reichlich für den Notfall Rohingya Flüchtlinge. Möge Allah es jedem auf beste Weise lohnen!

DIE ARBEIT DER PROJEKTABTEILUNG

Im Jahr 2017 hat Muslime helfen (Mh) insgesamt 3 153 555 Euro für 158 Projekte in 28 Ländern bereitstellen können. Dafür sind wir zuerst Allah dankbar, dann jedem einzelnen unserer Spender und ebenso unseren Mitarbeitern und unseren ehren-amtlichen Helfern. Eine erfreuliche Bilanz, *al-hamdu li-llah*. Aber wie arbeitet eigentlich die „Projektabteilung“ von Mh?

ZWECK DER PROJEKTE

Mh als das freie und gemeinnützige Hilfswerk deutschsprachiger Muslime ist eine unabhängige Nicht-Regierungs-Organisation. Sie finanziert sich durch die Beiträge von Spendern, die das Anliegen von Mh teilen. So ist die Arbeit von Mh ein humanitäres Gemeinschaftswerk von Muslimen über Abgrenzungen von Institutionen, Organi-sationen und Verbänden hinaus.

Allein die Unterstützung hilfsbedürftiger Menschen ist der in der Satzung festgelegte Zweck von Mh, und dieser wird durch die Mh-Projekte verwirklicht. Die Hilfsmaßnahmen erfolgen in Notstandsgebieten, bei Krieg, Hungersnot, Naturkatastrophen und in den Bereichen Gesundheitswesen, Bildung und Entwicklungshilfe.

GRUNDSÄTZE DER PROJEKTARBEIT

Bei der Projektarbeit verfährt Mh in der Regel nach Grundsätzen, die in jahrzehntelanger Erfahrung entwickelt wurden und sich bewährt haben. Dazu gehören:

VORAUSSETZUNGEN FÜR PROJEKTE

Muslime helfen führt Hilfsmaßnahmen durch

- – wo Hilfsbedürftigkeit besteht,
- – die Verhältnisse vor Ort eine sinnvolle und effektive Hilfeleistung erlauben,
- – die Hilfsmaßnahmen allein den Hilfsbedürftigen zugutekommen,
- – und die erforderlichen Mittel zur Verfügung stehen.

ZUSAMMENARBEIT MIT EINHEIMISCHEN PARTNERN

Die Mh-Projekte erfolgen in Zusammenarbeit mit einheimischen Partnern vor Ort. Deren eigene Infrastruktur, Expertise und genaue Kenntnis örtlicher Verhältnisse sind von großem Nutzen bei Planung und Umsetzung. So wird gewährleistet, daß die Hilfsmaßnahmen sich nicht auf unzureichende Informationen oder gar Gerüchte beziehen, sondern auf vor Ort recherchierte relevante Tatsachen.

RECHTLICHER RAHMEN

Die Partner sind in ihrem jeweiligen Land rechtlich anerkannte Organisationen, gegen die es seitens der zuständigen Behörden keine Einwände gibt. So wird gewährleistet, daß Hilfsmaßnahmen innerhalb des bestehenden rechtlichen Rahmens erfolgen und nicht mangels Abstimmung mit zuständigen Stellen behindert oder gefährdet werden.

SCHRITTWEISE ENTWICKLUNG DER ZUSAMMENARBEIT

Am Anfang einer Projektpartnerschaft steht das genauere Kennenlernen der Projektpartner durch einen Besuch vor Ort. Ergibt sich dabei die Perspektive einer möglichen längerfristigen Zusammenarbeit, wird zunächst ein kleines und vergleichsweise einfach durchzuführendes Hilfsprojekt in einem Bereich geplant, der vor Ort Sinn macht und in dem die einheimische Partnerorganisation schon Erfahrung hat. Während der Durchführung werden Mh und die Partner miteinander und mit der jeweiligen Arbeitsweise besser vertraut. Ein beiderseitig zufriedenstellendes Ergebnis ist Voraussetzung für weitere Zusammenarbeit. Größere Projekte können erfolgen, wenn sich die Zusammenarbeit durch erfolgreiche Durchführung kleinerer Projekte bewährt hat.

DURCHFÜHRUNG UND DOKUMENTATION

In der Projektabteilung von Mh gibt es zwei Hauptaufgaben: 1. Projektvorbereitung von der Planung bis zur Bewilligung, und 2. Projektnachbereitung von der Abschluß-prüfung bis zur Informationsaufbereitung für die Öffentlichkeit. Damit verbunden sind auch Projektreisen, teils zur Projektvorbereitung, teils zur Projektdurchführung und teils zu Projektabschlüssen. Weitere Aufgaben, die anfallen, betreffen meist die Unter-stützung der fundraising-Abteilung durch Schulungen zu bestimmten Themen, Verfassen von Beiträgen zur Veröffentlichung u.a.m.

PROJEKTVORBEREITUNG

Die erfolgreiche Zusammenarbeit zwischen Mh und den Projektpartnern ist Folge gegenseitiger Akzeptanz und Begegnung auf Augenhöhe.

Sowohl Mh als auch die Projektpartner schlagen Projekte vor und können sie annehmen oder ablehnen. Planung und Durchführung erfolgen in Abstimmung miteinander und werden dokumentiert. Alle wesentlichen Schritte werden schriftlich festgehalten.

PROJEKTANTRAG

Ist ein Vorhaben so weit fortgeschritten, daß die Umsetzung erfolgen kann, wird es in einem Projektantrag beschrieben. Dieser besteht aus fünf Abschnitten:

1. Zum Projektantrag gehören zunächst allgemeine Informationen wie Name des Projekts, Angaben zur durchführenden Organisation einschließlich verantwortlicher Personen sowie die Bankverbindung, Kopie der Registrierung, Kurzbeschreibung der Organisation, Hinweis auf eventuelle Zugehörigkeit zu Dachverbänden u.ä.

2. Zur Projektbeschreibung gehören die Angaben von Ort der Durchführung, Zweck der Maßnahme, Vorgehensweise, Zielgruppe der Begünstigten, Anzahl der Begün-stigten, Zeitrahmen der Durchführung, eventuelle Mitwirkung der Begünstigten, Hinweise zur Nachhaltigkeit, geplanter Ablauf der Umsetzung des Projekts mit Zeitangaben, Hinweise zur Eignung der Partnerorganisation zum speziellen Projekt, Hinweise zur beobachtenden Begleitung der Umsetzung, Hinweise auf eventuell mitwirkende andere Partner.

3. Zu den Budgetangaben gehört eine Auflistung eventuell früher von Mh erhaltener Mittel, ggf. Hinweise auf Zusammenhänge mit früheren Projekten, Hinweise auf eventuelle Mitfinanzierung von anderer Seite, Gesamtbudget mit Auflistung der einzel-nen Kostenfaktoren, dazu Kostenvoranschläge von Lieferanten der Hilfsgüter u.ä.

4. Die Aufforderung zur schrittweisen Überprüfung der Angaben vor Zusendung des Projektantrags soll sicherstellen, daß alle erforderlichen Informationen mitgeteilt sind und langwieriger Austausch zur Klärung von offenen Fragen vermieden werden kann.

5. Die Absichtserklärung mit rechtlichen Hinweisen gilt, sofern das Projekt bewilligt wird, als rechtlich verbindliche Vereinbarung. Dazu gehört u.a. daß die Partnerorganisation binnen 3 Monaten nach Abschluß des Projekts einen vollständigen Abschlußbericht vorlegt, für das Bildmaterial islamische Grundsätze beachtet, die Projektunterlagen für mindestens zehn Jahre aufbewahrt, die Projektunterlagen bei Bedarf Mh-Mitarbeitern zugänglich macht, Begünstigtenlisten führt, alle gesetzlichen Bestimmungen beachtet u.a.m. Neuerdings ist hier noch die DSGVO hinzugekommen.

Vorliegende Projektanträge werden in der Projektabteilung auf Vollständigkeit, Stimmigkeit, Plausibilität u.a.m. geprüft, ggf. werden ergänzende und erläuternde Informationen eingeholt, und nach abschließender Bewertung kann das Projekt bewilligt oder muß abgelehnt werden. Für bewilligte Projekte wird eine Zahlungsanweisung ausgefertigt, damit die Verwaltungsabteilung die Überweisung der Projektmittel veranlassen kann.

Die Partnerorganisation wird über die Bewilligung und die anstehende Überweisung der Projektmittel benachrichtigt. Sie bestätigt nach Eingang den Erhalt und teilt mit, wann die Umsetzung des Projekts beginnt.

PROJEKTNACHBEREITUNG

Mit der Zahlungsanweisung erhält das Projekt zudem einen sog. Projektcode. Der Projektantrag wird mit der Zahlungsanweisung und dazugehöriger Korrespondenz in einer eigenen Projektakte mit diesem Code abgelegt.

PROJEKTABSCHLUSSBERICHT

Zu jedem Projekt gibt es einen Abschlußbericht, der aus vier Abschnitten besteht.

1. Allgemeine Angaben zum Projektpartner, 2. Beschreibung der Projektdurchführung mit Zweck, Hinweisen zum Ablauf, zeitlicher Rahmen, Art und Anzahl der Begünstigten, Hinweise darauf, welcher Nutzen bewirkt wurde, Ziele und wie sie erreicht wurden, begleitende Beobachtung der Umsetzung, gewonnene Einsichten und Empfehlungen für die Zukunft, Auflistung und Beifügung von Informationsmaterial zur Durchführung einschließlich Bildmaterial, Liste der Begünstigten und wenigstens drei ausgewählte Begünstigtenstellungnahmen. 3. Der Finanzbericht listet die Ausgaben auf, zu denen die entsprechenden Belege und die Eingangsbestätigung der Projektmittel beigefügt sind. 4. Die Partnerorganisation versichert die Richtigkeit aller Angaben.

Der Abschlußbericht wird mit Bezug auf den Projektantrag, auf Vollständigkeit, Stimmigkeit, Plausibilität u.a.m. geprüft, eventuelle Unklarheiten werden mit der

Partnerorganisation geklärt, alle Unterlagen werden der Projektakte beigefügt. Eine Kurzbeschreibung des abgeschlossenen Projekts wird erstellt, die den anderen Abteilungen von Mh Aufschluß über das Projekt gibt, und eine Bildauswahl für die Veröffentlichung wird getroffen.

Die Durchführung der Projekte vor Ort ist im Wesentlichen Aufgabe der Partnerorganisation. Bei ausgewählten Projekten sind auch Mitarbeiter von Mh anwesend.

KEINE AUSLANDBÜROS
In Folge dieser Arbeitsweise muß Mh keine eigenen Büros mit entsprechender Infrastruktur und Ausstattung im Ausland unterhalten. Kosten, die dafür erforderlich wären, entfallen, und die dadurch freien Mittel können direkt in die Projekte fließen.

NICHT ALLES IST MACHBAR
Davon abgesehen wird im Rahmen der Arbeit von Mh auch auf manche anderen Maßnahmen verzichtet. Mh führt keine Sammelaktionen und Transporte von Kleidung, Lebensmitteln u.ä. aus Deutschland durch. Anfragen zu Individualfällen können nicht angenommen werden, Einzelpartnerschaften wie z.B. für Waisenkinder werden nicht vermittelt, ebenso wenig Auslandseinsätze. Auch Moscheebau gehört nicht zu den Aufgaben von Mh.

HILFSBEDÜRFTIGKEIT IST ENTSCHEIDEND
Viele, aber nicht alle Projekte, erfolgen in muslimischen Ländern, doch wird dabei nicht zwischen Menschen verschiedener Herkunft oder Religionszugehörigkeit unterschieden. Die Hilfsmaßnahmen sind rein humanitär, und entscheidend ist die Hilfsbedürftigkeit.

KATEGORIEN
Hilfsmaßnahmen von Mh sind teils durch den Jahresablauf oder durch besondere Umstände bedingt.

JAHRESABLAUFBEDINGTE PROJEKTE

RAMADAN
Die allgemeine muslimische Hilfsbereitschaft erweist sich alljährlich verstärkt während des Fastenmonats Ramadan. Mh versorgt in dieser Zeit besonders viele hilfsbedürftige Menschen, vor allem mit Nahrungsmitteln, meist durch Lebensmittelpakete für bedürftige Familien, teils auch durch öffentliche Speisungen. Gegen

Ende des Fastenmonats erhalten Bedürftige zudem noch die besondere Lebensmittelspende der *zakatu-l-fitr* und Kinder neue Kleidung.

KURBAN

Zum islamischen Opferfest *idu-l-adha*/Kurban Bayram gehört die Verteilung von Fleisch an Bedürftige. Manche Muslime, die das Kurban nicht selbst durchführen, wenden sich deshalb an Mh. Verschiedene der Partnerorganisationen können dabei behilflich sein.

Gelegentlich gibt es auch außerhalb der Kurban-Zeit Fleischverteilungen in kleinerem Umfang an Bedürftige, z.B. anlässlich von *aqiqah*-Feierlichkeiten.

WINTERHILFE

Die Projekte im Rahmen der Winterhilfe unterstützen bedürftige Menschen während der klimatisch schwierigen Jahreszeit. Vor allem Heizmaterial und warme Kleidung werden abgegeben, bei Bedarf auch Material zur Abdichtung von Wohnräumen. Hinzu kommen Lebensmittelhilfen, besonders für Menschen in Gegenden, die während des Winters schwer zugänglich sind.

UMSTÄNDEHALBER BEDINGTE PROJEKTE

NOT- UND KATASTROPHENHILFE

Erforderliche Hilfsmaßnahmen im Bereich der Not- und Katastrophenhilfe können schlecht vorhergesehen werden. Um dennoch vorbereitet zu sein, hat Mh einen Notfallfonds eingerichtet, der für eilige Projekte gedacht ist.

Die Medienberichterstattung bestimmt weitestgehend die öffentliche Wahrnehmung von Katastrophen. Nur außergewöhnlich große Notfälle stehen dabei im Mittelpunkt. Notwendige Hilfsmaßnahmen werden anfangs von spezialisierten Kräften durchgeführt, die z.B. Verletzte suchen und bergen. Mh gehört nicht zu dieser Kategorie, sondern leistet Not- und Katastrophenhilfe in den beiden folgenden Phasen der vorübergehenden Unterbringung und Versorgung von Katastrophenopfern sowie des Wiederaufbaus und der Rehabilitation. Mh befaßt sich dabei mit Hilfsmaßnahmen, die auf Grund der Verhältnisse vor Ort realistisch und möglich sind und mit denen Hilfsbedürftigen konkret geholfen werden kann.

Darüber hinaus hilft das Netzwerk der Partnerorganisationen von Mh dabei, von Notfällen zu erfahren, die ansonsten unbeachtet bleiben, und zu helfen, wo ansonsten nicht geholfen wird. Über viele Katastrophen in eingegrenzten Gebieten wie z.B. Großfeuer oder Überschwemmungen berichten die Medien meist nicht, doch die Not der Betroffenen ist ebenso groß wie die der Hilfsbedürftigen bei anderen Katastrophen. Nicht selten war Mh in solchen Fällen die einzige Organisation, die Hilfe geleistet hat.

Auf Hilfsgüterversand aus Deutschland wie z.B. Lebensmittel- und Kleidersammlungen u.ä. verzichtet Mh, weil allein schon die Kosten für vorübergehende Lagerung und Transport in ein ausländisches Katastrophengebiet den Sachwert übersteigen. Zudem erfolgen, wie immer wieder aus Katastrophengebieten zu erfahren ist, solche Aktionen meist unkoordiniert und führen zu Problemen bei Einfuhr und der Verteilung vor Ort. Mh beschafft stattdessen bei Bedarf die jeweils notwendigen Hilfsgüter in der nahegelegenen Umgebung, wo die Lebensmittel oder Kleidung sowie Lagerung und Transport kostengünstiger sind, den Eß- und Kleidungsgewohnheiten der Hilfsbedürftigen viel besser entsprechen und ohne großen Aufwand in das Katastrophengebiet gebracht werden können.

FLÜCHTLINGSHILFE

Die Flüchtlingshilfe kann als Teilbereich der Not- und Katstrophenhilfe gesehen werden, erfolgt aber je nach Umständen auch durch andere Hilfsmaßnahmen wie z. B. im Rahmen medizinischer Versorgung oder durch Lebensmittelhilfe. Bei Bedarf muß auch für behelfsmäßige Unterbringung gesorgt werden.

WAISENHILFE

Mh ist seit Jahrzehnten im Bereich der Waisenhilfe tätig. Die Hilfeleistungen erfolgen dabei nicht in Form von einzelnen Patenschaften, sondern im Rahmen kollektiver Maßnahmen. Natürlich sind aber auch dadurch die Begünstigten jeweils konkrete Waisen.

Mh arbeitet in diesem Bereich mit Partnerorganisationen zusammen, die selbst Waisenhilfe leisten und unterstützt dabei Familien, die Waisen betreuen, mit Lebensmitteln und bedarfsweise medizinischer Versorgung. Auch der Bau und Betrieb von Waisenzentren, in denen Waisen besonders betreut und gefördert werden, erfolgt im Rahmen der Mh-Waisenhilfe.

GESUNDHEITSFÜRSORGE UND MEDIZINISCHE HILFE

Mh unterstützt die Gesundheitsfürsorge bedürftiger Menschen teils durch ärztliche Hilfeleistungen und Bereitstellung von Medikamenten, teils auch anderweitig wie z.B. durch Beschaffung von erforderlicher Klinikausstattung, Ambulanzfahrzeugen sowie Bau, Ausbau und Instandsetzung von Klinikgebäuden.

BLINDENHILFE

Im Bereich der Behindertenhilfe hat sich Mh auf die Blindenhilfe konzentriert, die speziell durch Bau und Betrieb eines Zentrums für blinde Kinder und Jugendliche in

Togo erfolgt. Die betreuten Blinden erhalten eine Schulausbildung als Voraussetzung für spätere Berufstätigkeit und damit ein Leben, bei dem sie nicht auf Betteln angewiesen sind.

BILDUNGSFÖRDERUNG UND BERUFSAUSBILDUNG

Mh trägt zur Bildung und Berufsausbildung insbesondere junger Menschen durch die Unterstützung von Projekten bei, zu denen Computerkurse, Fremdsprachenkurse und Schneidereikurse gehören. Bei Bedarf werden auch Schulgebäude gebaut oder instandgesetzt.

EXISTENZGRÜNDUNGSFÖRDERUNG

Mh unterstützt Bedürftige bei der Existenzgründungsförderung, insbesondere auch nach Not- und Katastrophenfällen, durch Bereitstellung von landwirtschaftlichen Hilfsmitteln wie Saatgut und Hacken, Kleinvieh oder handwerklichen Geräten, die es den Betroffenen ermöglichen, durch Eigenarbeit ein bescheidenes Einkommen zu erzielen und unabhängig von weiteren Hilfeleistungen zu werden. Mit Erfolg wird auch ein Kleinkredit-Programm für Slum-Bewohner betrieben, das zinslose Darlehen zur Gründung oder Erweiterung einer kleinen Unternehmung und so Erwerb des Lebensunterhalts ermöglicht.

AUSBLICK

Die konkrete Hilfe, die Mh seit der Gründung 1985 kontinuierlich leistet, kommt jedes Jahr Tausenden von Bedürftigen zugute. Diese Arbeit von Mh ist ein Gemeinschaftswerk, das nur durch die Mithilfe aller möglich ist, die sich daran beteiligen, sei es als Spender, ehrenamtlicher Helfer oder Mitarbeiter. Die rechte Absicht dazu und die Bemühungen darum kommen von uns, der Segen und der Lohn kommen von Allah, auf dessen Hilfe wir allesamt und immer angewiesen sind. Wir alle, die bei Mh mitwirken, wissen: Auch wir, die helfen, brauchen Hilfe!

ZU BESUCH IM WAISENHAUS FÜR MÄDCHEN

Meulaboh ist eine kleine Hafenstadt in Indonesien mit rund 50 000 Einwohnern, an der Südwestküste von Sumatra. Ende Dezember 2004 ging ihr Name um die Welt. Allein dort kamen etwa 40 000 Menschen ums Leben, als der Tsunami an der Küste wütete. Doch wer erinnert sich bei uns noch daran? Von der Provinzhauptstadt Banda Aceh fährt man die 250 Kilometer in rund vier Stunden, wenn man sich einem der einheimischen Fahrer anvertraut. Mehrmals führt die Straße über steile und kurvenreiche Bergabschnitte. Dort ist sie besonders eng. Hinzu kommen längere Strecken auf Meereshöhe. Hier sieht man, wenn man aufmerksam hinschaut, noch die Verwüstung durch den Tsunami. Größere Teile der Straße sind erkennbar neu, denn die Flut hat nicht nur die alte Straße weggespült, sondern ganze Küstenstreifen verschlungen. Aus dem Wasser ragen, wo die kleinen Bergflüsse ins Meer münden, Reste der alten Brückenpfeiler heraus. Näher an Meulaboh sieht man zahlreiche unbewohnte beschädigte Häuser, an deren Wänden das Meerwasser seine Spuren hinterlassen hat. Andernorts schimmern nur noch die Fundamente unter dem Wasser…

In Meulaboh habe ich ein Waisenhaus für Mädchen besucht, das zugleich eine Koranschule ist, eine sogenannte „Pondok“. Nach dem Tsunami eröffnet, wird sie seitdem fortgeführt. Derzeit hat sie 17 Schülerinnen im Alter von 12 bis 19 Jahren, zwei weitere kommen demnächst hinzu.

Nach der Begrüßung trug eines der Mädchen mit klarer Stimme und einwandfreier, deutlicher Aussprache etwas aus dem Koran vor. Es waren die ersten elf Verse der Sure *al-a'raf*, in der es heißt: „Und wie manche Ansiedlung haben Wir vernichtet, und es kam Unser Elend zu ihr, nachts oder als sie Mittagsschlaf hielten …“

Ob das mit Bedacht gewählt war, weiß ich nicht, doch es war mir bedeutsam, es von einer Waise in dem Städtchen Meulaboh gehört zu haben.

„Wie heißt ihr, wie alt seid ihr, seit wann seid ihr hier in der Schule?“ fragte ich die Mädchen. So erfuhr ich, daß die 13 jährige Kasturi erst vor zwei Tagen hierher gekommen war, während Fatris in ihren dreieinhalb Jahren Schulzeit acht der 30 „*dschus*“ genannten Koranteile auswendig zu rezitieren gelernt hat. Salimah, mit zwölf Jahren die Jüngste, kann einen ganzen Teil aufsagen.

„Und wie verbringt ihr den Tag?“ Da wollte niemand den Anfang machen. Doch auf meine Frage: „Wer von euch steht denn morgens als erste auf?“ kam prompt die Antwort – ein allgemeines lautes Lachen. Alle dachten wohl: Zum Glück hat er nicht gefragt „Wer schläft am längsten?“ Jetzt waren die Gesichter entspannt. Fatris schilderte den Tagesablauf. Gegen vier Uhr morgens wacht sie auf, meist von selbst. Eine eigene Uhr hat sie nicht, aber im Zimmer hängt eine Uhr an der Wand. Manchmal kommt auch eine der Betreuerinnen und weckt alle. Gemeinsam wird ein *tahadschud*-Gebet verrichtet. Danach bleibt noch etwas Zeit, sich dem Abschnitt aus dem Koran zu widmen, den man gerade auswendig lernt. Der Gebetsruf ist gegen fünf Uhr zu hören. Die Moschee liegt direkt nebenan. Nach dem Morgebet werden Worte des Gottesgedenkens gesprochen. Es gibt auch kurze Ansprachen mit guten Ratschlägen und Ermahnungen. Um halb sieben wird gefrühstückt, Reis mit Fisch oder Gemüse, getrunken wird normalerweise Wasser, nur selten einmal Tee.

Anschließend folgt „*tahfiz*“, das Memorieren des anstehenden Koranabschnitts. In der Pause um halb neun wird das *duha*-Gebet verrichtet, ab viertel nach neun gibt es

„*tahsin*", die Verbesserung des Auswendigvortrags und der Rezitation. Um elf Uhr beginnt die lange Pause bis zum Mittagsgebet gegen halb eins. Man kann sich ausruhen und duschen. Nach dem Gebet gibt es das Mittagessen, wieder Reis mit Beilage, wie zum Frühstück.

Am Nachmittag beginnt der allgemeine Schulunterricht, der, unterbrochen vom Nachmittagsgebet, bis halb sechs dauert. Die Waisen werden je nach Alter den Lehrplänen in den öffentlichen Schulen folgend unterrichtet. Vor dem Abendgebet gibt es das Abendessen, ja, wieder Reis mit Beilage! Das Nachtgebet findet gegen acht Uhr statt. Danach widmet man sich nochmals dem Auswendiglernen des Korans, und um zehn Uhr ist schließlich ein langer Tag zu Ende gegangen. Soweit der Bericht von Fatris.

Die anderen Mädchen erzählen nun, daß sie in der Morgenpause auch ihre Zimmer und das Haus reinigen und Samstags verschiedene praktische Dinge lernen, wie etwa Herstellung von Seife oder Blumenschmuck. Sonntags ist frei und für kurze Ausflüge vorgesehen. Vier der Mädchen bringen zudem von Montag bis Freitag Kindern aus der Nachbarschaft am Nachmittag das Koranlesen bei. Freitags gibt es das wöchentliche Gebet in der Moschee, Donnerstag und Samstag gibt es abends allgemeinen Islam-unterricht für alle.

„Was ist denn aus den Waisen geworden, die in den vorherigen Jahren hier waren?" will ich auch wissen. Nicht alle haben den ganzen Koran auswendig lernen können, wird mir gesagt. Aber sie haben, anders als in der öffentlichen Schule, nicht nur die üblichen Fächer gelernt, sondern zusätzlich auch Islamunterricht erhalten. Das sei ja das Ziel der „Pondok". Einige frühere Schülerinnen haben auf Grund ihrer guten Leistungen Stipendien bekommen und studieren nun an Islamischen Universitäten in der Landes-hauptstadt Jakarta.

Dies alles erfuhr ich, während wir im großen unteren Raum des Hauses saßen. Die Waisenmädchen sind in der oberen Etage untergebracht. Viel Platz gibt es nicht, in jedem der vier kleinen Zimmer werden tagsüber die Matratzen aufgestapelt, zum Schlafen auf den Boden gelegt. Neben schmalen Schränken steht ein Gestell zum Wäschetrocknen. An der Wand hängt eine selbstgemachte Tafel mit einigen Sätzen als Lernhilfe. Der Farbanstrich verbirgt kaum den Putz. In der Zimmerdecke prangt ein braun umrändertes Loch, durch das bei Regen das Wasser fließt. Es muß dann mit einer Schüssel aufgefangen werden. Das Geld für die Reparatur fehlt leider, sagt mir der Schulleiter.

Da wenigstens können wir inschallah weiterhelfen, denke ich. Und auch die Kosten für das Essen können wir inschallah decken. Dreimal am Tag Reis mit Beilage mag sattmachen, aber zur Abwechslung dürften es auch ab und zu einmal Nudeln sein…

MUSLIME HELFEN IST FREI

Als wir 1985 „Muslime helfen" gründeten, haben wir mit dem Namen zugleich die Absicht unserer Initiative zum Ausdruck gebracht: Wir, Muslime, wollen helfen. Heute, nach über 30 Jahren, dürfen wir sagen: *Al-hamdu li-llah*, es ist gelungen. Und wir sagen weiterhin: Wir, Muslime aus Deutschland, Österreich und der Schweiz, wollen hilfsbedürftigen Menschen beistehen.

Inzwischen hat sich viel verändert. Andere Hilfsaktionen und Organisationen sind entstanden, kleinere und größere, vorübergehende und beständige. Darüber sind wir froh, *al-hamdu li-llah*, denn die Not ist nicht weniger geworden, im Gegenteil, und die Zahl der Helfer hat nie ausgereicht. Schaut man genauer hin, sieht man, wo sie sich an Muslime helfen orientiert haben, und worin sie sich von Muslime helfen unterscheiden. Denn anders, als man bei oberflächlicher Betrachtung vielleicht meint, sind durchaus nicht alle gleich.

Auch Muslime helfen hat einige Besonderheiten. Es lohnt sich, diese von Zeit zu Zeit in Erinnerung zu rufen und darauf zu achten, worin sich Muslime helfen von anderen Hilfsinitiativen und Organisationen unterscheidet. Eine der Besonderheiten von Muslime helfen besteht darin: Muslime helfen ist frei…

Muslime helfen ist das freie und gemeinnützige Hilfswerk deutschsprachiger Muslime und damit eine unabhängige Nicht-Regierungs-Organisation.

Das bedeutet: Muslime helfen ist frei von Einflüssen auf das Anliegen. Bei Muslime helfen geht es allein um die Unterstützung hilfsbedürftiger Menschen durch Hilfsmaßnahmen in Notstandsgebieten, bei Krieg, Hungersnot, Naturkatastrophen und in den Bereichen Gesundheitswesen, Bildung und Entwicklungshilfe.

Frei bedeutet: Muslime helfen gehört keiner besonderen Moscheegemeinde, keiner besonderen muslimischen Vereinigung oder Organisation, keinem Dachverband, keiner besonderen Denkrichtung an. Deshalb gibt es auch keinen Einfluß solcher Institutionen auf Muslime helfen, und die Arbeit von Muslime helfen dient deshalb auch keinem anderen Zweck als der Unterstützung der Bedürftigen.

Frei bedeutet weiter: Muslime helfen ist eine Nicht-Regierungs-Organisation im wahren Sinn des Wortes. Viele sogenannte Nicht-Regierungs-Organisationen lassen ihre Arbeit oder große Teile ihrer Projekte durch Regierungen finanzieren, seien es ausländische oder die Bundesregierung. Muslime helfen bedient sich keiner finanziellen Unterstützung durch solche Stellen, nicht durch Regierungen, nicht durch Ministerien, Parteien, Interessenverbände und dergleichen mehr. Die Mittel, die Muslime helfen verwenden kann, kommen allein aus den zahlreichen Einzelspenden von Muslimen und

Menschen in Deutschland, Österreich und der Schweiz, möge Allah es ihnen allen auf beste Weise lohnen.

Frei bedeutet zudem: Muslime helfen bestimmt selbst und unabhängig von anderweitigen Interessen, wann und wo Hilfsprojekte erfolgen. Wir arbeiten, wo Hilfsbedürftigkeit besteht, wo die Verhältnisse vor Ort sinnvolle und wirksame Maßnahmen tatsächlich zulassen, wo die Hilfsmaßnahmen allein den Bedürftigen zugutekommen und wofür ausreichende Mittel zur Verfügung stehen.

Dieses „Frei-Sein" ist eine der Besonderheiten, die Muslime helfen seit mehr als 30 Jahren ausgezeichnet hat und auch zukünftig auszeichnen soll. Dafür bitten wir wie stets um großzügige Unterstützung, damit wir weiterhin unsere Aufgabe erfüllen können: Muslime helfen!

WIE WÄRE ES

Ende Februar meldete die Internationale Organisation für Migration (IOM) 671 000 seit dem 25.8.2017 aus Myanmar in Bangladesch angekommene Flüchtlinge, das Koordinationsbüro für humanitäre Angelegenheiten (OCHA) der Vereinten Nationen berichtete bereits Ende Januar von 688 000. Die genaue Zahl ist offenbar nicht zu ermitteln. Zum Vergleich: Deutsche Städte mit 500 000 bis 600 000 Einwohnern sind Nürnberg, Hannover, Dresden, Bremen, Leipzig, Essen, Dortmund. Düsseldorf und Stuttgart haben über 600 000 Einwohner. In Frankfurt, der fünftgrößten Stadt Deutschlands, leben 735 000 Menschen.

Das muß man sich vor Augen führen, um eine auch nur ungefähre Vorstellung davon zu haben, welche Katastrophe sich in den Flüchtlingslagern in Grenznähe abspielt. Wie wäre es, wenn man alle Einwohner von Nürnberg oder Leipzig oder Stuttgart, darunter Dich und Deine Familie, gewaltsam aus ihrer Stadt vertreiben würde, und sie alle, darunter Du und Deine Familie, unvorbereitet, unter Zurücklassung all ihres Hab und Guts, nur mit den Kleidern am Leib und vielleicht einer Reisetasche, an einem fremden Ort, unter freiem Himmel, auf offenem Feld, ohne Infrastruktur, Zuflucht und Aufnahme finden sollten?

Die nun schon mehr als ein halbes Jahr andauernde Notversorgung der Flüchtlinge in Bangladesch ist eine ungeheure Leistung, die größte Anerkennung verdient. Die Anforderungen sind immens. Erst kürzlich wurde eine Zwischenbilanz der bisher erfolgten internationalen Hilfe gezogen und der weitere Bedarf an Mitteln bis zum Jahresende 2018 bekannt. Demnach werden für den Zeitraum von März bis Dezember eine Milliarde Dollar benötigt.

Angesichts eines derart riesigen Betrags stellt sich die Frage: Kann da eine so kleine Organisation wie Muslime helfen mit entsprechend geringer Kapazität überhaupt etwas Sinnvolles tun?

Die Antwort lautet: Mit Allahs Hilfe – ja! Muslime helfen kann seinen kleinen Teil beitragen, wie es seiner Rolle entspricht. Wir wissen, daß wir nur begrenzte Möglichkeiten haben. Weil wir klein sind, mag das, was wir tun, klein erscheinen. Und angesichts der großen Not ist es zu wenig, viel zu wenig. Aber das, was uns möglich ist, das t u n wir!

Dank an alle, die sich der Not der Flüchtlinge nicht verschlossen haben. Die Spender von Muslime helfen konnten in den sechs Monaten seit Beginn der Vertreibungen verschiedene Hilfsmaßnahmen im Gesamtwert von über 300 000 Euro in die Wege leiten und unterstützen. Dazu gehören Verteilungen von Lebensmitteln, Zeltplanen, Moskitonetzen, Decken, Kleidung, Kochutensilien und Kochstellen, Hygieneartikeln u.a.m. All diese Hilfsgüter haben Menschen in Not erhalten, und für jeden einzelnen Empfänger ist das eine konkrete Hilfeleistung gewesen, die ihn zu dieser Zeit und an diesem Ort ohne die Spender von Muslime helfen nicht erreicht hätte. Jeder, der dazu beigetragen hat, möge diese Hilfsmaßnahmen als die seinen verstehen.

Auf drei dieser Projekte möchte ich noch etwas näher eingehen:

Brunnen: Die guten Erfahrungen der zuständigen Stelle für Nichtregierungs- organistionen in der Zusammenarbeit mit unseren Partnern führten dazu, daß sie mit dem Einrichten von Wasserstellen beauftragt wurden. Das ist keine einfache Angelegenheit. Weil auf die Hügel keine Zufahrtswege führen, muß das Bohrgerät zerlegt bis an den geeigneten Standort getragen werden. Um eine genügende Tiefe zu erreichen, wird drei bis vier Tage gebohrt. Anschließend ist das Brunnenrohr einzu- bringen, dann erfolgt die Installation der Handpumpe. Das nimmt ein bis zwei Tage in Anspruch. Schließlich wird die Wasserstelle mit Beton befestigt, um einen leichten Zugang und Sauberkeit zu ermöglichen. Mittlerweile sind vier solche Brunnen fertiggestellt und in Betrieb. Anders als bei verschiedenen inzwischen ausgetrockneten Wasserstellen beträgt die Tiefe 700 Fuß, das entspricht etwa 210 Metern. Ein Versiegen ist so inschallah nicht zu befürchten.

Bei einem dieser Brunnen traf ich Nazir Ahmed, einen hageren fünfzigjährigen Mann, in Unterhemd und Hüfttuch. Seine Notunterkunft gegenüber ist ein aus Bambus gefertigtes Gestell mit Plastikplanen als Wände und Dach. Den so entstandenen kleinen Raum teilen sich zehn Menschen, denn Nazir ist nicht allein, sondern verheiratet und hat acht Kinder. Über die Einzelheiten seiner Fluchtgeschichte berichtet er nichts. Ich will auch nicht danach fragen, um das Elend nicht in Erinnerung zu rufen. Er ist mit seiner Familie durchgekommen und jetzt hier. Der neue Brunnen, so sagt mir Nazir, versorgt 182 Familien, die wie seine in Hütten aus Bambus und Planen auf dem Hang des Hügels im Flüchtlingslager Ghumdhum hausen. Und für alle diese Menschen ist der Brunnen eine wirkliche Erleichterung. Bisher mußten sie, um Wasser zu bekommen, zu einem Sammelpunkt laufen, etwa einen Kilometer entfernt, wo zu bestimmten Zeiten ein Tankwagen mit Wasser ankam. Nun sind es nur wenige Schritte bis zur Handpumpe, das Wasser ist frisch und steht jederzeit zur Verfügung. Es gibt keine langen Fußmärsche mehr, kein Warten in der sengenden Hitze, keine Begrenzung der Menge, sondern Wasser, wann immer man es braucht, 24 Stunden am Tag, *al-hamdu li-llah*.

Weitere Wasserstellen sind geplant, mit dem Bohren des nächsten Brunnens soll noch im März begonnen werden.

Mütter und Neugeborene: Besonders freut mich das Gelingen unseres Projekts für Mütter und Neugeborene, *al-hamdu li-llah*. Bei meinem ersten Besuch im vergangenen September hatte ich erfahren, daß allein während des vorübergehenden Aufenthalts von Flüchtlingen im Niemandsland zwischen Myanmar und Bangladesch etwa 100 Kinder zur Welt kamen. Offensichtlich mußten unter den fatalen Umständen Mütter mit neugeborenen Kindern besonders hilfsbedürftig sein. So besprach ich mit unseren Partnern vor Ort die Möglichkeit, Müttern mit Neugeborenen eine kleine Hilfe durch eine Erstausstattung zu leisten. Sie sollte aus Hygieneartikeln bestehen wie Kinderseife, Öl, Puder, Desinfektionsmittel, dazu ein Tuch, Moskitonetz, Babydecke, Flasche, Nährmittel und sowohl für die Mutter als auch das Kind jeweils ein Kleidungsstück. Insgesamt konnten inzwischen 900 solcher Ausstattungspakete an Mütter mit Säuglingen ausgegeben werden. Im Gespräch mit unseren Partnern erfuhr ich, daß dieses Projekt besonderen Anklang gefunden hat. Die Frauen seien glücklich und dankbar für die Hilfe gewesen, und auch die Lagerverwaltung habe sich anerkennend geäußert. Offenbar hat außer uns niemand ein derartiges Projekt betrieben. Es solle möglichst fortgesetzt werden, man erwarte bis zum Jahresende etwa 60 000 Geburten. Wir haben beschlossen, mit Allahs Hilfe weiterzumachen. Ich habe unsere Partner gebeten, einige der bisherigen Begünstigten aufzusuchen, um aus den Erfahrungen dieser Mütter mit der Ausstattung des Pakets zu lernen und bei Bedarf den Inhalt den Bedürfnissen noch besser anzupassen.

Kinderkleidung zum Fest: Auf einer unserer regelmäßigen Mitarbeiter+Vorstand-Sitzungen wurde vom Muslime helfen „fundraising-team" vorgeschlagen, Rohingya-Flüchtlingskindern zum Opferfest neue Kleider zu schenken. Unsere Partner hielten das für eine gute Idee, und der Spendenaufruf zu Festgeschenken hat viel Unterstützung bekommen. Dreitausend Kinder erhielten anläßlich des vergangenen Opferfestes neue Kleider. Damit wurde nicht nur jedem der Kinder eine besondere Freude bereitet, sondern auch jeder besorgten Mutter, die angesichts der Not und des Mangels an ausreichender Kleidung Erleichterung verspürte.

Unsere Partner in Bangladesch haben den großen Nutzen dieses Projekts bestätigt, der doppelt wiegt, weil einerseits eine materielle Not behoben und andererseits eine seelische Last genommen wird. Muslime helfen möchte deshalb die Aktion Kinderkleidung als Festgeschenk wiederholen, damit auch zum Fest am Ende des Fastenmonats weitere Flüchtlingskinder beschenkt werden können.

Und natürlich wollen wir zum Ramadan wieder Lebensmittelpakete verteilen. Es gibt also genug zu tun. Packen wir es an, und möge Allah es gelingen lassen.

DIE PRÜFUNG

In Kürze werden wir, so Gott will, unseren großen islamischen Gedenktag begehen, den Tag des Opfers, *idu-l-adha*, und wir sollten uns ins Gedächtnis rufen, was der eigentliche Anlaß für diesen Gedenktag ist, und warum wir an diesem Tag ein Opfer bringen. Im Heiligen Koran wird berichtet von Abraham, dem Allah die frohe Kunde von einem lang erwarteten Sohn gibt, und dem der Vater auf Allahs Geheiß dann später das Leben nehmen soll.

Abraham „sagte: ‚Mein lieber Sohn, ich habe im Schlaf gesehen, daß ich dich schlachten soll, also sieh, was du dazu meinst.‘ Er sagte: ‚Mein Vater, tu, was dir befohlen wurde, du wirst mich, so Gott will, als einen finden, der geduldig ausharrt.‘ Und als sie sich beide unterworfen hatten, und er ihn auf die Stirn gelegt hatte, und Wir ihn riefen: Ibrahim, du hast den Traum schon wahr gemacht. Derart lohnen Wir es denen, die Gutes tun. Das war ganz sicher die klare Prüfung, und Wir haben ihn mit einem großen Opferausgelöst, und Wir haben für ihn unter den Späteren hinterlassen: Friede auf Ibrahim.“ (37:103-110).

Den Segenswunsch für Abraham und die Seinen sprechen wir ja in jedem der täglichen Gebete. Die Geschichte Abrahams ist nicht die Geschichte irgendeiner Prüfung, sondern die Geschichte der einzig bedeutsamen Prüfung für den Menschen überhaupt. Hier verlangt der Schöpfer Gehorsam von Seinen Geschöpfen – von beiden, Vater und Sohn, und beide ergeben sich in Gottes Willen. Das Töten des Sohnes selbst, so lehrt uns die Geschichte, ist gar nicht wesentlich. Entscheidend war, ob Ibrahim und sein Sohn bereit sein würden, Gott zu gehorchen, selbst wenn es darum geht, das Kostbarste, das Liebste, das Einzige zu geben. Und Abraham wußte, daß Leben und Tod nach Gottes Willen geschehen. Er hatte es ja am eigenen Leib erfahren. Der Sohn war für ihn ein Geschenk von Allah, und Allah konnte ihn zu Sich nehmen, wann und wie immer Er wollte.

Auch an anderer Stelle sagt der Heilige Koran, daß von den Opfern der Menschen das Fleisch und Blut für Allah nichts bedeuten, sondern daß entscheidend die Gottesfurcht des Menschen ist (vgl. Sure 22:38).

Gott hat es nicht nötig, und Gott will auch nicht, daß Ihm ein Blutopfer gebracht würde wie die Menschen das mit den Götzen und falschen Göttern tun. Das sollte auch der bedenken, der annimmt, Gott habe später einen anderen Menschen als Opfer verbluten lassen. Schon hier, in der Geschichte von Ibrahim wird deutlich, daß der Schöpfer das nicht will. Er prüft den Menschen und verlangt Gehorsam, und Er löste Ibrahims Sohn mit einem anderen Opfer aus, bevor es überhaupt zum Fließen des Blutes kam, weil Ibrahim durch seine Bereitschaft Gehorsam Gott gegenüber zum Ausdruck gebracht hat.

So ist unser Opferfest ein Gedenktag im doppelten Sinn. Einmal erinnern wir uns an die unvorstellbar tiefe Ergebung Ibrahims und seines Sohnes in Gottes Willen und ihren unerschütterlichen Gehorsam, der uns in manchen Fragen unseres eigenen Lebens dazu bewegen sollte, Kleinmütigkeiten hinter uns zu lassen, denn selten nur wird uns etwas abverlangt, was der Prüfung Ibrahims entsprechen würde. Zum anderen erinnern wir uns an die unvorstellbar große Güte des Schöpfers, der eben nicht, wie der Götze, das Blut des Menschen verlangt, und der den, der Ihm ergeben ist, mit großem Lohn belohnt. Auch daran sollten wir in unserem Alltag denken und wissen, daß Allah selbst das zu geben und zu schenken bereit ist, was unvorstellbar schien, wenn nur der Mensch von sich aus sich in Gottes Willen ergibt. Opferbereitschaft, bis hin zum Liebsten, das man hat, das ist das Thema unseres Gedenktages, und diese Opferbereitschaft führt zum Frieden von und mit Allah.

SULAWESI 2018

Mehr als 2000 Kilometer östlich von Jakarta befindet sich ungefähr in der Mitte des indonesischen Archipels die Insel Sulawesi. Am Ende einer gut 50 Kilometer langen Meeresbucht liegt die Stadt Palu mit etwa 400 000 Einwohnern. Dort kam es am 28. September 2018 zu einem schweren Erdbeben von 7,5 auf der Richter-Skala.

Es hielt etwa fünf Minuten lang an und löste auch einen Tsunami mit einer bis zu 9 Meter hohen Flutwelle aus. Man spricht von mehr als 2200 Toten und 5000 Vermissten, doch die genauen Zahlen sind bis heute nicht bekannt. Das liegt vor allem daran, daß es in Palu durch das Erdbeben ausgelöste sogenannte Bodenverflüssigungen gab. Dabei versanken sprichwörtlich große Flächen unter der Erde und wurden zugeschüttet, mitsamt Bebauung und Menschen, die sich nicht rechtzeitig in Sicherheit bringen konnten.

Eines dieser Gebiete ist der Bezirk Balaroa, unmittelbar im Stadtgebiet von Palu. Ein Gelände von 50 Hektar ist um mehr als 20 Meter abgesunken und liegt da wie umgepflügt. Es ist kaum vorstellbar: Unter dem Erdboden sollen etwa 800 Häuser teils mit ihren Bewohnern versunken sein. Allein hier wird von 300 Vermissten ausgegangen. Was mögen die Menschen denken, deren Häuser jetzt an der Abbruchkante stehen, während von der Nachbarschaft nichts übrig geblieben ist? Mir kommt die Koranpassage in den Sinn, die von Qarun aus dem Volk des Moses berichtet: „Qarun war ja vom Volk Musas, und er tat ihnen Gewalt an... Also haben Wir ihn mit seiner Heimstätte in der Erde versinken lassen..." (Sure 28:76-82)

Lolu ist ein Teil des Bezirks Sigi in Palu. Hier sind 400 Familien in ordentlich aussehenden Notunterkünften untergebracht, die von der Regierung errichtet wurden. Ausländische Helfer sind nicht zu sehen. Die Regierung hat schon sehr bald darauf verzichtet, sie vor Ort tätig werden zu lassen. Es ist schwer, als Außenstehender zu beurteilen, ob das verfrüht geschah. Richtig ist allerdings, daß ausländische Helfer oft mehr Schwierigkeiten machen als Nutzen bringen. „Muslime helfen" ist in der erfreulichen Lage, seit Jahren so organisiert zu sein, daß Hilfe immer mit einheimischen Partnern geleistet wird.

Zur Versorgung der Menschen in Lolu gibt es eine mit Mitteln von „Muslime helfen" betriebene „dapur umum", eine öffentliche Küche, und eine als „Mobile Gesundheitsfürsorge" bezeichnete medizinische Betreuung. Ein Ärzte-team, zwei Frauen und ein Mann, ist abwechselnd an verschiedenen Orten tätig, darunter einmal pro Woche hier in Lolu.

Zwei ältere Männer sprechen mich an, Fadlillah, ein pensionierter Lehrer, und Agus, ein ehemaliger Beamter, auch im Ruhestand. Sie berichten von der großen Sorge der Menschen in den Notunterkünften. Die meisten von ihnen seien Kleinbauern und hätten von den angebauten Feldfrüchten gelebt. Ihre Felder seien durch einen Kanal mit Wasser versorgt worden, das aus einem Reservoir in den sehr weit entfernten Bergen kommt. Die Regierung habe nun den Kanal gesperrt, und zwar für die nächsten drei Jahre, weil er durch ein von der Bodenverflüssigung betroffenes Gebiet führt. Eine andere Wasserversorgung gäbe es aber nicht, und nun wisse niemand, wie die Feldarbeit vonstattengehen solle und die Familien sich ernähren könnten.

Die beiden Männer fragen, ob man den Bauern nicht Wasserpumpen zur Verfügung stellen könne, wenn sie auf ihren Feldern Brunnen graben. Etwa 100 Pumpen würden benötigt. Ich will wissen, ob es schon eine Besprechung mit der zuständigen Wasserbehörde gegeben habe. Das sei nicht nötig, heißt es, hier dürfe jeder auf eigenem Grund nach Wasser graben. Ich meine, dann werde die Wasserbehörde wohl im Einzelfall keine Einwände haben, doch bleibe mir unklar, ob das auch gelte, wenn nun in einer

Gegend gleich 100 Pumpen Wasser aus dem Boden entnehmen. Fadlillah und Agus stimmen zu und wollen, wie sie sagen, einen ordentlichen Plan entwickeln…

Pantoloan liegt am östlichen Rand der Bucht, 30 km von Palu entfernt. Diesen und andere vorgelagerte Küstenorte traf der Tsunami zuerst, und hier kam auf Grund der zerstörten Verkehrswege die Hilfe zuletzt an.

Herr Tamsie ist 47 Jahre alt und wohnt mit seiner Familie auf einem vom Meer entfernten Grundstück in einem unzerstörten Haus. Er ist kein reicher Mann. Häuser wie das seine sieht man immer wieder, sie sind wegen des vernachlässigten Zustands manchmal von Notunterkünften nur schwer zu unterscheiden. Aber *al-hamdu li-llah*, die Familie hat ein festes Dach über den Köpfen und ihr Zuhause behalten. Auf ihrem Grundstück hat Herr Tamsie bereitwillig einen Platz zur Einrichtung der „dapur umum – Öffentliche Küche" zur Verfügung gestellt. Gleich neben und hinter seinem Haus befindet sich eines der Sammellager, in das sich durch den Tsunami obdachlos gewordene Menschen geflüchtet haben.

Hier hausen etwa 214 Familien mit insgesamt 171 Kindern nun schon seit bald drei Monaten unter Plastikplanen. Das Hauptproblem ist aber nicht etwa die Schulsituation der Kinder. Sie gehen mittlerweile wie früher in die öffentliche Schule, die 1,5 km entfernt liegt. Vielmehr fehlt es noch immer an einer gesicherten Lebensmittelversorgung. Die von „Muslime helfen" finanzierte Hilfe hat durch „öffentliche Küchen" mehrere Sammellager mit warmen Mahlzeiten versorgen können, darunter auch das hiesige. Aber das für eine dreimonatige Notphase vorgesehene Projekt geht nun bald zu Ende. Herr Tamsie drängt nicht. Er sagt nur: „Es gibt viele Probleme hier, vor allem beim Wasser und den Toiletten. Anfangs hatte eine Hilfsorganisation eine kleine Sickergrube gebaut, aber sie wurde nie abgepumpt und ist längst übergelaufen. Seither gehen die Leute zum Fluß, der ist zugleich ihre Toilette und ihre Waschmöglichkeit. Aber das Hauptproblem ist sind Lebensmittel. Das kommt bevor wir von anderen Dingen reden wie Unterkunft oder Toiletten. Die Leute haben keine Einkommen mehr und sorgen sich um das tägliche Essen. Sie wissen nicht, ob sie morgen etwas zu essen haben werden. Ich möchte sie beruhigen können…"

Auch im Sammellager von Pantoloan gibt es eine „Mobile Gesundheitsfürsorge". Sie findet unter einem mit Planen abgedeckten Holzgerüst statt. Auf dem Weg dorthin zieht einer unserer ehrenamtlichen Helfer eine kleine Luftpumpe aus seiner Tragetasche und bläst damit einen Luftballon auf. In Windeseile kommen von allen Seiten Kinder gelaufen. Es sind genügend Luftballons da, jedes Kind bekommt einen. Die Kinder folgen uns, und bald sind im Schatten der Planen mehr Kinder als Patienten. Sie sind begeistert und führen stolz vor, was sie alles mit den Luftballons anstellen können. Manche balancieren den Stab mit dem Ballon auf dem ausgestreckten Zeigefinger oder der Handfläche, andere werfen die Ballons nach oben, um sie wieder aufzufangen. Zur

Seite gestoßen kann man dem Ballon nachlaufen und ihn zu fassen versuchen, bevor er den Boden berührt. Daß „Muslime helfen" auf den grünen Luftballons steht, hat für die Kinder keinerlei Bedeutung. Doch vielleicht freuen sich die Spender, wenn sie die Bilder sehen, haben die Partner wohl gedacht. In jedem Fall aber wurde den Kindern eine unübersehbare Freude bereitet, die sie das Elend, in dem sie leben müssen, zumindest für eine kurze Weile hat völlig vergessen lassen...

Am Flußufer, das ein paar Minuten zu Fuß entfernt liegt, steigt gerade ein Junge auf ein Motorrad. Mit der einen Hand hält er den Lenker, in der anderen Hand hat er eine Wasserschüssel mit Stiel, wie man sie zum Schöpfen benutzt. „*As-salamu alaikum – wa alaikum salam* – Wie heißt Du denn? – Jusuf! – Ein schöner Name *al-hamdu li-llah*, und wie alt bist Du? – Ich bin zehn Jahre alt – *Maschallah*, Du bist schon ein großer Junge, und wohin willst Du jetzt? – Ich habe gerade gebadet. Jetzt will ich zur Moschee zum Freitagsgebet." Die Schöpfschüssel wird unter dem Sitz verstaut, und dann braust Jusuf los zurück ins Lager...

Auch wir machen uns auf den Weg. Die Hauptmoschee liegt nahe am Meer. Die Tsunamiwellen haben unmittelbar vor ihr Halt gemacht, sie ist unbeschädigt, während alle davor liegenden Häuser weggespült wurden. Man sieht nur noch die betonierten Bodenplatten. Die Freitagsansprache geht nach meiner Vorstellung an den Versammelten vorbei. Der Imam spricht vom Niedergang des osmanischen Reiches und davon, daß Indonesien als das Land mit den meisten Muslimen längst das neue Kalifat sein sollte. Besonders die Jugendlichen sind offensichtlich davon nicht angesprochen und warten unruhig darauf, daß endlich das Gebet beginnt. Später erfahre ich, daß der Imam ein Besucher aus Bandung war, dem man als Gast die Freundlichkeit erwiesen hatte, das Freitagsgebet leiten zu dürfen...

Frau Hijrani, eine Mittvierzigerin, ist verheiratet und hat drei Kinder, die schon groß sind. Sie wohnte an der Küste, floh vor dem Tsunami auf höher gelegenes Gebiet, verbrachte fünf Tage im Wald und lebt nun mit ihrer Familie hier im Lager. Sie leitet die Küchenmannschaft, die indes nicht aus Männern, sondern aus Frauen besteht, die wie sie aus dem Lager kommen. Alle sind ehrenamtlich tätig, beginnen gegen 6 Uhr morgens mit den Vorbereitungen und haben bis Mittag etwa 500 Mahlzeiten zubereitet, die teils in Essenspaketen oder in kleinen Behältern ausgeben werden, sofern die Empfänger solche mitbringen können. Reis gibt es jedesmal, dazu heute etwas Gemüse, ein makkaroniähnliches Nudelgericht und eine Suppe. Ein kleiner Junge zieht seine Mutter an der Hand und weint. Sie und andere in der Schlange vor der „Öffentlichen Küche" trösten ihn: „Gleich gibt es das Essen!" Aber der Junge weint weiter, er hat Hunger. Für die allermeisten, die hier anstehen, ist es die einzige Mahlzeit am Tag...

Eine dritte „Öffentliche Küche" wird in Tondo, einem Stadtteil von Palu betrieben. Auf dem Boden sind 50-Kilo-Säcke mit Reis gestapelt. Pro Tag, sagt man mir, wird ein solcher Sack verbraucht. Auf Holzfeuern stehen zwei sehr große Töpfe, in denen Reis kocht. Der Gaskocher wird nur für das Zubereiten der Beilagen verwendet. In einem weiteren überdachten Raum portionieren ein paar junge freiwillige Helfer die Mahlzeiten. Waren es anfangs über 200 Familien, die dort ihr Essen bekamen, sind es nun nur noch etwa 200 Personen. Manche haben inzwischen andernorts eine Bleibe gefunden. Langsam scheint also die Lage besser zu werden…

In Indonesien wird gern und viel gelacht, auch unter manchen Umständen, die vielleicht nicht jedermann nachvollziehen kann. Der Bürgermeister von Palu, so wird mir berichtet, habe seit ein paar Jahren die Wiederbelebung einer alten, vorislamischen Tradition vorangetrieben. Dabei handelte es sich um eine Feier mit verschiedenen Ritualen. Zu diesen gehörte es auch, daß Frauen am Strand mit Speerstichen Schweine töteten. Das Fleisch warf man als Opfergabe ins Meer. Der alte Brauch wurde nun zum Bestandteil des alljährlichen Festivals „Palu Nomoni" gemacht, allerdings nicht mit Schweinen, sondern mit Ziegen. Schon 2016 habe es ein Erdbeben gegeben, und im vergangenen Jahr habe ein starker Sturm Palu heimgesucht. Doch der Bürgermeister ließ auch dieses Jahr wieder das Fest veranstalten. Es wurde am 28. September eröffnet. Da folgte das Erdbeben. Die am Strand feiernden Menschen wurden vom Tsunami überrascht und kamen um. Ausgerechnet der Bürgermeister aber hat überlebt, denn, so wird mir mit Lachen gesagt, er war zu diesem Zeitpunkt nicht am Strand, sondern zum Abendgebet in die Moschee gegangen…

2019

VERZICHT

Das hat jeder schon einmal gesehen. Ein kleines Kind. Mit einem Arm preßt es alle Spielzeugautos, die es tragen kann, ganz eng an den Körper, mit dem anderen zeigt es auf das letzte Auto, das noch übrig ist, und das der Spielkamerad verwirrt in der Hand hält. Nahezu verzweifelt schreit unser Kind: „Will... haben... !" Die Erwachsenen beobachten die Szene. Zunächst ruft sie Belustigung hervor, doch dann greift jemand ein. Das Kind muß lernen, auf etwas zu verzichten, das es haben will. Und auch das hat jeder schon gesehen. Das selbe Kind beim Essen, in der ausgestreckten Hand sein Stückchen Brot. Eindeutig verlangt es, daß die Mutter abbeißt. Tut sie es nicht, erhebt sich ein Geschrei. Auch den Kopf wegdrehen hilft nichts. Das Kind will die Mutter füttern. Es will geben.

Beide Verhaltensweisen, das Habenwollen und das Gebenwollen bedeuten Verzicht. Im ersten Fall ist das Kind dazu aber nicht bereit. Es muß dazu erzogen werden. Im anderen Fall verzichtet es von sich aus, und jedermann bewundertes dafür. Ein „böses" und ein „gutes" Kind...

In Wirklichkeit verhält es sich wohl so: Jeder Mensch, schon das kleine Kind, hat in sich die natürliche Veranlagung zum „Streben nach Mehr" (Sure 102). Es ist zunächst nur ein Ausdruck des Selbsterhaltungstriebes, den der Schöpfer in den Menschen hineingelegt hat, um sein Überleben zu sichern. Selbst das Eichhörnchen sammelt ständig Futter und versteckt es hier und dort, obwohl es den kommenden Winter nicht überleben wird. Das Habenwollen gehört zur natürlichen Veranlagung (*fitra*) des Menschen, aber wie jede andere natürliche Veranlagung läßt der Islam sie in solchen Grenzen wirksam werden, die nicht nur die Verwirklichung des eigentlichen Zwecks erlauben, sondern auch dafür sorgen, daß das Allgemeinwohl berücksichtigt wird. Hierzu muß der Mensch erzogen werden. Er bedarf der Erziehung zum Verzicht.

Im Islam kennt man verschiedene solche Übungen der Erziehung zum Verzicht. Die bekannteste ist *zakat*, die Abgabe für die Bedürftigen. Aber auch das Fasten im Ramadan ist eine solche alljährlich wiederkehrende Übung. Der Mensch soll lernen, zu verzichten, und zwar auf die unbeschränkte, d.h. grenzenlose Befriedigung seiner natürlichen Veranlagungen: Ernährung und Fortpflanzung. Als Motiv dafür und Ziel zugleich nennt der Koran die Gottesfurcht: „Ihr, die glauben, das Fasten ist euch vorgeschrieben, wie es denen vorgeschrieben wurde, die vor euch waren, damit ihr vielleicht gottesfürchtig werdet." (2:183)

Allah schreibt uns also das Fasten, das Verzichten, vor. Hier läßt Er uns keine Wahl. Es handelt sich um eine von Ihm angeordnete erzieherische Maßnahme, die uns den Verzicht lehrt und während der wir das Verzichten einüben, jedes Jahr erneut, damit wir nach bestandener Übung in der Lage sind, auch im Alltag „um Allahs willen" zu verzichten, wo immer es erforderlich ist. Von uns aus, ohne die Anordnung Allahs, würden wir es wohl nicht tun, sondern wie das kleine Kind mehr ansammeln, als wir tragen können und trotzdem mehr verlangen. Nur die Gottesfurcht kann hier Grenzen setzen, die der Mensch anerkennt. Moralischer Appell hilft wenig. Wen erkennt der Mensch denn noch über sich als Autorität an? Wenn überhaupt – dann seinen Schöpfer. Nur dieser kann ihn zum Verzicht bewegen.

Anders war es aber doch bei dem Kind, als es sein Essen teilen wollte. Niemand hat es dazu aufgefordert. Dieser Wunsch ist in ihm – ebenfalls auf ganz natürliche Weise – entstanden. Es handelt sich um das Nachahmen. Ständig wird das Kind von der Mutter versorgt, und irgendwann ist es so weit herangewachsen, daß es nun selbst die Rolle dessen übernehmen will, der nicht mehr haben will, sondern der geben will. Dazu bedarf es keiner besonderen erzieherischen Maßnahme, außer dem Vorbild. Erst viel später wird das Kind vielleicht mit diesem Gebenwollen auch die Dankbarkeit verknüpfen dafür, daß ihm ständig gegeben wurde und gegeben wird. Dann ist der Zeitpunkt gekommen, wo es bewußt handelt, von sich aus verzichtet, freiwillig und mit Freude. Für den Erwachsenen hält der Islam auch hier eine Übung bereit. Durch die *zakat*, die jedes Jahr fällig wird, gewöhnt sie den Menschen daran, auf etwas zu verzichten, das er haben will. Darüber hinaus aber kennt und pflegt der Muslim die *sadaqa* – die völlig freiwillige Gabe, aus Dankbarkeit, aus Liebe zu Allah: „Und unter den Leuten gibt es solche, die Götzen statt Allahs annehmen und sie mehr lieben als Allah, aber die Gläubigen sind stärker in der Liebe zu Allah..." (2:165)

Auch dieses Gebenwollen ist Verzicht, Verzicht „um Allahs willen", der dem Menschen in Seiner Güte und Barmherzigkeit nicht nur Grenzen gesetzt hat, durch die Er ihn erzieht, sondern der den Menschen ständig mit dem versorgt, was er zum Leben benötigt. Und hieran soll sich der Mensch sein Vorbild nehmen.

Die Zeit des Ramadan ist bald zu Ende gekommen. Es ist die Zeit des Fastens und der *sadaqa*. Es ist eine Zeit des Verzichts, einmal durch die Anweisung Allahs, verbunden mit der Gottesfurcht, und einmal durch das Vorbild Allahs, verbunden mit der Gottesliebe.

Gebe Allah, daß es uns gelingt, die Fähigkeit zum Verzicht auch bis zum kommenden Ramadan zu bewahren und anzuwenden.

ETWAS ÜBER DEN GEIST VON MUSLIME HELFEN

Bevor wir uns der Zukunft zuwenden, sollte ein Rückblick auf die Vergangenheit erfolgen: 30 Jahre Muslime helfen (Mh). Eigentlich sind es 33 Jahre, denn Mh wurde 1985 gegründet, aber gut, gehen wir von 30 Jahren aus. Zunächst, dachte ich, das könnte ganz einfach sein. Mir stehen etwa 30 Minuten zur Verfügung, also habe ich eine Minute pro Jahr. Eine Minute hat 60 Sekunden, und ein Jahr hat 365 Tage. Über jeden Tag kann ich demnach 0,154 Sekunden berichten... So geht das irgendwie nicht.

Selbst wenn ich nur eine Minute lang auf das Wichtigste eines Jahres hinweise, hat niemand etwas davon. Denn damit würde ein völlig falsches Bild entstehen, bei dem der ganz überwiegende Teil der Geschehnisse einfach ausgeblendet wäre und unberücksichtigt bliebe. Das ist das Dilemma des Rückblicks.

Was also kann ich tun?

Als ich versucht war, für jedes der 30 Jahre das Herausragende anzuführen, wollte ich mich nicht allein auf meine eigene Erinnerung verlassen. Mir ist klar, daß die Erinnerung stets subjektiv und auch selektiv bewahrt wird. Außerdem verändert sich die Erinnerung im Lauf der Zeit und ist am Ende oft mehr die Erinnerung an zuvor Erinnertes und nicht mehr die Erinnerung an das eigentlich Geschehene. Deshalb habe ich mir verschiedene Unterlagen aus der Vergangenheit von Mh vor Augen geführt. Das war nicht nur hilfreich als Stütze für das Gedächtnis oder gar zur Korrektur, sondern es ermöglicht einen eher objektiven Blick, natürlich nicht völlig objektiv, aber doch zumindest nachprüfbar für den, der auf diese Unterlagen zurückgreifen will.

Auf dieser Grundlage – persönliche Erinnerung und Sichtung von Dokumenten – möchte ich nun einen Rückblick auf drei Jahrzehnte Mh skizzieren, der nicht chrono-logisch berichtet, sondern bestimmte Themen aufgreift, die für Mh im Laufe der vergangenen Jahre von Bedeutung gewesen sind. Dies erfolgt in drei Abschnitten:

I. Aus der Fülle des Materials habe ich einleitend ein paar wenige Informationen ausgewählt, die von der Entstehungsgeschichte von Mh berichten.

II. Anschließend will ich auf einige wenige Entwicklungen und Veränderungen eingehen, die auffällig waren.

III. Den derart gewonnenen Überblick möchte ich nutzen, um einige wenige Schlußfolgerungen zu ziehen, die, zumindest aus meiner Sicht, zum besseren Verständnis von Mh und zudem zur Entwicklung seiner Zukunftsperspektiven beitragen können.

I. Entstehungsgeschichte

Informationen zur Entstehungsgeschichte von Mh waren anläßlich des zehnjährigen und des zwanzigjährigen Bestehens von Mh veröffentlicht worden. Der folgende Text stammt aus der Mh-Zeitung 3/2005:

1984 Schreckliche Nachrichten aus Ostafrika in der zweiten Jahreshälfte: Mindestens 6 Millionen Menschen in Äthiopien und Eritrea dem Hungertod ausgeliefert, auch eine Million Sudanesen und eine halbe Million Eritreer in Flüchtlingslagern im Sudan vor diesem Schicksal, verursacht nicht allein durch eine Dürrekatastrophe, sondern vor allem auch durch militärische Konflikte in der Region. Im Islamischen Zentrum München entstand das Komitee Hungerhilfe Eritrea, das bereits vor Jahresende in der Zeitschrift Al-Islam zu Spenden aufrief und über die erste Hilfsmaßnahme berichtete: „Neuester Stand ... Hungerhilfe Eritrea ... Nur kurze Zeit, nachdem wir uns zur Bildung dieses Komitees entschlossen hatten ... wurden wir – völlig ohne eigenes Zutun – zu einer Stelle geführt, an der wir über vier Tonnen (!) trockene, unverderbliche Lebens-mittel (Hülsenfrüchte) zu einem Bruchteil des üblichen Preises erwerben konnten. Wir hatten dafür nicht genug Geld. Unsere Sammelaktion war ja nicht einmal angelaufen ... Spontan haben wir zuerst mit den eigenen Taschen angefangen und dann mit Hilfe anderer Muslime, die wir an diesem Tag getroffen haben, die Sammlung begonnen. So gab uns Allah der Barmherzige, noch bevor uns die Rechnung für die Lebensmittel ausgestellt wurde, ausreichend Geld in die Hand, um zu bezahlen. *Al-hamdu li-llah*. Da sage noch einmal jemand, es gäbe keine Wunder ... Es war und ist nicht zu erwarten, daß einem eine solche Menge Lebensmittel zu einem derart geringen Preis genau zu der Zeit angeboten wird, in der man ... Vorbereitungen für eine Hilfsaktion treffen will ... und dazu, daß genau an dem Tag, wo es erforderlich ist, man innerhalb sechs Stunden von DM Null auf die benötigte Summe kommt. *Al-hamdu li-llah*. Wer auf Allah zugeht, nur Schritte tut, Ihm wohlgefällig zu sein, zu dem kommt Allah gelaufen und hilft ihm, wie es im Heiligen Koran heißt, von wo er es nicht vermutet (65:3)..."

1985 Für das kommende 24. Treffen deutschsprachiger Muslime (TDM) vom 1. bis 3. Februar in Aachen wurde das Motto „Muslime helfen" gewählt.

Es wurde mit dem Koranvers eröffnet „Und (die Gläubigen) speisen den Armen und die Waise und den Gefangenen (und sagen): Wir speisen euch nur um Allahs willen, wir wollen keinen Lohn und keinen Dank." (Al-Islam 1/1985, 22)

Man informierte sich über humanitäre Hilfe aus muslimischer, aber auch nichtmuslimischer Sicht. „Am nächsten Vormittag berichteten die Sprecher der Arbeitsgruppen. Dabei wurde deutlich, daß viele der Ansicht waren, die Hilfe der Muslime müsse in erster Linie immaterieller Art sein ... Schließlich wurde danach gefragt, wer von den Anwesenden bereit sei, für ein sinnvolles Hilfsprojekt monatlich DM 5.- zur Verfügung zu stellen ... worauf sich viele dazu verpflichtet haben, wenn eine Arbeitsgruppe „Muslime helfen!" ihnen ein solches Projekt vorschlägt..."

Damit das TDM nicht erfolglos zu Ende gehen würde, erfolgte abschließend ein Aufruf zur Bildung einer „Arbeitsgemeinschaft Muslime helfen!" (Ag Muslime helfen), der sich 14 Brüder und Schwestern anschlossen. Diese begannen ihre Arbeit unverzögert am 5. Februar, konkretisierten die Zielvorstellungen, entwarfen eine Satzung und konnten auf dem 25. TDM in Hamburg berichten, dass der Verein „Muslime helfen" am 5. April 1985 gegründet und die Arbeit aufgenommen worden war. Zweck des Vereins, so die Satzung, ist es, „Mittel für bedürftige Menschen vor allem in Notstandsgebieten, bei Krieg, Hungersnot und Naturkatastrophen sowie für anderweitig unschuldig in Not geratene Menschen durch Sammeln von Geld und Sachspenden, wie z.B. Lebensmittel, Medikamente u.ä. bereit zu stellen und sie den Betroffenen zukommen zu lassen." Der Grundstein für die erste langfristig organisierte humanitäre Hilfsarbeit von Muslimen in Deutschland war gelegt, *al-hamdu li-llah*. (vgl. Al-Islam. Zeitschrift von Muslimen in Deutschland, 1/1985, 23)

Die Arbeit der AgMh hatte mit einem ersten Rundbrief, datiert 5. Februar 1985, für die erwähnten 14 Muslime begonnen. Die Ergebnisse des weiteren Gedankenaustausches und daraus folgende Fragen sind in einem zweiten Rundbrief, datiert 18. März 1985 enthalten.

Wie aus einem Brief vom 6. April 1985 ersichtlich, verständigte man sich mit den weiterhin Interessierten darauf, den Verein – zwei Monate nach dem Aufruf – zu gründen. Die Namen der Begründer am 5. April 1985 in Lützelbach sind Schakil Ahmed, Wolfgang Borgfeldt, Edgar Fändrich, Mohamed H. Ibrahim, Renate Schüler, Ahmad v. Denffer, Barbara Bakhit, Helmut Trietsch, Gerhard Schabel. Als Vorstandsmitglieder erklärten sich Schakil Ahmad und Gerhard Schabel bereit und wurden gewählt.

Laut Protokoll einer vereinbarten Sitzung vom 18. Mai 1985 in Hamburg, etwa ein Vierteljahr nach dem Aufruf am 3. Februar in Aachen, wurde als erstes Hilfsprojekt eine Medikamentensammlung für Afghanistan beschlossen und im Anschluß durchgeführt.

Al-hamdu li-llah konnte mit Hilfe Allahs Mh mit der Unterstützung der Spender, der Partner und der Mitarbeiter seither bis heute ohne Unterbrechung tätig sein.

II. Entwicklungen und Veränderungen

Wenn auch die Arbeit von Mh seit 1985 ohne Unterbrechung gelang, hat es im Laufe der Zeit doch auch bemerkenswerte Entwicklungen und Veränderungen gegeben.

Die Idee von Mh und ihre Gefährdung

Die Idee von Mh war unsere eigene Idee. Mit „unsere" meine ich deutschsprachige Muslime. Die Idee von Mh entstand als Antwort auf unsere Lage, in der wir uns befanden. Vereinzelte Hilfsaktionen von Muslimen aus Deutschland hat es schon vorher gegeben, ebenso wohl Überlegungen sie zu organisieren. Doch am 3. Februar 1985 befanden wir uns in einer ganz konkreten Situation. Wir hatten während eines ganzen Wochenendes, beim Treffen deutschsprachiger Muslime, über die Not von Hilfsbedürftigen und über Möglichkeiten zu helfen gesprochen, aber wir hatten nichts getan. Kurz vor dem Auseinandergehen am Sonntag war für den aufmerksamen Teilnehmer der Widerspruch zwischen Sagen und Tun zwar offensichtlich, aber nicht aufgelöst. Dies durfte nicht sein. Deshalb habe ich die Anwesenden aufgerufen, sich mit einem geringen finanziellen Beitrag zu konkreter Hilfe zusammenzuschließen und eine Arbeitsgemeinschaft zu bilden. *Al-hamdu li-llah* haben sich 14 Brüder und Schwestern bereitgefunden. Auch wenn manche von ihnen sich schon im Laufe des Vorbereitungsprozesses wieder verabschiedeten, die Verbindung zu anderen nach so langen Jahren nicht mehr besteht und einige heute nicht mehr leben, sollen ihre Namen nicht vergessen sein: Fatimah Abu-Ammounah, Barbara Bakhit, Khalil Bakhit, Ahmad v. Denffer, Mohammed Abdulkarim Grimm, Fatimah Heeren-Grimm, Renate Ibrahim, Sami Khairy, Fatima Meister, Muhammad Nagi, Zahra Quensel, Umm Hani Rebler, Ibrahim Yusuf Rettig, Mehmet Ugurlu.

Die Beziehungen untereinander

Zwischen den Gründern und ersten Engagierten von Mh bestanden bestimmte Beziehungen, durch die das Entstehen von Mh möglich wurde, die sich aber, wie Mh und alles andere auch, verändert haben. Nichts ist wirklich geblieben, wie es war, und wir müssen uns darüber klar sein, daß nichts so bleiben kann, wie es einmal gewesen ist.

Im Lauf der Jahre haben sich nicht nur die allgemeinen Umstände gewandelt, die wirtschaftlichen, gesellschaftlichen und politischen Verhältnisse und technischen Entwicklungen bis hin zu der Digitalisierung mit ihren Folgen, sondern gleichfalls die muslimischen Institutionen mit ihren Aktivitäten und vor allem auch die Mitmenschen und Einzelpersonen. Manches paßt heute einfach nicht mehr zusammen. Daß wir alle älter geworden sind, ist ebenso eine Binsenweisheit wie die Feststellung, daß daraus nicht unbedingt folgt, wir seien nun auch klüger. Vor 30 Jahren waren manche von uns noch ledig oder jung verheiratet, heute sind manche Großeltern. Dazwischen liegen Jahre, in denen die Hinwendung auf Beruf und Familie bedeutsam wurde, Ortswechsel stattfanden, vielleicht auch manche Krisen zu meistern waren. Daraus ergab sich unter Umständen eine gewisse Distanz.

Die Anfangssituation war indes dadurch gekennzeichnet, daß wir, zumindest die meisten von uns, einander einigermaßen gut kannten, wir waren in gewissem Maß miteinander vertraut, teils sogar befreundet. Einige von uns hatten sich schon anderweitig Zusammenarbeit versprochen. So waren auch das Haus des Islam, die frühen Islamwochen und andere Aktivitäten entstanden. Ich möchte als Kürzel den Ausdruck „Brüderlichkeit" verwenden, der vielleicht umschreibt, welche Art der Beziehung eine Rolle spielte. Sie war sicher nicht vollkommen ausgeprägt, aber sie war spürbar und wirksam. Man meinte deshalb, sich aufeinander verlassen zu dürfen. Wir waren aktiv, und, wie ich mich erinnere, wir hatten Freude daran.

So etwa, dachte ich, kann ich berichten, denn so etwa habe ich es in Erinnerung gehabt. Beim Durchsehen der alten Unterlagen stellte sich heraus, daß es nicht immer ganz so rosig gewesen sein kann. Offenbar war es in manchem doch viel schwieriger, als es von heute aus betrachtet den Anschein hatte.

Sagen und Tun

Wir alle, die in der islamischen Arbeit tätig sind, kennen das. Wenn niemand etwas sagt, ist es still. Wenn geredet wird, gibt es nicht immer nur Zustimmung, sondern meist auch Gegenrede, Widerspruch und verbale Auseinandersetzung. Wenn niemand etwas tut, geschieht nichts. Fängt aber jemand an, etwas zu tun, kommen plötzlich von verschiedensten Seiten Gegenaktivitäten unterschiedlichster Art. Man könnte das, gewiß etwas unscharf formuliert, fast für ein Naturgesetz muslimischen Arbeitens halten. Oftmals erkennen Beteiligte erst später, worauf sie sich eingelassen haben, aber dann ist es schwer, den Schaden zu beheben.

Solche Situationen sind schwer erträglich, aber sie haben einen Sinn. Sie sind intern, aus unserer Mitte, verursacht und helfen insofern, Klarheit über uns selbst zu gewinnen. Davor war auch Mh und ist Mh nicht geschützt, und im Koran werden wir darauf hingewiesen:

„Rechnen die Menschen damit, daß sie unbehelligt gelassen werden, weil sie sagen: ‚Wir glauben‘, und sie werden nicht geprüft?" (29:2)

Wenn wir in derartige Dispute abgleiten, werden wir abgelenkt, arbeiten eigentlich nicht mehr für die konkrete Umsetzung unseres Anliegens, sondern setzen uns ein für unser herausgefordertes, in Frage gestelltes Anliegen, für unser Eigeninteresse, für unser Fortbestehen, für unser Ego, *nafs* und Ich, und geraten damit oft ungewollt aber dennoch in einen Widerspruch zwischen Sagen und Tun.

Dabei hat der Koran uns doch ausdrücklich gefragt: „Ihr, die glauben, warum sagt ihr, was ihr nicht tut?" (61:2)

Hinzu kommen die Prüfungen von außen, extern verursacht. Diese haben unterschiedliche Ausgangslagen. Einerseits gibt es ganz Normales wie etwa die Überprüfung auf Einhaltung von Gesetzesregeln, beispielsweise durch das Finanzamt. Andererseits gibt es aber auch Schikanen, wie sie besonders seit 2001 erkennbar wurden, so etwa bei Reisen, und sogar böswillige Angriffe bis hin zu Verleumdungen durch öffentliche Stellen, Medien u.a.m. Aber auch hier gilt, daß dies alles im Ergebnis Mh in einen Widerspruch zwischen Sagen und Tun führen kann und oftmals auch führen soll. In manchen Fällen ist die Absicht sehr deutlich erkennbar, die Arbeit von Mh hindern zu wollen, also dafür zu sorgen, daß Mh nicht tut, was Mh sagt, nämlich helfen.

Ich denke, wir haben gelernt, besser darauf zu achten, keine Angriffsflächen zu bieten. Mit Allahs Hilfe hat Mh, anders als manche sonst, drei Jahrzehnte, und besonders die für alle schwierigen Jahre nach 2001, überlebt. Aber wir dürfen die notwendige Aufmerksamkeit auch in Zukunft nicht vernachlässigen, sondern müssen ständig bemüht sein, Risiken zu erkennen und zu vermeiden.

Prüfungen gehören also dazu. Selbst die Gesandten Allahs waren ihnen ausgesetzt, man denke nur an die Schwierigkeiten, die viele von ihnen nicht nur mit ihren Völkern und Gemeinschaften, sondern allein schon mit ihren eigenen Angehörigen hatten, die, statt sie zu stützen, sich gegen sie wandten.

Doch auch bei Mh war es, wie es im Koran heißt: „Zusammen mit der Schwierigkeit gibt es ja Erleichterung." (94:6)

Zwei Hauptbestandteile

Es ist interessant festzustellen, daß zwei Elemente tatsächlich schon in den vorgestellten frühen Dokumenten erwähnt sind, die also zur „Ur-Idee" von Mh gerechnet werden können:

1. Konkretes Helfen und 2. Gottesbezug.

Bereits im ersten Rundbrief der AgMh vom 5.2.1985 ging es nicht allein darum, sich über die Voraussetzungen für eine Vereinsgründung abzustimmen, sondern zugleich um die Frage nach Inhalt und Aufgabe: „Welches konkrete Hilfsprojekt sollen wir den Brüdern/Schwestern vorschlagen zu unterstützen?"

Auch im zweiten Rundbrief vom 18.3.1985 wird darauf eingegangen:

„Könnten wir uns auf ein konkretes Hilfsprojekt, oder maximal zwei einigen? ... Selbst wenn wir nur eine Sachspende im Wert von meinetwegen 500.- DM für so einen Zweck weiterleiten, ist das gut und sinnvoll."

Der Blick wurde also unverzögert auf das praktische Handeln gelenkt. Um dies zu ermöglichen, sollte der Verein gegründet werden.

Zudem wurde daran erinnert:

„Liebe Brüder, liebe Schwestern, vergesst bei allen Überlegungen zu dieser Sache nicht das Gebet und bittet Allah, daß ER uns rechtleitet und unserer Sache Erfolg verleiht im Diesseits und im Jenseits."

Und bereits unmittelbar nach der Vereinsgründung wurde dann mit der angekündigten konkreten Arbeit begonnen:

„Die Mitglieder stimmten darüber ab, daß das erste Hilfe Projekt des Vereins eine Medikamentensammlung für die kriegführende Befölkerung in Afganistan sein soll." (Protokoll Vereinssitzung 18.5.1985)

Mit Allahs Hilfe stimmten Sagen und Tun überein. Das war entscheidend für das Gelingen von Mh.

Wem helfen?

Schon während des Treffens in Aachen und auch im Verlauf des anschließenden Gedankenaustauschs innerhalb der AgMh gab es unterschiedliche Auffassungen darüber, wie, wem und wo geholfen werden sollte. Besonders merkwürdig scheint in der Rückschau die Feststellung, „daß viele der Ansicht waren, die Hilfe der Muslime müsse in erster Linie immaterieller Art sein" (Al-Islam 1/1985, 23), was immer man darunter verstehen will. Bei denen, die materielle Hilfe meinten, hatte sich unter dem Eindruck damaliger Katastrophen, vor allem der Hungersnot in Ostafrika und dem Krieg in Afghanistan, die Meinung gebildet, Muslime in Deutschland sollten Notleidenden in solchen Situationen Hilfe leisten. Doch dieser Ansicht wurde die Aufforderung entgegengesetzt, nicht Nothilfe im Ausland zu leisten, sondern auf diese oder jene Weise die Position der Muslime innerhalb Deutschlands zu stärken. Dem wurde entgegnet, es gebe schon eine Vielzahl von Vereinen, die zur Sorge um das Wohlergehen der Muslime in Deutschland gegründet und aktiv geworden waren. „Aber es gibt keinen Verein, der ausschließlich dazu da ist, Muslimen in Notgebieten/Notlagen außerhalb der Bundesrepublik zu helfen, und gerade das sollten wir, denen es wirklich relativ gut geht, in Angriff nehmen. Das ist mein Vorschlag, und diese Meinung teilt etwa die Hälfte von euch." (AgMh Rundbrief vom 18.3.1985)

Wie ersichtlich war der Fokus auf Hilfeleistung im Ausland nicht unumstritten, aber wurde dann doch mehrheitlich angenommen.

Hier möchte ich auch noch die Aufmerksamkeit auf den Satz lenken „wir, denen es wirklich relativ gut geht"… *al-hamdu li-llah.*

Dies, das darf ich sagen, ist mir auch später deutlich in Erinnerung geblieben, ohne daß ich durch Rückgriff auf die alten Unterlagen angewiesen gewesen wäre. Ich habe darin, daß es einem Menschen gut geht, die natürliche Folge gesehen, um nicht Verpflichtung zu sagen, daß er anderen, die Hilfe benötigen, beisteht. Und so weit meine Toleranz bei Meinungsverschiedenheiten auch reichte, habe ich in diesem Fall doch Zustimmung erwartet.

Mitglieder und Spender

Nun zu weiterer Entwicklung: Wir haben mit eigenen Mitteln begonnen. Wer bei der Arbeit von Mh mithelfen wollte, wurde Mitglied, zahlte seinen Mitgliedsbeitrag und spendete darüber hinaus. Mit diesen bescheidenen Mitteln wurde ein erstes Hilfsprojekt durchgeführt. In der Zeitschrift Al-Islam und auf den weiteren Treffen deutsch-sprachiger Muslime wurde darüber berichtet. Alles wurde ehrenamtlich erledigt. In den ersten Jahren gab es nur ehrenamtliche Arbeit, kein Büro, man arbeitete von Zuhause aus – gewissermaßen die frühe Form des „home office" könnte man sagen – benutzte das private Telefon und das private Auto. Es erwies sich: Mh bedeutete nicht bloß reden, sondern handeln. Das begründete Vertrauen. Die Zahl der Mitglieder nahm deutlich zu. Darunter gab es mehrheitlich solche, denen es genügte zu spenden ohne sich darüber hinaus engagieren zu wollen. Durch diesen Zuwachs an Mitgliedern und die Unterscheidung zwischen wenigen aktiv Mitarbeitenden und vielen durch ihre Spenden unterstützenden Mitwirkenden veränderte sich vieles, darunter insbesondere die Struktur der Organisation, das Wesen der Beziehungen der Beteiligten zueinander und die Kommunikation. Daraus folgte schließlich eine Satzungsänderung. Die passive Mit-gliedschaft wurde aufgegeben, und Unterstützer von Mh, die nicht über Spenden hinaus aktiv mitwirken wollten oder konnten, sind seither die Spender von Mh.

Ich habe keine Kenntnis von der aktuellen Zahl der Spender, bei denen man ohnehin zwischen solchen, die regelmäßig helfen und anderen unterscheidet, die nur einmal oder gelegentlich spenden. Aber es ist offensichtlich, daß sich die Beziehungen zwischen Mh als Institution und den Unterstützern ebenso wie die Beziehungen zwischen den Mitarbeitern von Mh und den Unterstützern stark verändert haben. Von wenigen Ausnahmen abgesehen sind sie den Umständen folgend und neue Instrumente der Kommunikation einbeziehend im Lauf der Jahre massenkonform und somit unpersönlich geworden.

Ebenso habe ich keine spontane Antwort darauf, wie das vielleicht besser gestaltet werden kann. Aber ich will mein Unbehagen darüber nicht verschweigen, daß auf gewisse Weise Spender nur noch statistisch verwertbare Daten sein sollen. Das „Service Center" von Mh wirkt dem über seine persönliche Kommunikation mit den Spendern zwar entgegen, scheint aber doch vorrangig auf „Akquise" ausgerichtet zu sein. Ich möchte dazu anregen, auch Wege zu finden, die Beziehungen zwischen Mh und den Spendern zu verändern, wie etwa durch mehr und andere Veranstaltungen für die Öffentlichkeit, und zwar durchaus auch regional und für kleinere Teilnehmerkreise.

Das gilt übrigens auch für die Mitglieder. Die Beziehungen zu diesen wurden nicht immer zufriedenstellend gepflegt, und auch das kann dazu beitragen, Mh daran zu hindern, das zu tun was gesagt wird. Denn aus dem Kreis der Mitglieder werden die beiden Vorstandsämter besetzt. Es ist schon vorgekommen, daß dies schwierig war. Zukünftig sollte der Kreis der Mitglieder erweitert und verjüngt werden. Persönlich war ich der Auffassung, alle Mitarbeiter sollten auch Mitglieder sein. Zugegebenermaßen muß das nicht nur Vorteile haben, sollte aber nicht von vorn herein ausgeschlossen werden.

Vorstand und Ehrenamt

Auch hinsichtlich der Vorstandsämter bedarf es vielleicht des Umdenkens. Angesichts des Umfangs der Finanzmittel, der damit verbundenen Sorgfaltspflicht und des dazu erforderlichen Zeitaufwands halte ich es weder für hilfreich noch für zumutbar, die Vorstandaufgaben allein ehrenamtlich ausüben zu lassen. Das gilt insbesondere für das Amt des Kassenwarts, und ich sage das hier nicht zum ersten Mal. Es ist klar, daß ein Vorstandsamt bei Mh keine Vollzeitbeschäftigung bedeuten kann. Aber vielleicht lassen sich geeignete Personen finden, die selbst nicht vollzeitbeschäftigt sind und deshalb bei einer Aufwandsentschädigung mehr Zeit für Mh aufbringen können als im Ehrenamt.

Gern gebe ich zu, daß ich beim Durchblättern alter Unterlagen verwundert war, mit welcher Geduld gewisse Probleme behandelt wurden, die Mh Vorstandsmitglieder im Laufe der Jahre zu lösen hatten. Man möge sich erinnern, daß Mh zwar seit 1992 eine erste bezahlte Teilzeitkraft und seither verschiedene andere Mitarbeiter eingestellt hat, alle Vorstandsarbeit aber bis heute stets ehrenamtlich zu erledigen war. Mir scheint, daß die ehrenamtliche Unterstützung von Mh nie ausreichend gewürdigt wurde. Um auf Einzelheiten einzugehen fehlt hier schlicht die Zeit. Ich bin nicht bekannt dafür zu jammern und werde das auch hier nicht tun, sondern beschränke mich auf einen kurzen allgemeinen Hinweis. Es gab im Lauf der Jahre wiederholt verschiedene von aussen verursachte Schwierigkeiten, vor allem im Rahmen der zunehmend verstärkten islamkritischen Ansichten in der Gesellschaft und konkreter durch Ämter, Behörden, Medien und auch Einzelpersonen. Hinzu kamen interne Schwierigkeiten, meist verursacht durch Konflikte zwischen und mit einzelnen Mitarbeitern. Für die aufgebrachte manchmal bis an die Grenze des Erträglichen gehende Geduld und das vielseitige Engagement der ehrenamtlich Tätigen können wir nicht dankbar genug sein. Sie haben Mh durch verschiedene ausgesprochen kritische Phasen bis heute bewahrt.

Neues ausprobieren und bewerten

Über lange Jahre hat Mh sich durch eine innovative Experimentierfreudigkeit ausgezeichnet. Es lag in der Natur der Sache, daß Mh auf das Prinzip „learning by doing" angewiesen war. Vieles, das ausprobiert wurde, hat sich als nützlich erwiesen, leider wurde aber auch manches Nützliche nicht optimal eingebracht, wie etwa die Möglichkeit, jungen Muslimen im Rahmen von Mh eine Berufsausbildung zu ermöglichen oder einen weitverzweigten Freundes- und Helferkreis für Mh zu gewinnen u.a.m.

Teilweise kam es aber auch zu wenig brauchbaren Versuchen. Manchmal konnte man schon ohne Umsetzung erkennen, daß von aussen einwirkende Einflüsse für Mh unpassend sind. Nicht jeder neue Trend muß, nur weil neu, für Mh hilfreich sein. Beispiele sind die sogenannte „new economy", „start ups", „outsourcing" oder manche Aspekte der sogenannten „social media", die sich mittlerweile als eher asozial erweisen.

Zweifellos haben die Entwicklungen aus Technik und Kommunikation, insbesondere die Digitalisierung, unübersehbare Veränderungen von Mh herbeigeführt, man denke nur an die elektronische Datenverarbeitung und in der Folge damit die Internet-Präsenz. Ein sehr aktuelles Beispiel ist die 2018 in Kraft getretene Datenschutzgrundverordnung, zu deren Umsetzung bei Mh eine Reihe von die bisherige Arbeit erschwerenden Veränderungen notwendig wurde. Zudem ist Mh in gewisser Weise Teil der mittlerweile entstandenen „non profit Industrie" geworden, und man kann durchaus sagen, daß dies nicht zufällig geschah. Die dadurch erwachsenen Aufgaben verlangen Fachpersonal. Dessen Mitarbeit bedeutet zwar eine Professionalisierung, aber leider hat sich auch erwiesen, daß nicht alle fachlich Qualifizierten für eine muslimische Einrichtung wie Mh menschlich geeignet sind. Wir, aber nicht nur wir, stehen im Hinblick auf die Gewinnung von geeigneten Mitarbeitern, vor einem bislang nicht gut gelösten Problem, das im Hinblick auf die Zukunft mehr Beachtung als bisher braucht.

Unabhängigkeit

Ein bisher noch nicht erwähnter Aspekt ist die Unabhängigkeit von Mh. Indirekt klang das schon in der Argumentation an, die im zweiten Rundbrief der AgMh vorgetragen wurde, nach der es wohl in Deutschland schon 1985 zahlreiche islamische Vereine gab, Mh aber wegen seines besonderen Zwecks neu zu gründen notwendig war und somit der Anschluß an einen anderen Verein nicht in Frage kam.

Zwar hatte Mh anfangs die eine oder andere Partnerschaft mit anderen Hilfsorganisationen und hat zur Finanzierung seiner Hilfsmaßnahmen auch deren Finanzmittel in Anspruch genommen und ihnen seinerseits Finanzmittel zur Verfügung gestellt. Insbesondere ist hier die zeitweilige Kooperation mit IICO, MA und IR zu erwähnen. Ich selbst bin 1984 Gründungsmitglied der International Islamic Charitable Organization in Kuwait gewesen, auch über lange Jahre (1995-2011) „trustee" von Muslim Aid, war ebenso durch meine Jahre in England mit Islamic Relief bekannt und habe diese Verbindungen auch für Mh eingesetzt, doch all das liegt weit zurück. Um unabhängig zu bleiben und auf das Helfen fokussiert sein zu können, hat Mh sich keinem der Dachverbände angeschlossen, verwendet keine staatlichen Mittel und arbeitet allein mit den Mitteln der Spender. Insofern ist Mh, anders als viele sonstige Organisationen, eine Nichtregierungsorganisation im strengen Sinn des Wortes. Mh ist frei.

Als unabhängige Einrichtung ist Mh zugleich allein verantwortlich für sein Tun. Dazu gehört vor allem, daß Mh die anvertrauten Mittel den vorgesehenen Zwecken zuführt. Niemand wird infrage stellen, daß bei dem Umfang, den Spenden und Hilfsmaßnahmen erreicht haben, auch ein Verwaltungsanteil anfällt. Darunter werden bei Mh zwei Budgetanteile zusammengefaßt: Ein kleinerer für die eigentliche Verwaltung, und ein größerer für das sogenannte „fundraising". Ordentliche Verwaltung ist eine Voraussetzung zur zuverlässigen Erfüllung einer *„amanah"*, einem anvertrauten Gut, wie es die Spenden sind. Allerdings ist der Zweck von Mh nicht zu verwalten, sondern zu helfen, und deshalb muß stets darauf geachtet werden, daß der Verwaltungskostenanteil wohl alles für ordentliche Verwaltung Notwendige abdeckt, aber nicht unnötig den Hilfsprojekten Mittel entzieht. Hier ist strikte Disziplin gefordert. Darüber, was in diesem Bereich notwendig und sinnvoll ist, hat es Meinungsverschiedenheiten gegeben. Daraus folgte naturgemäß, daß es auch über einen angemessenen Verwaltungskostenanteil keine Übereinstimmung gab. Das wiederum hatte Auswirkungen auf Kooperation und Betriebsklima. Manches im Bereich von Verwaltung und fundraising ist vielleicht nur bequemer, wenn man mehr dafür ausgibt, aber nicht notwendig. *Al-hamdu li-llah* wurde dies mittlerweile zum Positiven verändert. Damit Mh tut, was Mh sagt, muß stets der größtmögliche Anteil der Spenden für die Hilfsprojekte verwendet und dies auch ständig überprüft werden.

Trotz der merklichen Entwicklungen und Veränderungen, von denen hier einige angesprochen wurden, hat sich jedoch auch manches aus der Frühzeit von Mh bis heute erhalten. Dazu darf man, wenn es um die Diskussion der Zukunft geht, durchaus fragen, ob es erhalten blieb, weil es sich bewährt hat, oder ob es nur einfach so unwichtig geworden ist, daß es der Veränderung schlicht entgangen ist.

Bevor ich mit der Skizzierung der Entwicklungen und Veränderungen abbreche, muß ich etwas erwähnen, für das ich besonders dankbar bin. Muslime helfen habe ich stets als ein Gemeinschaftswerk verstanden, und ich bin mir völlig bewußt, daß alle die im Laufe der mehr als dreißig Jahre erfolgten Hilfeleistungen für Notleidende und Bedürftige nur durch die Mitwirkung der zahlreichen Spenderinnen und Spender von Mh möglich wurden. Möge Allah es ihnen allen auf beste Weise lohnen. Ihre genaue Zahl kenne ich nicht, aber angesichts der Mittel, die Mh immer wieder zur Verfügung stehen, kann sie nur groß sein. Im Jahr 2017 hat Mh insgesamt 3 153 555 Euro für 158 Projekte in 28 Ländern einsetzen können. Dafür haben wir zuerst Allah zu danken, dann jedem einzelnen unserer Spender und ebenso unseren Mitarbeitern und unseren ehrenamtlichen Helfern. Das verdeutlicht eine der besonders erfreulichen Veränderungen von und für Mh: Die Entwicklung von einer sehr kleinen Zahl von Initiatoren zu einer sehr großen Zahl von Helfern, von einer für ein paar Monate aktiven Arbeitsgruppe zu einer über Jahrzehnte hinaus als Gemeinschaftswerk deutschsprachiger Muslime wirkenden Institution. Das hat Allah uns geschenkt. Das haben wir uns vor mehr als dreißig Jahren so nicht vorgestellt und so auch nicht vorstellen können. So haben wir das nicht gewollt, wir wollten nur – als Muslime helfen.

III. Schlußfolgerungen

An dieser Stelle möchte man fragen: Was war nochmal die „Ur-Idee" von Mh? Und: Was soll davon noch bleiben? – Ja, heißt es dann manchmal, bleiben soll der Geist von Mh…

Aber was will man sagen, wenn man vom „Geist" einer Sache spricht?

Geist und Gespenst

Das deutsche Wort „Geist" hat mehr als nur einen Sinn. Wenn wir von Geistern reden, meinen wir meistens Gespenster, und das ist gar nicht falsch.

Ein Gespenst ist etwas, das erschreckt, und das Wort „Geist" soll ursprünglich mit „schrecken" zu tun haben, also vielleicht „Erschreckendes" bedeuten. Meist ist das die Erscheinung eines Verstorbenen. Der Körper des Toten ist längst begraben und verwest, aber sein Geist wird dennoch sichtbar. Was dabei erschreckt, ist, daß etwas lebt, obwohl es tot zu sein hat. Der Geist, das Gespenst, erschrecken, weil sie eine den Tod überstehende Kraft erweisen, die Lebenskraft.

Geist und Leben

Über Gespenst hinaus gibt es für das Wort „Geist" noch eine andere Bedeutung. Weil der deutsche Wortschatz in mancher Hinsicht, und auch in diesem Fall, von der Bibel beeinflußt wurde, betrachten wir kurz diejenige Stelle, an der in der Bibel zum ersten Mal das Wort „Geist" vorkommt, nämlich in der Schöpfungsgeschichte. Im Wortlaut der Luther-Übersetzung heißt es:

„Da machte Gott der Herr den Menschen aus Erde vom Acker und blies ihm den Odem des Lebens in seine Nase. Und so ward der Mensch ein lebendiges Wesen." (1. Moses 2, 7)

Anstelle von „Odem" liest man in anderen Bibelübersetzungen auch „Lebensatem".

Woher kommt die Vorstellung, daß Atem mit Leben verbunden wird und praktisch gleichzusetzen ist? Dies dürfte eine natürliche Einsicht sein, die aus der Beobachtung folgte: Wer oder was atmet, lebt, oder lebt noch, das Neugeborene, wenn es beim Verlassen des Mutterleibs nicht zu atmen beginnt, lebt nicht, sondern ist tot.

Odem und Lebensatem sind die Übersetzungen für das hebräische Wort „ruach", das der Muslim ohne Schwierigkeiten mit dem arabischen *„ruh"* verbindet. Entsprechend heißt es im Koran:

„Und als dein Herr zu den Engeln sprach: Ich schaffe ein Menschenwesen aus Tonerde von übelriechendem Schlamm, Und wenn Ich ihn gebildet habe und in ihn von Meinem Geist eingehaucht habe, so fallt nieder vor ihm in Niederwerfung!" (15:28-29)

Das hier mit „Geist" übersetzte Wort ist das arabische *„ruh"*. Im *tafsir* al-Dschalalain heißt es nach „eingehaucht habe" erläuternd: „und er lebend/ig wurde", entsprechend auch Tabari (und er wurde ein lebend/ig/er Mensch), Zamakhschari (und Ich ihn lebend/ig gemacht habe) u.a.

Auch an einer zweiten Stelle sagt der Koran von Allah über die Erschaffung des Menschen:

„Dann hat Er ihn geformt, und Er hat in ihn von Seinem Geist gehaucht…" (32:9)

Und auch hier steht im arabischen Text das Wort *„ruh"*, im Deutschen mit „Geist" wiedergegeben, und die Stelle im Korantafsir erläutert mit „Ihn geformt – den Adam; gehaucht – Er gab ihm Leben" (*tafsir* al-Dschalalain)

Dem Koran zufolge ist es also der „Geist", der Leben gibt.

Der Geist von Mh

Wenn wir darauf aufbauend wissen wollen, was es mit dem „Geist" von Mh auf sich hat, müssen wir also fragen: Was gibt Mh Leben? Wodurch lebt Mh? Und um das gut zu verstehen, auch fragen: Was macht Mh tot? Was macht Mh kaputt, zerstört Mh?

Wenn man die eingangs vorgestellten Dokumente genau anschaut, sieht man schon dort ein Beispiel dafür, was Mh von Anfang an kaputt machen konnte: Die Meinungsverschiedenheit über die Frage, ob man im Ausland oder im Inland aktiv werden sollte.

Der Gedanke, sich auf Deutschland zu konzentrieren, hätte bedeutet, den Notleidenden, die ganz überwiegend nicht in Deutschland leben, n i c h t zu helfen.

Schlicht gesagt: Das eigentliche Anliegen von Mh nicht umzusetzen, zerstört Mh.

Die Essenz von Mh

Eine zweite Bedeutung des deutschen Wortes „Geist" ist „Essenz", d.h. das Wesentliche, der wesentliche Teil von etwas, auch ein Konzentrat des Ganzen, eine Verdichtung. Das Wesentliche von Mh ist nun schon im Namen mitgeteilt. Die Essenz von Mh besteht aus zwei miteinander verbundenen Komponenten: „Muslime" und „helfen". Wir sind uns sicher einig darin, daß mit „Muslime" Angehörige und Befolger des Islam gemeint sind.

Auch das deutsche Wort „helfen" ist klar, es muß hier nicht weiter vertieft werden. Interessant ist vielleicht noch zu bedenken, was zu den Gegenteilen von „helfen" gehört, nämlich „unbeachtet lassen", „im Stich lassen", „mißachten."

Bemerkenswert ist jedoch, daß beim Namen „Muslime helfen" offen gelassen ist, wem geholfen werden soll. Es hätte ja andere Möglichkeiten gegeben, wie etwa „Muslime helfen Muslimen" oder "Muslime helfen Menschen". Eine daraus folgende Einschränkung der Hilfe ist aber vermieden.

Zudem sei darauf aufmerksam gemacht, daß im Namen von Mh nicht das Hauptwort „Hilfe" gebraucht ist, Mh also nicht etwa „Muslimhilfe" bedeutet, sondern eben das Tätigkeitswort „helfen", das zeigt, daß es dabei um tätiges Handeln geht. Muslime helfen bringt im Namen das Muslimsein und das Tun zum Ausdruck. Wir verbergen nicht, sondern wir sagen, w e r wir sind und w a s wir tun wollen. Daraus folgt als Anforderung an unser Verhalten zu sein und zu tun, was wir von uns sagen.

Die Essenz, das Wesen, der „Geist" von Mh ist in diesem Sinn also das helfende Tun als Muslime, Aktivität und Handeln im Sinn von Hilfsbedürftige nicht unbeachtet und damit im Stich zu lassen und zu mißachten, sondern Hilfsbedürftige wahrzunehmen, ihnen zu Hilfe zu kommen und Beistand zu leisten.

Personal und Betriebsklima

An dieser Stelle möchte ich nochmals auf die Frage des Personals zurückkommen. Wenn der „Geist" von Mh im Sinn von helfendem Tun verstanden wird, rücken damit die konkreten Hilfsaktionen in den Vordergrund. Diese erfolgen bei Mh durch die Projektabteilung, deren personelle Ausstattung ihrer Bedeutung nicht entspricht. Seit vielen Jahren ist die ganz überwiegende Zahl der Mitarbeiter von Mh im Bereich fundraising beschäftigt, während die Projektabteilung nur zwei Stellen hat, obwohl die Ausgaben für Projekte und die Anzahl der Projekte merklich gewachsen ist. Zwar konnte die eigentliche Projektarbeit noch bewältigt werden, doch kommt es zunehmend zu Problemen infolge verschiedenster Anforderungen, die immer wieder seitens der fundraising-Abteilung und der Verwaltung an die Projektabteilung gestellt werden. Hier ist Abhilfe dringend erforderlich, einerseits dadurch, daß Arbeitsabläufe in fundraising und Verwaltung anders gestaltet werden, so daß weniger Bedarf für Einbeziehung der Projektabteilung besteht, andererseits aber auch durch Einrichtung mindestens einer zusätzlichen Stelle in der Projektabteilung als Schnittstelle zu fundraising und Verwaltung, damit deren Anliegen an die Projektabteilung erfüllt werden können, ohne die eigentliche Projektarbeit zu behindern.

Sogar das sogenannte Betriebsklima wird ganz unmittelbar von dem Verhältnis Sagen und Tun beeinflußt. Das ist nicht bloße Theorie, sondern hat sich im Laufe der Jahrzehnte bei Mh immer wieder gezeigt. Das galt sowohl für Mh als Institution als auch für einzelne Mitarbeiter. Es gab nicht nur Höhen, sondern auch Tiefen, es gab erfreuliche Kollegen, aber auch manche weniger erfreuliche. Übereinstimmung zwischen Sagen und Tun bedeutete Aufrichtigkeit im Verhalten und Umgang, erlaubte Vertrauen und bewirkte Harmonie, Ausgeglichenheit und Ruhe, die Kooperation wie auch ungestörtes Arbeiten ermöglichten.

Fehlende Übereinstimmung zwischen Sagen und Tun bedeutete Unaufrichtigkeit, zerstörte Vertrauen, erforderte Versuche die Unaufrichtigkeit zu verbergen, was weitere Unaufrichtigkeit mit ihren Folgen nach sich zog, wie Stress, schlechtes Gewissen, Unruhe, Ausfälligkeiten und andere Übel, wie sie zur Kaschierung verwendet werden. Dies alles wiederum störte die zur erfolgreichen Arbeit notwendige Kooperation sowohl hinsichtlich der Bereitschaft als auch der Qualität der Umsetzung.

An all dem läßt sich erkennen, wie die fehlende Übereinstimmung von Sagen und Tun die Arbeit und damit das Leben von Mh beschädigt und, unfein gesagt, letztendlich kaputt machten kann.

Das Lebenselixier für Mh ist in der Tat die Übereinstimmung von Anspruch und Wirklichkeit. Die Lebenskraft von Mh beruht darauf, daß zwischen dem, was gesagt wird, und dem, was getan wird, kein Widerspruch sondern Übereinstimmung besteht.

Das Elixier

Dies gibt mir Gelegenheit, noch ein paar Worte zum Begriff „Elixier" anzufügen. Landläufig versteht man unter „Elixier" ein Heilmittel in Form eines Auszugs aus meist pflanzlicher Substanz, also letztlich eine Essenz.

Interessanterweise sind dieser Begriff aus der arabischen Sprache und die damit verbundenen Vorstellungen aus der muslimischen Kultur in die mittelalterliche abendländische Kultur gewandert. Das arabische Wort lautete „*al-iksīr*". Im Koran kommt es nicht vor, es ist ein Fremdwort aus dem Griechischen, xērion. Ein Zeitgenosse des Abbasidenkalifen Harun ar-Raschid und des 6. schi'itischen Imams Dschafar as-Sadiq, soll es eingeführt haben, Dschabir ibn Hajjan, gestorben um 196 H./812, der im Mittelalter als „Geber arabicus" bekannt gewordene Naturwissenschaftler, der sich auch mit Destillation befaßte.

Eine gängige Entsprechung des Wortes „Elixier" ist „Lebenssaft", und mit „Elixier" als einer „Essenz" kann wiederum der „Geist" bezeichnet werden, der lebendig macht und am Leben erhält.

Diesen „Lebenssaft" haben die abendländischen Alchemisten auch als „Quintessenz" bezeichnet und darin das Allheilmittel gesehen, das am Leben erhält. Andere sprachen darüber vom „Stein der Weisen".

So müßte nun unsere Fassung lauten: Die „Quintessenz", der „Geist", der „Stein der Weisen", der eine Idee wie die von Mh lebendig werden läßt und ohne die sie nicht lebt, ist also das Tun des Gesagten.

Je weiter man den Blick schweifen läßt, umso interessanter wird es. Doch nun will ich zum Schluß kommen, bevor ich in den Tiefen der Alchemie versinke…

Schluß

Was ist nun aus dem Rückblick auf 33 Jahre Mh wichtig und für die Zukunftspläne zu gewinnen?

Ich habe kein vollständiges Bild zeichnen, sondern nur einige Aspekte betrachten können. Die Auswahl war zweifelsfrei subjektiv, aber vielleicht erkennt man dadurch doch manches, das Wesentlich ist.

Mh ist nun schon der nächsten Generation anvertraut. Bereits dadurch bleibt Mh nicht, wie es war oder ist, sondern Mh wird sich, ja, muß sich auch zukünftig verändern. Die folgenden Schlüsse aus dem Rückblick auf 33 Jahre Mh können dabei vielleicht hilfreich sein:

Mh ist als aktiv handlungsfokussiert zu verstehen, will helfen mit Bezug auf den Islam und in dessen Rahmen. Letzteres ist daraus ersichtlich, daß Mh sich anders als manche sonst zweifelsfrei als muslimisch zu erkennen gibt.

Die Arbeit der dafür entsprechend zu gestaltenden Projektabteilung soll im Vordergrund stehen, die anderen Bereiche sorgen für die dazu notwendigen Voraussetzungen und Unterstützungen.

Der „Geist von Mh", das Lebenselixier, ist die Wahrhaftigkeit und besteht in der Übereinstimmung von Sagen und Tun.

Die Mitarbeiter sollen von Qualifikation und Verhalten her zum Geist von Mh passen, sind entsprechend zu wählen und zu bilden.

Das Betriebsklima und damit die Qualität der Zusammenarbeit sollen durch Achtsamkeit auf die Übereinstimmung von Sagen und Tun gepflegt werden.

Die Beziehungen zwischen Mh und den Mitgliedern und Spendern sollen persönlicher gestaltet werden.

Der Verwaltungskostenanteil soll nur so hoch wie unbedingt notwendig sein und der größtmögliche Teil der Mittel für die Hilfsmaßnahmen verwendet werden.

Mh soll keine Angriffsflächen bieten.

Mh soll frei bleiben.

Die Leitfrage bei allem, das Mh angeht, soll stets lauten:

Bringt es Sagen und Tun in Einklang miteinander, oder führt es zum Mißklang zwischen Sagen und Tun?

Wa bi-llahi-t-taufiq wa-l-hidaja. Lassen wir uns daran erinnern, wie wir nicht sein und was wir nicht tun wollen, durch die Sure mit der Hilfsbereitschaft:

Hast du den gesehen, der das Gericht ableugnet? Also das ist derjenige, der das Waisenkind verachtend wegstößt, Und nicht anhält zur Speisung des Armen. Also wehe den Betenden, Denjenigen, die in ihrem Gebet nachlässig sind, Denjenigen, die gesehen werden wollen, Und die Hilfsbereitschaft versagen. (107:1-7)

NICHT IHR FLEISCH UND NICHT IHR BLUT

Alljährlich begehen wir Muslime das Opferfest (*idu-l-adhha*, kurban bayram). Aus diesem Anlaß schlachten wir ein Opfertier. Diejenigen von uns, die zu dieser Zeit die Wallfahrt verrichten, tun dies in Mina bei Mekka, die anderen meist dort, wo sie leben. Doch gleich an welchem Ort, das Opferfest und das Schlachtopfer erinnern uns an die Geschichte des Propheten Ibrahim (Abraham) (a.s.), dessen Glaube und Fügung in Gottes Willen von Allah geprüft wurde. Ibrahim stand vor der Frage: Sollte er wirklich so weit gehen, auch dem geliebten Sohn das Leben zu nehmen, wenn sein Gehorsam Allah gegenüber dies erforderte? Und Ibrahims Sohn stand vor der Frage: Sollte er wirklich bereit sein, wenn sein Gehorsam gegenüber Allah dies notwendig machte, das eigene Leben zu geben?

Wir alle kennen den Ausgang dieser Geschichte: Ibrahim und sein Sohn waren bereit, selbst dieses Ausmaß ihres Gehorsams Gott gegenüber zu erweisen, Allah nahm diese ihre Opferbereitschaft an, ersparte ihnen die eigentliche Opfertat, ließ sie stattdessen ein Opfertier schlachten (Koran 37:107) und läßt uns Muslime bis heute in Erinnerung an diese Prüfung das Opferfest mit dem Schlachten von Opfertieren begehen. Doch die Geschichte von Ibrahim und seinem Sohn ist nicht die einzige im Koran, bei der es um das Opfern und insbesondere die Opferbereitschaft geht. Schon von den Söhnen Adams wird berichtet, daß sie Gott Opfer brachten „und es wurde von einem beider angenommen und nicht angenommen von dem anderen" (5:27). Ohne weiter auf Einzelheiten einzugehen, wird dadurch deutlich: Nicht alles, was der Mensch als Opfer ansieht, ansehen oder angesehen haben möchte, ist wirklich Opfer vor Gott.

Und dann ist da auch die Geschichte vom Propheten Musa (Moses) (a.s.). In Gottes Auftrag verlangte er von seinem Volk, eine Kuh zu schlachten. Doch die Leute wollten das nicht und taten so, als könnten sie diese Aufforderung nicht verstehen. Erst nach langem Hin und Her hatten sie keine Ausflüchte mehr und schlachteten die Kuh – „fast hätten sie es nicht getan." (2:71)

Hier erweist sich, daß nicht jedes Opfer, das erbracht wird, bereitwillig geschieht. Es scheint vielmehr, daß manchmal eher die Umstände als die eigentliche Opferbereitschaft ausschlaggebend sind.

Zudem heißt es im Koran von den Opfertieren: „Sicher erreicht nicht ihr Fleisch Allah und nicht ihr Blut, sondern es erreicht Ihn die Gottesfurcht von euch ..." (22:37). Damit ist klar gesagt, daß es in erster Linie nicht auf die Umstände, auf das Äußere und das Materielle ankommt, sondern auf die innere Einstellung, die mit dem Opfern verbunden ist.

Das bedeutet aber auch nicht, daß nun das eigentliche Schlachten, durch das Fleisch und Blut erst anfallen, völlig bedeutungslos wäre. Über die Opfertiere wird ja gesagt: „so eßt davon und speist den bedürftigen Unglücklichen" (22:28) und weiter: „Eßt von ihnen und speist den Bescheidenen und den Beschämten." (22:36). So kommt das Schlachten am Tag des Opferfestes zweifellos den Bedürftigen und Notleidenden zugute, von denen es auch heutzutage auf unserer Erde zu viele gibt. Sie brauchen Unterstützung und Hilfe, und selbst mit einer Fleischportion ist vielen von ihnen geholfen. Aber mit einem Festmahl im Jahr ist es für die Menschen in Not da nicht getan. Sie brauchen weitergehende Hilfe von uns, die darüber hinausgeht. Das Opferfest, das Opfern und die rechte Opferbereitschaft, die an diesem Tag zum Ausdruck kommt, erinnern uns nicht nur an die Geschichte von Ibrahim und seinem Sohn, sondern auch daran, daß von uns, angesichts der Bedürftigkeit und Not zahlreicher unserer Mitmenschen, viel weitergehende Hilfsbereitschaft erforderlich ist als einmal im Jahr ein Tier zu schlachten.

GUT DING WILL WEILE HABEN

Alles muß schnell gehen. Wir haben es eilig, wir haben alles, oder zumindest fast alles, und wir haben von allem zu viel, oder zumindest meist mehr als wir brauchen. Nur keine Zeit. Doch „Gut Ding will Weile haben!" lautet ein deutsches Sprichwort, und uns Muslime lehrt der Koran: *„inna llaha ma'a-s-saabirin* – Allah ist ja mit den geduldig Ausharrenden." (2:153)

Im kommenden Frühjahr liegt der Beginn des Blindenprojekts von Muslime helfen in Togo zehn Jahre zurück. Mein erster Besuch hatte im Januar 2010 stattgefunden. Damals lernte ich Asmanou Buraima kennen, einen jungen Mann, Student der Soziologie in Lomé, der Landeshauptstadt, und Vorsitzender der Organisation Abea, die sich um Blinde kümmerte. Er war selbst blind, und er sprach von Bildung als dem Weg, um zu verhindern, daß aus blinden Kindern später erwachsene blinde Bettler werden. Gemeinsam fuhren wir mehr als 300 Kilometer in die überwiegend muslimische Stadt Sokodé im Norden des Landes, machten einen Höflichkeitsbesuch beim über achtzigjährigen Oberhaupt der Muslime und sprachen mit den Anwesenden in der Moschee und in anderen muslimischen Einrichtungen über den Gedanken, etwas für blinde Kinder zu tun. Dann trafen wir mit 12 blinden Kindern und Jugendlichen sowie deren Eltern oder Betreuern zusammen. Ein junger Journalist von der örtlichen Radiostation hatte geholfen, diese Beratung einzuberufen. Anschließend besichtigten wir ein Haus, das zu mieten war, schlossen den Aufenthalt mit der Vereinbarung ab, ein kleines Zentrum zur Betreuung blinder Kinder zu eröffnen und baten am Ende das Oberhaupt der Imame, den Imam Toure, um Unterstützung dieses Vorhabens, die er zusagte. Im April des selben Jahres wurde das kleine Blindenzentrum in Sokodé eröffnet. Zwölf blinde Kinder erhielten dort seither Unterbringung, Verpflegung, medizinische Versorgung und vor allem intensive schulische Betreuung. Besondere Wichtigkeit bekamen das Erlernen und der Gebrauch von Blindenschrift, zusätzlich zum normalen Lehrplan. Auch religiöse Unterweisung stand auf dem Programm. Das erste muslimische Heim für Blinde in Togo, geleitet von Asmanou Buraima, hatte den Betrieb aufgenommen, gefördert durch Muslime helfen und dank der zahlreichen Spenderinnen und Spender, die dazu beigetragen haben.

Inzwischen ist viel Zeit vergangen. Das Projekt hatte sich gut entwickelt. Ein zweites Haus mußte angemietet werden, denn die Zahl der betreuten blinden Kinder und Jugendlichen war auf 18 gestiegen. Bei meinem Besuch 2012 vereinbarten wir den Bau von eigenen Räumlichkeiten auf einem Grundstück am Stadtrand von Sokodé, das die örtlichen Verantwortlichen kostenlos zur Verfügung stellten. Am 21. Dezember 2013 konnte das „Centre Islamique pour l'Education et la Formation des Personnes Aveugles" eröffnet werden, so heißt es offiziell: Islamisches Zentrum für Erziehung und Bildung Blinder. Es ist das erste und noch immer einzige seiner Art in Togo. Aber auch das liegt nun schon schon wieder lange zurück. In den vergangenen Jahren wurden ergänzende und unterstützende Maßnahmen getroffen. Eine Sicherungsmauer umschließt das Gelände, die gepflanzten Bäumchen sind herangewachsen, ein Gemüsegarten wurde angelegt, eine kleine Ziegenzucht begonnen, eine Kantine ist hinzugekommen, eine kleine Getreidemühle in Betrieb genommen, mit der sowohl für den Eigenbedarf als auch für die Nachbarschaft Maismehl hergestellt wird. Einem Wohltäter hat das Projekt derart gefallen, daß er eine Moschee für das Blindenzentrum errichten ließ. Die Zahl der betreuten Blinden ist auf 25 gestiegen. Besonders wichtig war es, für 13 mittlerweile ältere Jugendliche den Besuch der Oberschule außerhalb zu erleichtern, das Lycée Kadambara. Dazu wurden eine Motorrad-Droschke und ein Braille-Drucker angeschafft, mit dem die Unterrichtsmaterialien für die weiterführenden Schulklassen hergestellt werden.

Und nun, im Sommer 2019, erreichte uns folgende Nachricht:

„Lieber Bruder im Islam, as-salamu alaikum,

mit Freude möchte ich mitteilen, daß vier unserer Schüler (drei Jungen und ein Mädchen) ihren Schulabschluß gemacht haben. Sie werden dieses Jahr zur Universität gehen…"

Drei von ihnen folgen mit der Studienfachwahl Soziologie dem Leiter des Blindenzentrums Asmanou Buraima, der übrigens inzwischen seinen Doktortitel erlangt hat: Sirina Idrissou, seit 2014 im Blindenzentrum, Abdourahim Sourou Agadjo, seit 2016 im Blindenzentrum und Waibou Kpante, seit 2010 im Blindenzentrum. Der vierte Abiturient ist Rafate Koffi Aboudou Kondo, auch er war seit 2010 im Blindenzentrum und möchte Englisch studieren.

Möge Allah ihren weiteren Lebensweg segnen. An ihrer Stelle wurden nun sechs neue Schüler in das Blindenzentrum aufgenommen.

Al-hamdu li-llah – Gut Ding will Weile haben… *inna llaha ma'a-s-saabirin*!

Bekanntlich hat der Prophet Muhammad (s) erklärt, daß nicht nur Spenden als „*sadaqa*" gelten, sondern auch die guten Taten zum Nutzen der Mitmenschen. Als eines der Beispiele erwähnte er „und dein Sehen für den Mann mit schlechtem Sehvermögen ist eine *sadaqa* für dich"… (Abu Dsarr; Tirmidsi)

Zu den vom Propheten überlieferten Bittgebeten gehören die Worte: *„allahumma 'aafinii fi badani, allahumma 'aafinii fi sam'ii, allahumma 'aafinii fi basari, la ilaha illa ant* – O Allah, gib mir Gesundheit für meinen Körper, o Allah, gib mir Gesundheit für mein Hören, o Allah, gib mir Gesundheit für mein Sehen, es gibt keinen Gott außer Dir." (Abdurrahman ibn Abi Bakrah, von seinem Vater; Abu Dawud)

EINE KETTE VON BARMHERZIGKEIT UND SEGEN

Anfang Dezember 2019 besuchte ich ein neues Waisenprojekt, das Muslime helfen mit Partnern in Indonesien betreibt. Es handelt sich dabei um eine etwas andere Art der Waisenhilfe, denn mit diesem Projekt werden nicht nur Waisen unterstützt, sondern zunächst die Betreuer von Waisen, die übrigens fast alle Frauen sind. Sie bekommen Hilfen zum Unterhaltserwerb. Damit wird ein Beitrag zur Existenzsicherung geleistet und zugleich den Waisen geholfen.

Wir sitzen in einem Gebets- und Versammlungsraum am Boden, fast 50 Personen sind gekommen, eine ganze Anzahl auch mit Kindern. Der einzige Mann darunter ist der 67 jährige Haerudin. Seine Tochter ist verwitwet, und so hilft er, seinen Enkel Dinar zu versorgen. Haerudin ist ein wandernder Optiker, das heißt er geht von Haus zu Haus und bietet Brillen zum Verkauf an. Als ich ihn gestern traf, zeigte er mir seinen alten Optikerkasten, mit dem er seit den 1970er Jahren arbeitet. Die Gläser darin sind abgenutzt, manche Rahmen zerbrochen. Voll Freude und auch ein bißchen stolz stellte er dann den neuen Kasten daneben, den er zur Verbesserung und Unterstützung seiner Tätigkeit erhalten hat. Dazu kam noch eine neue Tasche und ein großes Präsentiertablett mit neuen Brillengestellen statt der etwa 50 Jahre alten von früher. „Ich muß viel laufen", sagte er, und „das tue ich für meinen Enkel."

Auch einige der anderen Anwesenden hatte ich schon am Vortag besucht. Da ist Frau Sri Rahayu. Sie stellt Süßspeisen her, die sie an Weiterverkäufer auf dem Markt liefert. Zur Erleichterung ihrer Arbeit erhielt sie Küchengeräte und Zutaten. Man merkt ihr an, daß sie einmal bessere Zeiten gekannt hat. Ihr Mann starb nach einem Schlaganfall, und seither muß sie allein für sich und ihre Kinder sorgen, den bald erwachsenen geistig behinderten Sohn und die jüngere Tochter, die noch Schülerin ist.

Da ist Frau Supah, die Kleidung verkauft, ihr konnte mit Ware und einer Ladenvitrine geholfen werden. Da ist Frau Uswatun Hasanatun, eine Schneiderin, sie bekam eine elektrische Nähmaschine und eine Overlockmaschine, die ihre Arbeit verbessert und viel Zeit spart. Da ist Frau Yuni, auch ihr Sohn ist behindert. Sie betreibt eine Verkaufsbude, deren Sortiment erweitert wurde. Neben verschiedenen Kleinigkeiten hat sie nun auch Gaskanister im Angebot, die zum Kochen gebraucht werden. Pro Stück verdient sie damit 2 000 Rupien, das sind nicht einmal 15 Cent, doch jedes Stück trägt eine weitere Kleinigkeit zum Lebensunterhalt bei.

Da ist Frau Nur Aini. Einer ihrer zwei Söhne ist schon *hafis*, sie wünscht sich, daß er an einer arabischen Universität studieren kann. Sie öffnet einen kleinen Schrank mit ihren Büchern. Es sind religiöse Texte in indonesischer Sprache aber arabischer Schrift. „Ich habe viele Lehrer" sagt sie und fügt hinzu "ich lese gern und viel". Mit einer neuen Kühltruhe und Küchengerät versehen stellt sie Fleischklößchen her, die frittiert eine beliebte Speise sind und sich gut verkaufen.

Da ist Frau Maryani. Nachdem ihr Mann verstorben war, ging sie zu Leuten ins Haus und wusch ihnen ihre Wäsche – mit der Hand. Sie hat einen Sohn und eine Tochter, beide gehen noch zur Schule. Sie bekam eine Waschmaschine und eine Bügelausstattung. Sie kann nun zuhause arbeiten und Sohn und Tochter helfen mit, die Kunden kommen zu ihr, bringen ihr die Wäsche und holen sie wieder ab.

Von den vielen anderen kann hier nicht berichtet werden. Aber da ist noch Frau Ipah. Sie wohnt in einem Slum in einer kleinen Behausung, für die sie monatlich 400 000 Rupien Miete aufbringen muß, das sind etwa 27 Euro. Der Vermieter hat ihr 5 000 Rupien erlassen. Im vorderen Raum, der wohl kaum drei mal drei Meter mißt, ist eine Ecke mit einem Vorhang abgetrennt. Dort ist die Toilette. Der hintere wohl noch kleinere Raum dient als Schlafzimmer. Frau Ipah ist 37 Jahre alt und hat drei Kinder, die neunjährige Tochter Silfah, den siebenjährigen Sohn Bayu und die sechsjährige Tochter Rahma. Silfah und Bayu gehen zur Schule, Rahma, die Augen geschlossen, liegt still auf dem Boden, liebevoll gebettet, neben sich einen alten Teddybär, so groß wie sie selbst.

Rahma hat einen Wasserkopf. „Sie reagiert manchmal", sagt jemand, und ein anderer meiner Begleiter flüstert mir zu: „Kannst Du sie berühren?" Eine solche Frage ist mir nicht ganz fremd, aber doch verstörend. Wieso ich? Wie komme ich dazu? Ich bin kein Arzt und schon gar kein Heiler, kann mir nicht einmal selbst helfen. Darum will ich ablehnen. Das aber kann kränken, kann dem Leid noch mehr Leid hinzufügen, dem Schmerz noch mehr Schmerz. Also überwinde ich mich und halte meine rechte Hand über den Kopf des Kindes. Leise lese ich die Sure *al-fatiha* in der Hoffnung, sie möge aufsteigen zu Allah, der allein es dem Kind und besonders der Mutter leichter machen kann. Aufsteigen zu Allah? Nein! Allah ist doch hier! Spricht Er nicht am Tag der Auferstehung: „O Sohn Adams, Ich war krank, und du hast Mich nicht besucht… Hast du nicht gewußt, daß jener Mein Knecht krank war, und… wenn du ihn besucht hättest, bestimmt hättest du Mich bei ihm vorgefunden!'"? Unbedacht bin ich hier ganz nahe zu Allah gekommen…

Frau Ipah ist seit fünf Jahren Witwe, der Vater von Silfah, Bayu und Rahma war Bauarbeiter und starb bei einem Arbeitsunfall. Sie wußte sich nicht anders zu helfen, als täglich mit ihren drei Kindern und einer kleinen Lautsprecherbox durch die Straßen zu ziehen und zu singen. So hat sie Silfah, Bayu, Rahma und sich selbst über die Jahre durchgebracht.

Draußen stehen drei Mädchen, Delia, Intan und Chitra. Sie sammelten auf der Straße Spenden für den Bau einer kleinen Gebetsstätte und für eine Koranleseveranstaltung. Dabei trafen sie Ustaz Uwes, der mit ihrem Lehrer in Verbindung treten wollte und deshalb den Mädchen seine Visitenkarte gab. Ustaz Lamizan, der Koranlehrer der Mädchen, rief dann Ustaz Uwes an. Daraufhin machte Uwes mit seinem Freund Bowo einen Besuch bei Lamizan. Sie fragten auch nach Waisen, erfuhren so von Frau Ipah und benachrichtigten Tatang, der die Liste für die geplante Waisenhilfe führte. Er trug Frau Ipah in die Liste ein. Bowo besuchte Frau Ipah um zu klären, wie ihr vielleicht geholfen werden könnte. Am Ende erhielt sie die Ausstattung für einen kleinen Laden, darunter einen Kühlschrank, einen Mixer und ein Sortiment an Artikeln für den Alltagsgebrauch. Statt mit den Kindern durch die Straßen zu ziehen verkauft sie nun Erfrischungsgetränke, Eis, Eier, Getränkepulver, Waschmittel und Sonstiges. Sie sagt, daß sie damit bis zu 50 000 Rupien Gewinn am Tag erzielen kann. Für uns ist das nicht viel, etwa 3,30 Euro. Aber für die Ärmsten der Armen in Indonesien bedeutet das, bescheiden essen und den Kindern den Schulbesuch ermöglichen zu können. Möge Allah Frau Ipah dauerhaften Erfolg gewähren und es ihr und Silfah, Bayu, Rahma und all den anderen leichter machen. Und möge Allah es all jenen reichlich lohnen, die zur Unterstützung dieser etwas anderen Art der Waisenhilfe beigetragen haben.

„An diesem Tag treten die Menschen getrennt heraus,
damit ihnen ihre Taten gezeigt werden,
Und wer das Gewicht eines Sonnenstäubchens an Gutem tut, er sieht es…" (99:6-7)

2020

MUSLIME HELFEN: EIN ÜBERBLICK 1985 – 2019

Das freie, gemeinnützige Hilfswerk deutschsprachiger Muslime – Muslime helfen e.V. – ist seit seiner Gründung 1985 tätig. Eigentlich war ein Rückblick auf die Arbeit von Muslime helfen (Mh) anläßlich des 30 jährigen Bestehens zu erwarten. Doch im Jahr 2015 gab es bei Mh anderes zu tun. So sei der jetzige Zeitpunkt zum Anlaß genommen, das Versäumte nachzuholen. Hierzu dienen drei Texte.

Den ersten knappen Überblick verfasste ich nach dem zehnjährigen Bestehen von Mh für die Veröffentlichung „Hand in Hand" (Ramadan 1416/1996). Der Text ist oben unverändert wiedergegeben (1996 „Zehn Jahre Muslime helfen").

Die zweite etwas ausführlichere Darstellung stellte ich anläßlich des zwanzigjährigen Bestehens von Mh zusammen. Dieser Text erschien als Ausgabe der Mh-Zeitung (3/2005). Er berichtet bis etwa zur Jahresmitte 2005 (siehe oben „Zwanzig Jahre Muslime helfen").

Der dritte nachstehende Text setzt den Überblick bis Ende 2019 fort. Mittlerweile ist Mh seit 35 Jahren tätig „für bedürftige Menschen vor allem in Notstandsgebieten, bei Krieg, Hungersnot und Naturkatastrophen sowie für anderweitig unschuldig in Not geratene Menschen."

Die Fortsetzung des Überblicks ab 2005 betrifft nur noch die Projektarbeit. Dieser Bereich ist mir vertraut geblieben, da ich ihn betreut habe. Die Arbeit bei Mh ist in einem solchen Ausmaß gewachsen, daß die Entwicklungen in den Bereichen fundraising und Verwaltung nicht auch noch im Blick behalten werden konnten. Aufgeführt sind die wichtigen Hilfsmaßnahmen. Nicht genannt werden ausnahmsweise vereinzelt geleistete Individualhilfen und manche andere kleine Maßnahmen, z.B. *aqiqa/adaq*-Projekte u.a.m. Die Hinweise bezeichnen die Art der Projekte, nicht zugleich ihre Anzahl. Brunnen bezieht sich meist auf mehrere Brunnen im selben Land, ebenso erfolgte oft die Nothilfe und die Waisenhilfe mehr als einmal, entsprechendes gilt auch bei Ramadan-, Kurban- und Winterhilfeprojekte, für die immer nur das Land genannt wird.

Im Bericht von 2005 heißt es:

2005 Im Vordergrund der Arbeit steht in diesem Jahr das Tsunami-Katastrophengebiet. Nach der ersten Hilfsmaßnahme in Sri Lanka lieferte Muslime helfen im Januar im Gebiet Cochin (Kerala, Indien) Haushalts-Sets und Medikamente an Flutopfer aus und versorgte obdachlos gewordene Überlebende in Aceh (Indonesien) mit Lebensmitteln. Auch als die Insel Nias (Indonesien) kurz darauf von einem Erdbeben erschüttert wurde, konnte Muslime helfen dort vor allem wiederum mit Lebensmitteln helfen. Seit Abschluß der akuten Nothilfephase läßt Muslime helfen für insgesamt 100 obdachlose Familien in Nintavur und Kuchavelli (Sri Lanka) feste Notunterkünfte mit einheimischen Baumaterialien errichten, ein Waisenhaus für Mädchen in Kinniya an der Ostküste bauen und betreibt ebenfalls in Kinniya eine medizinische Ambulanz. In Aceh (Indonesien) wurden nochmals Lebensmittel verteilt und Flutopfer bei der Notinstandsetzung zerstörter Häuser unterstützt. Insbesondere aber hilft Muslime helfen dort in Durung lebenden Witwen durch ein kleines Landwirtschaftsprojekt, um wieder zu eigenem Lebenserwerb zu kommen, ein zweites ebenfalls speziell zur Unterstützung von Witwen mit Kindern vorgesehenes Projekt ist in Sigli angelaufen. Erneut wurden die „Woche der Waisen" durchgeführt und die Sammeldosenaktion erweitert. Ein besonderes Veranstaltungsprogramm im Spätsommer des Jahres soll unseren Dank an alle Förderer, Spender und Mitwirkenden von Muslime helfen zum Ausdruck bringen, indem wir uns daran erinnern, wie wir vor 20 Jahren mit dieser Arbeit angefangen haben und wo wir heute mit Gottes Hilfe sind.

2005 Fortsetzung: Diese Veranstaltung fand leider nicht statt. Weitere Projekte 2005 waren Afghanistan Gardez Krankenhaus Betrieb; Aserbaidschan Kurban, Tschetschenische Waisenkinder Schule Betrieb, Tschetschenische Waisenkinder Unterstützung; Georgien Tschetschenische Flüchtlinge Winterhilfe Brennholz; Inguschetien Majski Medical Point Einrichtung u. Betrieb; Niger Nothilfe; Pakistan Erdbeben Nothilfe Zelte, Haushalts-Kits, Kleidung, Lebensmittel, Mobile Klinik Fahrzeug und Betrieb; Rußland Rogatschowo Medizinische Grundversorgung Straßenkinder; Sri Lanka Tsunami Kinniya Klinik Betrieb, Tsunami Nähschule für Mädchen; Tschetschenien Grozny Medical Point Betrieb, Kurban, Lebensmittelhilfe.

Ramadanprojekte Ägypten, Aserbaidschan, Indonesien Tsunami, Pakistan Erdbeben, Tschetschenische Waisen, Sri Lanka Tsunami, Tschetschenien, Tschetschenien Minenopfer.

Gesamtausgaben Projekte € 1 025 958

2006 Ägypten zakatu-l-fitr; Afghanistan Förderung   Abazak Klinik u. Gardez Krankenhaus; Aserbaidschan Id-Geschenke für Waisen; Burundi Waisenhilfe; Indonesien Erdbeben Westsumatra, Mobile Klinik, Waisenhilfe Garut; Inguschetien Majski Medical Point; Kenia Brunnen fortgesetzt, Child feeding, Dürrehilfe Mandera, Eye Camp, Förderung Tawfiq Hospital Malindi; Libanon Unterstützung Kriegsflüchtlinge, Ziegenprojekt; Malawi Flutopferhilfe; Myanmar Kleine Hilfen; Pakistan Computer Skill Center, Erdbebenhilfe, Mobile Klinik; Palästina Nothilfe Gaza, Vollwertmahlzeiten, Waisenhilfe; Russland Medizin. Hilfe Straßenkinder; Sri Lanka Waisenhaus Mädchen fertiggestellt, Förderung Kinniya Klinik, Mobile Klinik, Tischlerausbildung, Ziegenprojekt; Südafrika Waisenunterstützung; Syrien Libanonflüchtlinge; Tschetschenien Beginn Bau Reha-Zentrum Minenopfer, Medical Point, Pasta Projekt; Türkei Einrichtung Armenküche Elazig, zakatu-l-fitr.

Ramadanprojekte Indonesien, Iran, Kenia, Mazedonien, Palästina, Südafrika, Uganda.

Kurbanprojekte nicht mehr über Muslim Aid sondern direkt mit Projektpartnern in Aserbaidschan, Bosnien, Indonesien, Kenia, Libanon, Malawi, Mazedonien, Myanmar, Sri Lanka.

Gesamtausgaben Projekte € 1 212 362

2007 Ägypten zakatu-l-fitr; Afghanistan Abazak Klinik u. Gardez Krankenhaus; Aserbaidschan Schule/Computerkurse, Id-Geschenke für Waisen; Bangladesch Sturmflut Nothilfe; Burundi Waisenhilfe; Georgien Lebensmittelhilfe; Indonesien Erdbeben Westsumatra, Überschwemmung Jakarta; Iran Gesunde Familie; Kenia Brunnen, Eye Camp, Tawfiq Week of Mercy; Libanon Ziegenprojekt für Kriegsopfer;

Pakistan Mobile Klinik, Computer Skill Center; Palästina Gaza Projekt Olivenbaum; Vollwertmahlzeiten für Schulkinder, Waisenhilfe; Somalia Transport medizin. Geräte; Sri Lanka Flüchtlinge Notverpflegung, Mobile Klinik, Baubeginn Waisenhaus Jungen, Ziegenprojekt; Südafrika Waisenhilfe, Selbsthilfe Imbiß Jo'burg; Tschetschenien Medical Point, Fortsetzung Bau Reha-Zentrum; Türkei zakatu-l-fitr; Uganda Malaria-schutz, Schulspeisung.

Ramadanprojekte Burundi, Indonesien, Iran, Kambodscha, Kenia, Palästina, Sri Lanka, Südafrika, Tschetschenien, Uganda.

Kurbanprojekte Burundi, Georgien, Indonesien, Kambodscha, Kenia, Myanmar, Sri Lanka

Gesamtausgaben Projekte € 1 129 436

2008 Ägypten zakatu-l-fitr; Afghanistan Gardez Klinik fortgesetzt, Kranken-hausbetten Versand; Albanien Hilfe für Opfer Explosionskatastrophe Gerdec; Burundi Waisenzentrum Landkauf, Waisenhilfe; Indonesien Mobile Klinik, Straßenkin-derbetreuung, Waisenhilfe, Ziegenprojekt; Kambodscha Schneiderinnenladen, Wohn-heim Studentinnen Baubeginn, Nähkurs; Kenia Brunnen, Eye-Camp, Uganda-Flüchtlingshilfe, Wasserspeicher Lamu; Libanon Krankenwagen Tikrit; Myanmar Nothilfe bedürftige Familien; Pakistan Mobile Klinik; Palästina Gaza Nothilfe, Projekt Olivenbaum Fortsetzung, Vollwertessen für Schulkinder; Rußland medizin. Grund-versorgung Straßenkinder, Suppenküche Straßenkinder; Sri Lanka Handwerker u. Fischer, Waisenhaus Jungen Bau abgeschlossen u. eröffnet, Ziegenprojekt; Tanzania zakatu-l-fitr; Tschetschenien Lebensmittel, Medical Point Grozny Betrieb, Fortsetzung Bau Reha-Zentrum, Winterhilfe, zakatu-l-fitr; Uganda Brunnen.

Ramadanprojekte Burundi, Indonesien, Iran, Kambodscha, Kenia, Palästina, Tschetschenien, Sri Lanka, Südafrika, Uganda.

Kurbanprojekte Burundi, Indonesien, Kambodscha, Kenia, Sri Lanka, Tanzania, Uganda,

Gesamtausgaben Projekte € 1 219 227

2009 Ägypten zakatu-l-fitr; Afghanistan Gardez Klinik fortgesetzt; Äthiopien Wasserspeicher Mumicha; Albanien Haus der Hoffnung für Kinder u. Frauen in Gerdec, Bau u. Betrieb Gesundheitszentrum Kala e Dodes; Burundi Baubeginn Waisenzen-trum/Schule, Waisenzentrum Rumonge Grundstück und Baubeginn, Lebensmittel, Schulbetrieb, skill training, Waisenhilfe; Indonesien Erdbeben Westjava, Erdbeben Sumatra, Waisenhilfe; Kambodscha Brandkatastrophe, Brunnen, Compu-ter/Englischkurs, Nähkurs Wohnheimbau fortgesetzt, Schneiderinnenladen, Slum-bewohner Erwerbshilfe; Kenia Eye Camp, Wasserspeicher Lamu abgeschlossen,

Woche der Barmherzigkeit; Marokko Hörgeräte; Myanmar Existenzgründungen; Niger Lehrschneiderei, Kinderküche; Nordossetien Small business, Existenzgründungen; Pakistan Flüchtlingshilfe; Palästina Gaza Nothilfe, Schulspeisung, Vollwertmahlzeiten, Projekt Olivenbaum; Rußland medizin. Versorgung Straßenkinder; Sri Lanka waqf für Waisenhäuser; Tanzania Brunnen, Kooperative Landwirtschaft; Tschetschenien Medical Point Betrieb, Reha-Zentrum Bau bis Abschluß u. Eröffnung, Reha-Zentrum Toiletten; Uganda Brunnen, Hungerhilfe, Saatgut u. Hacken.

Ramadanprojekte Burundi, Indonesien, Kambodscha, Kenia, Sri Lanka, Südafrika, Tanzania, Tschetschenien, Uganda.

Kurbanprojekte Burundi, Kambodscha, Kenia, Niger, Ruanda, Sri Lanka, Tanzania, Tschetschenien, Uganda.

Gesamtausgaben Projekte € 1 607 419

2010 Ägypten zakatu-l-fitr; Äthiopien Wasserspeicher Mumicha; Afghanistan Gardez Klinik; Albanien Flut Shkodra, Gerdec, Gesundheitszentrum, Über-schwemmung; Burundi Schule Betrieb, Waisenhilfe Bujumbura, Waisenhilfe Rumonge, Waisenzentrum Bujumbura Eröffnung, Waqf-Land Waisenzentrum Rumonge Waisen waqf; Indonesien Erdbeben, Mentawi Tsunami, Merapi Vulkanausbruch, Straßenkinderbetreuung, Beginn Waisenzentrum/Grundstück/Waqf-Land Garut; Kambodscha Brandkatastrophe, Computer/Englischkurs, Bau Mädchenwohnheim Zwei, Nähkurs, Schneiderinnenladen, Slumbewohner Hilfe; Kenia Refraktometer; Nordossetien Existenzgründungen; Pakistan Flut/Shelter, Arzteinsatz, Lebensmittel, Medizinisches team, Medikamente, Shelter/food; Ruanda Maismühle, Landkauf Kooperative Ruhimbi, Hausbau Kooperative Ruhimbi, Ziegenprojekt; Südafrika Motor Repair works; Togo Blindenzentrum Betrieb; Tschetschenien Bienenprojekt, Winterhilfe; Uganda Brunnen, Gesundheitszentrum/Medikamente.

Ramadanprojekte Burundi, Indonesien, Kenia, Ruanda, Sri Lanka, Südafrika, Tschetschenien,

Kurbanprojekte Äthiopien, Burundi, Indonesien, Kambodscha, Kenia, Pakistan, Ruanda, Sri Lanka, Südafrika, Togo, Tschetschenien, Uganda.

Gesamtausgaben Projekte € 1 578 788

2011 Ägypten zakatu-l-fitr; Äthiopien Brunnen, Hungerhilfe; Albanien Überschwemmung, Hilfe Gerdec, Gesundheitszentrum Kala e Dodes; Burundi Waisen-hilfe, Waisenzentrum Rumonge Bau u. Ausstattung; Haiti Brunnen; Indonesien Waisenhilfe Garut, Bau u. Ausstattung Waisenzentrum Garut abgeschlossen, Licht zum Lernen; Kambodscha Brandkatastrophe, Englisch/Computerkurs, Nähkurs, Schneider-laden, Mekongflut, Bau Mädchenwohnheim Zwei abgeschlossen; Kenia Anästhesiegerät, Health Camp, Hungerhilfe; Pakistan Flut/Shelter, Nähkurs, Schule Flutopfer, Winterhilfe; Ruanda Schneiderei Ruhimbi, Kooperative Gacurabwenge, Ziegenprojekte; Russland medizin. Versorgung Straßenkinder; Sri Lanka Flut Lebensmittelhilfe, Waisenhaus Instandsetzung; Togo Blindenzentrum Betrieb; Tunesien Hilfe für Libyenflüchtlinge; Tschetschenien Winterhilfe; Uganda Brunnen, Hungerhilfe, Moskitonetze, Nothilfe Erdrutsch.

Ramadanprojekte Äthiopien, Burundi, Indonesien, Kambodscha, Kenia, Kongo, Pakistan, Ruanda, Sri Lanka, Togo, Tschetschenien, Uganda.

Kurbanprojekte Äthiopien, Burundi, Indonesien, Kambodscha, Kenia, Kongo, Myanmar, Pakistan, Ruanda, Sri Lanka, Togo, Tschetschenien, Uganda.

Gesamtausgaben Projekte € 1 764 736

2012 Ägypten zakatu-l-fitr; Albanien Winterhilfe Lebensmittel, Hilfe Gerdec; Äthiopien Brunnen; Bosnien Winterhilfe Lebensmittel; Burundi Waisenhilfe, Schule Betrieb, Waisenzentrum Rumonge Bau u. Ausstattung abgeschlossen, Waisenhaus Kinama Bau; Haiti Klinik Bau; Indien Hilfe Assam; Indonesien Notfallkit, Waisenhilfe Garut, Grundstück u. Bau Waqf-Geschäft; Kambodscha Sturm, Micro-Kredit, Englisch/Computerkurs, Nähkurs; Kenia Brunnen, Hungerhilfe, Notfallkit, Surgical Camp; Kongo Seifenherstellung; Myanmar Lebensmittelhilfe Rohingya, Shelter; Nordossetien Existenzgründungen; Pakistan Flut/Shelter fortgesetzt, Lebensmittelhilfe, Schulunterricht für Kinderarbeiter; Nähkurs für Witwen; Philippinen Nothilfe Sturmopfer; Ruanda Baubeginn Berufsbildungszentrum, Frauenkooperative Bugarama Landwirtschaft, Klinikausstattung Rubavu, Kongoflüchtlinge; Sri Lanka Bildung, Klimageräte Krankenhaus Kinniya, Mobile Klinik, Notfallkit; Togo Blindenzentrum Betrieb; Türkei Syrienflüchtlingshilfe Klinikausstattung u. Betrieb; Tschetschenien Winterhilfe Brennholz; Uganda Brunnen, Erdrutsch Bududa, Saatgut u. Hacken, Schulspeisung.

Ramadanprojekte Burundi, Haiti, Indonesien, Kambodscha, Kenia, Kongo, Myanmar, Pakistan, Südafrika, Sri Lanka, Tschetschenien, Uganda.

Kurbanprojekte Äthiopien, Burundi, Haiti, Indonesien, Kambodscha, Kenia, Kongo, Myanmar Pakistan, Ruanda, Sri Lanka, Tschetschenien, Uganda.

Gesamtausgaben Projekte € 1 867 460

2013 Ägypten letztmals zakatu-l-fitr; Äthiopien Brunnen; Bosnien Altenhilfe; Burundi Kiosk, Schulbetrieb, Kinama Waisenhaus Einrichtung, Waisenhilfe; Deutschland Hochwasserhilfe Deggendorf Moschee; Haiti Medikamente; Indonesien Erdbeben Aceh, Waqf-Geschäft Ausstattung; Kambodscha Flut, Mikrokredit Weiterführung; Kenia Notfallkit upgrade, Röntgengerät, Schulbücher, Überschwemmung,

Week of Mercy; Marokko Rollstühle; Nordossetien Existenzgründungen; Pakistan Computerkurs, Erdbeben, Flut/Wiederaufbau, Schulunterricht Kinderarbeiter, Überschwemmung; Philippinen Überschwemmung, Taifun; Ruanda Berufsbildungszentrum Bau fortgesetzt, Krankenhaus Patiententag; Thailand Rohingyaflüchtlinge; Togo Blindenhilfe Betrieb, Bau Blindenzentrum Beginn bis Eröffnung, Solaranlage; Tschetschenien Schulkinderausstattung; Türkei Syrienflüchtlinge Medikamentenhilfe; Uganda Brunnen, Erdrutsch.

Ramadanprojekte Äthiopien, Bangladesch, Burundi, Haiti, Indonesien, Kambodscha, Kenia, Kongo, Mazedonien, Myanmar, Pakistan, Ruanda, Serbien, Sri Lanka, Thailand, Togo, Tschetschenien, Uganda.

Kurbanprojekte Äthiopien, Bangladesch, Burundi, Indonesien, Kambodscha, Kenia, Kongo, Kosovo, Mazedonien, Myanmar, Nepal, Pakistan, Ruanda, Serbien, Sri Lanka, Thailand, Togo, Tschetschenien, Uganda.

Winterhilfe Albanien, Mazedonien, Pakistan, Serbien, Tatarstan, Tschetschenien, Türkei Syrienflüchtlinge

Gesamtausgaben Projekte € 1 990 673

2014 Äthiopien Brunnen (anschl. Brunnenkampagne beendet); Albanien Schule Bau; Bangladesch Überschwemmung; Burundi Schulbetrieb, Waisenhilfe; Haiti Brunnen; Indien Kaschmir Shelter, Überschwemmung, Waisen Hubli, Schulbus Ambathurai; Indonesien Vulkan, Medizin. Hilfe, Überschwemmung; Kenia Inkubatoren, Rettungswagen; Kambodscha Computer/Englischkurs, Feuer, Mikrokredit, Nähkurs; Nepal Erdrutsch; Pakistan Binnenflüchtlinge, Computerkurs, Nähkurs, Überschwemmung; Philippinen Taifun; Ruanda Berufsbildungszentrum Ausstattung, Eröffnung, Gesundheit, Maismehllager; Sri Lanka Bildung, Riot victims, Schulkinderausstattung, Überschwemmung, Waisenhäuser Betrieb; Thailand Überschwemmung; Togo Blindenzentrum Ausstattung, Betrieb; Tschetschenien Schulkinderausstattung; Türkei Syrienflüchtlinge Klinik Betrieb; Uganda Brunnen, Saatgut u. Hacken, Überschwemmung.

Ramadanprojekte Bangladesch, Burundi, Indien, Indonesien, Kambodscha, Kenia, Kongo, Laos, Mazedonien, Pakistan, Ruanda, Serbien, Sri Lanka, Thailand, Togo, Tschetschenien, Türkei Syrienflüchtlinge, Uganda.

Kurbanprojekte Bangladesch, Burundi, Indien, Indonesien, Kambodscha, Kenia, Kongo, Laos, Mazedonien, Myanmar, Nepal, Pakistan, Philippinen, Ruanda, Serbien, Thailand, Togo, Tschetschenien, Türkei Syrienflüchtlinge, Uganda, Vietnam.

Winterhilfe Albanien, Bangladesch, Kosovo, Mazedonien, Montenegro, Nepal, Pakistan, Serbien, Tschetschenien, Türkei Syrienflüchtlinge.

Gesamtausgaben Projekte € 2 159 991

2015 Albanien Schulbau Hidrovor; Bangladesch Flut; Bosnien Flut Klinik-renovierung; Burundi Waisenhilfe, Schulbetrieb; Deutschland Syrienflüchtlinge Kleidung; Haiti Klinik Ausstattung, Medikamente; Indien Assam Flut, Berufs-vorbereitungszentrum Starthilfe, Leprakranke, Überschwemmung; Kambodscha Computer/Englischkurs, Nähkurs, Mikrokredit; Myanmar Flut; Nepal Erdbeben; Pakistan Flut, Computerkurs, Nähkurs, Waisen; Serbien Migranten/Flüchtlingshilfe; Sri Lanka Bildung, Schulkinderausstattung, Waisenhäuser Ausstattung, Waisenhilfe; Togo Blindenzentrum Betrieb, Sicherungsmauer; Tschetschenien Schulkinderausstattung; Türkei Klinik Syrienflüchtlinge Miete; Uganda Hungerhilfe, Saatgut u. Hacken.

Ramadanprojekte Bangladesch, Burundi, Indien, Indonesien, Kambodscha, Kenia, Libanon Syrienflüchtlinge, Kongo, Mazedonien, Montenegro, Nepal, Pakistan, Philippinen, Ruanda, Serbien, Sri Lanka, Thailand, Togo, Tschetschenien, Türkei Syrienflüchtlinge, Uganda.

Kurbanprojekte Bangladesch, Indien, Indonesien, Kambodscha, Kenia, Kongo, Mazedonien, Montenegro, Nepal, Pakistan, Philippinen, Ruanda, Serbien, Sri Lanka, Thailand, Togo, Tschetschenien, Uganda.

Winterhilfe Albanien, Bangladesch, Indien, Kosovo, Libanon Syrienflüchtlinge, Mazedonien, Montenegro, Pakistan, Thailand, Tschetschenien, Türkei Syrien-flüchtlinge, Vietnam.

Gesamtausgaben Projekte € 2 424 665

2016 Bangladesch Flut, Rohingya Flüchtlingshilfe; Burundi Waisenhilfe, Schulbetrieb; Deutschland Syrienflüchtlinge Bücher; Gambia Nähschule; Haiti Medikamente, Wiederaufbau nach Hurrikan; Indien Berufsvorbereitungszentrum Baubeginn, Erwerbshilfen Hubli, Flut, Waisenhilfe Hubli, Zyklon; Indonesien Erdbeben Aceh, Flut Westjava, Mobile Klinik Fahrzeug, Mobile Verkaufsstände, Rohingya Kleidung; Kambodscha Häuserbrand, Computer/Englischkurs, Nähkurs, Mikrokredit; Kenia Hungerhilfe, Krankenhausausstattung, Waisen; Libanon Syrien-flüchtlinge Lebensmittel; Mazedonien Flut; Montenegro Überschwemmung; Nepal Flut/Lebensmittel; Pakistan Computerkurs, Nähkurs, Waisen; Ruanda Berufsbildung, Burundi-Flüchtlingshilfe, Mütter u. Neugeborene; Sri Lanka Bildung, Flut, Kleidung, Schulkinderausstattung, Waisenhäuser Instandhaltung, Waisenhilfe; Togo Blinden-zentrum Betrieb, Kantine, Kleidung, Lehrgarten, Motordreirad, Ziegenzucht; Tsche-tschenien Frauenfortbildung, Schulkinderausstattung, Schulrenovierung; Türkei Sy-rienflüchtlinge Klinik; Uganda Hungerhilfe.

Ramadanprojekte Burundi, Indien, Indonesien, Kambodscha, Kenia, Kongo, Montenegro, Nepal, Pakistan, Philippinen, Ruanda, Sri Lanka, Thailand, Togo, Tsche-tschenien, Uganda.

Kurbanprojekte Aserbaidschan, Burundi, Indien, Indonesien, Kambodscha, Kenia, Kongo, Montenegro, Nepal, Pakistan, Philippinen, Ruanda, Sri Lanka, Thailand, Togo, Tschetschenien, Uganda, Ukraine.

Winterhilfe Albanien, Bangladesch, Georgien, Indien, Libanon Syrienflüchtlinge, Mazedonien, Montenegro, Nepal, Pakistan, Serbien, Thailand, Tschetschenien, Ukraine Flüchtlinge, Vietnam.

Gesamtausgaben Projekte € 2 704 440

2017 Albanien Schulbau Drac; Bangladesch Erdrutsch, Flut, Flutopfer Lebensmittelhilfe, Rohingya Brunnen, Rohingya Lebensmittelpakete, Rohingya Mütter u. Neugeborene, Rohingya Notversorgung; Burundi Schule Erweiterung Bau, Schulbetrieb, Waisenhilfe; Haiti Medikamente; Indien Berufsvorbereitungszentrum Bau, Flut Thiruvallur, Unterhaltserwerb, Waisen Hubli; Indonesien Flut Garut, Jungenwaisenhaus Lebensmittel, Livelihood, Mädchenwaisenhaus Instandsetzung, Mädchenwaisenhaus Lebensmittel, Mobile Verkaufsstände; Kambodscha Computer/Englischkurs, Feuerkatastrophe, Mikro-Kredit, Nähkurs; Kenia Hungerhilfe; Pakistan Computerkurs, Nähkurs, Waisenhilfe; Niger Alphabetisierung; Philippinen Marawi Flüchtlingshilfe; Ruanda Berufsvorbereitungszentrum Ausstattung, Betrieb; Sri Lanka Flut, Lebensmittelhilfe, Waisenhilfe; Südsudan Hungerhilfe; Thailand Flut; Togo Blindenzentrum Betrieb; Tschetschenien Frauenfortbildung, Schulkinderausstattung; Uganda Hungerhilfe Südsudanflüchtlinge.

Ramadanprojekte Bangladesch, Bangladesch Rohingya, Burundi, Gambia, Indien, Indonesien, Kambodscha, Kenia, Kongo, Libanon Syrienflüchtlinge, Mazedonien, Montenegro, Nepal, Pakistan, Ruanda, Sri Lanka, Thailand, Togo, Tschetschenien, Uganda, Ukraine.

Kurbanprojekte Bangladesch, Bangladesch Rohingya, Burundi, Indien, Indonesien, Kambodscha, Kenia, Kongo, Montenegro, Nepal, Pakistan, Philippinen, Ruanda, Sri Lanka, Thailand, Togo, Tschetschenien, Uganda, Ukraine.

Winterhilfe Albanien, Bangladesch, Bangladesch Rohingya, Indien, Laos, Libanon Syrienflüchtlinge, Montenegro, Nepal, Pakistan, Thailand, Tschetschenien, Ukraine, Vietnam.

Gesamtausgaben Projekte € 3 120 755

2018 Albanien Schule Drac Bau bis Abschluß u. Eröffnung, Überschwemmung; Bangladesch Rohingya Flüchtlingshilfe, Kleidung idu-l-fitr, idu-l-adha, Lebensmittelhilfe, Röntgengerät; Bosnien Warme Mahlzeiten für Migranten; Burundi Schule Instandsetzung, Schulbetrieb, Waisenhilfe; Haiti Klinikfahrzeug, Solaranlage; Indien Berufsvorbereitungszentrum Bau bis Fertigstellung, Ausstattung; Childrens Home,

Flut, Waisen Hubli, Zyklon Gaya; Indonesien Erdbeben Lombok, Behelfsunterkünfte Lombok, Wassertankfahrzeug Lombok, Mobile Verkaufsstände, Sulawesi/Palu Tsunami, Schule Garut Erweiterung Bau, Sister to Sister; Kambodscha Computer/Englischkurs, Flut, Häuserbrand, Nähkurs, Taifun, Taifun Zwei; Kenia Krankenhauserweiterung Bau bis Fertigstellung u. Eröffnung, Krankenhausausstattung, Waisenhilfe; Nepal Rohingya Flüchtlingshilfe; Ruanda Berufsbildungszentrum Ausstattung, Betrieb, Mikro-Kredit; Pakistan Computerkurs, Nähkurs, Sauberes Wasser, Waisenhilfe; Sri Lanka Kleidung idu-l-fitr, idu-l-adha, Unruheopfer Kandy, Witwen u. Waisen Lebensmittel; Togo Blindenzentrum Betrieb, Braille-Drucker, Kadambara Schulräume; Tschetschenien Frauenfortbildung, Schulkinderausstattung; Uganda Saatgut u. Hacken.

Ramadanprojekte Bangladesch, Bangladesch Rohingya, Indien, Indonesien, Kambodscha, Kenia, Kongo, Libanon Syrienflüchtlinge, Montenegro, Nepal, Pakistan, Ruanda, Sri Lanka, Südsudan, Thailand, Togo, Tschetschenien, Uganda, Ukraine.

Kurbanprojekte Albanien, Bangladesch, Burundi, Indien, Indonesien, Kambodscha, Kenia, Kongo, Montenegro, Nepal, Pakistan, Ruanda, Sri Lanka, Thailand, Togo, Tschetschenien, Uganda, Ukraine,

Winterhilfe Albanien, Bangladesch, Bangladesch Rohingya, Indien, Libanon Syrienflüchtlinge, Montenegro, Nepal, Pakistan, Serbien, Thailand, Tschetschenien, Ukraine.

Gesamtausgaben Projekte € 2 768 623

2019 Albanien Erdbeben; Bangladesch Dengue Prävention, Flut, Rohingya Behelfsunterkünfte, Kleidung idu-l-fitr; Bosnien Warmes Essen; Burundi Schulbetrieb, Waisenhilfe; Gambia Wasserprojekt; Haiti Medikamente; Indien Assam Flut, Bihar Flut, Karnataka Flut, Kleidung idu-l-fitr, Kleinbauernhilfe, Milchkühe, Tamil Nadu Flut, Toilettenanlage für Schule, Trinkwasseraufbereitung; Indonesien Schulmöbel, Waisenhilfe, Tsunami; Kambodscha Computer/Englischkurse, Flut, Häuserbrand, Nähkurse, Waisenhilfe; Kenia Ausbau Dialyseabteilung, free surgical camp, Hungerhilfe, Kleidung idu-l-fitr, OP-Raum Austattung, Waisenhilfe; Komoren Wasserexploration; Malawi Zyklon Idai; Myanmar Waisenhilfe; Nepal Flut; Nepal Rohingyaflüchtlinge Kleidung, idu-l-fitr, Lebensmittel, Winterhilfe; Pakistan Erdbeben, Waisenhilfe; Ruanda Bäckerei, Berufsbildung, Lehr- u. Armenküche, Mikro-Kredit, Schneiderei; Sri Lanka Kleidung idu-l-fitr, idu-l-adha, Lebensmittelhilfe, Waisenhilfe, Witwen Lebensmittelhilfe; Thailand Flut; Togo Blindenzentrum Betrieb, Kleidung idu-l-fitr; Tschetschenien Frauenfortbildung, Schulsachen; Zimbabwe Motorpflug, Waisenhilfe.

Ramadanprojekte Albanien, Bangladesch, Bangladesch Rohingya, Burundi, Indien, Indonesien, Kambodscha, Kenia, Kongo, Libanon Syrienflüchtlinge, Montenegro, Nepal, Sri Lanka, Thailand, Togo, Tschetschenien, Ukraine.

Kurbanprojekte Albanien, Bangladesch, Bangladesch Rohingya, Burundi, Gambia, Indien, Indien Rohingya, Indonesien, Kambodscha, Kenia, Kongo, Montenegro, Nepal, Pakistan, Ruanda, Sri Lanka, Thailand, Togo, Tschetschenien, Ukraine.

Winterhilfe Albanien, Bangladesch, Bangladesch Rohingya, Bosnien, Indien Assam, Indien Bihar, Libanon Syrienflüchtlinge, Montenegro, Nepal, Pakistan, Serbien, Tschetschenien, Ukraine.

Gesamtausgaben Projekte € 3 015 361

<u>Vorstände von Muslime helfen e.V.</u>
Jahre Vorsitzender/Kassenwart
1985 Abdulqadir Schabel/Schakil Ahmad
1986 Ahmad v. Denffer/Mahmud Behr
1988 Muhammad Ayyub Mühlbauer/Mahmud Behr
1993 Ahmad v. Denffer/Mahmud Behr
1994 Ahmad v. Denffer/Sharifa Kreitl
2004 Ahmad v. Denffer/Yusuf Hüpper
2010 Ercihan Gümüsel/Elgin Hunold
2013 Kerim Daniel Stutz/Ercihan Gümüsel
2016 Ahmad v. Denffer/Kerim Daniel Stutz
2018 Kerim Daniel Stutz/Hescham Abul Ola

Muslime helfen habe ich stets als ein Gemeinschaftswerk verstanden, das nur durch die Unterstützung der zahlreichen Spenderinnen und Spender möglich geworden ist. Allah lohne es ihnen allen auf beste Weise.

Möge Allah uns unsere Fehler nachsehen und die nächste Generation, die nun Mh übernommen hat, befähigen, trotz mancher Schwierigkeiten in diesem Sinne weiter tätig zu sein, zum Nutzen der Hilfsbedürftigen erfolgreicher als es uns gelungen ist.

ÜBER DEN GEIST VON MUSLIME HELFEN

Muslime helfen e.V. wurde 1985 gegründet und arbeitet seither im Sinn seiner Satzung „für bedürftige Menschen vor allem in Notstandsgebieten, bei Krieg, Hungersnot und Naturkatastrophen sowie für anderweitig unschuldig in Not geratene Menschen…".

Viel hat sich in den vergangenen mehr als drei Jahrzehnten verändert. Man denke nur an die Entwicklungen im Bereich von Medien und Kommunikation. Ebenso hat sich bei den Muslimen viel getan, eine neue Generation ist herangewachsen, neue Institutionen und Organisationen sind entstanden und aktiv geworden. Aber auch neue Schwierigkeiten haben sich gezeigt, auf die näher einzugehen sich an dieser Stelle erübrigt. Manchmal werden wir gefragt: Was ist, angesichts all dieser Veränderungen, das Wesentliche, was ist die Essenz, was ist der Geist von Muslime helfen?

Im Grunde genommen ist das nicht schwer zu verstehen, wenn man die Gründungsgeschichte kennt. Bei einem Treffen deutschsprachiger Muslime 1985 wurde viel geredet über die Notwendigkeit, hilfsbedürftigen Menschen beizustehen. Am Ende des Treffens war der Widerspruch zwischen Sagen und Tun zwar offensichtlich, aber nicht überwunden. Deshalb fanden sich einige der Teilnehmer zusammen und gründeten Muslime helfen. Dabei war der Name das Programm, und so ist es bis heute geblieben – Wir sind Muslime, und wir wollen helfen – Muslime helfen…

Zwei Elemente waren von Anfang an wesentlich: Das konkrete Helfen und der Gottesbezug. In den ersten Rundbriefen ging es nicht nur darum, sich über die Vereinsgründung abzustimmen, sondern zugleich um die Frage nach Inhalt und Aufgabe: „Welches konkrete Hilfsprojekt sollen wir den Brüdern/Schwestern vorschlagen zu unterstützen?"

Der Blick wurde also unverzüglich auf das praktische Handeln gelenkt. Darüber hinaus wurde erinnert: „Liebe Brüder, liebe Schwestern, vergesst bei allen Überlegungen zu dieser Sache nicht das Gebet und bittet Allah, daß ER uns rechtleitet und unserer Sache Erfolg verleiht im Diesseits und im Jenseits."

Die Vereinsgründung erfolgte nicht, um einen weiteren muslimischen Verein zu haben, sondern um konkret zu helfen, und die erste Hilfsmaßnahme erfolgte auch unmittelbar im Anschluß, eine Medikamentensammlung für notleidende Menschen in Afghanistan. Mit Allahs Hilfe stimmten Sagen und Tun überein. Das war entscheidend für das Gelingen. Muslime helfen bedeutete nicht bloß reden, sondern handeln. Das begründete Vertrauen.

Ein wichtiger Aspekt für Muslime helfen (Mh) war und ist zudem die Unabhängigkeit. Um unabhängig zu bleiben und auf das Helfen fokussiert sein zu können, hat Mh sich keinem der Dachverbände angeschlossen, verwendet keine staatlichen Mittel und arbeitet allein mit den Mitteln der Spender. Insofern ist Mh, anders als viele sonstige Organisationen, eine Nichtregierungsorganisation im strengen Sinn des Wortes, Mh ist frei.

In der Folge ist Mh, obwohl die Alltagsarbeit nur von einem kleinen Team besorgt wird, durch seine Arbeitsweise zu einem großen Gemeinschaftswerk deutschsprachiger Muslime geworden.

Das verdeutlicht eine der besonders erfreulichen Veränderungen von und für Mh: Die Entwicklung von einer sehr kleinen Zahl von Initiatoren zu einer sehr großen Zahl von Helfern, von einer für ein paar Monate aktiven Arbeitsgruppe zu einer über Jahrzehnte hinaus als Gemeinschaftswerk deutschsprachiger Muslime wirkenden Institution. Das hat Allah uns geschenkt. Das haben wir uns vor mehr als dreißig Jahren so nicht vorgestellt und so auch nicht vorstellen können. So haben wir das nicht gewollt, wir wollten nur – als Muslime helfen.

Alle die im Laufe der mehr als dreißig Jahre erfolgten Hilfeleistungen für Notleidende und Bedürftige sind nur durch die Mitwirkung der zahlreichen Spenderinnen und Spender von Mh möglich gewesen. Dafür haben wir zuerst Allah zu danken, dann jedem einzelnen unserer Spender und ebenso unseren Mitarbeitern und unseren ehren-amtlichen Helfern. Möge Allah es ihnen allen auf beste Weise lohnen.

Will man nun wissen, was es mit dem „Geist" von Mh auf sich hat, sollte man fragen: Was gibt Mh Leben? Wodurch lebt Mh? Und um das gut zu verstehen, zugleich fragen: Was macht Mh tot? Was macht Mh kaputt, zerstört Mh? Die Antwort ist klar: Das eigentliche Anliegen von Mh nicht umzusetzen, zerstört Mh.

Muslime helfen bringt im Namen das Muslimsein und das Tun zum Ausdruck. Wir verbergen nicht, sondern wir sagen, w e r wir sind und w a s wir tun wollen. Daraus folgt als Anforderung an unser Verhalten zu sein und zu tun, was wir von uns sagen.

Die Essenz, das Wesen, der „Geist" von Mh ist in diesem Sinn also das helfende Tun als Muslime, Aktivität und Handeln im Sinn von Hilfsbedürftige nicht unbeachtet und damit im Stich zu lassen und zu mißachten, sondern Hilfsbedürftige wahrzunehmen, ihnen zu Hilfe zu kommen und Beistand zu leisten.

Das Lebenselixier für Mh ist dabei die Übereinstimmung von Anspruch und Wirklichkeit. Die Lebenskraft von Mh beruht darauf, daß zwischen dem, was gesagt wird, und dem, was getan wird, kein Widerspruch sondern Übereinstimmung besteht.

Auch wenn sich während der vergangenen Jahrzehnte viele Veränderungen und manche Schwierigkeiten ergeben haben, ist das Anliegen von Mh unverändert geblie-ben. Um es weiterhin zu verwirklichen, braucht es den Segen Allahs, und um den Segen Allahs erhoffen zu dürfen, braucht es die Aufrechterhaltung und die Pflege des Geistes, des Lebenselixiers von Mh: Übereinstimmung von Sagen und Tun im Helfen als Muslime.